묵자, 그 생애·사상과 묵가

낮은 서민들을 대변하는

묵자, 그 생애·사상과 묵가墨家

김학주 著

明文堂

책머리에

서민들 편에 섰던 묵자(墨子)의 생애와 사상 및 묵가(墨家)

이 책은 1988년 대우학술총서 제32책으로 민음사에서 펴냈던 『묵자(墨子)』에 약간의 수정보충을 가한 것이다. 이 책은 옛 중국의 춘추전국(春秋戰國)시대 사상가인 묵적(墨翟, B.C. 479?~381?)의 생애와 사상 및 그를 중심으로 하여 이루어졌던 묵가집단에 대한 종합적인 연구를 정리한 것이다.

흔히 묵자라 불리는 묵적의 생애와 사상을 이해함에 있어서 무엇보다도 두드러지는 특징은, 그 시대의 대표적인 학파인 유가(儒家)나 법가(法家)는 봉건 지배계급인 사대부들의 입장을 대변한 학파였던 데 비하여, 묵자는 피지배계급인 서민의 입장을 대변하는 사상가였다는 것이다. 그 위에 묵가는 그 시대의 다른 제자백가(諸子百家)와는 달리 하늘에 대한 신앙을 바탕으로 하여 자기 희생도 무릅쓰며 묵자의 가르침을 믿고 실천하려고 애쓰던 일종의 종교집단이었다고 할 수 있다.

묵자의 사상은 흔히 '겸애(兼愛)'를 그 특징으로 내세운다. '겸애'란 너와 나의 구별 없이 모든 사람들이 서로 사랑하며 서로 돕는 것을 뜻한다. 그밖에 모든 사람이 부지런히 일하고 쓰는 물자를 절약해야 한다는 그의 '근검(勤儉)' 사상과 남의 나라를 공격하여 전쟁을 일으켜서는 안된다는 '비공(非攻)' 사상 등도 아울러 생각해 볼 때, 태어나면서 신분이 정해지는 사회계급이 엄격히 구분되던 봉건시대에 있어서, 그의 사상은 사회계급과 봉건체제를 근본적으로 부정하는 서민들의 입장을 대변하는 것임이 분명하다.

묵자의 사상은 심지어 근대의 박애와 평등의 개념에 가까운 것이었다고도 말할 수 있다. 전국시대 말엽까지도 묵가는 유가와 겨룰 만한 가장 두드러진 학파였다. 그러나 진시황(秦始皇)이 천하를 통일하자(B.C. 221) 바로 묵가가 세상에서 자취를 감추고 말았던 것도, 묵가는 지배계급의 입장에서 볼 적에는 눈에 가시와 같은 위험한 존재라서 봉건통치자들이 적극적인 탄압을 가했기 때문이었다. 그리고 『묵자』라는 그의 저서를 읽어보더라도 그 문장 자체가 그 시대 다른 사상가들의 글과는 달리, 논리 전개 방식이 단순하고 표현이 평이하여 서민적인 체취를 느끼게 하는 것이다.

너와 나의 구별 없이 모든 사람들이 서로 사랑하고 네 것과 내 것의 분별 없이 모든 사람들이 서로 돕는다는 '겸애'의 주장은, 보통 사람으로서는 실천하기 어려운 사상이다. 그러나 묵자와 묵가의 사람들은 그처럼 행하기 어렵고 힘든 자기네 주장을 실천함에 있어서 자기 희생도 두려워하지 않았던 사람들이다.

보기를 들면 묵자는 제(齊)나라에 있으면서 먼 남쪽의 초(楚)나라가 성을 공격하는 무기를 개발해 가지고 송(宋)나라를 치려 하고 있다는 말을 전해 듣는다. 묵자는 자신의 전쟁반대론인 '비공(非攻)'의 실천을 위하여 곧장 열흘 밤 열흘 낮을 쉬지 않고 달려가 위험을 무릅쓰며 초나라 임금

을 찾아가 설복하여 전쟁을 막고 있다. (『墨子』 公輸편)

또 묵가의 지도자였던 맹승(孟勝)은 친구인 양성군(陽城君)으로부터 자신이 여행하는 동안에 자기 나라를 돌보아 달라는 부탁을 받는다. 그런데 양성군은 밖에 나가 반란에 가담한 탓으로 초나라 임금이 그의 나라를 빼앗아 버린다. 맹승은 곧 친구와의 약속을 지키지 못한 자책으로 자결을 하는데, 지도자의 죽음을 뒤쫓아 그와 함께 죽은 묵가의 제자들이 183명이나 되었다 한다. (『呂氏春秋』 上德편)

이와 비슷한 묵자와 묵가에 관한 기록은 이밖에도 여러 가지가 전한다. 그래서 『회남자(淮南子)』 같은 책에서는 묵가의 사람들 수백명은 모두 '불에 뛰어들게 하고, 칼날이라도 밟게 할 수 있고, 죽는다 하더라도 발길을 돌리지 않는' 인물들이라 설명하고 있다(泰族訓). 이 모두 종교적인 신앙심이 아니고는 행할 수 없는 일들이다. 묵가를 종교집단으로 본 까닭은 이런 데 있다.

제1장 '묵자의 생애'에서는, 묵자는 천한 계급 출신이 분명하며, 심지어는 죄인임을 표시하기 위하여 그의 얼굴에 문신(文身)하는 묵형(墨刑)을 받은 사람이라거나 또는 외국인이었다고 주장하는 학자들도 있음을 소개하면서, 묵자가 봉건사회에 있어서 서민을 대변하는 사상을 발전시키게 된 바탕을 밝히려 힘썼다. 그리고 묵자 일생의 행적 추구를 통하여 그와 여러 나라들과의 관계를 밝히는 한편, 그의 사상적인 특징과 묵가의 종교집단으로서의 성격이 이루어지는 계기를 밝혀보려 하였다. 묵자에 관한 기록이 매우 적기 때문에 이는 쉽지 않은 작업이었다.

제2장 '묵자의 시대배경'에서는 묵자가 살았던 주(周)나라(B.C. 1027~B.C. 256)가 문왕(文王) · 무왕(武王)에 의하여 세워진 이래로, 발전하

고 멸망해 간 과정을 약술하였다. 그리고 다시 범위를 좁혀 춘추(春秋)시대(B.C. 770~403)와 전국(戰國)시대(B.C. 402~256)의 시대적 특징을 개술하였다. 그리고 다시 묵자가 살았던 노(魯)나라와 그와 관계가 깊었던 송(宋)나라의 특수성을 설명하였다.

노나라는 무왕이 주공(周公)을 봉한 나라여서, 주나라 황실이 쇠미해진 뒤로 다른 어떤 지역보다도 주나라 문물을 많이 보전하고 있던 나라였다. 또 송나라는 주나라 무왕이 은(殷)나라를 멸망시킨 뒤에 그 자손들을 봉하여 자기네 선조들 제사를 받들도록 한 나라여서 옛 은나라 문화가 가장 잘 보존되어 있었다. 따라서 노나라와 송나라는 각각 그 시대의 한 문화 중심지였다고 할 수 있다. 이상과 같은 시대적인 특징을 배경으로 하여 제자(諸子)라 불리는 여러 사상가들이 나왔음을 설명하였다. 모두 묵자의 사상과 행적을 잘 이해할 수 있도록 하기 위한 기초작업이었다.

제3장 '『묵자』란 책의 성격' 에서는 묵가사상을 대표하는 묵적의 저술인 『묵자』가 이루어져 전래된 경과와 지금 우리가 보는 53편의 책으로 이루어지는 경과를 설명하였다. 특히 서한의 유향(劉向, B.C. 77~B.C. 6)에 의하여 『묵자』가 71편으로 정리되었던 전후 사정과 진(秦)나라 이후 중국 학자들이 거의 『묵자』를 잊고 있다가 2000년이 지나 청(淸)나라 말엽에 이르러서야 다시 이를 연구하고 해설하게 된 사정을 논술하였다. 그리고 『묵자』 각 편의 내용상의 특징 및 『묵자』에 대한 여러 학자들의 해설의 특징 등도 설명하였다.

제4장 '묵자의 사상' 은 이 책의 중심을 이루는 부분이다. 묵자의 사상을, 첫째 그 바탕이 되고 있는 종교적인 성격의 규명과 둘째 그의 교리인 여러 가지 그의 사상이란 두 부분으로 크게 나누어 서술하였다.

첫째, 그의 종교적인 성격을 규명하기 위하여, 먼저 묵가의 규율과 조직 및 묵가에 속하는 여러 인물들의 행적을 조사하였다. 결과적으로 묵가는 다른 그 시대의 학파들과는 달리 종교집단이었음이 증명되었다. 그리고 『묵자』 천지(天志)편의 기록을 중심으로 묵자의 하늘에 대한 신앙의 성격을 밝히었다. 그는 사람이란 언제나 하늘을 본받고 하늘의 뜻을 따라야만 한다고 역설하고 있다. 그의 '겸애'의 사상도 하늘이 모든 사람에게 똑같이 햇빛을 비춰주고 비와 이슬을 내려주는 것을 본받은 것이며, 그처럼 모든 사람들을 사랑하고 모든 사람들을 이롭게 해주려는 하늘의 뜻을 따른 것이라는 것이다.

다시 '명귀(明鬼)' 편을 중심으로 하여 그가 인정하는 귀신의 성격을 설명하였다. 귀신이란 눈에는 보이지 않지만 어디에서나 모든 사람들의 행동을 살피어 착한 사람들에게 복을 갖다 주고, 악한 자들에게는 벌을 내리는 존재라 하였다.

끝으로 유가와 도가의 운명론에 대한 묵자의 비판을 소개하였다. 그는 미리 정해진 운명이란 있을 수가 없는 것이며, 다만 사람들이 어느 정도 힘써 하늘의 뜻을 실천하는가에 따라 앞날의 일들이 결정된다는 것이다.

이상과 같은 종교적인 신앙을 바탕으로 묵자의 교리라고도 할 수 있는, 사람들 모두가 지키고 실천하여야만 할 여러 가지 구체적인 사상이 전개되는 것이다.

첫째, 그는 '법의(法儀)' 편에서 사람에게는 사고와 행동의 기준이 되는 법의가 있어야 하는데, 그것은 바로 '의(義)'와 '이(利)'이며, 바로 하늘의 뜻이기도 하다고 주장하였다. '의'란 하늘의 뜻에 따른 올바른 길을 뜻하고, '이' 란 모든 사람에게 이익이 되는 것으로 '의' 의 성격이기도 하다는 것이다. 특히 '이' 의 주장은 묵자가 실리적이며 현실적인 사상가였음을 뜻한다.

둘째, '겸애' 편을 중심으로 그의 사상을 대표하는 '겸애' 의 뜻을 논하였다. '겸애' 란 모든 사람들이 너와 나의 구별 없이 서로 사랑하고 서로를 이롭게 해줌을 뜻한다. 이는 바로 하늘의 뜻이기도 하다. 계급이 엄격한 봉건사회에 있어서는 바로 그 시대 제도에 대한 정면 도전이기도 한 것이다.

셋째, 그의 '비공' 편을 중심으로 그의 전쟁반대론을 소개하였다. 그는 철저한 전쟁반대론자였을 뿐 아니라 그 적극적인 실천자이기도 하였다. 그리고 이는 '겸애' 사상의 연장이라고도 할 수 있다.

넷째, 그의 '절용(節用)' · '절장(節葬)' · '비악(非樂)' 편 등을 중심으로, 그의 근검사상을 논술하였다. 특히 그는 유가에서 존중하는 화려한 장례절차를 형식적이고 사치스러운 낭비라 반대하고, 음악을 귀족적인 허식에 불과하다고 반대하고 있는 점이 두드러진다.

다섯째, 그의 '상현(尙賢)' · '상동(尙同)' 편 등을 중심으로 묵가 정치론의 내용을 설명하였다. 그는 하늘의 뜻에 맞는 정치로 '의정(義政)' 을 행하여 '겸애' 의 뜻을 온 세상에 구현하려 하였다. 그러기 위하여는 현명한 사람들을 골라 일할 자리에 앉혀야 하며, 그렇게 하여 이루어지는 정치질서를 따라 위아래 자리의 사람들이 모두가 화합하는 '상동' 의 정치를 이룩하여야 한다는 것이다.

여섯째, '비유(非儒)' 편을 중심으로 그의 유가 비판을 소개하였다. 유가란 철저한 비생산적인 계급으로 사회를 위하여 아무런 공헌도 못하면서 봉건사회의 지배윤리만을 분식하여 사회에 기생하는 존재라 하였다. 뒤이어 제자들의 책에 보이는 다양한 묵자평을 소개함으로써, 위에 설명한 묵자사상에 대한 이해를 뒷받침하려 하였다.

끝으로 양계초(梁啓超, 1873~1929) 이후 묵자를 연구하는 중국학자들이 중시하는 '묵변(墨辯)' 의 허상을 벗기었다. '묵변' 이란 『묵자』의 '경(經)' 상 · 하편과 '경설(經說)' 상 · 하편 및 '대취(大取)' · '소취(小取)' 의 여섯 편을 말한다. 이것들이 논리학과 관계되는 글임은 분명하나, 중국학자들이 내세우듯 『묵자』의 기본을 이루는 내용이거나, 서양의 기하학 · 물리학 · 천문학 · 광학 · 역학 등의 내용이 실린 것일 수는 없는 것임을 밝히었다.

제5장 '묵학(墨學)의 성쇠와 묵자의 제자' 는 이 책의 부록이나 같은 부분이다. 특히 전국시대 말엽까지도 유가와 거의 대등한 두드러진 학파였으나, 진(秦)나라 이후 갑자기 자취를 감추었다가 청말에 이르러서야 다시 학자들이 중시하게 된 경과를 썼다. 그리고 옛 전적에 보이는 묵자의 제자들과 묵가의 지도자들인 거자(巨子)에 관한 기록 및 후세 묵가의 별파(別派) 등도 소개하였다.

다시 한번 끝으로 강조해야 할 것은, 묵자는 사회계급이 엄존하던 봉건시대에 피지배계급인 서민들의 입장을 대변한 독특한 사상가였다는 것이다.

2014년 4월 20일

김학주

차례

제2장 묵자의 시대 배경

제3장 『묵자』란 책의 성격

제4장 묵자의 사상

제5장 묵학(墨學)의 성쇠와 묵자의 제자

제1장

묵자의 생애

1. 묵자(墨子)란 인물에 대하여

묵자(B.C. 479?~B.C. 381?)는 묵가(墨家)의 창시자로, 동주(東周)의 춘추(春秋)시대 말엽으로부터 전국(戰國)시대에 이르는 시기에 유가의 창시자인 공자(B.C. 551~B.C. 479)보다 약간 뒤늦게 태어난 그 시대 여러 사상가인 제자백가(諸子百家) 중에서도 가장 두드러진 사상가였다. 그는 어지러운 세상을 두려워하지 않고 자신을 희생하며 열심히 사랑 · 평등 · 평화의 개념을 바탕으로 낮은 지위의 사람들, 천한 신분의 사람들, 낮은 계층의 사람들의 입장을 대변한 중국 역사상 가장 독특한 사상가요 활동가였다.

묵자가 주장한 겸애(兼愛)의 사상은 모든 사람들이 똑같이 서로 사랑하고 서로 위해 주어야 한다는 것이다. 남을 자기자신처럼 사랑하고, 남의 부모나 형제를 자기 부모나 형제처럼 사랑하고 이롭게 해 주어야 한다는 것이다.

묵자는 하늘을 믿으며, 사람들은 하늘의 뜻을 따라야 함을 강조하였다. 하늘의 뜻이란 하늘이 온세상 모든 사람들에게 햇볕을 비춰주고 비이슬을 내려주는 것이니, 사람들은 그처럼 착한 사람 악한 사람도 가릴 것 없이 모든 사람들을 똑같이 사랑하고 이롭게 해주어야 한다는 것이다. 이러한 사상은 결국 인류생활에 있어서의 사랑 · 평등 · 평화의 철학으로 귀착되는 것이다.

묵자가 살았던 시대는 봉건주의사회여서, 노예 · 서민 · 사대부(士大夫) · 후왕(侯王)으로 이루어지는 사회계급이 엄격히 구분되던 때였다. 그리고 이 사회계급은 모두 타고나는 것이었다. 이런 사회에서 겸애의 사상을 내세운다는 것은 곧 계급의 부정을 뜻한다. 따라서 묵자는 반봉건적인 사상가였고, 봉건지배계급의 입장에서 보면 위험하기 짝이 없는 존재였다.

유가와 법가 등이 봉건지배계급의 입장을 대변하는 사상이라면, 묵가는 서민들의 입장을 대변하는 사상가였다. 그는 겸애 이외에도 모든 사람이 생활비용을 절약하며 검소히 살고 부지런히 일해야 함을 강조하고 있다.(節用편 · 節葬편 · 非樂편 · 非命편 등 참조)

묵가는 뒤에 다시 설명하겠지만, 남을 위해 자신을 희생하는 한이 있더라도 자기네 학파의 주장을 철저히 실천한 사람들이었다. 이것은 하늘에 대한 신앙을 바탕으로 한 종교집단이 아니면 하기 어려운 일이다. 이 점이 묵가가 다른 제자백가와는 뚜렷이 구별되는 특징이라 할 것이다.

그가 직접 사랑 · 평등 · 평화를 얘기하지는 않았지마는, 뒤에 얘기할 그의 겸애(兼愛) · 근검(勤儉) · 비공(非攻) 등의 사상은 현대적인 표현으로 그렇게 요약될 수도 있는 내용이다. 그러기에 『장자(莊子)』 천하(天下)편에서 묵자의 사상을 비판하고 "그의 도는 너무나 각박하다"고 하면서도 끝머리에 가서는 다음과 같이 칭송하는 말을 하고 있다.

그러나 묵자는 진실로 천하를 사랑하였다. 자기의 도를 추구하여 얻지 못한다면, 비록 몸이 깡마르게 된다 하더라도 그만두지 않았다. 그는 재사이다!

雖然墨子眞天下之好也, 將求之不得也, 雖枯槁不舍也, 才士也夫!
수 연 묵 자 진 천 하 지 호 야 장 구 지 부 득 야 수 고 고 불 사 야 재 사 야 부

『맹자(孟子)』에서도 "묵자는 겸애로 모든 사람을 똑같이 사랑하니, 이는 자기 아버지도 없는 셈이 된다. 아비도 없고 임금도 없으니, 이는 새나 짐승인 셈이다.(滕文公 下)"고 비판을 하면서도, 한편 다음과 같이 칭송도 하고 있다.

묵자는 겸애를 주장하여, 머리끝에서 발꿈치에 이르기까지 털이 다 닳아 없어진다 하더라도, 천하에 이로운 일이라면 행하던 사람이다.

墨子兼愛, 摩頂放踵, 利天下, 爲之. (『盡心(진심)』 上)
묵 자 겸 애 마 정 방 종 이 천 하 위 지

그리고 『맹자』에는 묵자사상이 성행되었음을 이렇게 밝히고도 있다.

양주와 묵자의 이론은 천하에 가득 차 있으니, 천하의 이론은 양주에게로 귀착되지 않으면 묵자에게로 귀착된다.

楊朱墨子之言盈天下, 天下之言, 不歸楊, 則歸墨.
양 주 묵 자 지 언 영 천 하 천 하 지 언 불 귀 양 즉 귀 묵

(『滕文公(등문공)』 下)

『여씨춘추(呂氏春秋)』 유도(有度)편에도 다음과 같은 말이 보인다.

> 공자와 묵자의 제자와 무리들이 천하에 가득 찼다.
>
> 孔墨之弟子徒屬滿天下.
> 공 묵 지 제 자 도 속 만 천 하

묵자의 학문은 유학과 함께 온 세상에 다른 어떤 학파의 사상보다도 성행하였다.

묵자는 그의 사상을 배척하고 반대하는 학파에서도 무시할 수 없었을 정도로 세상에 성행되었던 위대한 사상가이다. 양계초(梁啓超)가 『묵자학안(墨子學案)』[1]에서, 묵자를 '겸애' · '비공' 등 윤리적인 면에서 '작은 예수〔小基督〕' 라 하고, '평등' 과 '절검' 등을 주장하는 사회사상이나 경제사상면에서 '큰 마르크스〔大馬克思〕' 라 한 점은 재미있는 비유이다.

그러나 그의 생애에 관해서는 우리에게 구체적인 기록이 전혀 전해지지 않고 있다. 한나라 사마천(司馬遷, B.C. 145~B.C. 86?)의 『사기(史記)』를 보더라도 권74 맹자순경열전(孟子荀卿列傳) 끝머리에 다음과 같은 24자의 기록을 덧붙여 놓고 있을 뿐이다.

> 대체로 묵적은 송나라 대부로서 나라의 방어를 잘하였고 절용(節用)을 주장하였다. 어떤 이는 공자와 같은 때 사람이라 하고, 어떤 이는 그보다 뒤의 사람이라 한다.

1 第三章 墨子之實利主義及其經濟學說.

蓋墨翟, 宋之大夫, 善守禦, 爲節用, 或日並孔子時, 或日在其後.
개묵적 송지대부 선수어 위절용 혹왈병공자시 혹왈재기후

전국시대만 하더라도 세상에 그처럼 큰 반향을 일으켰던 묵자였지만, 이미 한나라에 와서는 역사가인 사마천조차도 그에 관하여는 잘 알 수 없는 인물로 변해 버렸던 것이다.

1) 묵자의 성명

묵자는 어느 나라에 언제 출생하여 언제 죽었는지 확실치 않을 뿐만 아니라, 심지어 성과 이름까지도 문제가 되고 있다. '묵자' 를 '묵적' 이라 부른 예는 앞에 든 『사기』 이외에도 『장자』 · 『순자』 · 『한비자』 · 『여씨춘추』[2] 및 반고(班固, 33~92)의 『한서(漢書)』 예문지(藝文志) 등에도 보인다. 따라서 송(宋)나라 정초(鄭樵, 1104~1162)가 『통지(通志)』 씨족략(氏族略)에서 『원화성찬(元和姓纂)』[3]을 인용하여 그의 성명에 대하여 이렇게 말하고 있다.

묵자는 성이 '묵' 이다. 묵씨는 고죽군(孤竹君)[4]의 후손으로 본시 묵태씨(墨台氏)였는데 뒤에 묵씨로 고쳤다. 전국시대에 송나라 사람 묵적이 책을 짓고 『묵자』라 책 이름을 불렀다.

2 『莊子』 天下篇, 『荀子』 非十二子篇, 『韓非子』 顯學篇, 『呂氏春秋』 不二 · 當染 · 愼大篇.

3 唐 林寶가 지은 책임.

4 殷 말 伯夷 · 叔齊의 아버지.

묵자는 성이 묵이고, 이름이 '적'이라는 것이 옛날에는 일반적인 견해였다.

그러나 남제(南齊)의 공치규(孔稚珪, 447~501)가 「북산이문(北山移文)」이란 글에서 묵자를 '적자(翟子)'[5]라 다르게 불렀고, 원(元)대의 이세진(伊世珍)은 『낭현기(琅嬛記)』[6]에서 가자(賈子)의 『설림(說林)』[7]을 인용하여, 묵자는 성이 적(翟)이며 이름은 오(烏)인데, 그의 어머니가 꿈에 해 속의 붉은 까마귀〔赤烏〕가 방 안으로 들어와 잉태하여 묵자를 낳았기 때문에 이름을 '오'라 한 것이라 하였다. 청대의 주량공(周亮工, 1612~1672)은 『인수옥서영(因樹屋書影)』이란 책에서 다시 이를 근거로 다음과 같은 주장을 하고 있다.

> 묵(墨)으로 그의 학문을 뜻했던 것인데, 지금은 성을 가지고 이름이라 하고, '묵'을 성이라 하고 있으니 그렇다면 노자(老子)는 성이 노씨인가?

그리고 근래에 이르러 강전(江瑔)이란 사람이 『독자치언(讀子卮言)』에서 더욱 조직적으로 묵자의 성명에 대하여 각별한 의견을 제시하였다.

그는 「논묵자비성묵(論墨子非姓墨)」이란 글에서, 묵자의 '묵'은 학파의 칭호이며 '적'은 성이거나 또는 이름이라 하면서,[8] '묵'이 그의 성

---

5 이는 文人의 흥취로 이름 밑에 子를 붙였던 듯하다.

6 모두 3卷, 황당한 神仙 얘기가 그 중심을 이룸. 淸 錢希言은 『戲瑕』에서 明 桑懌의 僞託이라 하였다.

7 지금은 전하지 않는 책으로 伊世珍이 꾸며낸 책 이름이라 보는 이들도 있다.

8 중국 고대에는 蒙莊 · 盲左처럼 그의 성을 아래에 붙여 부른 예가 있고, 巫彭 · 巫咸 · 優孟 · 優旃 · 史談 · 史遷처럼 그의 전문을 나타내는 말 밑에 이름을 붙여 부른 예도 있기 때문이다.

이 아니라는 증거로 다음과 같은 여덟 가지 사항을 들고 있다.

① '묵'을 묵자의 성으로 보는 것은 옛 관습에 어긋난다. 그의 학파를 '묵가'라 부르는데, 한나라 이전에는 사람의 성을 이용하여 학파를 호칭한 예가 없다. '묵'이 성이라면 유가도 공가(孔家)라 불러야 했을 것이다.

② 『한서』 예문지 제자략(諸子略)에 10가(家)가 보이는데, 묵가 이외에 유(儒)·도(道)·명(名)·법(法)·음양(陰陽)·종횡(縱橫)·잡(雜)·농(農)·소설(小說)의 9가가 모두 사람의 성이 아니다.

③ 묵자의 학문은 사일(史佚)·사각(史角) 등에게서 나왔다. 『한서』 예문지에는 묵가에 『윤일(尹佚)』 2편이 실려 있는데, 반고(班固, 32~92) 스스로 "주(周)의 신하이며 성왕(成王)·강왕(康王) 때(B.C. 1115~B.C. 1053)의 사람"이라 주를 달고 있다. 윤일과 사일은 같은 사람이며,[9] 사각은 윤일의 후손인 듯하다.[10] 『한서』 예문지에도 묵가에 『윤일』을 첫머리에 들고, 『묵자』 71편을 들고 있으니, '묵가'는 묵자 이전에 이루어진 것이다.

④ 옛날에는 '묵'이란 성이 없었다. 고죽군(孤竹君)이 묵태씨(墨台氏)였으나, 그것도 백이(伯夷)·숙제(叔齊) 이후로 없어졌다.

⑤ 묵가 학파 중에서 성으로 호칭되는 사람이 없다. 『한서』 예문지에는 『윤일(尹佚)』 이외에 『전구자(田俅子)』·『아자(我子)』·『수소자(隋巢子)』·『호비자(胡非子)』가 보이는데, 모두 성을 쓴 것이 아니다. 묵가는 '겸애'를 주장하여 관계가 친하고 먼 구별이나 나와 남의 구별도 없애려 하였기 때문에, 자기 종족이나 성을 잘 내세우지

9 『周書』에는 尹逸, 『史記』 周本紀에는 史佚로 쓰고 있다.

10 『呂氏春秋』 當染篇 ; "魯惠公使宰讓請郊廟之禮於天子. 桓王使史角往, 惠公止之. 其後在於魯, 墨子學焉."이란 기록 참조.

않았다.

⑥『묵자』에는 '자묵자(子墨子)' 란 호칭을 많이 쓰고 있는데, 성일 경우에는 성 밑에 '자' 자만을 붙였고(공자 · 맹자처럼), 성 위에 자자를 붙여 부른 예란 없다.[11] 당나라 · 송나라 이후에는 그런 법도를 모르고 썼던 경우가 있으나,[12] 어떻든 묵자의 '묵' 은 성이 아니다.

⑦ 옛날에는 이름을 붙이지 않고 성만을 부르지는 않았다. 그러나 『맹자』 등문공(滕文公) 상편과 『한비자』 현학(顯學)편 등에서 '묵' 이라는 한 자 호칭만을 쓰고 있으니, 이는 성이 아니라 그의 학술을 일컫는 말이다.

⑧ 묵가를 '묵' 이라 부른 것은 유가를 '유' 라고만 부른 것과 같은 것이다. 『여씨춘추』 당염(當染)편과 신대(愼大)편의 고유(高誘) 주에 '묵자는 노(魯)나라 사람으로 책 70편을 지었고 묵도(墨道)로 알려졌다' 하였는데, 묵자의 학문은 하(夏)나라 우(禹)임금에게서 비롯되어, 사일(史佚)을 거쳐 묵자에 이르러 구체적으로 이루어진 것이다. 그래서 사람들은 그 학술을 들어 대표적인 인물을 '묵자(墨子)' 라 불렀고, 그를 따르는 사람들을 '묵가' 라 불렀다.

강전(江瑔)의 이러한 증거가 모든 확증은 될 수 없는 것도 사실이다. 방수초(方授楚)의 『묵학원류(墨學源流)』[13] 등에서 강전의 이론을 자세히 반박하고 있으니 참고하기 바란다. 그러나 적어도 강전의 이 이론이 묵자의 성명까지도 문제가 있는 것임을 증명했다는 사실까지도 부인

11 子思子 같은 경우에는 子思가 孔伋의 字였기 때문에 그런 호칭을 썼다. 『列子』의 子列子란 호칭은 후세 사람이 써넣은 것일 것이다.

12 唐 劉禹錫이 子劉子, 宋 程頤가 子程子, 明 劉宗周가 子劉子란 호칭을 썼으나 잘못된 것이라는 것이다.

13 上卷 第一章 墨子之身世, 一 姓名.

할 길은 없을 것이다. 따라서 이 뒤로 많은 학자들이 특히 '묵' 이란 성에 대하여 문제를 제기하였다. 전목(錢穆) 같은 이는 『묵자』[14] 제1장 묵자전략(墨子傳略)에서, '묵' 이란 옛 형벌의 한 가지를 뜻하는 말인 동시에 노예처럼 부림을 당하는 사람의 뜻으로 묵자의 학문을 가리키는 말임을 여러 가지로 증명하였다.[15]

그리고 풍우란(馮友蘭)의 『중국철학사(中國哲學史)』· 고실(顧實)의 『한서예문지강소(漢書藝文志講疏)』· 진주(陳柱)의 『묵학십론(墨學十論)』· 장순일(張純一)의 『묵자집해(墨子集解)』 부록 등이 모두 '묵' 은 성이 아님을 주장하였다. 그러나 이들은 입장의 차이는 있으면서도 온건한 편이어서 대체로 진주(陳柱)의 표현처럼 "묵은 그들의 학문을 뜻하고, 적은 그의 이름이다."[16]는 입장을 취하고 있다.

전목은 묵자의 '묵' 이 죄인임을 표시하기 위하여 얼굴에 문신(文身)을 하는 옛날 형벌의 일종인 묵형(墨刑)을 뜻하는 것임을 증명하기 위하여 한 고조(高祖) 때의 경포(黥布)의 예도 들고 있다. 그는 본시 성이 영(英)이고 이름이 포(布)였는데, 젊어서 경형(黥刑)[17]을 받았다 하여 사람들이 그를 '경포' 라 불렀고, 출세한 뒤까지도 흔히 그대로 '경포' 라 불렀던 것이다. '경' 이 형벌 이름이지만 뒤에 가서 성처럼 쓰였으니, 그것이 성이 되었다 해도 지나친 말은 아닐 것이라는 것이다. 그래서 이들이 '묵' 은 본시 묵자의 성이 아니라고 주장하는 태도는 온건한 편이라고 한 것이다.

14 商務 『百科小叢書』 本.

15 錢穆 『先秦諸子繫年』·『國學概論』 등에도 보임.

16 陳柱 『墨學十論』 墨子大略 ; "墨是其道, 翟是其名."

17 『史記』 黥布列傳 및 『漢書』 英布列傳 참조. 墨刑이라고도 하며, 얼굴에 먹물로 文身을 하는 형벌.

더 적극적으로 호회침(胡懷琛)이 『묵자학변(墨子學辨)』[18]에서, '묵적'은 '맥적(貊狄)' 또는 '만적(蠻狄)'과도 통하여 본시가 오랑캐인 외국인을 가리키는 말인데, '묵'은 또 그가 입고 있던 옷이 검정색이었던 것과, 그의 얼굴이 검은 것을 가리켜 붙여진 말이라 하였다. 그리고 묵자는 인도의 브라만(Brahman) 교도이며, 그의 사상도 거기에서 모두 온 것이라 주장하였다.

그리고 위취현(衛聚賢)도 『묵자소전(墨子小傳)』[19]에서, 묵자는 인도 사람이거나 아랍 사람이라 한 뒤, 또 다시 그는 인도 브라만 교도임을 주장하였다. 또 김조동(金祖同)은 「묵자는 회교도임을 고증함(墨子爲回教徒攷)」[20]이란 글에서, 묵자는 아랍인이며, 불교나 브라만교 신자가 아닌 회교도라 주장하였다. 다시 진성량(陳盛良)은 「묵자의 문법적 연구(墨子文法的研究)」[21]에서 『묵자』의 문장을 분석 연구하여 이것이 외국인의 글임에 틀림없고 특히 회교문법과 비슷하다고 주장하였다.

묵자에 관한 연구가 성행되면서 결국 묵자는 '묵적'이란 성명까지도 문제가 되었던 것이다. 이것은 진(秦)·한(漢)대로부터 오랫동안 묵자 또는 묵학에 대한 연구와 관심이 끊어졌던 데서 온 혼란으로 보아야 할 것이다. 그러나 『묵자』란 책에서도 묵자의 제자들이 그를 '자묵자(子墨子)'라 곳곳에서 부르고 있고, 또 묵자는 자신을 언제나 '적(翟)'

■

18 『古史研究』 第二集 上册에 收錄. 이에 앞서 그는 「墨翟爲印度人辨」(『東方雜誌』 卷25 8號) 등, 묵자는 인도인이며 그의 사상이 불교에서 왔음을 주장하는 논문을 발표했는데, 이 논문은 이들을 總合한 것이다.

19 역시 『古史研究』 第二集에 실림. 그는 이밖에도 「墨子引書考」·「墨子各篇的作期及其派別」 같은 글을 씀.

20 『古史研究』 第二集 上册에 실림.

21 『古史研究』 第二集 下册에 실림.

이라 부르고 있으니, 우리로서는 묵자의 성이 '묵' 이고, 이름이 '적' 이라고 본 옛날의 일반적인 견해를 따르는 게 순리라고 생각된다.

2) 묵자의 출생지

『사기』 맹자순경열전(孟子荀卿列傳)에서 "묵적은 송나라의 대부였다." 고만 말하고 있을 뿐, 그가 어느 나라에서 출생한 사람인지는 분명히 밝히고 있지 않다. 지금 와서는 그가 어느 나라 어디에서 태어났다는 것이 별로 중요하지 않게 생각될는지 모르지만, 춘추전국시대에 있어서는 그의 출생지가 어디인가 하는 문제는 그의 사상적인 성격을 이해하는 데에 큰 영향을 끼치게 된다. 곧 그의 출생지에 대한 견해는 그의 사상에 대한 이해에 큰 영향을 주기 때문이다. 왜냐하면 중국은 나라가 커서 남북 또는 동서의 지역적인 차이에 따라 사람들의 풍습 · 기질 · 성격 · 사상 등에 서로 다른 특징을 보여주기 때문이다. 대체로 묵자의 출생지에 관하여는 다음과 같은 몇 가지 주장이 있다.

① 송(宋)나라 사람이라는 설. 사마천의 『사기』와 반고(班固)의 『한서』 및 갈홍(葛洪, 290~370)의 『신선전(神仙傳)』, 『문선(文選)』 장적부(長笛賦)의 이선(李善, ?~689) 주(注)에 인용된 『포박자(抱朴子)』, 『순자』 수신(修身)편의 양경(楊倞, 819 전후) 주, 당나라 임보(林寶)의 『원화성찬(元和姓纂)』 등에서 그런 주장을 하고 있다.

② 초(楚)나라 사람이라는 설. 필원(畢沅, 1730~1797)의 『묵자주(墨子注)』 서(叙) · 무억(武億, 1745~1799)의 『수경당문집(授經堂文集)』 발묵자(跋墨子) 등의 주장이다.

③ 노(魯)나라 사람이라는 설. 『여씨춘추』 당염(當染)편과 신대(愼大)편의 고유(高誘, 東漢 사람) 주에 처음 보이고, 근래의 손이양(孫詒

讓)[22]을 비롯하여, 양계초(梁啓超)[23] · 전목(錢穆)[24] · 호적(胡適)[25] 등 대표적인 묵자 연구가들이 대부분 이 견해를 따르고 있다.

④ 이밖에 근래 송성계(宋成堦)는 묵자가 제(齊)나라 사람임을 주장하였고,[26] 앞에 이미 소개한 것처럼 호회침(胡懷琛)과 위취현(衛聚賢)은 묵자가 인도 사람이라 하였으며, 김조동(金祖同)과 진성량(陳盛良)은 심지어 그를 아랍 사람이라 하였다.

이들 중 ④는 모두 최근의 이설이니 일리는 있다 하더라도 크게 문제삼을 것은 못될 듯하다. 그리고 묵자가 초나라 사람이라는 ②는 묵자가 초나라 노양문군(魯陽文君)과 내왕이 잦았다 하여, 『여씨춘추』 고유(高誘)의 주에서 묵자를 노인(魯人)이라 한 '노'를 초나라의 노양(魯陽)으로 생각한 때문이다.

그러나 『여씨춘추』 애류(愛類)편을 보면, 초나라가 공수반(公輸盤)이 만든 운제(雲梯)를 가지고 송나라를 공격하려 했을 때, 묵자는 그 소문을 듣고 제(齊)나라로부터 출발하여 초나라로 달려가 초왕에게 "저는 북방의 천한 사람입니다.(臣北方之鄙人也.)"고 말하고 있고, 당나라 여지고(余知古)의 『저궁구사(渚宮舊事)』에서는 노양문군(魯陽文君)이 초나라 혜왕(惠王)에게 "묵자는 북방의 현성인(賢聖人)입니다." 하고 얘기하고 있다. 그러니 묵자는 남쪽 초나라 사람이 아니라 북쪽 사람임이 분명한 것이다. 그리고 그의 실질적이고 견실한 사상 경향도 남쪽 초나라

22 『墨子閒詁』 附 「墨子後語」 上 墨子傳略.

23 『墨子學案』 第一章 墨子之生地及年代 등.

24 『墨子』 第一章 墨子的國籍.

25 『中國哲學史』 第六篇 第一章.

26 「墨子爲齊國人考」(『大陸雜誌 11卷 8期), 「墨子爲齊國人續考」(上同 16卷 2期).

의 기질과는 전혀 부합되지 않는다.

따라서 가장 오래되고도 가장 강한 증거를 지닌 것이 ①의 송나라 사람이라는 설과 ③의 노나라 사람이라는 설이다. 대체로 묵자를 송나라 사람이라 본 가장 중요한 근거는 앞머리에 인용한 것처럼 『사기』의 "묵적은 송나라 대부였다."는 기록이다. 반고(班固, 32~92)도 『한서』 예문지에서 그런 말을 하고 있다. 『묵자』 공수(公輸)편을 보면 초나라가 공수반(公輸盤)이 만든 운제(雲梯)를 이용하여 송나라를 치려 했을 때, 묵자는 그 소문을 듣고 제나라에서 출발하여 열흘 밤 열흘 낮을 쉬지 않고 달려가 초나라 임금을 만나 전쟁을 중지시킨다. 자신의 조국을 전쟁의 참화로부터 막으려 했던 듯하다. 그러나 또 묵자가 송나라를 지나면서 겪은 수모에 대하여 이렇게 쓰고 있다.

> 묵자가 돌아가는 길에 송나라를 지났다. 마침 비가 와 그곳 마을 문 안으로 들어가 비를 피하려 하였으나, 문지기가 그를 들여보내 주지 않았다.
>
> 子墨子歸過宋, 天雨, 庇其閭中, 守閭者不內也.
> 자 묵 자 귀 과 송 천 우 비 기 려 중 수 려 자 불 내 야

또 「노문(魯問)」편에는 다음과 같은 묵자와 송나라의 관계를 알려주는 기록이 있다.

> 묵자가 조공자를 송나라로 가서 벼슬하게 하였는데, 3년만에 돌아왔다.
>
> 子墨子士曹公子於宋, 三年而反.
> 자 묵 자 사 조 공 자 어 송 삼 년 이 반

송나라를 "지났고", 또 송나라에 "가서 벼슬하게 하고" "돌아왔다"는 표현 때문에 묵자가 송나라 사람이 아니라고 주장하는 사람들도 있다. 그러나 『사기』와 『한서』에서 묵자가 송나라 대부(大夫)라고 한 기록을 따르는 사람들이 많다. 송나라 대부로 태어났으나 그는 통치계급의 입장을 대변하는 유가를 비판하기 위하여 많은 시간을 노나라에 가서 살았던 것이다.

그리고 봉건주의를 근본적으로 부정하면서 그 시대에 성행한 겸병전쟁(兼倂戰爭)을 반대하는 극렬한 사상과 행동은, 망한 은(殷)나라의 유민들이 많이 살았던 송나라 사람이 아니라면 불가능한 것이라고 생각하는 것이다.

주(周) 무왕(武王)은 은나라를 멸한 뒤, 노공(魯公)에게 은나라 육족(六族)을 나누어주어 그들을 노예처럼 부리게 하였다.(『左傳』 定公 4年) 특히 망한 은나라의 지식계급은 심한 노예대우를 하였다. 이러한 폭압(暴壓)에 대한 항거로 묵자의 사상이 이루어지고, 그의 추종자들이 목숨을 걸고 단결하였다고 생각하는 것이다. 묵자가 특히 유가를 미워한 것은 공자의 조상도 은나라에서 송(宋)나라로 옮겨왔던 유민이었던 탓인지도 모른다.

그러나 『묵자한고(墨子閒詁)』란 역저를 낸 손이양(孫詒讓) 이래로 많은 학자들이 노나라 출생설을 믿고 있다. 『묵자』를 비롯한 여러 곳의 기록으로 보아 그가 노나라에서 출생하지 않았다 하더라도 노나라에서 가장 오랫동안 산 것만은 틀림없는 일인 듯하다. 『묵자』 귀의(貴義)편에 다음과 같은 몇 가지 기록이 보인다.

묵자는 노나라로부터 제나라로 가서 친구를 방문하였다.

子墨子自魯卽齊, 過故人.
자 묵 자 자 로 즉 제 과 고 인

묵자가 남쪽으로 위나라에 여행하였다.

子墨子南遊於衛.
자 묵 자 남 유 어 위

묵자가 남쪽으로 초나라에 여행하였다.

子墨子南遊於楚.
자 묵 자 남 유 어 초

묵자가 북쪽 제나라로 갔다.

子墨子北之齊.
자 묵 자 북 지 제

위나라는 노나라의 서남쪽, 초나라는 노나라의 남쪽, 제나라는 노나라의 동북쪽에 있었으니, 뒤의 여행도 모두 노나라에서 출발한 것임에 틀림없을 듯하다. 다시 「비공(非攻)」편에서는 묵자 스스로 말하기를 "남쪽에는 초나라, 오나라 임금, 북쪽에는 제나라, 진나라 임금……동쪽에는 거나라가 있다.(南則荊吳之王, 北則齊晋之君……東方有莒之國.)" 고 하였는데, '거나라' 는 지금의 산동성(山東省) 거현(莒縣)에 있던 나라이니, 묵자가 노나라에서 한 말임이 분명하다. 또 「노문(魯問)」편에서도 이렇게 말하고 있다.

마침내 월왕(越王)이 공상과를 위하여 수레 50승을 매어 가지고 가서 노나라의 묵자를 마중해 오도록 하였다.

遂爲公尙過, 束車五十乘, 以迎子墨子於魯.
수위공상과 속거오십승 이영자묵자어로

「공수(公輸)」편을 보면 초나라가 공수반(公輸盤)이 만든 운제(雲梯)로써 송나라를 공격하려 했을 때 보통 판본에는

묵자가 그 말을 듣고 제나라에서 출발하여 열흘 낮 열흘 밤을 달리어 영(郢)에 도착하였다.

子墨子聞之, 起於齊, 行十日十夜, 而至於郢.
자묵자문지 기어제 행십일십야 이지어영

하였는데, 필원(畢沅)은 『묵자주(墨子注)』에서 『여씨춘추』 애류(愛類)편을 인용하여 "제나라에서 출발했다(起於齊)."는 말은 "노나라로부터 간 것(自魯往)"이 틀림없는 일이라 하였다. 이밖에도 『묵자』에는 노나라와 관련된 얘기가 여러 곳에 보이고 있다.

「노문(魯問)」편을 보면 노나라 임금과 묵자의 대화가 거듭되고 있다. 또 자기 아들을 묵자에게 공부시킨 노나라 사람 얘기도 보이고, 노나라 남쪽 변두리 사람이 묵자를 만나는 얘기도 나오며, 묵자가 만난 사람들 중에는 공수반(公輸盤)을 비롯한 노나라 사람이 많다. 또 「비제(備梯)」편을 보면 금골희(禽滑釐)가 묵자에게 3년 공부하자 몰골이 형편없게 되었는데, 묵자가 이를 가엾이 여기고 술과 말린 고기를 그가 있던 태산(泰山)으로 보내주었다 했는데, 이 태산도 노나라 북쪽 변경에 있는 산 이름이다.

『묵자』 이외에도 묵자가 노나라에 오래 머물러 있었음을 말해주는 기록이 여러 곳에 보인다. 『여씨춘추』 애류(愛類)편에서는 이렇게 말하고 있다.

공수반이 운제를 만들어 송나라를 공격하려 했는데, 묵자는 그 소문을 듣자 노나라로부터 초나라로 가서 초왕을 만나 뵙고 말하였다.

"저는 북방의 천한 사람입니다……."

公輸般爲雲梯, 欲以攻宋, 墨子聞之, 自魯往見荊王曰 ; 臣北方之鄙人也…….
공수반위운제 욕이공송 묵자문지 자로왕견형왕왈 신 북방지비인야

『회남자(淮南子)』 수무(修務)편에도 다음과 같은 기록이 있다.

노나라로부터 달려가서 열흘 낮 열흘 밤만에 영(초나라 수도)에 도착하였다.

自魯趨而往, 十日十夜至於郢.
자로추이왕 십일십야지어영

다시 『여씨춘추』 당염(當染)편에는 다음과 같은 기록이 있다.

노나라 혜공이 재양(宰讓)을 보내어 천자에게 교묘(郊廟)의 예를 요청하자, 환왕(주나라 천자)은 사각(史角)을 보내었다. 혜공은 그를 머물게 하여 그의 후손이 노나라에 살았는데, 묵자가 그에게서 배웠다.

魯惠公使宰讓請郊廟之禮於天子, 桓王使史角往. 惠公止之,
노 혜 공 사 재 양 청 교 묘 지 례 어 천 자 환 왕 사 사 각 왕 혜 공 지 지

其後在於魯, 墨子學焉.[27]
기 후 재 어 로 묵 자 학 언

다시 『회남자』 범론훈(氾論訓)에서는 다음과 같은 말도 하고 있다.

추 · 로의 유학과 묵학을 총합하여, 옛 성인들이 남긴 가르침에 통달한다.

總鄒魯之儒墨, 通先聖之遺敎.
총 추 로 지 유 묵 통 선 성 지 유 교

'추(鄒)'는 '추(鄹)'로도 쓰며 본시 주루(邾婁)라 불렀고, 지금의 산동성 추현(鄒縣) 땅으로 맹자의 고향이다. 따라서 여기서 '추'는 유학의 고장을 뜻하고, '노'는 묵학의 고장을 뜻하고 있는 것이다. 따라서 묵자는 노나라 사람이라 볼 수 있을 정도로 그곳에 오랫동안 머물러 있었음은 분명한 일이다.

3) 묵자의 태어난 해와 죽은 해

묵자는 이름조차도 불확실하니 그가 살았던 시대도 분명치 않을 것은 당연한 일이다. 앞에서 이미 인용한 것처럼 사마천(B.C. 145~B.C. 86?)은 『사기』에서 이렇게 간단히 쓰고 있다.

---

27 桓王은 B.C. 727에 卽位했고, 魯惠公은 B.C. 723에 죽었으므로 이 기록에는 문제가 있다. 桓王이나 惠公 둘 중 한 사람이 잘못 적혀진 게 아닌가 한다.

혹은 공자(B.C. 551~B.C. 479)와 같은 때라고도 하고, 혹은 그보다 뒤라고도 한다.

그러나 유향(劉向, B.C. 77~B.C. 6)은 『별록(別錄)』에는 다음과 같은 기록이 보인다.

묵자의 책에는 문자(文子)가 있는데, 문자는 자하(子夏)의 제자이며, 묵자에게 배웠다. 그러니 묵자는 70자(子, 공자의 제자들)보다 뒤진다.[28]

반고(32~92)는 『한서』 예문지에서 "공자보다 뒷사람"이라 간단히 말하고 있다. 장형(張衡, 78~139)도 「형이 도위는 허망한 것임을 논하여 올리는 글(衡集論圖緯虛妄疏)」이란 글에서 이렇게 말하고 있다.

공수반과 묵적은 다 같이 자사(子思)의 시대에 살았고, 공자보다 뒤였다.[29]

그러니 옛날에는 묵자란 '공자보다 약간 후대의 사람' 정도로 알고 있던 게 보통이었던 듯하다.

청대에 이르러 묵자에 관한 연구가 성행되면서, 그의 생졸연대에 대한 고증도 시작된다. 그러나 필원(畢沅, 1730~1797)은 『묵자주(墨子注)』 서

28 "墨子書有文子, 文子子夏之弟子, 問於墨子. 如此則墨子者, 在七十子後也." 唐 司馬貞 『史記索隱』에 인용됨.

29 "公輸班與墨翟並在子思之時. 出仲尼後." 唐 李賢 『後漢書』 張衡傳 注에 인용됨. 公輸班의 '班'은 책에 따라 '般' 또는 '盤'으로도 쓰여 있음.

문에서 "전국시대 사람으로 주 말까지 생존하였다."[30]고 말했을 정도이며, 본격적인 고증은 왕중(汪中, 1744~1794)에게서 비롯되고 있다. 왕중은 『술학내편(述學內篇)』 3 묵자서(墨子序)에서 이렇게 고증하고 있다.

『묵자』 귀의편에 "묵자가 남쪽 초나라로 가서 초나라 헌혜왕을 뵈었다……." 했으니, 묵자는 실로 초나라의 혜왕(B.C. 488~B.C. 432 재위)과 같은 때이다. 그가 송나라에 벼슬한 것은 의당 경공(景公, B.C. 516~B.C. 451 재위) · 소공(昭公, B.C. 450~B.C. 404 재위) 시대일 것이며, 그의 시대는 공자(B.C. 551~B.C. 479)보다 약간 뒤지니, 혹 공자를 볼 수 있었을지도 모른다. 「예문지」에서 공자보다 뒤진다고 한 것은 옳다. …… 「비공(非攻)」 하편에서는 "지금 천하의 호전적인 나라로 제 · 진 · 초 · 월나라가 있다." 하였고, 또 "당숙(唐叔)과 여상(呂尙)이 제나라와 진나라에 봉해졌는데…… 지금은(초나라 월나라와 함께) 천하를 넷으로 나누어 차지하고 있다."고도 하였으며, 또 「절장(節葬)」 하편에서도 "제후들이 힘으로 정치를 하게 되자, 남쪽에는 초 · 월나라의 임금이 있고, 북쪽에는 제 · 진나라 임금이 있게 되었다." 하였다. 분명히 월왕 구천이 백(伯)의 작위를 자칭한(B.C. 473) 뒤, 진(秦)나라 헌공(B.C. 384~B.C. 362 재위)이 뜻을 얻지 못하고 있던 이전이며, 진(晋)나라가 세 나라로 쪼개어지지(B.C. 453) 않았던 온전한 때였고, 제나라는 아직 진(陳)씨에게로 넘어가지(B.C. 386) 않았던 때였다.[31]

30 "六國時人. 至周末猶存."

31 "『墨子』 貴義篇 : 墨子南游於楚, 見獻惠王……墨子實與楚惠王同時, 其仕宋, 當景公 · 昭公之世, 其年與孔子差後, 或猶及見孔子矣. 藝文志 以爲在孔子後者是也. … 非攻 下篇言 : 今天下好戰之國, 齊晋楚越. 又言, 唐叔 · 呂尙邦齊晋, 今與楚越四分天下. 節葬 下篇言 : 諸侯力征, 南有楚越之王, 北有齊晋之君. 明在勾踐稱伯之後, 秦獻公未得志之前, 全晋之時三家未分, 齊未爲陳氏也."

왕중의 고증을 따르면 묵자는 공자가 죽은 해인 기원전 479년 전후해서 출생하였고, 또 강(姜)씨의 제(齊)나라가 전화(田和)에게 제후 자리를 빼앗겼던[32] 기원전 386년 이전에 죽었다는 것이다.

그러나 손이양(孫詒讓, 1848~1908)은 주로 『묵자』에 보이는 인물과 사건의 연대를 근거로 하여,[33] 필원의 설은 너무 이르고 왕중의 설은 너무 뒤진다고 하면서, 대체로 주(周)나라 정왕(定王) 초년(B.C. 468) 무렵에 나서 안왕(安王)의 말년(B.C. 376) 무렵에 이르는 93년 사이에 8, 90세를 산 사람이라 고증하였다.

다시 양계초(1873~1929)[34]는 묵자와 교류가 있었던 인물들 중 그의 연대를 알 수 있는 공수반(公輸盤) · 노양문군(魯陽文君) · 초(楚) 혜왕(惠王) · 송(宋) 자한(子罕) · 제(齊) 태왕(太王) 전화(田和) · 고자(告子)의 여섯 명을 근거로 하여, 묵자는 주 정왕 초년(원년에서 10년, 곧 B.C. 468에서 B.C. 459에 이르는 10년 사이, 대략 공자가 죽은 지 10여 년 되는 해)에 나서, 주 안왕 중엽(안왕 12년에서 20년, 곧 기원전 390에서 기원전 382에 이르는 9년 사이, 대략 맹자가 태어나기 전 10여 년 되는 해)에 죽었다고 고증하였다.

이 뒤로도 많은 학자들이 묵자의 생졸년을 제각기 고증하여 아래와 같이 주장하였다.

호적(胡適, 1891~1962)[35]—주 경왕(敬王) 20년에서 30년(B.C. 500~B.C. 490) 사이에 나서, 주 위열왕(威烈王) 원년에서 10년(B.C. 425~B.C. 415) 사이에 죽었다.

32 옛날에는 田씨를 陳씨로도 썼다.

33 『墨子閒詁』 부록 「墨子年表」.

34 『墨子學案』 附錄 二 「墨子年代考」.

35 『中國古代哲學史』 第六篇 第一章 墨子略傳.

전목(錢穆)[36] – '묵자는 늦어도 원왕(元王, B.C. 475~B.C. 469 재위) 때에는 출생하였으며, 공자가 죽은 지(B.C. 479) 10년은 넘지 않는 해이다. 그가 죽은 것은 안왕(安王) 10년(B.C. 392) 전후로 맹자가 태어나기 전 10년을 넘지 않는 해이다' 고 하면서, 「묵자연표」는 공자가 죽은 해인 주 경왕(敬王) 41년(B.C. 479)에서 시작하여, 오기(吳起)[37]가 죽은 해인 안왕(安王) 21년(B.C. 381)에까지 이르고 있다.

방수초(方授楚)[38] –B.C. 490~B.C. 403?
손광덕(孫廣德)[39] –B.C. 490?~B.C. 406?
왕동진(王冬珍)[40] –B.C. 489?~B.C. 406……403
진유덕(陳維德)[41] –B.C. 479……473~B.C. 393 이후 몇 년 사이
양영국(楊榮國)[42] –B.C. 478?~B.C. 392?

이상 여러 학자들의 고증을 살펴보면, 호적 · 양계초 · 전목 등은 왕중 · 손이양의 고증을 보충 수정한 성격의 것이고, 방수초 이하의 사람들은 거의 같은 자료들을 놓고 생기는 견해 차이에서 나타난 결과에 불과하다. 이밖에도 풍우란(馮友蘭)은 그의 『중국철학사』에서 전목의 설을 따르고 있고, 범문란(范文瀾)은 그의 『중국통사간편(中國通史簡編)』에서 손이양의 설을 따르고 있다. 이 중 가장 무리가 없는 이론이 손이양 ·

36 『先秦諸子繫年』 墨子生卒考.
37 『呂氏春秋』 上德편에 吳起(戰國時代 名將)의 죽음에 관한 기록이 있는데, 墨家의 鉅子인 孟勝과 관련이 있어 많은 학자들이 墨子 卒年考證에 이용하고 있다.
38 『墨學源流』 第一章 三, 生卒年代.
39 『墨子政治思想之研究』 第一章 墨子之生平及著作.
40 『墨學新探』 第一篇 第一章 生平事蹟.
41 『墨子教育思想研究』 第一章 第一節 參, 年代.
42 『中國古代思想史』 二 墨子的思想 第一節 註 2).

양계초 · 전목 세 학자의 고증인 듯하다. 여기에서는 전목의 고증을 따라 묵자는 기원전 479년 무렵에 나서 기원전 381년 무렵에 죽은 사람이라 해둔다. 고증 자료 자체가 불안정하므로 생졸년 모두 20년 정도의 차이는 곧 문제가 될 수 없는 것이다.

4) 묵자의 출신 성분

묵자는 천한 계급 출신이며 평생 이렇다 할 벼슬도 해보지 못하였던 사람인 듯하다. 그의 저술을 보더라도 그가 천한 계급 출신이었음을 알게 하는 기록들이 여러 곳에 발견된다. 『묵자』 귀의(貴義)편에는 다음과 같은 대목이 있다.

> 묵자가 남쪽 초나라로 가서 초 혜왕을 뵙고 책을 바치려 하였다. 혜왕은 늙음을 이유로 사양하며, 목하(穆賀)로 하여금 묵자를 만나게 하였다. 묵자가 목하에게 자기 주장을 얘기하니, 목하는 크게 기뻐하면서 묵자에게 말하였다. "선생님의 말씀은 정말 훌륭하십니다. 그러나 임금은 천하의 대왕이시니 천한 사람이 지은 것이라 하여 쓰지 않으려 하시지 않겠습니까?"

> 子墨子南游於楚, 見楚惠王獻書.[43] 惠王以老辭, 使穆賀見子
> 자묵자남유어초 견초혜왕헌서 혜왕이로사 사목하견자
> 墨子. 子墨子說穆賀, 穆賀大說, 謂子墨子曰 ; 子之言則誠善
> 묵자 자묵자설목하 목하대열 위자묵자왈 자지언즉성선
> 矣. 而君王, 天下之大王也, 毋乃曰 賤人之所爲而不用乎?
> 의 이군왕 천하지대왕야 무내왈 천인지소위이불용호

43 보통 판본은 이 구절이 "見楚獻惠王"이라 되어 있으나, 초나라에 獻惠王이란 없었고, 孫詒讓『墨子閒詁』의 의견을 따라 이렇게 읽은 것이다.『文選』李善 注 및『渚宮舊事』卷2에도 "墨子獻書惠王"이란 말이 인용되어 있다.

초나라의 목하가 묵자 앞에서 바로 상대방을 가리켜 '천한 사람' 이라 말하고 있으니, 묵자는 출신이나 신분이 모두 낮았음이 분명하다. 『여씨춘추』 고의(高義)편을 보면 묵자 스스로 이런 말을 하고 있다.

> 저는 몸에 따라서 옷을 입고 배나 채우려 음식을 먹으며, 떠돌아다니는 천한 사람들과 친하게 지내고 있으니 감히 벼슬을 할 엄두도 못 냅니다.
>
> 翟度身而衣, 量腹而食, 比于賓萌, 未敢求仕.
> 적탁신이의 양복이식 비우빈맹 미감구사

그가 벼슬과는 거리가 먼 천한 신분의 사람이었음을 알려주는 기록이다.

또 『묵자』 비제(備梯)편에는 다음과 같은 기록도 있다.

> 금골희가 묵자를 섬긴 지 3년이 되자 손발에 못이 박히고 얼굴은 새까맣게 되었다. 자기 몸을 부리어 일해 주면서도 감히 자기가 바라는 일은 물어보지도 못하였다.
>
> 禽滑釐子事子墨子, 三年, 手足胼胝, 面目黧黑, 役身給事, 不敢問欲.
> 금골희자사자묵자 삼년 수족변지 면목려흑 역신급사 불감문욕

금골희는 묵자의 제자 중에서도 가장 두드러진 인물인데,[44] 묵자를

44 『墨子』 公輸편 · 耕柱편 등에도 그에 관한 기록이 보임. 뒤 '제5장 묵학의 성쇠와 묵자의 제자, 2.묵자의 제자들' 참조.

따른 지 3년 만에 손발에 못이 박히고 얼굴이 새까맣게 되었다니, 묵자를 비롯하여 묵가의 사람들은 모두 직접 노동을 하던 사람들임에 틀림없다. 『여씨춘추』 애류(愛類)편을 보면 초나라가 공수반이 만든 운제(雲梯)를 이용하여 송나라를 공격하려 했을 때, 묵자는 멀리 노(魯)나라로부터 초나라로 달려가 초나라 임금을 뵙고 자신을 다음과 같이 소개하고나서 말을 잇고 있다.

> 저는 북방의 천한 사람입니다. 듣건대 대왕께서는 송나라를 공격하려 하신다는데 정말 그렇습니까?
>
> 臣北方之鄙人也, 聞大王將攻宋, 信有之乎?
> 신 북 방 지 비 인 야 문 대 왕 장 공 송 신 유 지 호

스스로 자신을 "천한 사람"이라 부르고 있다. 『장자』 천하(天下)편에서는 이렇게 묵가를 평하고 있다.

> 묵자는 도(道)에 대하여 이렇게 말하였다. "옛날 우(禹)가 홍수를 막고, 장강(長江)과 황하(黃河) 물길을 트고, 사방의 오랑캐와 온 중국 땅이 서로 통하게 하였다. 그때 다스린 유명한 산이 3백 개였고, 냇물의 갈래가 3천 줄기였으며, 그밖의 작은 것들은 무수하였다. 우임금은 친히 삼태기와 가래를 들고서 천하의 강물을 모아 바다로 흐르게 하느라고, 장딴지에는 살이 없었고 정강이에는 털이 없었으며, 소낙비에 목욕을 하고, 거센 바람으로 머리를 빗으면서도 모든 나라를 안정시켰다. 우임금은 위대한 성인이었는데도, 천하를 위하여 육체를 이처럼 수고롭혔던 것이다." 그리고는 후세의 묵가들에게 털가죽 옷과 칡베 옷을 입고 나막신과 짚신을 신고서, 밤낮으로

쉬지 않고 스스로 고생하는 것을 법도로 삼게 하였다. 그리고는 "이렇게 하지 못한다면 우임금의 도가 아니니 묵가가 되기에 부족하다."고 말하였다.

墨子稱道曰；昔者禹之湮洪水，決江河，而通四夷九州也，
묵자칭도왈 석자우지인홍수 결강하 이통사이구주야

名山三百，支川三千，小者無數．禹親自操橐耜而九雜天下之
명산삼백 지천삼천 소자무수 우친자조탁사이구잡천하지

川，腓無胈，脛無毛，沐甚雨，櫛疾風，置萬國．禹大聖也，而
천 비무발 경무모 목심우 즐질풍 치만국 우대성야 이

形勞天下也如此．使後世之墨者，多以裘褐爲衣，以跂蹻爲服，
형로천하야여차 사후세지묵자 다이구갈위의 이기교위복

日夜不休，以自苦爲極．曰；不能如此，非禹之道也，不足爲
일야불휴 이자고위극 왈 불능여차 비우지도야 부족위

墨．
묵

"장딴지에 살이 없고 정강이에 털이 붙어나지 못할 정도로 일한" 우임금을 본받아 일하고 허름한 옷을 입고 지내는 사람들이라면, 아무리 옛날이라 하더라도 벼슬 못한 낮은 백성임에 틀림없다.

『회남자』 요략훈(要略訓)에서도 묵자가 재물을 절약하고 장례를 간소하게 치를 것을 강조하는 주장이 하나라 우임금을 본뜬 데서 나왔음을 다음과 같이 논하고 있다.

묵자는……주나라 도를 배반하고 하나라 정책을 따랐다. 우임금 때에 천하의 큰 홍수가 일어나자, 우임금은 몸소 삼태기와 가래를 들고서 백성들의 앞장을 서서, 황하 물길을 터서 아홉 갈래를 내어 바다로 흘러들게 하고, 강수를 터서 아홉 줄기로 흐르게 하였으며, 다섯 호수를 정리하여 동해를 안정시켰었다. 이러한 때에는 불에 타도 치울 겨를이 없고 물에 젖어도 닦을 틈이 없었으니, 언덕에서 죽은 사람은 언덕에 장사지내고, 못에서 죽는 사람은 못에 장사지내었다. 그래서 재물의 절약과 간단한 장례와 간편한 옷이 생겨났던 것이다.

墨子……背周道而用夏政. 禹之時, 天下大水, 禹身執虆臿
묵자 배주도이용하정 우지시 천하대수 우신집류삽
以爲民先, 剔河而道九岐, 鑿江而通九路, 辟五湖而定東海.
이위민선 척하이도구기 착강이통구로 벽오호이정동해
當此之時, 燒不暇撌, 濡不給扢, 死陵者葬陵, 死澤者葬澤.
당차지시 소불가귀 유불급흘 사릉자장릉 사택자장택
故節財 · 薄葬 · 間服生焉.
고절재 박장 간복생언

앞에서 얘기했듯이, 전목(錢穆)이 『묵자』란 책에서 '묵'은 '옛날 형벌의 칭호'이며, '묵이란 형벌을 받은 자이고, 말을 바꾸면 바로 노예처럼 부림을 받는 자'를 뜻한다고 주장했던 것도, 묵자를 비롯하여 묵가의 생활이 극히 어렵고도 고생스러웠다는 데서 나온 착상이었다. 그 점에서 많은 사람들이 전목의 주장에도 일리가 있음을 인정하게 되는 것이다. 묵자가 비천한 출신으로, 비천한 신분 또는 비천한 사람들과 같은 생활로 평생을 보냈음이 거의 틀림없는 사실인 듯하기 때문이다.

다만 역사가인 사마천의 『사기』 맹자순경열전(孟子荀卿列傳)에서 '묵적은 송나라의 대부였다'고 한 기록이 문제가 된다. 이에 대해서는 양계초가 『묵자학안』 제1장 1절에서 다음과 같은 의견을 제시하고 있다.

묵자가 송나라 대부였다는 설은 「맹자순경열전」 이외에 또 『한서』 예문지에도 보인다. 그러나 나는 이를 깊이 믿을 수가 없다. 『묵자』를 조사해 보아도 송나라에서 벼슬했다는 흔적은 전혀 없다. 사마천은 아마도 묵자가 전에 송나라의 어려움을 구해 준 일이 있었기 때문에[45] 그래서 그가 송나라에서 벼슬했다고 말했을 것이다. 그러나 사실은 묵자가 송나라를 구해 준 것은 전적으로 자신의 '겸애'와 '비공' 주의를 실행하기 위한 것이었다. 그것으로 어찌 벼슬을 했느니 안했느니 논할 수가 있겠는가? 묵자는 일찍이 말하기를 "도(道)가 행하여지지 않으면 그곳의 상을 받지 않고, 의(義)를 들어주지 않는다면 그 조정에 몸담지 않는다."(貴義편) 하였다. 당시의 송나라가 그의 도를 행하고 그의 의를 들어줄 수 있었단 말인가? 묵자는 언행이 일치된 사람이었다. 어찌 송나라 조정에 서려 하였겠는가? 그래서 나는 묵자는 처음부터 끝까지 평민이었으며 벼슬을 한 일이 없는 사람이라 생각한다.

그리고 『묵자』 공수편에 의하면 묵자가 송나라를 구하고 초나라로부터 노나라로 돌아가던 도중, 송나라를 지나다가 비를 만나 어느 마을 문(閭)으로 들어가 비를 피하려 했을 때 "문지기가 들여보내 주지 않았다."고 한 것을 보면 묵자는 송나라에서 벼슬한 일은 없었던 것도 같다.

묵자는 옛날에 천시되던 직업 중에서도 특히 목공(木工) 출신이었을 가능성이 가장 많다. 그가 「귀의(貴義)」편에서 스스로 위(衛)나라에 갔을 적에 자기의 입장을 얘기하고 있다.

나는 위로는 임금과 관계되는 일이 없고, 아래로는 밭 갈고 농사짓는 어려움이 없다.

45 『墨子』 公輸편 참조 바람. 楚나라가 公輸盤이 만든 雲梯를 이용하여 宋나라를 치려 했을 때, 墨子는 그 얘기를 듣고 魯나라에서 楚나라까지 달려가 楚나라의 뜻을 막았다.

翟上無君上之事, 下無耕農之難.
적 상 무 군 상 지 사 하 무 경 농 지 난

묵자는 그때까지 벼슬도 하지 않았거니와 농사일과도 관계없는 사람이었음이 틀림없다. 그런데 『묵자』 노문(魯問)편에는 다음과 같은 얘기가 실려 있다.

공수자가 대나무와 나무를 깎아서 까치를 만들었는데, 완성되어 그것을 날리자 사흘 동안 내려앉지 않았다. 공수자는 스스로 지극히 뛰어난 기술이라 생각하였다. 묵자가 공수자에게 말하였다. "선생께서 까치를 만든 것은 내가 수레바퀴 빗장을 만든 것만 못한 것입니다. 잠깐 사이에 세 치의 나무를 깎아 만든 것이지만 50석(石)의 무게를 싣는 수레에 쓸 수가 있습니다. 그러므로 사람이 하는 일이란 사람들에게 이로운 것이면 기술이 뛰어나다 하고, 사람들에게 이롭지 않은 것이라면 기술이 시원찮다고 하는 것입니다."

公輸子削竹木以爲鵲, 成而飛之, 三日不下. 公輸子自以爲
공 수 자 삭 죽 목 이 위 작 성 이 비 지 삼 일 불 하 공 수 자 자 이 위

至巧. 子墨子謂公輸子曰 ; 子之爲鵲也, 不如翟[46]之爲車轄.
지 교 자 묵 자 위 공 수 자 왈 자 지 위 작 야 불 여 적 지 위 거 할

須臾劉三寸之木, 而任五十石之重. 故所爲功, 利於人謂之巧,
수 유 류 삼 촌 지 목 이 임 오 십 석 지 중 고 소 위 공 이 어 인 위 지 교

不利於人謂之拙.
불 리 어 인 위 지 졸

이에 의하면, 묵자는 '잠깐 사이에 세 치의 나무를 깎아 수레바퀴

46 翟이 匠으로 된 판본도 있다. 그러나 『韓非子』의 다음 대목과 함께 볼 때, 翟자가 옳은 듯하다.

빗장을 만들 만한 솜씨'를 지니고 있던 목공임이 분명하다. 다시 『한비자』 외저설좌상(外諸說左上)편에는 이런 얘기도 있다.

> 묵자가 나무로 솔개를 3년 만에 만들어 냈는데, 하루 날고는 부서져 버렸다. 제자가 말하였다. "선생님의 기술로 나무 솔개를 만들어 날게 하실 수 있으셨습니다." 묵자가 말하였다.
>
> "수레채 마구리를 만든 기술만도 못한 것이다. 짧은 나무를 써서 하루 아침의 노력도 들이지 않고 30석(石)의 짐을 실은 수레를 끌 수 있게 하며, 멀리 짐을 운반할 수 있게 하는 능력이 많으면서도 여러 해나 견딘다. 지금 나는 3년 걸려 솔개를 만들었는데 하루 날고는 부서져 버렸다." 혜자가 이 얘기를 듣고는 "묵자는 대단히 기술이 뛰어나다. 수레채 마구리는 잘 만들었지만 솔개를 만든 것은 시원치 않았다."고 평하였다.

> 墨子爲木鳶, 三年而成, 蜚一日而敗. 弟子曰; 先生之巧,
> 묵자위목연 삼년이성 비일일이패 제자왈 선생지교
> 至能使木鳶飛! 墨子曰; 不如爲車輗之巧也. 用咫尺之木, 不
> 지능사목연비 묵자왈 불여위차예지교야 용지척지목 불
> 費一朝之事, 而引三十石之任, 致遠力多, 久於歲數. 今我爲
> 비일조지사 이인삼십석지임 치원력다 구어세수 금아위
> 鳶, 三年成, 蜚一日而敗. 惠子聞曰; 墨子大巧. 巧而輗, 拙
> 연 삼년성 비일일이패 혜자문왈 묵자대교 교이예 졸
> 爲鳶.
> 위연

묵자는 나무로 솔개를 만들어 날릴 수 있는 정도의 목공의 재주가 있었다. 또 『묵자』 공수편을 보면, 묵자는 초나라로 가서 직접 공수반이 만든 운제를 자신의 기계로 막는 모의전쟁을 통하여, 운제로써 송나라를 공격할 수 없음을 증명해 보이고 있다. 그리고 『묵자』의 비성문(備城門) · 비고림(備高臨) · 비제(備梯)편 등을 보더라도 여러 가지 기계의 활용을 설명하며 병법을 얘기하고 있으니, 그가 목공뿐만이 아니라 여러 가지 기계에 대하여도 잘 아는 기술자였음이 분명하다.

또 하나 문제가 되는 것은 『한서』 예문지 제자략(諸子略)에서 묵가를 설명하면서 그들의 원류를 다음과 같이 설명하고 있는 것이다.

> 묵가의 무리들은 대체로 종묘지기에서 나왔다.
>
> 墨家者流, 蓋出於淸廟之守.
> 묵 가 자 류 　개 출 어 청 묘 지 수

묵가가 종묘지기에서 나왔다는 기록은 다른 전적에는 전혀 보이지 않는다. 「예문지」 제자략에서는 유가는 사도지관(司徒之官)[47]에서 나왔고, 도가는 사관(史官)에서 나왔고, 음양가(陰陽家)는 희화지관(羲和之官)[48]에서 나왔고, 법가는 이관(理官)[49]에서 나왔다는 등 모든 제자백가의 유래를 관제에 갖다붙이고 있다.

따라서 묵가도 가장 비슷한 관리로서 '청묘지수(淸廟之守)'를 들었을 것이다. 「예문지」에서는 청묘(淸廟)가 "띠풀 지붕에 다듬지 않은 서까래로 이루어진 건물이었기 때문에 검소함을 숭상한 것을 뜻한다."고 하면서 다시 '겸애'를 비롯한 여러 가지 묵가의 사상이 '청묘지수'에서 나온 이유를 설명하고 있다. 『좌전(左傳)』 환공(桓公) 2년에서도 "종묘가 띠풀 지붕임은 그 검소함을 밝히기 위한 것이다.(淸廟茅屋, 昭其儉

47 司徒는 나라 사람들의 교육을 담당하던 관리(『周禮』 地官 大司徒).

48 羲和는 四時와 曆法을 관장하는 관리(『書經』 堯典).

49 理官은 獄事와 刑罰을 담당하던 관리.

也.)"고 말하고 있으니, 묵가를 '청묘지수'에 갖다붙인 것은 '청묘지수'가 관리 중 가장 검약과 관계가 있는 직책이었기 때문일 것이다.

이것도 묵가가 벼슬을 했다는 증거는 전혀 되지 못한다. 또 『여씨춘추』 당염(當染)편에,[50] 노나라 혜공(惠公)이 천자에게 교묘(郊廟)의 예를 요청하였을 때 주 환왕(桓王)은 사각(史角)을 노나라로 보냈었는데, 뒤에 묵자가 사각의 후손에게 배웠다는 기록이 있다. 사각은 '교묘의 예'의 전문가였으므로 묵가가 '청묘지수'에서 나왔다고 생각하도록 영향을 끼쳤을 것이다.

묵가가 천한 신분의 사람이었다고는 하지만 또 한 가지 우리가 주의하지 않으면 안될 것은 그가 상당한 학문을 기초로 한 사상가라는 점이다. 『회남자』 주술훈(主術訓)에는 다음과 같은 기록이 있다.

> 공구와 묵적은 옛 성인들의 학술을 닦고 육예[51]의 이론에 통달하여, 입으로는 그분들의 말을 얘기하고 몸으로는 그분들의 뜻을 행하였다.

> 孔丘墨翟脩先聖之術, 通六藝之論, 口道其言, 身行其志.
> 공구묵적수선성지술 통육예지론 구도기언 신행기지

다시 같은 책 「요략훈(要略訓)」에는 다음과 같은 기록이 보인다.

> 묵자는 유자의 일을 공부하고 공자의 학술을 전수받았으나 …… 주나라 도를 물리치고 하나라 정치방법을 따랐다.

50 앞 '1) 묵자의 성명' 註에 원문 인용함.

51 六藝 : 詩 · 書 · 禮 · 樂 · 易 · 春秋의 '六經'을 뜻함.

墨子學儒者之業, 受孔子之術, ……背周道而用夏政.
묵자학유자지업 수공자지술 배주도이용하정

그러니 묵자는 처음에는 유학을 공부했거나, 적어도 유가와 같이 '육경'을 바탕으로 학문을 닦았음을 알 수 있다.

『묵자』를 읽어보면 묵자는 자신의 논거로 여러 곳에서 『시경』·『서경』을 인용하고 있고, 유가에서 존중하는 옛 성왕인 요(堯)·순(舜)과 우(禹)·탕(湯)·문(文)·무(武)를 높이 받들고 있다. 그러니 그는 유가와 다름없는 공부를 하였음이 분명하다. 묵자는 공자와 같은 학문을 바탕으로 독창적인 새로운 학설을 발전시켰던 것이다. 공자가 세상을 올바로 다스리려 애쓴 데 반하여, 묵자는 봉건제도가 지닌 모순으로 말미암아 부당한 고난을 겪어야만 하는 서민들의 어려움에 눈을 떴던 것이다.

옛날에 이처럼 '육경'을 바탕으로 한 공부를 하였다면, 그가 '천한 신분'이었다는 것은 단지 '벼슬을 하지 않은 평민'을 뜻하는 것이지 '노예' 같은 형편없는 천민을 뜻하는 것은 아닐 것이다. 『논어』 자한(子罕)편에서 공자 스스로도 "나는 젊어서 천했기 때문에, 그래서 비천한 일을 많이 할 줄 아는 것이다.(吾少也賤, 故多能鄙事.)"고 말할 정도의 '천한 신분'이었을 것이다.

다시 『묵자』 귀의편을 보면 앞에 이미 인용한 바와 같이, 묵자가 남쪽 초나라에 가서 혜왕(惠王)에게 책을 바치는 대목이 있거니와, 또 다음과 같이 그는 여행중에도 많은 책을 갖고 다녔음을 알려주는 대목도 있다.

묵자가 남쪽을 유람하다가 위(衛)나라에 사신으로 가게 되었는데, 수레 안에 매우 많은 책을 싣고 있었다. 현당자(弦唐子)가 보고서 괴이하게 여기어 말하였다. "우리 선생님께서 공상과(公尙過)에게 가르치시기를 잘잘못을 헤아릴 따름이라 하셨습니다. 지금 선생님께서 매우 많은 책을 싣고 계신데 어쩐 일입니까?" 묵자가 말하였다. "옛날에 주공단(周公旦)은 아침에 책 백 편을 읽고서 저녁이면 70명의 사람들을 만났다 하오. 그 때문에 주공단은 천자를 보좌하는 재상이 되었고 그가 닦아 놓은 업적이 지금까지 전해지고 있는 것이오. 나는 위로는 임금님을 받들어야 할 일이 없고, 아래로는 밭 갈고 농사짓는 어려움도 없는데 내 어찌 이것을 버리겠소?"

子墨子南遊使衛, 關中載書甚多. 弦唐子見而怪之曰；吾夫
자 묵 자 남 유 사 위 관 중 재 서 심 다 현 당 자 견 이 괴 지 왈 오 부

子教公尙過曰；揣曲直而已. 今夫子載書甚多, 何有也? 子墨
자 교 공 상 과 왈 췌 곡 직 이 이 금 부 자 재 서 심 다 하 유 야 자 묵

子曰；昔者周公旦, 朝讀書百篇, 夕見漆十士. 故周公旦佐相
자 왈 석 자 주 공 단 조 독 서 백 편 석 견 칠 십 사 고 주 공 단 좌 상

天子, 其脩至於今. 翟上無君上之事, 下無耕農之難, 吾安敢
천 자 기 수 지 어 금 적 상 무 군 상 지 사 하 무 경 농 지 난 오 안 감

廢此?
폐 차

이처럼 묵자는 외국을 여행할 적에도 남이 이상하게 여길 정도로 많은 책을 수레에 싣고 다녔고, 또 세상을 위한 독서의 효용을 이처럼 크게 생각하고 있었던 것이다.

이것 역시 노예 같은 천한 신분의 사람으로서는 생각도 못할 일이다. 그러니 묵자가 천한 신분이었다는 것은 그가 벼슬을 하지 않았다는 정도로 이해하여야 할 것이다. 그는 벼슬을 하지 않았기 때문에 사회적인 계급상으로 볼 적에는 천하다고 할 수 있었지만, 실제로는 다른 어떤 벼슬을 한 사람보다도 많은 공부를 하고 많은 책을 읽고 있었던 것이다. 그와 그의 학파에 속하는 사람들의 생활이 겉으로 볼 때 천한 사람처럼 비참하게 느껴지는 것은, 묵가가 무엇보다도 실천적인 학

파였기 때문에 그들의 '겸애(兼愛)'와 '절용(節用)'·'절장(節葬)'·'비악(非樂)' 등의 주장을 실천하다 보니 스스로 고통을 참고 견디는 생활을 하여 그렇게 보였던 것이다.

맹자가 "묵자는 겸애를 주장하여, 머리끝에서 발꿈치에 이르기까지 털이 다 닳아 없어진다 하더라도, 천하에 이로운 일이라면 행하던 사람이다."[52]고 말한 것은 묵자의 그러한 성격을 웅변적으로 설명해 주는 말이라 할 것이다.

52 『孟子』 盡心 上편. 앞 제1절에도 인용함.

2. 묵자의 행적

묵자라는 사상가의 생애는 이상 논술한 바와 같이 처음부터 끝까지 짙은 안갯속에 싸여 있다. 그러나 우리는 좀더 그의 생애의 성격을 밝히기 위하여 『묵자』를 중심으로 한 옛 전적에서 그의 중요한 행적을 살펴볼 필요가 있을 것 같다. 여기에서는 편의상 그의 행적을 그가 활동한 나라별로 구분하여 정리하여 보았다.

1) 노(魯)나라에서의 행적

묵자는 노나라 사람이라 여길 정도로 노나라에 가장 오랫동안 살았지만 그가 노나라 임금을 만난 기록은 『묵자』 노문편 한 곳에만 다음과 같은 두 대목이 각각 실려 있다.

> 노나라 임금이[53] 묵자에게 말하였다. "나는 제나라가 우리를 공격

53 孫詒讓은 『墨子閒詁』에서 여기서 '魯君'은 魯穆公(B.C. 409~B.C. 377 재위)일 것이라고 주장하였다.

해 올까 두려워하고 있습니다. 구원받을 수가 있을까요?"

묵자가 말하였다.

"가능합니다. 옛날 하나라 · 은나라 · 주나라 때의 성왕이신 우임금 · 탕임금과 문왕 · 무왕은 백리 사방의 나라 제후로서 충(忠)을 좋아하고 의(義)를 행하여 천하를 차지하였습니다. 하나라 · 은나라 · 주나라 때의 폭군인 걸왕 · 주왕과 유왕 · 여왕은 원한을 쌓고 포악한 짓을 행하여 천하를 잃었습니다. 제가 바라건대 임금님께서는 위로는 하늘을 높이고 귀신을 섬기며 아래로는 백성을 사랑하고 이롭게 하면서, 예물을 풍성히 하시고 말씀을 겸손히 하시며, 속히 두루 사방 이웃 제후들에게 예를 차리시고 나라를 이끌고 제나라를 잘 섬긴다면 환난으로부터 구원받으실 수가 있을 것입니다. 이것 말고는 진실로 아무런 방법도 없습니다."

魯君謂子墨子曰；吾恐齊之攻我也，可救乎？子墨子曰；
노군위자묵자왈 오공제지공아야 가구호 자묵자왈

可．昔者三代之聖王，禹湯文武，百里之諸侯也，說忠行義，
가 석자삼대지성왕 우탕문무 백리지제후야 열충행의

取天下．三代之暴王，桀紂幽厲，讎怨行暴，失天下．吾願主
취천하 삼대지폭왕 걸주유려 수원행폭 실천하 오원주

君之上者尊天事鬼，下者愛利百姓，厚爲皮幣，卑辭令，亟徧
군지상자존천사귀 하자애리백성 후위피폐 비사령 극편

禮四隣諸侯，毆國而以事齊，患可救也．非此，顧無可爲者．
례사린제후 구국이이사제 환가구야 비차 고무가위자

노나라 임금이 묵자에게 말하였다. "나에게는 두 아들이 있는데, 한 아들은 공부하기를 좋아하고, 다른 아들은 남에게 재물을 나누어 주기를 좋아하는데, 누구를 태자로 삼는 게 좋겠소?" 묵자가 말하였다. "알 수가 없습니다. 혹은 상이나 명예를 위하여 그렇게 하는 수도 있습니다. 낚시하는 사람이 공손한 것은 고기에게 먹이를 주기 위해서가 아닙니다. 쥐에게 독이 든 떡을 먹이는 것은 그것을 사랑하기 때문이 아닙니다. 제가 바라옵건대 임금님께서 그들의 뜻과 하는 일을 합쳐 관찰해 보도록 하십시오."

魯君謂子墨子曰；我有二子，一人者好學，一人者好分人財.
노군위자묵자왈 아유이자 일인자호학 일인자호분인재
孰以爲太子而可?
숙이위태자이가

子墨子曰；未可知也. 或所爲賞與爲是也. 釣者之恭，非爲
자묵자왈 미가지야 혹소위상여위시야 조자지공 비위
魚賜也. 餌鼠以蟲，非愛之也. 吾願主君之合其志功而觀焉.
어사야 이서이충 비애지야 오원주군지합기지공이관언

묵자가 이처럼 노나라 임금을 만났고, 또 임금이 묵자에게 그처럼 어려운 문제들을 상의하였다는 것은 이미 묵자가 사상가로서의 큰 평판을 얻고 있었고, 묵가는 유가와 겨룰 만한 학파를 이루고 있었음을 상상케 한다. 더구나 묵자의 사상이 임금이나 귀족들에게는 모두 받아들여지기 어려운 낮은 서민계급의 입장을 대변하는 것이었음을 생각할 때, 노나라 임금이 그를 만나 의논을 하였다는 것은 큰일이 아닐 수 없다. 묵자는 그 시대뿐만이 아니라 후세에 있어서도 집권자들로서는 꺼리지 않을 수 없는 성격의 사상가였다.

노나라는 또 공자가 살았던 나라여서 유학이 성행하던 곳이라 묵자는 자연히 유자들과도 자주 토론을 벌였을 것이다. 『묵자』 경주(耕柱)편만 보더라도 유자인 무마자(巫馬子)[54]와 묵자가 토론한 대목이 다섯 군데나 보이며, 또 「경주」편과 「공맹(公孟)」편에는 유자인 공맹자(公孟子)[55]

54 巫馬子는 孔子의 제자 巫馬期의 자손인 듯함.(『墨子閒詁』)

55 公孟子 : 惠棟은 孔子의 제자인 公明子라 하였고, 宋翔鳳은 曾子의 제자인 公明儀나 公明高일 거라 하였고, 孫詒讓은 七十子의 제자인 『說苑』 脩文편에 보이는 公孟子高일 거라 하였다.(『墨子閒詁』)

와 묵자가 토론한 대목이 열 군데나 보인다. 이들은 유가의 이론을 근거로 묵자와 토론을 벌이고 있으니 유자임에 틀림없고, 모두 노나라 사람임에 틀림없다.

또 「삼변(三辯)」편은 정번(程繁)과 묵자의 토론으로 이루어져 있고, 정번이란 사람은 「공맹」편에서 묵자와 토론을 벌이는 정자(程子)와 같은 사람인데, 역시 유자임이 분명하나[56] 그가 노나라 사람인지는 확실히 알 수 없다. 또 「경주」편에서는 '자하(子夏)의 제자'와도 토론을 벌이고 있다. 정번이나 '자하의 제자'가 노나라 사람이 아니었다 하더라도, 적어도 그 토론은 노나라에서 벌어졌던 일일 가능성은 짙다.

이밖에 「경주」편에서는 노나라의 세도가였던 삼환씨(三桓氏) 집안의 계손소(季孫紹)와 맹백상(孟伯常)을 비판한 대목도 있고, 또 섭공자고(葉公子高)와 공자가 정치에 관한 문답을 한 얘기를 듣고 비판한 대목도 있다. 이밖에도 「노문」편에는 자식을 묵자에게 배우도록 하였던 노나라 사람에 관한 얘기, 노나라 남쪽 변경 사람인 오려(吳慮)와 묵자의 대화, 한 마리 돼지를 제물로 바치며 온갖 복을 빌은 노나라 축관(祝官)을 비판한 묵자의 얘기 등이 있고, 끝으로 유명한 노나라의 기술자로서 뒤에 초나라에 가서 운제(雲梯)라는, 성을 공격할 때 쓰는 무기를 만들었던 공수반과의 대화도 세 대목이나 들어 있다.

그런데 이 공수반도 노나라 사람이었으며, 뒤에 초나라가 송나라를 공격하려 했을 적에 묵자가 초나라로 달려가 전쟁을 사전에 막을 수 있었던 것은, 공수반이 묵자를 전부터 잘 알고 있었다는 점도 큰 도움

56 孫詒讓은 儒學과 墨學을 아울러 공부했던 사람이라 하였으나, 儒者라 봄이 좋을 것이다.

이 되었던 듯하다. 실제로 묵자는 공수반을 통하여 초나라 임금을 만날 수 있었고, 운제를 사용한 모의전쟁에서 공수반이 묵자에게 져주었기 때문에 송나라를 침공하려던 초나라 임금의 뜻을 꺾을 수가 있었던 것이다.

어떻든 묵자의 생활 근거지가 노나라였음이 분명하고, 뒤에 얘기할 송 · 위 · 초 · 제 등의 나라들도 모두 묵자가 노나라에 살면서 여행한 일이 있었던 나라인 것이다.

2) 송(宋)나라와의 관계

송나라는 묵자가 태어난 곳이라 하였다. 묵자는 『회남자』 요략훈(要略訓)에서 말했듯이, 처음엔 공자의 유학을 공부하다 그 모순을 절감하고 '주나라 도를 버리고 하나라 정치방법을 따른(背周道而用夏政)' 것도 전 왕조인 은(殷)나라 자손을 봉한 송나라 출신이었기 때문인지도 모른다.

무엇보다도 『묵자』의 공수(公輸)편은 초나라가 공수반이 만든 운제라는 기계를 가지고 송나라를 공격하려 했을 때, 묵자가 그 소문을 듣고 제(齊)나라로부터 열흘 밤낮을 달려 초나라 도읍인 영(郢)으로 가서 공수반과 초나라 임금을 만나 송나라 침공 계획을 중지시키는 얘기이다. 묵자는 먼저 공수반과 초나라 임금을 각각 만나 큰 초나라가 죄 없는 작은 송나라를 공격하는 것은 의롭지 않은 일이라고 설복하나 그들이 듣지 않자, 마침내는 모의전쟁을 하여 공수반의 운제 공격을 물리쳐 보임으로써 전쟁을 막는다.

아무리 묵자가 전쟁을 반대하는 '비공(非攻)'을 주장하는 사상가라 하더라도 지금의 산동성인 제나라에서 호북성 강릉현(江陵縣) 근처의 영(郢)까지 열흘 낮 열흘 밤을 달려가 목숨을 걸고 초나라 임금과 대결을 벌인다는 것은, 묵자가 송나라와 특별한 관계가 없다면은 어려운 일이 아니었나 여겨진다. 공수반과의 모의전쟁에 이기고 나서 묵자는 생명의 위협을 느끼자 초나라 임금에게 자신은 이미 금골희(禽滑釐) 등 제자 3백 명에게 성을 방어할 기구를 가지고 송나라로 가서 초나라 공격에 대비케 하고 있으니 자기를 죽여도 아무 소용이 없음을 말하고 있다. 그는 온 묵가를 동원하여 송나라를 구원하였던 것이다.

그러기에 묵자가 자신의 제자인 조공자(曹公子)를 송나라로 보내어 벼슬살이를 하게 하고, 또 그는 명아주와 콩잎국조차도 제대로 먹지 못하던 가난뱅이였으나, 송나라에 가서는 3년 만에 부자가 되어 돌아왔어도(魯問편) 별로 이상할 게 없을 정도이다. 유정섭(俞正燮, 1775~1840)이 『계사유고(癸巳類稿)』 권14에서 지적했듯이 "묵자는 은(殷)나라 후손"인 송나라 출신이었기 때문이다. 어떻든 이 때문에 『사기』와 『한서』에서는 묵자는 '송나라 대부(大夫)였다' 고도 말하였을 것이다.

또 유정섭이 앞에 든 책에서 묵자의 사상이 송나라 양공(襄公)에게서 나왔다고 주장한 것도, 묵자의 '겸애' 와 '비공' 등의 이론이 이른바 '송양지인(宋襄之仁)' [57]에 가깝다는 착상뿐만이 아니라, 묵자와 송나라의 이러한 특별한 관계도 작용했을 것이다. 송나라 양공은 전쟁에 지면서도 '대열을 이루지 않은 적은 공격치 않고, 부상당한 적은 다시 다치게 하지 않고, 늙은 적은 사로잡지 않겠다' 는 주장을 하여 '송양지인' 이란 말이 생겨났던 것이다.

57 『左傳』 僖公 22년을 보면 宋襄公이 泓에서 楚나라 군대와 싸웠는데, 여러 번 싸워 이길 기회가 있었으나 공연한 仁愛를 내세우다 기회를 모두 잃고 마침내는 敗戰하고 만다. 그런 지나친 仁愛心을 후세에 '宋襄之仁' 이라 부르게 된 것이다.

풍우란(馮友蘭)도 그의 『중국철학사』 상책에서 유정섭의 이론을 계승하여, '겸애' 나 '비공' 사상뿐만이 아니라 자신을 괴롭힐 정도의 근검(勤儉)의 주장과 실천까지도 옛날 사람들이 흔히 말하는 '송나라 사람들의 어리석음'[58]과 연결시키고 있다.

끝으로 『사기』 추양열전(鄒陽列傳)에는 "송나라에서 자한(子罕)의 계책을 믿고 묵적을 잡아 가두었다.(宋信子罕之計, 而囚墨翟.)"는 기록이 있는데, 어떻든 통치자들에게는 송나라에 있어서도 묵자의 사상이 기피대상이었음이 분명하다.

3) 위(衛)나라와의 관계

『묵자』 귀의(貴義)편을 보면 "묵자가 남쪽을 유람하다가 위나라에 (사신으로) 갔는데, 수레 안에 많은 책을 싣고 있었다."[59]는 얘기가 보인다. 손이양(孫詒讓)은 「묵자전략(墨子傳略)」[60]에서 묵자가 송나라 대부였음을 전제로 "송나라 임금의 명을 받들어 위나라에 사신으로 갔던 것 같다."고 하였다. 상당히 높은 지위의 사람이 아니라면 많은 책을 수레에 싣고 먼 거리를 여행하기 어려울 것이다.

「귀의」편에는 이어서 묵자가 위나라 대부인 공량환자(公良桓子)를 만나 사치를 금하고 물자를 절약하면서 많은 선비를 길러야 함을 충고하고 있다. 이처럼 위나라 대부에게 훈계를 하는 사람이라면, 묵자는 천한 위치의 사람이었다고 할 수는 없을 것이다.

58 諸子書만 보더라도 어리석은 사람의 얘기는 대부분 宋나라에 결부시켜 놓고 있다.
59 앞 제1절 '4) 묵자의 출신 성분' 에서 인용함.
60 『墨子閒詁』 附錄.

다시 뒤이어 묵자가 어떤 사람(제자)[61]을 위나라에 벼슬살이하게 한 얘기가 나오고, 또 「경주(耕柱)」편에는 묵자가 제자 관금오(管黔敖)를 시켜 고석자(高石子)를 위나라에 가서 벼슬하게 하는데 위나라 임금은 고석자에게 후한 녹을 내리고 경(卿)자리에 앉힌다는 얘기도 보인다. 자세한 것은 알 수 없지만 위나라의 묵자에 대한 대우도 소홀치 않았고 서로의 관계도 각별하였던 듯하다.

4) 초(楚)나라와의 관계

『묵자』 노문(魯問)편 끝머리에는 같은 노나라 사람인 공수반(公輸盤)이 초나라로 간 뒤 묵자도 초나라로 가서 둘이 만나 논쟁을 벌인 내용이 세 대목 실려 있다. 아마도 묵자가 송나라를 공격하려는 초나라의 계획을 말리기 위하여 갔을 적의 대화였을 것이다. 이때 묵자가 초나라로 달려간 주 목적은 송나라를 구하는 데 있었다 하지만, 만일 묵자가 초나라와 아무런 관련도 없는 몸이었다면, 평민 신분으로 감히 초나라까지 달려가 초나라 임금을 설복시킬 엄두도 내지 못하였을 것이다.

그리고 초나라 혜왕(惠王)에게 책을 바치고 혜왕의 신하인 목하(穆賀)에게 자신의 학문의 필요성을 당당히 설명하는 대목도(貴義편), 묵자와 초나라의 특수한 관계를 느끼게 한다. 『여씨춘추』 귀인(貴因)편에 이런 기록이 보인다.

묵자가 초나라 임금을 뵈었을 때 비단옷을 입고 악기를 연주하던

61 본문이 '子墨子仕人於衛' 인데, 『荀子』 富國편 楊注에서는 『墨子』를 인용하여 '子墨子弟子仕於衛' 로 쓰고 있는데, 이 편이 옳을 듯하다.(『墨子閒詁』)

것은, 원인이 있는 일이었다.

墨子見荊王, 錦衣吹笙, 因也.
묵 자 견 형 왕 금 의 취 생 인 야

이에 따르면, 묵자는 초나라에 가서 자기 뜻에 과람할 정도의 호화로운 대접까지도 받은 일이 있었던 것 같다.

특히 그는 초나라 노양문군(魯陽文君)과의 관계가 깊었다. 『묵자』만 보더라도 묵자와 노양문군의 대화가 여러 곳에 보인다. '노양'은 『한서』 지리지(地理志)에 따르면, 노산(魯山)의 남쪽 지방이며, 노산은 지금의 하남성 노산현(魯山縣) 동북쪽에 있다. 그리고 그곳은 혜왕이 노양문군에게 준 그의 영지[62]로, 묵자는 초나라를 내왕하면서 그를 만나 사귀었던 듯하다.

「경주(耕柱)」편에는 묵자와 노양문군의 대화가 두 대목 실려 있는데 모두 '비공'의 이론을 전개한 내용이다. 또 「노문」편에는 노양문군이 정(鄭)나라를 공격하려 했을 때 묵자가 말리는 얘기가 실려 있다. 묵자가 하늘의 뜻을 들어 정나라 공격을 말리자, 노양문군은 정나라는 3대나 자기 아버지를 죽였으니 정나라 공격은 하늘의 뜻을 따르는 것이라 대답한다. 이때 어느 아들이 못된 짓을 했다 하여 그의 아버지가 회초리를 들 때, 이웃 사람이 몽둥이로 그 아들을 때리며 '그의 아비 뜻을 따르는 짓'이라 한다면 되겠느냐고 설복한다.

「경주」편에 보이는 이들의 두 번째 대화에서도 묵자는 "크고 풍부한 초나라가 형편없는 송나라나 정나라를 빼앗아서야 되겠느냐?"는 뜻의 말을 하고 있으니, 노양문군의 정나라 공격은 초나라가 송나라

62 『國語』「楚語」에 보임.

를 공격하려 했던 일 뒤의 일인 듯하다. 그리고 이러한 '비공'의 이론을 중심으로 한 대화가 두 대목 나온 뒤, 다시 "어짊과 의로움(仁義)을 지키지 못하는 사람은 그 아들을 잡아먹는 오랑캐나 같다."는 이론과 '충신론(忠信論)'을 얘기한 두 대목이 보인다. 『저궁구사(渚宮舊事)』 권2[63]에 따르면, 묵자가 초나라 혜왕(惠王)에게 책을 바쳤을 때, 혜왕은 자기는 늙어서 책의 내용대로 실천할 수 없다고 하면서 묵자를 물리치는데(貴義편), 이때 노양문군이 나서서 혜왕에게 다음과 같은 말을 하고 있다.

> 묵자는 북방의 현명한 성인입니다. 임금님께서 만나시지도 않으시고 예우도 해주시지 않으시니 선비를 잃는 일이 아닙니까?
>
> 墨子北方賢聖人, 君王不見, 又不爲禮, 毋乃失士?
> 묵자북방현성인 군왕불견 우불위례 무내실사

이에 혜왕은 노양문군으로 하여금 묵자를 쫓아가 붙들고 서사(書社) 땅 사방 5리를 봉해 주려 하였으나, 묵자는 그것을 받지 않고 떠나갔다 한다. 어떻든 노양문군은 묵자를 이해하고 존중하고 있었음이 분명하다.

「경주」편에는 또 묵자가 그의 제자인 경주자(耕柱子)를 초나라에 가서 벼슬살이하게 하는데, 얼마 뒤에 그가 스승인 묵자에게 10금(金)을 보내왔다는 얘기가 있다. 그리고 경주자가 초나라에 벼슬하고 있는 동안 몇 명의 제자가 경주자를 찾아갔었다는 얘기도 나온다. 묵자는 초나라와 특별한 관계에 있었고, 내왕도 잦았음이 분명하다.

63 『墨子閒詁』 所引.

5) 제(齊)나라와의 관계

제나라는 노나라의 이웃이었으니 자연히 묵자는 그곳을 자주 여행하였을 것이다. 「귀의(貴義)」편을 보더라도, 묵자가 노나라로부터 제나라에 가서 친구를 만나는 대목이 있고, 또 묵자가 제나라에 가서 점쟁이인 일자(日者)를 만나는 대목도 있다. 또 「경주(耕柱)」편을 보면 묵자가 제나라 고석자(高石子)를 위(衛)나라에 보내어 벼슬살이를 시켰을 때, 위나라에서 고석자를 경(卿) 자리에 앉히고 대우를 잘하였으나, 자기의 의견이 받아들여지지 않는다 하여 위나라를 떠나 "제나라로 가서 묵자를 만난다."고 되어 있다. 이것도 묵자가 제나라로 가서 머물고 있었음을 말해 주는 것이다.

묵자의 제나라에서의 두드러진 행적은, 제나라가 노나라를 정벌하려 했을 적에 묵자가 제나라 장수인 항자우(項子牛)를 만나 정벌을 단념하도록 설복한 것이다.(魯問편) 「노문」편을 보면 묵자가 항자우를 만나 설복하는 대목에 뒤이어 다시 제나라 태왕(太王) 전화(田和)를 만나 '비공'의 이론을 개진하는 대목이 보인다. 항자우는 전화의 장수이니 같은 시기의 얘기일 가능성이 많다. 양계초는 『묵자학안(墨子學案)』에서 이런 주장을 하고 있다.

> 제나라가 노나라를 공격하고자 했을 적에 묵자는 항자우와 제나라 임금을 만나 설복하여 공격을 그만두게 하였다.

그러나 이때 묵자의 활약 성과에 대하여는 확실한 다른 기록이 없다.

오히려 같은 편에는 또 묵자가 그의 제자 승작(勝綽)을 보내어 항자우를 섬기게 하는 대목이 보이는데, 항자우가 세 번 노나라를 침공할 때마다 승작도 종군했다 하여 묵자는 곧 사람을 시켜 승작은 의롭지 못한 인물이라 하면서 불러들인다. 항자우가 세 번이나 노나라를 침공하였다면 그때의 묵자의 설복은 성공하지 못했을 가능성도 많다. 그러나 묵자가 자기 제자를 보내어 항자우 밑에서 벼슬살이하도록 한 것을 보면, 결국 뒤에 가서는 항자우도 묵자를 존경하게 되었던 듯하다.

또 「공수(公輸)」편을 보면 초나라가 송나라를 공격하려 했을 때, 묵자는 그 전쟁을 막으려고 제나라를 떠나 열흘 낮 열흘 밤을 쉬지않고 달리어 초나라로 가서 전쟁을 막아내고 있다.

이밖에 「비악(非樂)」편에는 제나라 강공(康公, B.C. 404~B.C. 379 재위)이 춤추고 노래하는 것을 좋아했던 일을 비평한 대목도 보인다.

어떻든 지리적인 관계로 보더라도 묵자의 활동은 제나라와 많은 관련이 있었음이 분명한 일이다. 송성계(宋成堦)는 「묵자는 제나라 사람임을 고증함(墨子爲齊人考)」(『大陸雜誌』 11卷 8期)·「묵자가 제나라 사람임을 다시 고증함(墨子爲齊國人續考)」(上同 16卷 2期)에서 가장 적극적으로 묵자와 제나라의 관계를 강조하며, 묵자는 제나라 사람이라고 주장하고 있다. 그러나 이소곤(李紹崑)이 『묵자연구』 제7·제8에서 반박하고 있는 것처럼 조금 결론이 지나친 듯하다.

6) 월(越)나라와의 관계

위에서 얘기한 나라들 이외에 또 묵자가 어떤 나라에 찾아가 무슨 활동을 하였는지 별다른 기록이 없다. 다만 「노문」편을 보면 묵자가 자기 제자 공상과(公尙過)를 월나라에 보내어 월나라 임금을 자기 이론으로 설복케 하고 있다. 월나라 임금은 공상과의 말을 듣고는 크게 기뻐하여 옛 오(吳)나라 땅 사방 5백 리를 떼어 주겠다며 수레 50승(乘)을 보내주어 공상과에게 묵자를 모셔오도록 하나, 묵자는 월나라로 가지는 않는다.

「노문」편 바로 뒤에 "묵자가 벼슬살이를 시키려 하자 위월이 말하였다. …(子墨子游, 魏越曰, …)"는 말이 보이는데 '위월'을 나라이름으로 보는 이들도 있으나 손이양(孫詒讓)의 『묵자한고』에서 풀이한 것처럼 묵자의 제자 이름이라고 보는 편이 옳을 것이다. 따라서 묵자는 위나라에는 간 일이 없다. 묵자는 남쪽 초나라와 함께 월나라에 적지 않은 관심을 지니고 있었던 것 같다.

이상을 종합해 볼 때 묵자는 거의 온 천하를 돌아다니며 자기 사상의 선전과 실천에 온힘을 기울인 활동가였다. 그는 확실히 이 세상에 많은 발자취를 남긴 굉장한 행적을 지닌 사람이었으나 다만 그에 관한 자세한 기록이 전하지 않을 뿐인 것이다.

제2장

묵자의 시대 배경

1. 묵자가 살았던 나라

1) 주(周)의 건국과 발전

묵자(B.C. 479?~B.C. 381?)는 앞에서 얘기한 바와 같이 주나라 왕조의 송(宋)나라에 태어나 주로 노(魯)나라에서 오랫동안 살았던 것 같다. 이 주 왕조로부터 중국의 봉건사회는 시작되어 발전하게 되는 것이다. 주나라는 본시 제곡(帝嚳)의 아들인 기(棄)[1]의 후손으로 희(姬) 성이었다. 뒤에 오랫동안 빈(豳, 지금의 陝西省 栒邑縣)에 살면서 큰 부족으로 발전하였고, 다시 고공단보(古公亶父, 太王이라고도 부름)가 융적(戎狄)의 압력을 피하여 기산(岐山) 아래 주원(周原, 지금의 陝西省 岐山縣)으로 옮기면서 더욱 세력이 발전하였다.

그의 아들 계력(季歷, 公季 · 王季라고도 부름)을 거쳐 손자 문왕(文王) 창

1 棄는 帝嚳의 元妃인 有部氏(陝西省 武功縣에 있었음)의 딸 姜嫄이 낳았고, 帝堯의 后稷으로 農政을 맡았었다.

(昌)에 이르러 더욱 발전하여 서백(西伯)이 되었고, 포악한 임금 주(紂)가 다스리던 은(殷, 본시는 商)나라를 압도하기 시작하였다. 문왕은 숭(崇)나라를 멸하고 그곳 풍(豐, 지금의 陝西省 西安市 豐水 서쪽)으로 도읍을 옮기기도 하였다. 그리고 문왕의 아들 무왕(武王) 발(發)에 이르러 마침내 은나라 주왕(紂王)을 멸하고 주 왕조를 건립하게 된다(B.C. 1027).[2] 이 주나라가 섬으로써 중국땅의 동쪽과 서쪽이 합쳐져 새로운 천하(天下)의 개념이 이루어지고, 새로운 중원(中原)을 지배하는 한족(漢族)이 형성된다. 무왕은 은나라를 쳐부수어 천하를 통일한 뒤 도읍을 다시 호경(鎬京, 지금의 陝西省 西安市 豐水 동쪽)으로 옮기고, 형제와 가까운 친척들 및 공신들에게 천하의 땅을 나누어 봉해줌으로써 봉건제도를 확립하여 시행하였다.

이에 천자는 천하의 예악(禮樂)과 정벌(征伐)을 관장하며 여러 제후들을 울타리로 삼아, 온 천하는 여러 제후들이 나누어 차지하고, 다시 그 제후들의 나라는 여러 대부(大夫)들이 채읍(采邑)으로 나누어 차지하게 되는 봉건제도가 이룩되는 것이다. 무왕(B.C. 1027~B.C. 1029 재위)은 나라를 세운지 2년 만에 죽고 뒤이어 어린 성왕(成王)이 왕위에 오르자, 숙부인 주공(周公) 단(旦)이 대신 나라의 정치를 돌보아주며 한자를 비롯한 은나라의 발전한 문화와 제도를 들여와 새로운 주나라의 여러 가지 문물제도(文物制度)를 마련하고 주 왕조의 기반을 더욱 튼튼히 발전시킨다. 따라서 무왕으로부터 다음의 강왕(康王, B.C. 1067~B.C. 1042 재위)에 이르는 시기를 흔히 주나라 초기의 태평치세로 친다.

이러한 주 왕조는 소왕(昭王, B.C. 1041~B.C. 1024 재위) 때로부터 왕도(王道)가 무너지기 시작하여 목왕(穆王) · 의왕(懿王) · 이왕(夷王) 등을 거치면

2 陳夢家『殷墟卜辭綜述』殷 · 周年代 의거.

서 더욱 무질서해진 끝에 여왕(厲王, B.C. 878~B.C. 828 재위)[3]에 이르러는 제후들이 천자에게 제대로 내조(來朝)하지 않고, 멋대로 서로 싸우기도 하고 반란을 일으키는 일까지 있게 되었다.

다음 선왕(宣王, B.C. 827~B.C. 782 재위)에 이르러는 주나라 초기부터 나라의 골칫거리였던 서방의 오랑캐들을 정벌하여 중흥(中興)의 기세를 보이기도 하였으나 지나친 정벌로 국력을 크게 소모하였고, 다음 유왕(幽王, B.C. 781~B.C. 771)은 포사(褒姒)라는 여자에게 빠져 나라의 정치를 더욱 어지럽힌 끝에, 신후(申侯)[4]와 견융(犬戎)의 공격을 받아 여산(驪山) 아래에서 죽음을 당하고 만다. 유왕이 죽자 피신하였던 태자 의구가 제후들의 도움을 받아 도읍을 낙읍(洛邑, 지금의 河南省 洛陽縣)으로 옮기고 평왕(平王, B.C. 770~B.C. 720 재위)이 된다.

역사가들은 무왕이 은나라를 쳐부순 기원전 1027년부터 유왕이 죽은 기원전 771년까지를 서주(西周), 평왕이 낙읍에서 왕위에 오른 기원전 770년부터 주나라가 멸망한 기원전 256년까지를 동주(東周)라 부른다.

서주가 망하고 평왕이 도읍을 동쪽 낙읍으로 옮기는 사이에 동주는 왕실의 힘이 쇠약해져서, 천자가 '천하의 종주(宗主)'로서의 권위를 잃어간 시대이다. 왕실이 약해짐에 비례하여 여러 제후들의 나라는 더욱 강성해져서 멋대로 크고 힘센 나라가 작고 힘없는 나라를 쳐부수고 합병하는 이른바 겸병전쟁(兼倂戰爭)이 진행되었던 시대이기도 하다. 따라

3 厲王 이후로는 여기서 사용한 『年代世系表』와 전통적인 年代表의 年代가 서로 합치됨.

4 申侯는 幽王의 丈人. 幽王이 褒姒에게 빠져 太子 宜臼(東周 平王이 됨)를 죽이고 褒姒의 아들 伯服을 太子에 앉히려 하였다. 이에 宜臼는 도망을 쳐 나왔고, 申侯는 暴政을 보다 못해 犬戎과 결탁하여 幽王을 공격하였던 것이다.

서 제후는 제후들끼리 서로 싸워 겸병을 일삼고, 대부는 대부들끼리 서로 싸우며 겸병을 일삼았었다. 이 통에 서주 봉건제도의 기반을 이루었던 종족제도(宗族制度)가 무너지고 새로운 가족제도(家族制度)가 발전하기도 하였다.

종족제도란 제후나 대부들의 땅과 재산 모두가 오직 그 집안의 맏아들인 종자(宗子)에게 전해지던 제도이다. 따라서 다른 나머지 자손이나 친척들은 족당(族黨)을 이루어 종자의 통솔과 보호 아래 살아가야만 하였다. 그 때문에 한 종족이란 실제로 독립된 한 작은 나라를 이루고 있었다. 그러나 겸병전쟁을 통하여서 많은 종족들이 망하게 되자, 종자 밑에 있던 차자(次子) 이하의 사람들이 자기 생존을 위하여 독립된 능력을 이룩하였으므로, 이에 따라 새로운 가족제도가 발전하기 시작한 것이다. 이러한 가족제도의 발전은 이전에는 없었던 대지주(大地主)들이 생겨나게 하였고, 또 대상인(大商人)도 출현케 하였다.

동주는 다시 춘추(春秋)시대와 전국(戰國)시대로 구분된다. 본시 '춘추'란 공자가 손수 편찬한 그 시대의 노(魯)나라를 중심으로 한 편년체(編年體)의 역사기록인 『춘추』에서 말미암은 것이다. 실상 공자의 『춘추』는 노나라 은공(隱公) 원년(周 平王 49년, B.C. 722)에서 시작하여 노나라 애공(哀公) 14년(周 敬王 49년, B.C. 481)에서 끝나고 있으나 역사적으로는 평왕이 도읍을 낙읍으로 옮긴 해(平王 元년, B.C. 770)로부터 진(晋)나라가 한(韓)·위(魏)·조(趙)의 세 나라로 갈라지기 전 해(威烈王 22년, B.C. 403)까지의 367년간을 춘추시대로 보아야 할 것이다. 그리고 그 다음 해(B.C. 402)부터 진(秦)나라 시황제(始皇帝)가 천하를 통일하기(B.C. 221)까지 171년간이 전국시대이다.

이 동주시대는 처음부터 끝까지 어지러운 겸병전쟁의 시대였지만, 춘추시대와 전국시대는 그 성격상 큰 차이를 보여준다. 춘추시대는 그래도 제후들이 세력이 가장 강한 패자(覇者)[5]를 중심으로 하여 서로 싸우기는 하면서도 주나라 천자를 받들고 오랑캐의 침입에 힘을 모아 대처한다는 이른바 '존왕양이(尊王攘夷)' 의 명분을 살려 가던 시대였다.

전국시대로 들어와서는 그러한 명분조차도 무시하고 전국칠웅(戰國七雄)이라 부르는 일곱 나라들이[6] 겸병전쟁 속에서도 살아남아 더욱 치열한 약육강식(弱肉强食)의 싸움을 벌이던 시대이다. 결과적으로 이 전국의 혼란은 진(秦)나라 시황제(始皇帝, B.C. 246~B.C. 210 재위)가 천하를 통일함으로써(B.C. 221) 끝맺어지게 되는 것이다. 묵자는 이 어지러운 춘추시대 말엽에 태어나 전국시대 초엽을 살았던 사상가이다.

2) 춘추시대(B.C. 770~B.C. 403)

춘추시대로 들어와서도 150개 전후의 제후국이 있었으나 겸병전쟁으로 말미암아 국세에 차이가 드러나고 있었다. 진(晋) · 초(楚) · 제(齊) · 진(秦)과 뒤늦게 일어난 오(吳) · 월(越) 같은 나라들이 작은 나라들을 가장 많이 겸병하여 일등국의 위치에 있었다. 다음으로 노(魯) · 송(宋) · 정(鄭) · 위(衛) 같은 나라들은 작은 나라들을 겸병한 수가 비교적 적어서 이등국의 자리에 있었다. 이들이 겸병한 나라 수가 적다고 하지만 노나라는 아홉 나라, 송나라도 여섯 나라를 겸병하였다. 그리고 진(陳) · 채(蔡) · 조(曹) 같은 나라들이 다시 그 아래 삼등국이었다.

이 삼등국까지가 패주(覇主)가 소집하는 대맹회(大盟會)에 참석할 수 있는 이른바 열국(列國)이었고, 그 아래에도 열국들에 붙어지내는 작은

5 '春秋五覇' 로 齊桓公 · 晋文公 · 秦穆公 · 宋襄公 · 楚莊王(『孟子』 告子편 趙岐 注), 또는 齊桓公 · 晋文公 · 楚莊王 · 吳王 闔閭 · 越王 勾踐(『荀子』 王覇편)이 있었다.

6 秦 · 楚 · 韓 · 魏 · 趙 · 燕 · 齊의 일곱 나라.

나라들과 더욱 철저히 큰 나라에 매달리어 있던 부용국(附庸國)들이 있었다. 이 작은 나라들은 큰 나라를 위해 공부(貢賦)와 뇌물을 바치며, 모든 일에 협력하다가 여차하면 큰 나라에 합병당해야 하는 존재였다.

주 왕실은 평왕이 도읍을 낙읍으로 옮겼을 때(B.C. 770)만 하더라도 황하(黃河) 양편 가의 600리 사방의 땅을 차지하고 있었다. 그러나 계속 땅을 왕족과 공신들에게 떼어 주다 보니 왕실의 땅은 날로 줄어들었고, 특히 양왕(襄王) 17년(B.C. 635) 진(晋) 문공(文公)에게 황하 북쪽 기슭의 땅을 내준 뒤로 주나라 천자가 직접 다스리는 땅은 형편없게 되었다. 거기에 제후들의 조공(朝貢)까지도 줄어들었으니[7] 왕실의 능력은 형편없이 되어 버렸던 것이다.

이처럼 천자의 권위가 형편없이 되었으나 그래도 '천하의 종주(宗主)' 라는 명분상의 지위는 그대로 유지되고 있었다. 예를 들면 제(齊)나라나 진(晋)나라가 제후들을 규합하여 남만(南蠻)의 나라 초(楚)의 북방 진출을 막을 적에도, 언제나 '존왕(尊王)' 또는 '근왕(勤王)' 의 구호로써 다른 제후들을 따르게 하였다.

제후들 사이의 겸병전쟁에 따른 변화와 함께 채읍(采邑)을 지닌 대부들 사이에도 겸병의 다툼이 치열하였다. 특히 춘추시대 후반기에 제후들보다도 대부들 사이의 겸병 싸움이 더 두드러진다. 특히 진(晋)나라에 있어서의 조(趙)씨 · 범(范)씨 · 지(知)씨 · 중항(中行)씨 · 한(韓)씨 · 위(魏)씨 등 여섯 집안 세경(世卿)의 다툼은 더욱 격렬해서 결국은 조씨 · 한씨 · 위씨 세 집안이 진나라를 셋으로 나누어 갖게 된다.

7 王室과 아주 가까운 魯나라조차도 春秋 242년 동안에, 겨우 세 번 魯君이 朝王하였고, 魯大夫가 聘問한 것도 겨우 네 번이었다. 그러니 다른 나라는 더했을 것이며, 따라서 王室의 주요 收入源이었던 朝貢이 형편없이 줄어들었던 것이다.

제(齊)나라도 진(陳)씨 · 포(鮑)씨 · 국(國)씨 · 고(高)씨 · 안(晏)씨 등 대부들 사이의 겸병 싸움이 벌어지다가, 결국은 진씨가 정권을 잡게 되고, 전국시대에 가서는 강(姜)씨를 쫓아내고 진(또는 田씨로도 부름)씨의 제나라로 만들어 버리게 된다. 노(魯)나라에서는 삼환씨(三桓氏)라 불리는 계손(季孫) · 맹손(孟孫) · 숙손(叔孫)의 세 대부 집안이 권세를 다투었던 것도 유명한 일이다.

어떻든 이런 약육강식(弱肉强食)의 겸병전쟁을 통하여 춘추시대 말년에 이르러는 여러 나라들이 모두 없어지고, 오직 진(晋) · 초(楚) · 제(齊) · 진(秦) · 월(越)의 오대국과 노(魯) · 송(宋) · 정(鄭) · 위(衛) 등 망해 가는 몇 개의 나라만이 남게 되었다.

이 시대의 또 한 가지 두드러진 특징은 남만(南蠻)의 나라인 초(楚)와 오(吳) · 월(越) 등이 강성하여졌다는 것이다. 이들은 모두 천자와 관계없이 멋대로 나라를 세우고 자기 스스로 왕이 되었던 나라들이다. 특히 초나라는 앞뒤로 45국을 합병하여 넓은 땅을 차지하고 기회있을 때마다 북쪽으로 세력을 확장하여 갔다. 따라서 춘추시대의 전쟁은 겸병전쟁 이외에도 중원의 여러 나라와 새로 일어난 오랑캐 초나라와의 다툼이었던 듯한 양상도 보여준다. 오 · 월은 자기네끼리 원수가 되어 서로 싸우느라 초나라만큼 중원에 큰 영향을 끼치지는 못하였다.

오래 계속되는 겸병전쟁은 옛 제도를 파괴하여 사회적으로 모든 면에서 큰 변화를 보여주었다. 겸병전쟁으로 국경이 밖으로 확장되다 보니 제후가 대부를 그곳에 파견하여 관리하는 군(郡) · 현(縣)이 생겨났고, 전쟁 속에 수많은 종족들이 멸망하면서 새로운 가족이 형성되고, 영주(領主)가 아닌 지주(地主)도 생겨났다. 그리고 상업이 발달하여 제(齊) 환공(桓公)이나 진(晋) 문공(文公) 등은 통상(通商)을 매우 중시하였고, 남북 교통의 요지에 위치한 정(鄭)나라도 상인의 활동이 두드러졌었다.

이에 경제적 · 정치적으로 나라에 큰 영향을 발휘하는 대상인(大商人)도 생겨났다.

춘추 말엽에서 전국시대에 걸쳐 일어난 또 하나의 변화는 철기(鐵器)의 사용이다. 『국어(國語)』 제어(齊語)에 이런 기록이 있다.

> 좋은 쇠로는 칼과 창을 주조하여 개와 말에게 시험하였고, 나쁜 쇠로는 호미와 괭이와 도끼와 보습을 주조하여 땅에 그것을 시험하였다.

> 美金以鑄劍戟, 試諸狗馬；惡金以鑄鉏夷斤欘, 試諸壤土.
> 미금이주검극 시저구마 악금이주서이근촉 시저양토

후세 사람이 가짜로 쓴 것이라 여겨지는 『관자(管子)』 소광(小匡)편에도 비슷한 기록이 있고, 해왕(海王)편이나 경중을(輕重乙)편에는 더욱 여러 종류의 철기에 대한 기록이 있다. 그리고 『묵자』의 비성문(備城門) · 비혈(備穴) 같은 편에는 수많은 철(鐵)로 만든 기구들이 보이고 있다. 이러한 철기의 발달은 모든 산업에 개혁을 가져오고 사회생활 전반에 걸쳐 큰 변혁을 일으켰다.

왕실을 대신하여 크고 강성한 제후의 나라도 출현하였지만, 대부인 세경(世卿)들이 권세를 쥐어 제후는 명목뿐인 나라들도 수없이 생겨났다. 따라서 지배층에 있어서는 강성한 제후라 하더라도 대부들의 협력을 얻어야 했고, 권세 있는 대부들은 아래 사(士)들의 협조가 필요했기 때문에 아래 계층의 세력이 늘어났다. 그리고 전쟁중에 사(士) 중에는 큰 공로를 세워 땅을 상여(賞與)로 받는 사람이 늘어나 새로운 지주로 변신되는 사람들도 많았다.

한편 피지배계급에 있어서는 농노(農奴)나 노예(奴隸)들도 여전히 있기는 하였으나, 일반 서민(庶民)의 세력이 늘어났다. 종족제도에 있어 재산은 장자만이 상속하고 방계(旁系)의 자손들은 5대(代)가 지나면 친족관계가 끊어져 귀족에서 서민으로 전락하였고, 또 겸병전쟁 통에 많은 귀족들이 종족을 잃고 서민으로 전락되기도 했기 때문이다.

또 한 가지 이 시대의 특징은 본시 주 왕실과 은(殷)나라 후손인 송(宋)나라와 주공(周公)의 후손인 노(魯)나라가 3개의 문화중심지를 이루고 있었다는 것이다. 특히 서주(西周) 때부터 왕실의 문화는 제후 여러 나라들에게 큰 영향을 끼치고 있었는데, 왕실이 쇠약해져서 여러 관리들을 잘 먹여 살릴 수 없게 되자 전문 지식과 기술을 갖고 있던 여러 왕실의 관리들이 연이어 여러 제후들의 나라로 분산되면서 온 천하에 문화를 전파하였다. 그중에도 기원전 520년에 주 경왕(景王)이 죽자 왕자 조(朝)가 왕위를 다투며 반란을 일으키다 실패하여 4년 만에 자기를 따르던 여러 종족 및 관리들과 함께 왕실에 보존되고 있던 많은 전적(典籍)들을 가지고 초나라로 도망한 사건이 가장 큰 일이었다.

이것은 주나라 문화의 대이동을 뜻하는 것이어서, 이 뒤로 초나라는 주왕실을 대신하여 송나라 · 노나라와 함께 3대 문화중심지로 변하였다. 그리고 임금이 백성을 다스리는 힘은 약해졌지만 보다 자유로워진 분위기에서 새로운 문화와 학술이 발전하기 시작하였다. 노나라에 살면서 한편 송나라와 특별한 관계가 있던 공자와 묵자가 나와 각각 유가(儒家)와 묵가(墨家)를 창설하고, 초나라에서는 노자(老子)가 나와 도가(道家)를 창설한 것은 우연일 수가 없는 일이었다. 그리고 묵자는 이 시대에 와서 더욱 확장된 일반 서민의 입장을 대변하는 사상가로 주목하여야만 할 것이다.

이밖에도 제나라 관중(管仲)과 정나라 자산(子產)은 공전(公田)을 폐지하고 옛 세제(稅制)를 개혁하며 공상업(工商業)을 중시하는 등 법가(法家)

의 개척자가 되었고, 제나라 출신 손무(孫武)는 전쟁의 경험을 정리하여 『병법(兵法)』 13편을 지어 불후의 군사 경전이 되기도 하였다.

3) 전국시대(B.C. 402~B.C. 221)

기원전 403년, 진(晋)나라가 한(韓) · 위(魏) · 조(趙)의 세 나라로 나뉘어지면서 전국시대가 개막된다. 이 시기에는 더욱 치열해진 겸병전쟁으로 말미암아 위 세 나라와 함께 진(秦) · 제(齊) · 초(楚) · 연(燕)의 일곱 나라만이 남아 더욱 격렬한 공전(攻戰)을 일삼은 시대이다. 이때에 와서 주 왕실은 천하의 종주(宗主)로서의 지위를 완전히 잃고 기원전 249년 진(秦)나라에 의하여 멸망당하기까지 한 작은 제후의 나라나 같은 형편으로 명맥만 부지하고 있었다. 주 왕실이 망한 뒤 기원전 221년에 진시황(秦始皇)은 천하를 통일하는데, 이미 전국시대에 들어오면서 주 왕실은 한 시기의 역사를 대표할 왕조로서의 자격을 잃고 있는 것이다.

일곱 나라 중에서도 진나라는 춘추시대만 하더라도 문화면에서도 가장 뒤진 작은 나라에 불과하였다. 그러나 진나라 효공(孝公, B.C. 361~B.C. 338 재위)이 위(衛)나라 사람 공손앙(公孫鞅)[8]을 등용하여 변법(變法)을 시행한 뒤로 강성하여져서 마침내 일곱 나라 중 가장 강한 나라로 변하였다. 곧 진나라 효공은 이웃의 가장 크고 강한 위(魏)나라를 공격하여 몇 년만에 위나라를 동쪽으로 몰아내고 하서(河西)의 옛 위나라 땅을 몽땅 차지하게 되었다. 이에 진나라는 황하(黃河)와 함곡관(函谷關)이란 천연의 요새를 근거로 하여 산동(山東) 여러 나라를 공격함으로써 천하통일을 이룩할 기틀이 마련되었던 것이다.

8 公孫鞅 ; 秦나라에 큰 공을 세워 뒤에 商 땅에 封해졌으므로 商鞅이라고도 흔히 부른다.

이처럼 강성해지는 진나라를 보고 산동의 여러 나라들이 어찌할 바를 모르고 있을 때, 책사(策士)인 낙양(洛陽) 사람 소진(蘇秦)이 나와 여섯 나라가 힘을 합쳐 진나라에 대항한다는 이른바 '합종책(合縱策)'을 내세워 연(燕)나라를 위시한 여섯 나라 임금을 설복함으로써 한몸에 육국(六國)의 상인(相印)을 찼었다. 한때 진나라는 이로 말미암아 천하통일을 목표로 한 그들의 전쟁에 지장을 받기도 했으나 이 여섯 나라의 이해관계가 서로 다른 위에 진나라는 위(魏)나라 사람 장의(張儀)를 등용하여 '합종책'을 파괴할 '연횡책(連橫策)'을 추진함으로써 '합종책'은 성공을 거두지 못한다.

'연횡'이란 여섯 나라가 하나하나 횡렬(橫列)로 서서 진나라와 사귀도록 한 뒤에 이해가 엇갈리는 다른 나라를 공격한다는 것이다. 이는 진나라의 원교근공책(遠交近攻策)을 뜻하며, 결과적으로 기원전 230년(秦始皇 17년)에는 한나라를 멸망시키고, 기원전 228년에는 조나라, 기원전 225년에는 위나라, 기원전 223년에는 초나라, 기원전 222년에는 연나라, 최후로 기원전 221년에는 제나라를 멸망시키어 진나라는 마침내 천하통일을 이룩하는 것이다.

전국시대의 가장 두드러진 특징은 격렬한 겸병전쟁을 통하여 유능한 인재의 중요성이 절실히 느껴져, 여러 나라 제후나 장상(將相)들 사이에는 사(士)를 존중하여 개인적으로 양사(養士)하는 기풍이 성행하였고, 또 사의 활동이 눈부셨던 시대이다. 특히 제나라의 맹상군(孟嘗君) · 조나라의 평원군(平原君) · 위나라의 신릉군(信陵君) · 초나라의 춘신군(春申君) 등은 3천 명 이상의 식객(食客)을 각각 집에 거느렸고 또 사를 잘 대접하기로 유명했던 사람들이다.

연나라 태자(太子) 단(丹)은 자객(刺客) 형가(荊軻)를 만나자 재배(再拜)를 하고 무릎 꿇고 앉아 진시황(秦始皇)을 죽여 달라고 부탁하며 상경(上卿)

으로 대접했고, 위나라 태자 격(擊, 武侯)은 길을 가다 문후(文侯)의 스승 전자방(田子方)을 만나자 바로 수레에서 내려 배알을 하였으나 전자방은 거들떠보지도 않았다는 얘기가 있을 정도이다.[9] 또 책사(策士)인 소진(蘇秦)과 장의(張儀)의 활약은 이미 앞에서 간단히 언급한 바 있다. 이 시대란 뛰어난 능력이나 식견만 인정받으면 사(士)도 당장 중용되던 시대였다.

이상과 같은 식객(食客)이나 책사(策士) 이외에 천문(天文)·지리(地理)나 의약(醫藥)·점복(占卜) 등을 전공하는 방사(方士, 또는 術士)들의 활약도 많았지만, 중국문화에 가장 큰 영향을 남긴 것은 유가(儒家)·묵가(墨家)·도가(道家)·명가(名家)·법가(法家) 등 제자(諸子)라 불리어지는 학사(學士)들의 활동이다. 제나라 선왕(宣王) 같은 이는 이런 '학사'들을 좋아하여 기원전 4세기 중엽에는 제나라에 '직하선생(稷下先生)'이라 부르던 수백 명의 '학사'들이 모여 공부하고 토론하였다. 추연(騶衍)·순우곤(淳于髡)·전변(田騈)·접여(接予)·신도(愼到) 등이 모두 '직하선생'이었다.[10]

그들은 각기 자기 학파의 이론을 정리하여 그것을 책으로 써서 학문으로 체계화하였기 때문에 중국문화는 여기에서 꽃피우게 된다. 중국의 문학·사상·학술 등 모든 학문분야의 터전이 이들 전국시대의 제자에서 이루어졌다 해도 과언이 아닐 것이다.

9 『史記』 刺客列傳 및 魏世家.

10 『史記』 田敬仲完世家·孟子荀卿列傳 등 참조.

4) 노(魯)나라와 송(宋)나라

노나라는 공자가 태어나 살았던 나라이고, 송나라는 묵자가 태어난 나라이다. 송나라는 공자에게 있어서는 자기 조상들이 살던 나라였고, 묵자에게 있어서는 자신이 태어난 곳이다. 묵자가 옛사람들의 검약(儉約)을 존중하고 또 옛 문화를 사랑한 것도, 은(殷)나라 후손인 송나라에 태어났기 때문일 것이다.

노나라는 주 무왕(武王)이 그의 넷째 아우 주공(周公) 단(旦)을 봉한 데서 비롯된 나라인데, 실제로 노공(魯公)으로 노나라를 다스리기 시작한 것은 주공의 아들 백금(伯禽)이었다. 송나라는 무왕이 은나라를 쳐부순 뒤 주(紂)의 아들 무경(武庚)을 봉했던 곳인데, 성왕(成王) 때 주공의 형제인 관숙(管叔)·채숙(蔡叔) 등과 함께 난을 일으키자, 주공이 동정(東征)하여 무경을 죽이고 주(紂)의 서형(庶兄)인 미자계(微子啓)를 다시 상구(商邱)에 봉함으로써 생겨났던 나라이다. 따라서 노나라는 주 왕조와 같은 희(姬) 성의 나라이고, 송나라는 은 왕조와 같은 자(子) 성의 나라이다.

한편 겸병전쟁이 시작된 춘추시대로 들어와 노나라는 아홉 개의 작은 나라를 합병시키고 송나라도 여섯 개의 작은 나라들을 합병시켰으나, 모두 국세는 크게 떨치지 못하고 진(晋)·초(楚)·제(齊)·진(秦)·오(吳)·월(越) 같은 나라들보다는 나라의 힘이 한 등급 떨어지는 상태였다. 노나라는 주 왕실과 함께 주나라 문물(文物)이 가장 많이 보전되고 있던 문화 중심지의 한 곳이었고, 송나라는 이전 은나라의 문물이 가장 많이 보전되고 있던 문화 중심지의 한 곳이었다.

따라서 다른 여러 나라들에서는 옛날의 예악(禮樂)을 구경하러 흔히 이 두 나라를 방문하였다. 『좌전(左傳)』 양공(襄公) 29년(B.C. 544)에 오(吳)나라 공자(公子) 계찰(季札)이 노나라를 찾아와 주악(周樂)을 감상하는 기록이 있고, 소공(昭公) 2년(B.C. 541)에는 진(晋)나라 한선자(韓宣子)가 노나라로 와서 왕실의 장서를 구경한 다음 "주나라의 예가 모두 노나라에 있다."고 감탄하는 기록 등이 그 보기이다.

이런 문화국가들은 결국 겸병전쟁에 잘 적응하지 못하여 점점 쇠약해져 갔다. 송나라 양공(襄公)이 패자(覇者)가 되고자 하던 중 초나라와 홍(泓)에서 싸우게 되었을 때(B.C. 638) 불리한 적을 공격치 않고 적이라도 부상자나 노인은 다시 공격치 않는다는 지나치게 자비로운 정신을 발휘하다 전쟁에 참패했을 뿐 아니라, 그때의 부상으로 결국 죽고 만다는 얘기는 그러한 사정을 어느 정도 드러내는 것으로 생각된다.

특히 노나라는 춘추시대로 접어들면서 삼환씨(三桓氏)라 부르는 계손(季孫)씨 · 숙손(叔孫)씨 · 맹손(孟孫)씨의 세 대부(大夫) 집안의 권세가 커지면서 이들이 나라의 정치를 마음대로 주물렀고, 뒤에 가서는 나라의 군권(軍權)까지도 모두 이들 손으로 넘어갔다. 이들 중에서도 특히 계손씨의 권세가 가장 강하여, 양공(襄公)의 뒤를 이은 소공(昭公)을 내쫓아 국외에서 객사하도록 한 일도 있었다.

이 때문에 노나라와 송나라의 국세는 날로 허약해져서 춘추시대 말엽에 가서는 멸망이나 기다리는 작은 나라들 중의 하나로 전락하였다. 그러나 실제로는 기원전 286년에 송나라가 먼저 제나라의 공격을 받아 멸망하였고, 노나라도 기원전 249년에 초나라에게 멸망당하였다.

2. 제자(諸子)의 발생과 발전

중국의 학술이나 개인적인 저술이 모두 공자(B.C. 551~B.C. 479)에게서 비롯된다는 주장에는 거의 이론의 여지가 없다. 따라서 풍우란(馮友蘭)이 『중국철학사』[11]에서 '자학시대(子學時代)'가 공자에게서 개시되고 있다고 본 것은 타당한 견해이다.

그러나 공자 이외에도 이미 춘추시대에 여러 가지 제자 사상의 싹이 트고 있다. 공자보다 선배인지도 모를 노자(老子)에 의하여 도가(道家) 사상이 이룩되었고, 정(鄭)나라 자산(子産)에 의하여 법가(法家) 사상이 이룩되었으며, 제(齊)나라 손무(孫武)에 의하여 병가(兵家)가 이룩되었고, 춘추 말기에는 묵자가 나와 묵가를 이룩한 것 등이 바로 그것이다. 그러나 제자들의 활동이 본격적으로 전개되는 것은 그 뒤의 전국시대이다. 천자와 제후들의 지배력이 약해져서 세상은 어지러웠지만,

11 第三章 汎論子學時代 (1)子學時代之開始.

지식인들은 보다 자유롭게 활동할 수 있는 분위기로 시대가 발전한 것이다.

그러면 어째서 제후와 대부들 사이에 겸병전쟁이 치열하여 정치적 · 사회적으로 혼란을 극했던 그 시대에, 중국 역사상 가장 다양하고 가장 활발하고 가장 넓은 범위에 걸친 학술활동이 제자들을 중심으로 전개될 수 있었는가? 이를 정치 · 사회 · 경제 등의 측면에서 검토해 보기로 한다.[12]

첫째, 춘추전국시대는 일대 변혁의 시대였다. 정치 · 사회 · 경제 · 문화 모든 면에 걸쳐 큰 변혁이 있었던 시대였다. 서주(西周) 봉건제도의 바탕을 이루었던 엄격한 사회계급이[13] 겸병전쟁을 통하여 무너지기 시작하였다. 왕실의 권위가 약화되어감에 따라 제후(諸侯)들은 대부(大夫)들의 힘을 빌어 자기 영토와 세력을 키우기에 여념이 없었고, 대부들은 다시 사(士)의 힘을 빌어 자기 세력을 확장하고 온갖 수단을 다하여 나라의 권세까지 장악하려 하였다. 이처럼 제후들이 서로 싸우고 대부들이 서로 다투는 사이에 이들은 유능한 사의 가치를 알게 되어 사를 존중하게 되었기 때문에 사의 활동이 늘어났다.

진(秦)나라 재상을 지낸 범저(范雎) · 장의(張儀) · 채택(蔡澤)과 여러 나라 재상을 한꺼번에 맡았던 소진(蘇秦) 등이 모두 말재주 하나로 출세했던 사이고, 제(齊)나라 장수 손빈(孫臏) · 연(燕)나라 장수 악의(樂毅) · 조(趙)나라 장수 염파(廉頗) · 진(秦)나라 장수 백기(白起) 등은 그 시대에 이름을 날렸던 사(士) 출신 명장들이다. 왕후(王侯)의 맏아들만이 영원히

12 馮友蘭『中國哲學史』第二章 (二)子學時代 哲學發達之原因을 참고 바람.

13『左傳』昭公 7年 ; “王臣公, 公臣大夫, 大夫臣士, 士臣皂, 皂臣輿, 輿臣隷, 隷臣僚, 僚臣僕.”『孟子』萬章下 ; “君一位, 卿一位, 大夫一位, 上士一位, 中士一位, 下士一位, 凡六等.”(周室 班爵 制度).

왕후가 되고 대부의 맏아들과 왕후의 자식들만이 대부가 되던 제도가 무너져 버리고, 사의 활약이 두드러지게 된 것이다. 이에 자신의 경륜을 체계화하여 세상을 올바로 이끌어 보려는 제자(諸子)도 출현하게 된 것이다. 제자란 모두 이때 사회계급 중 벼슬할 수 있는 계급으로서는 가장 낮은 '사'에 속하는 사람들이었다.

둘째, 겸병전쟁을 통하여 많은 종족들이 멸망함에 따라[14] 봉건제도의 바탕을 이루어온 맏아들을 중심으로 집안을 이어받아 다스리는 종족제도(宗族制度)가 무너지기 시작하였다. 종족이 망하면서 새로 가족이 생겨났고, 또 수많은 사람들이 지배계급으로 오르고 자기 나름대로의 활동을 하면서 더욱 가족제도(家族制度)가 발전하였다. 경제면에서 이를 보면 영주(領主)는 줄어들고 지주(地主)가 늘어났으며, 공전제(公田制)가 없어지고 밭의 넓이에 따라 세금을 거두어들이는 세묘제(稅畝制)로 바뀌어지기 시작하였다. 이에 따라 서민들 중에도 개인재산을 잘 관리하여 부자나 지주가 되는 사람들이 늘어났다.

이러한 변화는 지역에 따라 달랐고,[15] 같은 사회 안에도 서로 이해관계가 대립되는 여러 계층이 생겨났다. 이러한 서로 다른 지역적인 특성과 여러 가지 이해관계가 서로 다른 사회계층을 대변하기 위하여 여러 제자들이 생겨났던 것이다. 이들은 자기 사상을 선전하기 위하여 학문을 체계화하였고, 자기와 자기가 대표하는 계층의 이익을 위하여

14 『左傳』 昭公 3年(B.C. 538), 叔向이 晋나라 公室과 貴族의 衰落을 다음과 같이 말하고 있다. "雖吾公室, 今亦季世也. 戎馬不駕, 卿無軍行, 公乘無人, 卒列無長, 庶民罷敝……欒 · 却 · 胥 · 原 · 狐 · 續 · 慶 · 伯, 降在皂隷."(杜注 ; 八姓, 晋舊臣之族也. 皂隷, 賤官也.) "晋之公族盡矣. 肸聞之, 公室將卑, 其宗族枝葉先落, 則公室從之. 肸之宗十一族, 唯羊舌氏在."

15 예를 들면, 公田制의 폐지와 地主制는 秦나라가 가장 철저하였다.

여럿이 모여 학파를 이루게 되었고, 다른 학파와 다투느라 이론이 더욱 발전하였다.

셋째, 서민의 세력이 커지면서 그중에서 대지주와 고관뿐만이 아니라 상업의 발달[16]로 대상인(大商人)도 나왔다. 대상인 중에는 제나라 관중(管仲)이나 진(秦)나라 여불위(呂不韋)처럼 한 나라의 재상으로서 큰 일을 한 사람들도 있었고, 정(鄭)나라 현고(弦高)처럼 재력으로 외적의 침략을 막아 나라에 큰 공을 세웠던 이도 있었다. 이런 상인들의 활동이 늘어난 사회상황도 제자들의 활약에 큰 도움이 되었다.

넷째, 본시 서주시대만 하더라도 교육은 귀족의 자제들이나 받을 수 있었던 특권이었다. 그러나 공자가 사학(私學)을 일으키고 "모든 사람을 누구나 가르친다."고 나서면서[17] 교육은 크게 보편화하였다. 이런 교육 기회의 확장은 많은 제자의 출현을 가능케 했을 것이다. 『회남자(淮南子)』를 보면 요략훈(要略訓)에 묵자가 자신에 대하여 이렇게 말하고 있다.

> 유자의 학업을 배웠고 공자의 학술을 전수받았다.
>
> 墨子學儒者之業, 受孔子之術.
> 묵 자 학 유 자 지 업 수 공 자 지 술

또 「주술훈(主述訓)」에도 다음과 같은 말이 보인다.

16 『戰國策』 齊策을 보면 蘇秦이 臨淄의 도시생활을 다음과 같이 齊宣王에게 말하고 있다. "臨淄甚富而實, 其民無不吹竽鼓瑟, 擊筑彈琴, 鬪鷄走犬, 六博蹋踘者. 臨淄之途, 車轂擊, 人肩摩, 連衽成帷, 擧袂成幕, 揮汗成雨, 家敦而富, 志高而揚."

17 『論語』 衛靈公 ; "有教無類". 「述而」 ; "自行束脩以上, 吾未嘗無誨焉."

공자와 묵자는 모두 옛 성인의 학술을 닦았고, 육예의 이론에 통달했다.

孔墨皆脩先聖之術, 通六藝之論.
공 묵 개 수 선 성 지 술 통 육 예 지 론

'육예(六藝)'란 '육경(六經)', 곧 『시(詩)』·『서(書)』·『역(易)』·『예(禮)』·『악(樂)』·『춘추(春秋)』의 여섯 가지 유가의 기본 경전을 말한다. 이에 따르면 묵자의 학문도 공자가 시작한 사학의 교육을 바탕으로 하여 이루어질 수가 있었던 것이다.

『한서』 예문지(藝文志) 제자략(諸子略)을 보면 반고(班固, 32~92)는 여러 제자들의 근원을 모두 관리에서 찾고 있다. 곧 유가(儒家)는 백성들의 교육을 맡았던 '사도지관(司徒之官)'[18]에서 나왔고, 도가(道家)는 정치를 잘하고 못하는 일과 나라가 흥하고 망하는 일과 사람들 삶의 행복과 불행 및 세상의 올바른 도(道)를 두루 기록하던[19] '사관(史官)'에서 나왔다 하였고, 음양가(陰陽家)는 사철과 역법(曆法)을 관장하던 '희화지관(羲和之官)'[20]에서 나왔고, 법가(法家)는 법과 형벌을 관장하던 '이관(理官)'에서 나왔으며, 명가(名家)는 예의제도를 관장하던 '예관(禮官)'에서 나왔고, 묵가는 종묘지기였던 '청묘지수(淸廟之守)'에서 나왔으며, 종횡가(縱橫家)는 외교관이었던 '행인지관(行人之官)'에서 나왔고, 잡가(雜家)는 임금에게 아랫사람의 의견을 알리거나 잘못을 간하는 '의관(議官)'에서 나왔으며, 농가(農家)는 농사일을 관장하던 '농직지관(農稷之官)'

18 『書經』 堯典 ; "契, 百姓不親, 五品不遜, 汝作司徒, 敬敷五敎, 在寬."

19 「諸子略」 道家叙 ; "歷記成敗存亡禍福古今之道."

20 『書經』 堯典에 '羲和之官'에 대한 기록이 자세함.

에서 나왔고, 소설가(小說家)는 낮은 관리인 '패관(稗官)'에서 나왔다 하였다.

이는 억지로 제자의 발생을 나라의 관리에 뜯어맞추어 놓은 듯한 기미도 있기는 하지만, 선진(先秦)시대에는 개인적인 강학(講學)의 기풍이 생겨났다고는 하나 나라의 도서들이 거의 모두 조정(朝廷)에 모아져 있었고 또 공부를 하는 주목적이 모두 관리 노릇을 하는 데 있던 시대이니, 이것도 일단 주목할 만한 이론이라 할 것이다.

3. 묵자 사상의 배경

첫째, 묵자가 비천한 집안 출신이라는 것은 무엇보다도 그의 사상 형성에 큰 영향을 끼쳤던 듯하다. 더욱이 격변하는 사회에서 서민들 중에도 장상(將相)으로 입신하는 사람들도 나오고, 지주나 대상인으로 부자가 되어 사회에 큰 영향력을 끼치는 사람도 나오는 한편, 많은 귀족들이 서민으로 전락하여 서민의 세력이 확장되던 시기였다.

이때 묵자는 자신도 미천한 출신이었기 때문에 이러한 서민의 입장을 대변하여 봉건계급사회를 타파하고 사회를 개혁하고자 뜻을 세우게 되었던 것이다. 모든 사람들이 다 같이 서로 사랑해야 한다는 '겸애(兼愛)'와 남의 나라를 공격하여 전쟁을 일으켜서는 안된다는 '비공(非攻)'을 비롯하여 모든 사람들이 부지런히 일하고 쓰는 물자를 절약해야 한다는 '근검절약(勤儉節約)'과 의로움을 존중하고 실천을 중히 여겨야 한다는 '귀의중행(貴義重行)'의 성격을 띤 모든 그의 사상은 서민들의 입장을 대변하는 것이다. 심지어 쓸데없는 꾸밈이 없고 질박(質樸)한 그의 문장조차도 서민적인 성격을 띠고 있다 할 것이다.

둘째, 묵자는 공자 이후 개인적인 강학(講學)이 성행한 시대에 태어나 "유자의 학업을 공부하고 공자의 학술을 전수받았으며(『淮南子』 要略訓)", "옛 성인들의 학술을 닦고 육예(六藝)의 이론에 통달하도록(上同 主述訓)"[21] 공부를 하였기 때문에, 뛰어난 그 자신의 학문체계를 이룩할 수 있었다.

셋째, 묵자는 유학을 공부하였으나, 유가가 통치계급의 입장을 옹호하며 예악(禮樂)을 위주로 하여 서주(西周) 초기의 봉건사회를 재현하려고 노력하는 데 대하여 서민의 입장에서 이에 반발하였다. 그래서 묵자는 유가사상을 비판하는 「비유(非儒)」편을 써서, 사람들의 가깝고 먼 관계와 신분이 높고 낮은 차이를 엄격히 따져 봉건계급제도를 확고히 하려는 유가의 태도와, 예악이나 따지며 귀족이나 부자들에게 붙어 살려는 유가의 비생산성(非生産性) 등을 공격하였다. 『묵자』의 「겸애(兼愛)」는 말할 것도 없고 쓰는 것을 아껴야만 한다는 「절용(節用)」과 장례는 간소하게 치러야 한다는 「절장(節葬)」과 음악을 사치스런 일로 규정하고 부정하는 「비악(非樂)」과 운명론을 부정하는 「비명(非命)」 같은 편들도 그의 유학에 대한 반발을 보여주는 내용들이다. 따라서 지금 우리에게 묵자의 학문을 전해주는 『묵자』라는 책 전체가 유가에 대응하는 성격을 띠고 있다고까지도 할 수 있을 정도이다.

넷째, 그는 옛날의 요(堯)임금 · 순(舜)임금과 특히 우(禹)임금을 숭앙하여 누구나 부지런히 일하고 검소하게 살아야 한다는 사상을 발전시켰지만, 더욱 중요한 것은 그가 이전의 하늘(天)에 대한 신앙[22]을 발전시

21 앞 '묵자의 출신 성분' 에 본문까지 인용함.

22 『書經』 湯誓 ; "有夏多罪, 天命殛之." 「康誥」 ; "天乃大命文王, 殪戎殷, 誕受厥命." 「召誥」 ; "皇天上帝, 致厥元子." 『詩經』 商頌 玄鳥 ; "天命玄鳥, 降而生商." 등 西周 이전의 天의 信仰을 보여주는 글은 무척 많다.

키어 「천지(天志)」·「명귀(明鬼)」편에서 보여주는 종교적인 사상체계와 교단(敎團)을 이룩하였다는 것이다. 묵가는 종교적인 신앙을 바탕으로 뭉쳐졌기 때문에 고난을 극복하고 어려운 일을 실천할 수가 있었다.

다섯째, 묵자는 그의 시대에 진행되었던 여러 나라 사이의 전쟁을 통하여 수많은 젊은이들이 죽어 가는 전쟁의 비정함과 백성들이 겪는 고난을 직접 체험하고 눈으로 보았기 때문에, 더욱 '겸애'를 내세우고 '비공'을 주장하며 이를 실천에 옮기기에 전력을 쏟았다.

여섯째, 제후는 천자를 무시하고 자기보다 약하거나 작은 나라는 기회 있는 대로 쳐서 빼앗고, 또 대부들은 서로 싸우며 제후까지도 무너뜨리고, 사(士)는 또 그들대로 출세를 위하여 수단방법을 가리지 않는 어지러운 세태와 고약해진 인심을 묵자는 절감하였을 것이다. 그가 의로움을 중히 여겨 '귀의(貴義)'를 주장하며 나라를 다스리는 사람들과 백성들의 뜻이 하나가 되어야 한다는 '상동(尙同)'과 현명한 사람들을 중심으로 하여 온 나라 사람들의 뜻이 하나가 되어야 한다는 '상현(尙賢)'의 사상을 통하여 새로운 정치 질서를 세우려 노력한 것은 그런 사실들이 그에게 크게 작용하였을 것이다.

일곱째, 그 시대에는 귀족들의 사치와 부자들의 호화로운 생활이 너무나 서민들의 비참한 생활과 대조를 이루고 있었다. 제(齊)나라만 보더라도 수도 임치(臨淄)는 많은 부자들이 모여 살며 음악과 놀이를 즐기며 화려한 생활을 하였고,[23] 경공(景公, B.C. 547~B.C. 490 재위) 같은 이는 백성은 안중에도 없이 음악과 여색과 놀이를 즐기며 극도로 사치스런 생활을 하였다.[24] 그의 음악을 부정하는 사상과 쓰는 것을 아껴야만 한

23 『戰國策』 齊策에 보이는 蘇秦의 표현.

24 『晏子春秋』 內篇 問上 및 『淮南子』 要略訓 등 참조.

다는 등의 이론은 여기에서도 큰 자극을 받았을 것이다.

여덟째, 서주의 봉건제도에 있어서 사회계급은 타고나는 것이었다. 원칙적으로는 천자 · 제후 · 대부들의 맏아들은 영원히 천자 · 제후 · 대부의 지위와 전통을 계승하고, 그 나머지 형제들은 계속 지위가 떨어지도록 되어 있었다. 따라서 사람들의 신분이나 귀하고 천한 신분은 나면서부터 운명지워져 있었다. 이런 모순을 타파해야겠다는 동기가 묵자로 하여금 운명을 부정하는 '비명(非命)' 이론을 내세우게 된 가장 큰 이유였던 듯하다.

아홉째, 그의 시대에는 유가와 함께 도가도 상당한 세력을 차지하고 있었을 것이다. 그가 실천을 중시한 것은 도가의 '무위자연(無爲自然)'의 이론에 대한 반발도 작용한 때문일 것이며, 정치에 있어서 '상동' · '상현'을 바탕으로 한 '유위(有爲)의 다스림'을 주장한 것도 도가의 '무위이치(無爲而治)'에 대한 반발이 적잖은 작용을 하였을 것이다.

이밖에도 묵자의 독특한 사상을 이룩하게 한 시대적 · 사회적 배경은 여러 가지로 추구할 수 있을 것이다. 그러나 이 정도면 묵자 사상의 특징을 이해하는 데에 충분한 바탕이 되어줄 수 있으리라 믿는다.

제3장

『묵자』란 책의 성격

1.
『묵자』의 전래

다른 대부분의 제자백가의 책이나 마찬가지로 『묵자』도 한(漢)나라 이전에는 어떤 모양의 것이었는지 알 길이 없다. 『한서』 예문지에는 "『묵자』 71편"이 수록되어 있는데, 이것은 한대에 유향(劉向, B.C. 77~B.C. 6)이 조정에 모아져 있는 책들을 정리 교정할 때 교정해 놓은 것으로 그의 『별록(別錄)』에 적어놓았던 것을 아들 유흠(劉歆, B.C. 54?~A.D. 23)의 『칠략(七略)』과 반고(班固, 32~92)의 『한서』 예문지(藝文志)가 그대로 옮겨 실은 것일 것이다. 본시 옛 책에는 유향이 책을 교정하여 임금에게 올렸다는 '주록(奏錄)'이 붙어 있었을 것이나, 송(宋) 무렵에 없어진 듯하다.

『묵자』는 한대 이후로도 통치자들이 위험한 사상으로 여겼고 또 유학자들이 배척을 하여[1] 세상에서 거의 읽혀지지 않게 되었다. 그 때문에 후세로 오면서 다시 많은 부분이 없어지기도 하고 뒤섞이기도 하고 글자가 잘못 적혀지기도 하였다.

1 『漢書』 藝文志를 보더라도 秦漢代에는 墨學者가 한 사람도 없다.

『수서(隋書)』 경적지(經籍志)에는 "『묵자』 15권, 『목(目)』 1권"이 수록되어 있다. 『한서』 예문지에서 71편이라 한 것은 한나라 조정의 도서관인 비부(秘府)에 전해지던 『묵자』는 대쪽으로 이루어진 옛 책이어서 '편(篇)'이란 단위로 책을 나누어 놓았던 것임에 비하여, 『수서』에서는 이미 그것을 비단에 옮겨 베끼어 책이 두루마리로 이루어졌기 때문에 두루마리 수에 따라 책을 '권(卷)'으로 나누었던 것이다. 다만 『한서』와 『수서』에 실린 『묵자』는 '편'과 '권'의 체제만 다를 뿐이었는가, 또는 내용에까지도 어떤 변화가 있었는가는 알 길이 없다.

유중용(庾仲容, 475?~548?)의 『자초(子抄)』[2]와 마총(馬總, 815 전후)의 『의림(意林)』에는 모두 '『묵자』 16권'이라 적혀 있는데, 이는 『수서』의 15권과 『목』 1권을 합쳐 놓아 16권이 되었을 것이다. 이밖에 『당서(唐書)』 경적지(經籍志) · 『신당서(新唐書)』 예문지 · 『송사(宋史)』 예문지 · 『숭문총목(崇文總目)』 · 원(元)나라 마단림(馬端臨)의 『문헌통고(文獻通考)』 경적고(經籍考) · 왕응린(王應麟, 1223~1296)의 『옥해(玉海)』 · 조공무(晁公武, 1144 전후)의 『군재독서지(郡齋讀書志)』 · 청(淸)대의 『사고전서총목(四庫全書總目)』 등이 모두 '『묵자』 15권'이라 기록하고 있다.

그런데 정초(鄭樵, 1104~1162)의 『통지(通志)』 예문략(藝文略)에는

'『묵자』 15권, 우(又) 3권'이라 하였고, 송(宋)대 진진손(陳振孫)의 『직재서록해제(直齋書錄解題)』에는 '『묵자』 3권, 송(宋) 대부 묵적(墨翟) 찬(撰)'이 수록되어 있으며, 초횡(焦竑, 1541~1620)의 『국사경적고(國史經籍考)』에도 '『묵자』 15권, 우(又) 3권'이라 적고 있다. 그러니 송 나라로부터 명나라에 이르는 기간의 『묵자』에는 '15권본'과 '3권본'의 두 가지가 전해지고 있었음을 알겠다. 그런데 왕응린의 『옥해』에서는 『중흥관

2 高似孫 『子略』에 보임.

각서목(中興館閣書目)』을 인용하여 이렇게 말하고 있다.

> 『묵자』 15권은 「친사(親士)」편에서 「잡수(雜守)」편에 이르기까지 61편(「節用」·「節葬」·「明鬼」·「非樂」·「非儒」 등에서 9편이 없어짐)이다. 또 한 가지 판본은 「친사(親士)」편에서 「상동(上同)」편[3]에 이르기까지 모두 13편이다.

그런데 실제로 지금 우리에게 전해지는 『묵자』 15권 53편본과 비교해 보면 『중흥관각서목』에서 없어졌다고 한 것은 「절용(節用)」 하, 「절장(節葬)」 상 · 중, 「명귀(明鬼)」 상 · 중, 「비악(非樂)」 중 · 하, 「비유(非儒)」 상의 8편이다. 따라서 없어졌다는 9편은 8편이 옳으며,[4] '61편' 이란 『한서』 예문지의 71편에서 8편을 뺀 '63편' 이 옳을 듯하다. 지금 우리에게 전하는 『묵자』 53편은 명(明)대의 『도장본(道藏本)』을 바탕으로 한 것인데, 『도장본』에는 이렇게 쓰여 있다.

> 8편이 없어진 뒤에 그 글 제목까지도 없어진 것 10편이 있다.[5]

한(漢)대 이후 『묵자』의 없어진 편수는 도합 18편인데, 「목록(目錄)」 1편과 8편은 그 없어진 편목(篇目)을 알 수 있는 것들이고, 뒤의 10편은 그 편의 제목까지도 알 수 없게 된 것들이다. 필원(畢沅, 1730~1797)이 『묵자주(墨子注)』에서 지적했듯이, 뒤의 10편에 대하여는 옛 책들에 모

3 「上同」은 지금 판본에는 보통 「尙同」으로 되어 있으나 '上' 과 '尙' 은 서로 통하는 글자임.

4 없어진 「목록」까지 합치면 9편이나, 71편 중에도 「목록」 1편은 포함되어 있지 않다.

5 그 내용은 다음절 '2.『묵자』의 내용' 참조 바람.

두 제목이 없으니, 이미 송(宋)대에도 53편의 『묵자』가 전해지고 있었던 듯하다.

3권본의 『묵자』는 『중흥관각서목』에 의하면 '「친사(親士)」편에서 「상동(上同)」에 이르는 13편'이라 하였으니, 여러 사람들이 본 책들이 모두 같은 것이었는지 모르지만 대체로 『묵자』의 앞머리 3권만이 떨어져 전해진 것인 듯하다.

지금 우리에게 이 정도의 『묵자』가 전해지고 있는 것도 모두 명대 『도장(道藏)』의 덕분이다. 『도장』이란 도가의 경전을 모두 모아놓은 것으로 모두 5천5백 책(冊)인데, 명대에는 정통(正統, 1436~1449)·만력(萬曆, 1573~1619)의 두 가지 간본이 있다. 『도장』은 주(周)나라로부터 진(秦)나라에 이르는 시대의 제자(諸子)들의 저서와 진(晋)나라와 당(唐)나라 시대에 없어졌던 책들을 송(宋)나라와 원나라 시대에 간행된 책에 의거하여 다시 간행한 것들로 이루어져 있는데, 거기에는 귀중한 책이 많이 들어 있다. 필원(畢沅, 1730~1797)이 『묵자주(墨子注)』 서문에서 "(지금의) 판본은 『도장(道藏)』 가운데 들어 있는데, 송(宋)나라에서 휘(諱)하던 글자가 빠져 있는 것을 보면 곧 송본(宋本)이었음을 알겠다."고 말하고 있으니, 『도장』의 『묵자』도 송본에 의거하여 다시 간행한 것임이 분명하다. 본시 『묵자』는 도가의 책 가운데 끼일 이유가 없을 듯하나, 비록 근거는 없다 하더라도 한때 도가에서 묵자를 '지선(地仙)'이라 부르기도 하였기 때문에[6] 『도장』에 들어간 것이다. 『묵자』를 위하여는 불행 중 다행이라 할 것이다.

묵가는 전국시대를 통하여 유가와 함께 세상에 가장 성행하던 학파의 하나였다. 진시황(秦始皇, B.C. 246~B.C. 210 재위) 초기까지도 그러했으

6 葛洪 『神仙傳』; "墨子爲地仙, 隱居以避戰國. 至漢武帝時, 遣使者楊違束帛加璧以聘墨子, 墨子不出, 觀其顔色, 當爲五十許人, 周游五嶽, 不止一處."

니, 『한비자(韓非子)』 현학(顯學)편에는 "세상의 두드러진 학문은 유가와 묵가이다.(世之顯學儒墨也.)"라고 하였고, 『여씨춘추』 유도(有度)편엔 "공자와 묵자의 제자들 무리가 천하에 가득하다.(孔墨之弟子徒屬, 滿天下.)", 또 같은 책 「당염(當染)」편엔 "공자와 묵자의 후학자로서 천하에 저명한 사람들이 많아서 이루 다 헤아릴 수가 없다.(孔墨之後學顯榮於天下者衆矣, 不可勝數.)"고도 하였다. 『한비자』와 『여씨춘추』는 모두 진시황의 초년에 이루어진 책들이다.

서한(西漢) 초 유안(劉安, B.C. 178?~B.C. 122)이 여러 사람들을 동원하여 이루었다는 『회남자』 태족훈(泰族訓)에서도 이렇게 논하고 있다.

> 공자의 제자는 70명인데 무리는 3천 명이나 길렀으나 모두 들어가서는 효도를 행하고 나와서는 우애를 발휘했으며…… 묵자에게 따르고 일하는 사람 180명은 모두 불에 뛰어들고 칼날을 밟게 할 수 있고 죽는다 해도 발길을 돌리지 않던 사람들인데, 교화(敎化)가 그렇게 만든 것이다.
>
> 孔子弟子七十, 養徒三千人, 皆入孝出悌, ……墨子服役者
> 공자제자칠십 양도삼천인 개입효출제 묵자복역자
> 百八十人, 皆可使赴火蹈刃, 死不旋踵, 化之所致也.
> 백팔십인 개가사부화도인 사불선종 화지소치야

이처럼 성행하던 묵가가 『사기』를 쓴 사마천(司馬遷, B.C. 145~B.C. 86?)의 시대에는 이미 자취를 거의 감추어, 역사가인 그조차도 묵자가 어떤 사람인지 잘 알 수 없는 형편이 되었던 것이다.

묵가가 갑자기 쇠멸했던 원인은 여러 가지가 있을 것이다.[7] 그러나

7 '제5장, 묵학의 성쇠와 묵자의 제자, 1.묵학의 성쇠' 참조 바람.

묵가 자신의 내부에는 묵자의 학문을 계승 발전시킬 만한 훌륭한 후계자가 나오지 않고, 묵자의 가르침도 보통 사람으로서는 실천하기 어려운 것이어서 묵가 학설 자체에 여러 가지 의견 충돌이 생기어 그 종단(宗團)에 분열이 생기어 약해졌다는 이유도 있었을 것이다.[8] 그러나 그러한 원인보다도 묵자는 서민의 입장을 대표하는 학문이어서 통치자들의 이익과 어긋나므로 통치자들이나 사대부들이 이를 꺼리고 핍박하게 되었다는 외부적인 여건이 더욱 중요한 원인이라 할 것이다.

어떻든 한(漢)대로부터 청(淸)나라 초엽에 이르기까지 근 1800년 동안 묵학을 공부한 학자가 거의 없어 묵학이 끊길 지경에 이르렀다. 진(晋)나라 노승(魯勝)이 『묵자』 중의 4편만을 골라 『묵변주(墨辯注)』를 썼고,[9] 또 정초(鄭樵)의 『통지(通志)』 예문략(藝文略)과 초횡(焦竑)의 『국사경적고(國史經籍考)』에는 3권본의 『묵자』를 모두 '악대주(樂臺注)'라 하고 있는데, 악대는 당(唐)나라 사람이다.

노승은 진나라 혜제(惠帝, 290~306 재위) 때 사람으로, 『진서(晋書)』 은일전(隱逸傳)에 「묵변주서(墨辯注敍)」가 실려 있을 뿐 그의 주가 달린 책은 전하지 않는다. 그리고 악대가 주를 쓴 3권의 『묵자』도 『당서(唐書)』에 실려 있지 않을 뿐 아니라 손이양(孫詒讓)이 "정초와 초횡의 두 책에는 허황된 목록(目錄)도 많이 있어서 믿을 수가 없다."[10]고 했듯이 실제로 악대란 사람이 『묵자』 일부(앞 3권 13편)에 대한 주를 썼었는지 믿기

8 『韓非子』 顯學편 ; "儒分爲八, 墨分爲三, 取舍相反不同, 而皆自謂眞孔墨." 『莊子』 天下편 : "相里勤之弟子, 五侯之徒, 南方之墨者, 苦獲 · 己齒 · 鄧陵之屬, 俱誦墨經, 而倍譎不同, 相謂別墨……以巨子爲聖人, 皆願爲之尸, 冀得爲其後世, 至今不決."

9 『晋書』 隱逸傳에 魯勝이 『墨辯注』를 썼다 하였고, 그가 注를 쓴 4편이란 經 上 · 下와 經說 上 · 下를 가리킨다.

10 『墨子閒詁』 附錄 「墨子目錄」 自注 ; "鄭焦二志, 多存虛目, 不足據."

어려운 일이다. 그러니 『묵자』를 공부한 악대란 사람은 존재하지도 않았던 인물일 가능성도 많다.

이들 이외에 당나라 한유(韓愈, 768~824)가 「독묵자(讀墨子)」란 글을 쓰고 있으니,[11] 그가 『묵자』를 읽었음은 확실한 일이다. 손이양(孫詒讓, 1848~1908)의 『묵자한고(墨子閒詁)』에 쓴 유월(兪樾, 1821~1906)의 서문을 보면 이런 마을 하고 있다.

> 당나라 이후로 한유(韓愈) 이외에는 한 사람도 묵자에 대하여 아는 이가 없었으니, 그 책을 읽은 이도 적었거니와 거기에 주석을 쓴 사람은 더욱 보기 어려웠다. 악대(樂臺)의 옛날 판본은 전해지지 않게 된지 오래되어, 빠진 글이나 엇섞여진 글을 바로잡을 수 없게 되었고, 옛말이나 옛 글자는 더욱이 알 수가 없게 되었으니, 묵자의 학문은 영영 땅속에 묻혀버리게 되었던 것이다.

> 乃唐以來, 韓昌黎外無一人能知墨子者, 傳誦既少, 注釋亦
> 내 당 이 래 한 창 려 외 무 일 인 능 지 묵 자 자 전 송 기 소 주 석 역
> 稀. 樂臺舊本, 久絕流傳, 闕文錯簡, 無可校正, 古言古字, 更
> 희 악 대 구 본 구 절 류 전 궐 문 착 간 무 가 교 정 고 언 고 자 갱
> 不可曉, 而墨學塵薶終古矣.
> 불 가 효 이 묵 학 진 매 종 고 의

명(明)대에 이르러서야 이지(李贄, 『墨子批選』 2권)·모곤(茅坤, 『墨子批校』 6권) 등에 의하여 새로이 주의를 받기 시작한 뒤, 청(淸)대에 이르러 필원(畢沅, 1730~1797)·왕중(汪中, 1744~1794)·장혜언(張惠言, 1761~1802)·왕염손(王念孫, 1744~1832) 등에 의하여 비로소 본격적인 묵학연구가 시작

11 『韓昌黎文集』에 실려 있음.

되었으며, 청말 이후로는 묵자를 전공하는 학자들도 많아졌고 또 무수한 업적도 나오게 되었다.

어떻든 묵학은 이처럼 오랜 세월을 두고 거의 버림받다시피 되었기 때문에, 그나마 서한(西漢) 유향(劉向, B.C. 77~B.C. 6)에 의하여 71편으로 정리되었던 『묵자』도 시대가 흐름에 따라 18편이나 완전히 없어져 버려 53편만이 전하고, 또 전하는 53편도 일부가 빠지고 앞뒤가 뒤바뀌어지기도 한 불완전한 것들이다. 오랜 세월을 두고 버림받았던 책이 이 정도라도 보존되었다는 것을 오히려 다행으로 여겨야 할는지도 모르겠다.

2.
『묵자』의 내용

1) 『묵자』의 목록

지금까지 전해진 『묵자』의 판본은 『도장본(道藏本)』이나 명대의 『초본(鈔本)』·『각본(刻本)』을 막론하고 모두 목록이 없다. 그러나 『묵자』에 15권본(『隋書』 經籍志)이 있고, 또 16권본(馬總, 『意林』)이 있는 것은 「목록」이 1권 있음으로 해서 차이가 나는 것이고, 또 『여씨춘추』 고유(高誘)의 주에서 『묵자』를 72편이라 한 것은 1편의 「목록」을 더 셈하여 『한서』 예문지의 71편보다 1편이 많은 듯하다. 그러니 본시 옛날에는 『묵자』에 「목록」 1권 또는 1편이 붙어 있었는데 후세에 와서 없어진 것이다. 청대에 와서 필원(畢沅)이 고정(考定)한 71편의 목록은 다음과 같다.[12]

12 孫詒讓 『墨子閒詁』 附錄 「墨子目錄」 참조.

권 1 제1편 「친사(親士)」

제2편 「수신(修身)」

제3편 「소염(所染)」

당(唐) 위징(魏徵, 580~643)의 『군서치요(群書治要)』에 인용된 편목도 같음.

제4편 「법의(法儀)」

『군서치요』에 인용된 편목도 같음.

제5편 「칠환(七患)」

『군서치요』에 인용된 편목도 같음.

제6편 「사과(辭過)」

『군서치요』에 이 편의 글을 인용하고 있는데 「칠환(七患)」편에 합쳐져 있다. 아마도 당(唐) 이후 사람이 여기에 쪼개어 놓은 것인 듯하다.

제7편 「삼변(三辯)」

황진(黃震, 1270 전후)과 송렴(宋濂, 1310~1381)이 본 별본(別本)[13]에는 이상 7편을 '경(經)'이라 하고 있는데, 송(宋)나라 사람이 붙인 것일 것이다.

권 2 제8편 「상현(尙賢)」 상(上)

『군서치요』에 인용된 편목도 같음. 『한서』 예문지 안사고(顔師古) 주(注)에는 「상현(上賢)」이라 인용하고 있음.

제9편 「상현」 중(中)

제10편 「상현」 하(下)

권 3 제11편 「상동(尙同)」 상(上)

『한서』 안사고 주에는 「상동(上同)」으로 인용하고 있음.

13 黃震의 『黃氏日鈔』와 宋濂의 『諸子辯』에 보임. 『墨子』 三卷은 上卷 七篇을 '經'이라 하고, 中卷 · 下卷 六篇을 '論'이라 하였는데, 모두 十三篇이라 하였다.

제12편 「상동」 중(中)

제13편 「상동」 하(下)

『중흥관각서목(中興館閣書目)』에서 '일본(一本)은 「친사」로부터 「상동」에 이르는 13편'이라고 한 것이 바로 이상이다. 황진과 송렴이 본 별본(別本)에는 이상 6편을 '논(論)'이라 하고 있는데, 역시 송나라 사람이 붙인 호칭일 것이다.[14]

권 4 제14편 「겸애(兼愛)」 상(上)

『한서』 안사고 주의 인용도 같음.

제15편 「겸애」 중(中)

제16편 「겸애」 하(下)

권 5 제17편 「비공(非攻)」 상(上)

제18편 「비공」 중(中)

제19편 「비공」 하(下)

권 6 제20편 「절용(節用)」 상(上)

『한서』 안사고 주의 인용도 같음.

제21편 「절용」 중(中)

제22편 「절용」 하(下)

이 편 없어짐.

제23편 「절장(節葬)」 상(上)

이 편 없어짐.

제24편 「절장」 중(中)

이 편 없어짐.

제25편 「절장」 하(下)

14 위 주(註) 참조.

권 7 제26편 「천지(天志)」 상(上)

제27편 「천지」 중(中)

제28편 「천지」 하(下)

권 8 제29편 「명귀(明鬼)」 상(上)

이 편 없어짐. 『한서』 안사고 주에는 「명귀신(明鬼神)」이라 인용하고 있음.

제30편 「명귀」 중(中)

이 편 없어짐.

제31편 「명귀」 하(下)

제32편 「비악(非樂)」 상(上)

권 9 제33편 「비악」 중(中)

이 편 없어짐.

제34편 「비악」 하(下)

이 편 없어짐.

제35편 「비명(非命)」 상(上)

『군서치요』에 인용된 편목(篇目)과 『한서』 안사고 주의 인용이 모두 같음.

제36편 「비명」 중(中)

제37편 「비명」 하(下)

제38편 「비유(非儒)」 상(上)

이 편 없어짐.

제39편 「비유」 하(下)

권 10 제40편 「경(經)」 상(上)

『진서(晋書)』 노승전(魯勝傳)의 「묵변주서(墨辯注敍)」에서 "「묵변」에는 상 · 하 「경(經)」이 있고, 「경」에는 각각 「설(說)」이 있어 모두 4편이다."고 한 것이 바로 이 권의 4편이다.

제41편 「경」 하(下)

제42편 「경설(經說)」 상(上)

제43편 「경설」 하(下)

권 11 제44편 「대취(大取)」

제45편 「소취(小取)」

제46편 「경주(耕柱)」

권 12 제47편 「귀의(貴義)」

『군서치요』에 인용된 편목도 같음.

제48편 「공맹(公孟)」

권 13 제49편 「노문(魯問)」

제50편 「공수(公輸)」

제51편 「○○」

권 14 제52편 「비성문(備城門)」

명(明) 오관(吳寬)의 『초본(鈔本)』에도 「목록」은 없으나, 그 책의 편목(篇目)에는 「비성문」을 제54편, 「비고림(備高臨)」을 제55편이라 하고 있다. 책 끝의 오관의 발문(跋文)에 말하기를 "본서(本書) 71편인데, 그 중 51편에서 53편까지와 57편, 59편과 60편, 64편에서 67편에 이르는 편목들은 모두가 없어졌다. 의당 고본(古本)을 구하여 고증하여 채워 넣어야 할 것이다."고 하였다. 오관이 본 바와 옛 책이 실로 그러하다면 당연히 제52편 · 제53편의 두 편이 없어진 것이어야 한다. 어느 편이 옳은지 알 수가 없다.

제53편 「비고림(備高臨)」

제54편 「○○」

「비성문」편에 들고 있는 공격 용구 12종을 보면, 첫째 임(臨)이고, 둘째 구(鉤)이다. 그러니 이 편은 당연히

「비구(備鉤)」였을 듯하다.

제55편「○○」

「비성문」편의 12종 공격 용구의 셋째가 충(衝)이니, 이 편은 당연히「비충(備衝)」이었을 것이다.『시경(詩經)』대아(大雅)「황의(皇矣)」의 공영달(孔穎達)의『소(疏)』에「비충」편의 인용이 있으니, 당(唐)나라 초기까지는 이 편이 없어지지 않았던 듯하다.

제56편「비제(備梯)」

제57편「○○」

12종의 공격 용구에서 넷째가 제(梯)이고 다섯째가 인(堙)이니, 이 편은 당연히「비인(備堙)」이었을 것이다.

제58편「비수(備水)」

제59편「○○」

12종의 공격 용구를 보면, 여섯째가 수(水), 일곱째가 혈(穴), 여덟째가 돌(突), 아홉째가 공동(空洞), 열째가 의부(蟻傅)인데, 지금 오직「비공동(備空洞)」한 편만이 없으나, 그 순서는 또「수(水)」와「돌(突)」사이에 놓여져서는 안될 것이다. 아무래도 후인들에 의한 혼란이 생겨났던 듯하다.

제60편「○○」

제61편「비돌(備突)」

제62편「비혈(備穴)」

12종의 공격 용구를 보면,「혈(穴)」이「돌(突)」앞에 있으니, 이곳의 순서와 맞지 않는다.

제63편「비아부(備蛾傅)」

권 14 제64편「○○」

12종의 공격 용구를 보면 열한 번째가 분온(轒轀), 열두 번째가 헌거(軒車)이다. 그러니 마땅히 「비분온(備轒轀)」과 「비헌거(備軒車)」의 두 편이 있어야 하며, 그 놓이는 순서는 의당 여기였을 것이다.

제65편 「○○」

제66편 「○○」

제67편 「○○」

제68편 「영적사(迎敵祠)」

제69편 「기치(旗幟)」

'치(幟)'는 속자(俗字)임. 왕념손(王念孫)은 '치(職)'로 교정하여 바꾸어 놓았음.

제70편 「호령(號令)」

『구장산술(九章算術)』 최분(衰分)편 유휘(劉徽)의 주에 인용된 편목도 같음.

제71편 「잡수(雜守)」

이상이 15권(「목록」 1권 합치면 16권) 71편(「목록」 1편을 합치면 72편)의 목록이다. 악대(樂臺)가 주를 단 3권 13편본의 『묵자』는 제1편 「친사(親士)」에서 제13편 「상동(尙同)」하에 이르기까지라 하였는데, 송렴(宋濂)의 『제자변(諸子辨)』에서 3권본의 앞 7편을 상권(上卷)이라 하고 이를 '경(經)'이라 불렀으며, 뒤 6편을 하권(下卷)이라 하고 이를 '논(論)'이라 불렀다 하였는데, 이것들을 '경'·'설'로 구분하여 부른 이유도 분명치 않다.

그러나 진(晋)나라 노승(魯勝)이 권10의 「경(經)」 상·하와 「경설(經說)」 상·하 네 편을 따로 떼어 『묵변주(墨辯注)』를 썼는데, 이들은 묵가의 논리학(論理學)을 중심으로 한 독특한 내용과 형식의 것이어서, 이것을 '경' 또는 '설'로 구분한 데서 온 혼동인 듯하다. 또 확실히 악대란 사람이 쓴 주가 있었는지조차도 알 수가 없다. 어떻든 이 3권 13편본 『묵자』는 별본(別本)이어서 지금 우리에게 전하는 51편본과는 다른 성질의 것이었음이 분명하다.

『한서』 예문지의 71편 중 18편이 없어져 버리고 53편의 『묵자』가 전하는데, 없어진 18편도 그 중 8편은 제명만은 알려지고 있으나 나머지 10편은 제명까지도 없어져 버린 것이다.

2) 『묵자』 각 편의 성격

거의 모든 제자백가의 책이 그러하듯이 『묵자』도 묵자가 지은 책이라 보통 말하고 있지만, 실은 묵자가 직접 쓴 것은 한 편도 없는 듯하다. 가장 순수한 부분조차도 묵자의 제자가 뒤에 그의 스승에게서 배우고 들은 내용을 정리한 것인 듯하다. 따라서 『묵자』는 묵자를 비롯한 묵가 전체의 주장과 얘기 등을 모아놓은 우리에게 전하는 묵가의 유일한 '총집(總集)'이란 성격을 띠고 있는 책이다. 더구나 이것들이 우리에게 전하는 책의 형식으로 정리된 것은 서한(西漢) 유향(劉向, B.C. 77~B.C. 6)에 힘입은 것이니, 거기에는 묵자 이후 사람들의 글이나 생각이 어느 정도나 가미(加味)된 것인지 쉽사리 짐작도 할 수 없을 정도이다.

이 때문에 『묵자』 각 편은 그 내용이나 성격이 다양하다. 호적(胡適)이 그의 『중국고대철학사(中國古代哲學史)』 제6편 제1장에서 『묵자』 53편을 5조(組)로 크게 나누어 그 특징을 설명한 이래로, 많은 의견 차이는 보이면서도 양계초(梁啓超) · 전목(錢穆) · 방수초(方授楚)[15] 등 많은 학자들이 원칙적으로 그의 분류방법을 따르며 내용을 설명하고 있다. 그 분류방법이란 다음과 같은 내용의 5조(組)이다.

15 梁啓超 『墨子學案』 第1章, 錢穆 『墨子』 第2章, 方授楚 『墨學源流』 上卷 第3章.

- 제1조 (권 1)
  - ㉮
    - 친사(親士)
    - 수신(修身)
    - 소염(所染)
  - ㉯
    - 법의(法儀)
    - 칠환(七患)
    - 사과(辭過)
    - 삼변(三辯)
- 제2조
  - (권 2) 상현(尙賢) 상 · 중 · 하
  - (권 3) 상동(尙同) 상 · 중 · 하
  - (권 4) 겸애(兼愛) 상 · 중 · 하
  - (권 5) 비공(非攻) 상 · 중 · 하
  - (권 6)
    - 절용(節用) 상 · 중
    - 절장(節葬) 하
  - (권 7) 천지(天志) 상 · 중 · 하
  - (권 8)
    - 명귀(明鬼) 하
    - 비악(非樂) 상
  - (권 9)
    - 비명(非命) 상 · 중
    - 비유(非儒) 하
- 제3조
  - (권 10)
    - 경(經) 상 · 하
    - 경설(經說) 상 · 하
  - (권 11)
    - 대취(大取)
    - 소취(小取)
- 제4조
  - (권 11) 경주(耕柱)
  - (권 12)
    - 귀의(貴義)
    - 공맹(公孟)
  - (권 13)
    - 노문(魯問)
    - 공수(公輸)

제5조
- (권 14)
  - 비성문(備城門)
  - 비고림(備高臨)
  - 비제(備梯)
  - 비수(備水)
  - 비돌(備突)
  - 비혈(備穴)
  - 비아부(備蛾傅)
- (권 15)
  - 영적사(迎敵祠)
  - 기치(旗幟)
  - 호령(號令)
  - 잡수(雜守)

제1조의 ㉮ 세 편 중 「친사」와 「수신」의 두 편에는 "묵선생님께서 말씀하시기를(子墨子云)" 하는 허두가 전혀 보이지 않는다 하여 필원(畢沅)은 "묵적이 직접 지은 것인 듯하다.(親士편 題下注)" 하였으나, 양계초(梁啓超)는 "이 세 편은 묵가의 이론이 아니고 순전히 묵자의 이름을 빌려 후세 사람이 가짜로 쓴 것이니 읽지 않아도 된다."[16]고까지 말하고 있다. 「친사」편에는 다음과 같은 도가(道家)적인 이론이[17] 여러 곳에 보인다.

> 가장 뾰족한 것이 반드시 먼저 무디어진다.(銛者必先挫.)
> 섬 자 필 선 좌
>
> 잘 간 칼날이 먼저 닳는다.(錯者必先靡.)
> 착 자 필 선 미

16 『墨子學案』 第一章 : "這三篇非墨家言, 純出僞託, 可不讀."

17 『老子』의 "揣而銳, 不可長保."(第9章), "飄風不終朝, 驟雨不終日."(第23章), 『莊子』의 "直木先伐, 甘井先竭."(山木篇), "堅則毁矣, 銳則挫矣."(天下篇) 등과 같은 뜻임.

물맛이 단 샘물이 마르기 쉽고, 쭉 뻗은 나무가 베어지기 쉽다.(甘井近竭, 招木近伐.)
감정근갈 초목근벌

너무 성하여지면 지키기 어렵다.(太盛難守.)
태성난수

또 전체적으로는 손이양(孫詒讓)이 「친사」는 "「상현(尙賢)」편의 여의(餘義)"라고 말하고 있을 정도로 이 편의 전반 부분은 「상현」편과 비슷한 내용이다. 그리고 「수신」편은 유가의 이론 비슷한 『예기(禮記)』와 흡사한 글이다. 왕중(汪中)은 「묵자서」(『述學』)에서 이렇게 말하고 있다.

「친사」·「수신」의 두 편은 그 표현이 순박하고 착실하여 「증자입사(曾子立事)」[18]와 표리(表裏)를 이루고 있으니, 칠십자(七十子)[19]의 후학자(後學者)들이 기술한 것이다.

親士·修身二篇, 其言淳實, 與曾子立事相表裏, 爲七十子後學者所述.
친사 수신이편 기언순실 여증자립사상표리 위칠십자 후학자소술

또 「소염」편에 대하여 왕중(汪中)은 이런 주장을 하고 있다.

묵자가 일찍이 실을 물들이는 것을 보고 탄식했었는데, 묵자에게 공부한 사람들이 그 이론을 부연하여 이루어 놓은 것이다.

18 「曾子立事」는 『大戴禮』의 篇名임.

19 孔子의 직계 弟子들을 가리킴.

墨子蓋嘗見染絲者而歎之, 爲墨之學者, 增成其說耳.
묵 자 개 상 견 염 사 자 이 탄 지 위 묵 지 학 자 증 성 기 설 이

방수초(方授楚)도 다음과 같은 주장을 하고 있다.

'파란 물감에 물들이면 파래지고 노란 물감에 물들이면 노래진다.' 고 한 것은 성론(性論)과 비슷하니, 아마도 각가(各家)의 성설(性說)이 이미 성행한 뒤에 나온 것인 듯하다.

染蒼則蒼, 染黃則黃, 有似性說. 殆出各家性說已盛之後歟.[20]
염 창 즉 창 염 황 즉 황 유 사 성 설 태 출 각 가 성 설 이 성 지 후 여

이 세 편은 문장도 서로 다르고 내용도 순수하지 않다. 그러나 양계초처럼 '읽지 않아도 된다' 든가 호적(胡適)처럼 "전혀 묵가의 말투란 없다.(全無墨家口氣.)"고 한 것은 지나친 표현인 듯하다. 비록 도가나 유가적인 표현들이 섞여 있기는 하지만 그렇다고 묵자의 이론에 어긋나는 내용도 아닌 것이다. 묵자가 쓴 것이 아니고 후세 묵가들의 손에 이루어진 것이어서 여러 가지 다른 학파의 사상들도 가미(加味)되어 있는 것이다.

㉯의 네 편에 대하여는 손이양이 「법의(法儀)」편은 「천지(天志)」의 여의(餘義)이며, 「칠환(七患)」과 「사과(辭過)」 두 편은 「절용(節用)」의 여의이고, 「삼변(三辯)」편은 「비악(非樂)」의 여의라 하였다. 그리고 양계초는 "이 네 편은 묵가가 묵학의 개요를 적어놓은 것으로 그 강령(綱領)이 될

20 『墨學源流』 上卷 第三章.

만한 것이니, 먼저 읽어야만 한다.(這四篇是墨家紀墨學槪要, 很能提綱挈領, 當先讀.)"[21]고 주장하였다. 특히 이들 중 「법의」편은 묵학 전체의 강령(綱領)이라 할 만한 가장 중요한 기록이며, 「칠환」편은 정치 · 경제 · 외교 · 국방 등에 관한 이론, 「사과」편은 인륜(人倫)과 절용(節用)에 관한 원칙론이 씌어 있어 역시 중요한 내용이라 할 것이다. 끝머리 「삼변」편만이 「비악」의 여의라 할 만한 내용이다. 어떻든 이것들도 후세 묵가들의 기록임이 분명한 것이다.

제2조의 24편이야말로 『묵자』의 중심을 이루는 부분이다. 묵자의 중요 사상은 모두 여기에 요약되어 있거니와 그 문장조차도 가장 『묵자』의 특징을 잘 나타내고 있는 부분이다. 그러나 모든 편이 "묵자께서 말씀하시기를(子墨子曰)" 하는 허두로 시작하고 있으니 묵자가 직접 쓴 글이 아님은 분명한 일이다. 다만 「비공(非攻)」 상편과 「비유(非儒)」 하편만은 "묵자께서 말씀하시기를" 하는 허두로 시작되고 있지 않다. 특히 「비유」편은 내용도 유가를 공격한 글이거니와 문장 성격도 다른 여러 편과는 약간 달라 글의 내원(來源)이 다른 것인 듯하다. 어떻든 모두가 묵자의 제자들이 자기 스승의 가르침을 정리하여 기록해 놓은 것일 것이다.

그리고 「비유」편을 제외한 각 편들은 모두 본시 상 · 중 · 하 3편으로 이루어졌던 것인데, 이에 대하여 유월(俞樾, 1821~1906)은 「묵자한고서(墨子閒詁序)」에서 이렇게 말하고 있다.

> 묵자가 죽자 묵가는 셋으로 나뉘어졌다. 상리씨(相里氏)의 묵가와 상부씨(相夫氏)의 묵가와 등릉씨(鄧陵氏)의 묵가가 그것이다. 지금

21 『墨子學案』 第一章.

「상현」·「상동」·「겸애」·「비공」·「절용」·「절장」·「천지」·「명귀」·「비악」·「비명」 등을 보면 모두 상·중·하 세 편으로 나뉘어져 있는데, 자구가 약간 다를 뿐 대의(大義)는 다를 바가 없다. 아마도 이것은 곧 상리·상부·등릉 세 집안에 전해지던 책에 차이가 있었는데, 후세 사람들이 이들을 합쳐 책을 이룬 것이어서 한 편에 세 가지가 있는 것 같다.

墨子死, 墨子分爲三, 有相里氏之墨, 有相夫氏之墨, 有鄧
묵자사 묵자분위삼 유상리씨지묵 유상부씨지묵 유등
陵氏之墨. 今觀尙賢·尙同·兼愛·非攻·節用·節葬·天
릉씨지묵 금관상현 상동 겸애 비공 절용 절장 천
志·明鬼·非樂·非命, 皆分 上·中·下 三篇, 字句小異,
지 명귀 비악 비명 개분 상 중 하 삼편 자구소이
而大旨無殊. 意者, 此乃相里·相夫·鄧陵三家相傳之本不
이대지무수 의자 차내상리 상부 등릉삼가상전지본부
同, 後人合以成書, 故一篇有三乎!
동 후인합이성서 고일편유삼호

그러나 뒤에 진주(陳柱) 같은 사람은 이와 의견을 달리하고 있다. 묵자는 여러 곳에서 연설을 하였고 또 그의 제자들은 제각기 그것을 기록하였는데, 연설할 때와 기록하는 사람에 따라 제각기 내용에 차이가 있게 마련이다. 그래서 3편이 있게 된 것이다. 연설이나 기록은 모두 세 가지에 그치지 않았겠지만 옛사람들은 3을 성수(成數)로 보았기 때문에 세 편이 된 것이라[22]고 하였다.

모두 그럴싸한 이론이다. 어떻든 이는 이들 상·중·하 세 편의 내용이 자구(字句)에 있어서는 차이가 나지마는 거의 같은 뜻을 쓰고 있는 글이기에 이런 설명을 하게 한 것이다.

22 『墨學十論』 墨學大略.

양계초는 이 편들에 대하여 다음과 같이 논하고 있다.

> 묵학의 중심을 이루는 대목이며, 묵자서의 중견이 되는 부분이다.
>
> 是墨學的大綱目, 墨子書的中堅.[23]
> 시 묵 학 적 대 강 목 묵 자 서 적 중 견

『묵자』는 이 제2조 24편을 중심으로 읽어야만 할 것이다. 양계초가 끝머리의 「비유」 하편에는 "묵자께서 말씀하시기를(子墨子曰)" 하는 허두가 없으니 묵자의 말을 기록한 내용이 아니라고 한 주장 같은 것은 지나친 견해이다. 오랜 세월 전하는 동안에 그 허두 네 자가 떨어져 나갔을 수도 있고, 또 기록하는 사람에 따라서는 그러한 허두를 붙이지 않을 수도 있는 것이기 때문이다. 호적(胡適)이 지적한 바와 같이 이 제2조의 24편은 묵자의 제자들이 묵자의 이론을 바탕으로 해서 쓴 것이어서, 거기에는 후인들이 보태어 넣은 자료도 꽤 있는 것으로 보아야 할 것이다. 그렇다고 해서 이 부분이 묵자의 사상을 대표하는 『묵자』의 중심부분이라는 평가를 낮추게 되는 것은 아니다.

제3조 중의 「경」 상 · 하와 「경설」 상 · 하의 네 편은 진(晋)나라 노승(魯勝)이 『묵변주(墨辯注)』에서 이를 '묵변'이라 부르며 주를 달았던 부분이다.[24] 노승은 한편 이것들을 묵자가 직접 지은 「변경(辯經)」이라 생각했던 것 같다.[25] 필원(畢沅, 1730~1797)도 다음과 같이 말하고 있다.

23 『墨子學案』 第一章

24 「墨辯注敍」; "墨辯有上下經, 經各有說, 凡四篇."

25 上同; "墨子著書, 作辯經以立名本."

이것은 묵적이 손수 지은 것이기 때문에 「경」이라 부른 것이며, 그 속에는 또한 '묵자께서 말씀하시기를' 하는 허두도 없다.

此翟自著, 故號曰經, 中亦無子墨子曰云云.[26]
차 적 자 저 고 호 왈 경 중 역 무 자 묵 자 왈 운 운

양계초(梁啓超, 1891~1912)도 이렇게 주장하고 있다.

「경」 상 · 하는 묵자가 손수 지은 것이고, 「경설」 상 · 하는 묵자가 말한 것을 받아 적은 것일 것이나 후학들이 보충한 것이 들어 있고, 「대취」 · 「소취」는 후학들이 지은 것이다.

經上下當是墨子自著, 經說上下, 當是述墨子口說, 但有後
경 상 하 당 시 묵 자 자 저 경 설 상 하 당 시 술 묵 자 구 설 단 유 후
學增補. 大取小取, 是後學所著.[27]
학 증 보 대 취 소 취 시 후 학 소 저

이는 『장자(莊子)』 천하(天下)편에 보이는 여러 파의 묵가가 '모두 『묵경』을 외었다.(俱誦墨經)' 는 말에서 영향을 받은 이론인 듯하다. 그러나 청대 손이양(孫詒讓) · 왕중(汪中)을 비롯하여(『墨子閒詁』 · 『述學』 墨子序), 호적(胡適) · 풍우란(馮友蘭) 같은 학자들은(『中國哲學史』) 모두 후세 별묵(別墨)들의 기록이라 하였다. 설사 「경」 상 · 하편이 본시 묵자가 지은 것이었다 하더라도, 지금 우리가 보는 것은 본래의 모습과는 완연히 달라진 모양의 것임이 틀림없다.

이 제3조의 6편은 글귀가 간단하면서도 잘 알 수 없는 글들이 대부

26 『墨子注』 經 上.

27 『墨子學案』 第一章.

분이나, 대체로 논리학(論理學)을 중심으로 하여 심리 · 윤리 · 정치 · 경제 등 여러 방면에 걸친 말들이다. 특히 기하학(幾何學) · 물리학(物理學, 특히 光學과 土木力學) 등 과학적인 명제(命題)들도 섞여 있어 주의를 끈다. 다만 이 편들의 글귀가 너무 간단하여 그 구체적인 뜻은 전혀 알 수 없는 성격의 것들이다.

「경」 상편엔 약 100어(語), 하편엔 약 80어, 합계 180어가 실려 있고, 「경설」편은 이를 다시 설명하는 말들이라 「경」편과 비슷한 어수(語數)가 실려 있으나 표현이 약간 더 길다. 「대취」 · 「소취」 두 편은 앞 『묵경(墨經)』의 여론(餘論) 같은 성격의 것으로 앞뒤가 맞지 않는 말들도 있다. 아마도 전국시대의 제자(諸子)들 사이에 논쟁이 심해지면서, 논쟁의 자료로서 메모해 두었던 묵가의 노트가 이 여섯 편을 이룬 것 같다. 특히 궤변(詭辯)에 관한 명제(命題)가 여러 곳에 보이는 것은, 이 글의 목적이 더욱 다른 학파와의 논쟁 때문에 이루어진 것임을 느끼게 한다. 『묵경(墨經)』에 관한 얘기를 한 『장자』 천하편의 기록도 그런 짐작을 하게 한다.

상리근(相里勤)의 제자들과 오후(五侯)의 무리 및 남방의 묵가인 고획(苦獲) · 기치(己齒) · 등릉자(鄧陵子)의 무리들이 다 같이 『묵경』을 외웠지만, 서로 어긋나 주장이 같지 않게 되자 서로 '별묵(別墨)'이라 공격하였다. 그리고 견백(堅白) · 동이(同異)의 궤변(詭辯)으로 서로 욕하고, 자기 홀로 이치에도 맞지 않는 말로써 서로 대응하였다.

相里勤之弟子, 五侯之徒, 南方之墨者苦獲 · 己齒 · 鄧陵子
상리근지제자 오후지도 남방지묵자고획 기치 등릉자
之屬, 俱誦墨經, 而倍譎不同, 相謂別墨. 以堅白同異之辯相
지속 구송묵경 이배휼부동 상위별묵 이견백동이지변상
訾, 以觭偶不仵之辭相應.
자 이기우불오지사상응

여기에서 말한 『묵경』은 '묵자가 지은 글인 묵가의 경전'을 뜻하는 말일 가능성이 많으며, 설사 『묵경』이 「경」 상 · 하편을 뜻한다 하더라도 이들이 『묵경』을 외운 것은 진실한 묵자의 사상을 연구하고 계승하기 위해서가 아니라 서로 다른 파의 사람들을 공격하기 위해서였다. 더구나 묵자는 실천 위주의 사상가였으니, 궤변(詭辯)을 비롯한 논리(論理)를 연구했을 리가 없고, 더욱이 궤변 같은 것은 그의 서민적인 성격과 크게 어긋나는 것이다.

손이양(孫詒讓)은 『장자』에서 말한 『묵경』이란 여기의 「경」 상 · 하와 「경설」 상 · 하의 네 편이라 보고 다음과 같은 설명을 하고 있다.

> 이하 네 편은 모두 명가(名家)의 이론이며, 또 산술(算術)과 광학(光學) · 중학(重學)의 이론도 있는데, 정묘하고 간략해서 뜻을 알아내기 쉽지 않다. 그 견백(堅白) · 이동(異同)의 궤변은 공손룡(公孫龍)의 책 및 『장자』 천하편에서 얘기한 혜시(惠施)의 말과 서로 가깝다. …… 그러니 전국시대에는 묵가 별전(別傳)의 학문은 묵자의 본뜻과 모두 합치되지 않았던 듯하다.

> 案以下四篇, 皆名家言, 又有算術及光學重學之說, 精眇簡
> 안이하사편 개명가언 우유산술급광학중학지설 정묘간
> 奧, 未易宣究. 其堅白異同之辯, 則與公孫龍書及莊子天下篇
> 오 미이선구 기견백이동지변 즉여공손룡서급장자천하편
> 所述惠施之言相出入. ……則似戰國之時, 墨家別傳之學, 不
> 소술혜시지언상출입 즉사전국지시 묵가별전지학 부
> 盡墨子之本恉.[28]
> 진묵자지본지

28 『墨子閒詁』 經上 注.

그러니 이 부분은 명가(名家)가 활약했던 시기의 묵가 별묵(別墨)들의 기록이며, 그래서 묵자의 사상과 어긋나는 말들조차도 보이는 것이라고 보아야만 할 것이다.

어떻든 이 여섯 편은 논리학(辯學 또는 名學)과 관계되는 특수한 내용이기 때문에 '묵변(墨辯)' 또는 '묵경(墨經)'이란 호칭 아래 따로 떼어 연구한 학자들이 많다.

제4조 다섯 편은 묵자의 행동과 말을 기록한 것으로 그 체제도 『논어(論語)』와 비슷하다. 이는 『논어』처럼 묵자의 제자들이 기록한 것일 것이며, 묵자의 생애와 사적(事蹟)을 알려주는 귀중한 자료라 할 것이다. 「경주(耕柱)」편을 보면 묵자의 제자인 금골희(禽滑釐)를 '자금자(子禽子)'라 부르고 있으니, 이는 묵자의 제자의 제자들의 기록임을 말해주는 것이라 보아야 할 것이다.

제5조 11편은 묵가의 병법(兵法)으로, 주로 성을 방비하고 적을 대적하는 방법을 쓴 것이다. 이것은 묵자의 '비공(非攻)' 이론을 근거로 방어술을 연구하여 후세 묵가들에 의하여 이루어진 것일 것이며, 『사기』에서 "묵자는 공격에 대한 방어를 잘하였다."고 한 것도 여기에 근거를 두고 한 말일 것이다. 『한서』 예문지의 「병기교(兵技巧)」 자주(自注)에 "『묵자』는 중복되어 생략한다." 하였는데, 도헌증(陶憲曾)[29]은 다음과 같은 의견을 제시하고 있다.

> 『묵자』가 중복되어 생략했다는 것은, 유흠(劉歆)의 『칠략(七略)』에서는 『묵자』 71편을 묵가에 넣고서, 또 그 중 「병기교」를 논한 12편을 다시 여기에 넣었는데, 반고(班固)는 이를 생략했다는 것이다.

29 顧實 『漢書藝文志講疏』 所引.

省墨子重者, 蓋七略墨子七十一篇入墨家, 又擇其中言兵技
생묵자중자 개칠략묵자칠십일편입묵가 우택기중언병기

巧者十二篇重收入此, 而班省之也.
교자십이편중수입차 이반생지야

그리고 여기의 12편은 「비성문(備城門)」편에 보이는 '십이공구(十二攻具)'를 근거로 한 것이다.

어떻든 이 병법에 관한 여러 편들은 아주 없어진 것도 여러 편이거니와 남아 있는 것조차도 글귀가 빠지고 뒤섞이고 하여 읽을 수 없는 곳이 많고 잘 알 수 없는 기구(器具) 이름도 많이 보인다.

이 11편에 대하여 주희조(朱希祖) 같은 학자는 모두가 한(漢)대에 나온 위서(僞書)임을 고증하였고,[30] 또 전부는 아니나 끝머리 네 편만은 한대의 위서라 주장한 이도 있다.[31] 손이양(孫詒讓)은 이렇게 말하고 있다.

> 여기(「備城門」편)에서 「잡수(雜守)」에 이르는 20편은 모두 금골희(禽滑釐)가 묵자에게서 전수받은 성을 지키는 방법이다.

自此至雜守, 凡二十篇, 皆禽滑釐所受守城之法也.[32]
자차지잡수 범이십편 개금골희소수수성지법야

그러나 이 글이 실제로 이루어진 것은 전국시대일 것이며, 한대에 보태어진 글도 끝머리 네 편에는 적지않게 섞여 있는 듯하다.

30 錢穆 『墨子』 引, 原文載 『清華週刊』 30卷 9期.

31 吳毓江 『墨子校注』 墨子各篇眞僞考.

32 『墨子閒詁』 備城門 注.

3) 『묵자』의 교석(校釋)

『묵자』는 한(漢) 이후 청(淸) 초엽에 이르기까지 근 1800년간 중국 학자들에 의하여 거의 버려져 왔기 때문에 71편 중 18편이나 완전히 없어져 버리고, 그밖에 남아 있는 것조차도 본문도 제대로 전해지지 않는 것들이다. 오직 진(晋)나라 노승(魯勝)이 『묵변주(墨辯注)』를 쓴 것이 가장 두드러진 업적이나, 그것도 「경」 상 · 하와 「경설」 상 · 하 네 편에 대한 주일 뿐이며, 그나마도 후세에까지 전해지지 않는다. 또 『묵자』 3권본에 대한 당(唐)나라 악대(樂臺)의 주가 있었다고 하지만,[33] 악대의 『귀곡자주(鬼谷子注)』 3권은 『당서(唐書)』 경적지(經籍志)와 『신당서(新唐書)』 예문지에 모두 수록되어 있는 데 비하여 그의 『묵자주』는 보이지 않는다. 그래서 손이양은 "정초와 초횡의 두 책에는 거짓 목록이 많으니 믿을 수 없다."[34] 하였는데, 일리(一理)가 있는 말이다.

명(明)대에 와서는 『도장(道藏)』 속에 끼어 『묵자』 15권이 간행되었을 뿐만이 아니라, 이에 대하여 특별한 관심을 지녔던 학자들도 몇 명 나왔다. 그 결과 귀유광(歸有光, 1506~1571) · 문진맹(文震孟) 공저 『평점묵자(評點墨子)』, 이지(李贄, 1527~1602)의 『묵자비선(墨子批選)』 2권, 모곤(茅坤, 1512~1601)의 『묵자비교(墨子批校)』, 진인석(陳仁錫, 1581~1636)의 『묵자기상(墨子奇賞)』 2권 등이 나왔으나 본격적인 연구업적이라 하기에는 부족한 것들이다.

청나라 건륭(乾隆) 연간(1736~1795)에 이르러는 훈고학(訓詁學)의 성행에 따라 『묵자』에 관심을 갖는 학자들이 나왔으나, 여전히 『묵자』의 판본은 구하기도 어려울 뿐만 아니라 구해도 읽어내기 어려울 정도로 본

33 宋 鄭樵 『通志』 藝文略, 明 焦竑 『國史經籍考』.

34 『墨子閒詁』 附錄 「墨子目錄」 ; "鄭焦二志, 多存虛目, 不足據."

문이 엉망이었다. 그러나 건륭(乾隆) 48년(1783)에 나온 필원(畢沅, 1730~1797)의 『묵자주(墨子注)』 16권은 어느 책보다도 『묵자』 본문을 잘 교정(校正)하고 주를 달아 『묵자』를 세상에 널리 읽히도록 한 책이다.

필원은 명간(明刊) 『도장본(道藏本)』을 바탕으로 하고, 명 만력(萬曆) 연간의 『잠암자본(潛庵子本)』 · 명 『낭씨당책함간본(郎氏堂策檻刊本)』 등 여러 가지 명간본을 참고하는 한편, 그에 앞선 노문초(盧文弨, 1717~1795)와 손성연(孫星衍, 1753~1818) · 옹방강(翁方綱, 1733~1818) 등의 교감(校勘) 업적도 집성(集成)하여[35] 그의 교주(校注)를 완성하였던 것이다. 오육강(吳毓江)은 그의 『묵자교주(墨子校注)』에서 다음과 같이 그의 업적을 칭송하였는데, 지나친 말이 아닌 듯하다.

> 필원의 주는 그 이전에 참고할 업적도 없었으니 일하기 두 배로 어려웠을 것이다. 비록 허술한 데가 많아 보충을 요하기는 하지만 그의 초창(草創)의 공로는 거의 『묵자』 본서에 붙어 영원히 남을 만한 것이다.
>
> 畢注前無所承, 措手倍難. 雖多疏漏, 留待補苴, 其草創之
> 필 주 전 무 소 승 조 수 배 난 수 다 소 루 유 대 보 저 기 초 창 지
> 功, 殆將附墨子本書共垂不朽也.
> 공 태 장 부 묵 자 본 서 공 수 불 후 야

위에 언급된 학자들 이외에도 건륭(乾隆) 연간으로부터 도광(道光) 초에 이르는 시기(1736~1821)에 『묵자』를 연구한 학자로 장혜언(張惠言) · 왕중(汪中) · 왕념손(王念孫) · 정걸(丁杰) · 허종언(許宗彦) 같은 사람이 나왔

35 畢沅 「墨子注叙」 참조.

다. 그중에도 왕념손(1744~1832)의 「독묵자잡지(讀墨子雜志)」[36] 6권이 고증(考證)에 뛰어나고, 장혜언(1761~1802)의 『묵자경설해(墨子經說解)』 1권과 왕중(1744~1794)의 『묵자표미(墨子表微)』 등이 『묵자』에 관한 특수 분야의 연구로 주의를 요한다. 또 왕중에게는 「묵자서(墨子序)」가 있으니 『묵자』에 대한 교석(校釋)도 하였음이 분명하나 책은 전하지 않는 듯하다.

다시 도광(道光, 1821~1850) 이후 민국(民國) 초기에 이르는 기간에는 소시학(蘇時學) · 유월(俞樾) · 손이양(孫詒讓) · 왕개운(王闓運) · 조요상(曹耀湘) · 고광은(顧廣圻) · 도홍경(陶鴻慶) 같은 학자들이 나와 『묵자』 사상을 더욱 널리 세상에 인식시켰다. 특히 광서(光緖) 20년(1894)에 초판본을 낸 손이양(1848~1908)의 『묵자한고(墨子閒詁)』 15권은 다시 선통(宣統) 2년(1910)에 『정본(定本)』을 내었는데, 『묵자』 본문 교주(校注)의 결정판이 되고 있다. 그는 필원(畢沅)의 『묵자주』와 소시학(蘇時學)의 『묵자간오(墨子刊誤)』를 참고하는 이외에도, 명(明)대 오관(吳寬)의 『사본(寫本)』과 고광은(顧廣圻)이 교정한 『도장본묵자(道藏本墨子)』[37] 및 왕염손(王念孫) · 왕인지(王引之) 부자의 『묵자』 교정, 홍이훤(洪頤煊)과 유월(俞樾) · 대망(戴望)의 교정 업적 등을 참고하여[38] 『묵자』의 본문을 거의 완전히 정리하여 놓은 것이다.

특히 「비유(非儒)」편 이전[39]의 글들은 필원과 왕념손 부자 등의 교정으로 어느 정도 읽을 수 있게 되어 있었으나 이를 더욱 보충 교정하였고, 뒤의 '경설(經說)'과 '병법(兵法)'에 관한 여러 편은 그의 심혈(心血)

36 그의 『讀書雜志』 속에 들어 있음.

37 畢沅은 明 正統 10年(1445)刊 『道藏本』을 사용했으나, 그 뒤로도 몇가지 刊本이 더 나왔음.

38 孫詒讓 『墨子閒詁』 自序 참조.

39 앞 분류의 第1組 · 第2組(1~9卷).

을 기울인 결과로, 이에 비로소 그 내용을 제대로 파악할 수 있게 되었다고 할 정도이다. 특히 「경」 상 · 하편의 '방행구독(旁行句讀)'과 병법에 관한 여러 편의 교정은 스스로도 득의(得意)한 성과였던 듯하다. 유월(俞樾, 1822~1907)은 『묵자한고』에 쓴 「서문」에서 그의 업적을 다음과 같이 말하고 있다.

……오랫동안 유전(流傳)이 끊기어 빠진 글이나 뒤섞인 글귀를 교정할 수가 없었고, 옛말이나 옛 글자는 더욱 알 수가 없어서 묵학은 영영 땅속에 묻혀 버리는 듯하였다. 국조(청)의 필원(畢沅)이 처음으로 그 교주를 하였고, 그 뒤로 여러 학자들이 더욱 교감(校勘)을 하여 새 길을 열어 어두운 곳을 대강 들여다보게 됨으로써 『묵자』를 약간 읽을 수 있게 되었다. 이에 손이양이 여러 학자들의 업적을 집대성(集大成)하여 『묵자한고』를 짓게 되었다. 여러 학자들의 이론 중 옳은 것은 따르고 그른 것은 바로잡고 빠진 것은 보충하고 하였다. 「경설(經說)」과 「비성문(備城門)」 이하 제편은 더욱 읽기가 쉽지 않았는데, 어지러워진 곳은 정리하고 쓸데없는 것은 잘라내며 빠짐없이 맥락을 찾아놓았다. 방행(旁行)의 글은 모두 옛모습대로 돌려놓았고, 잘못되고 빠진 곳은 모두 제대로 정리하여 놓았다. 묵자 이래로 이러한 책은 다시 없었던 것이다.

……久絕流傳, 闕文錯簡, 無可校正, 古言古字, 更不可曉,
구절류전 궐문착간 무가교정 고언고자 갱불가효
而墨學塵薶終古矣. 國朝鎮洋畢氏, 始爲之注, 嗣是以來, 諸
이묵학진매종고의 국조진양필씨 시위지주 사시이래 제
儒益加讎校, 涂徑旣闢, 奧窔粗窺, 墨子之書, 稍稍可讀. 於
유익가수교 도경기벽 오요조규 묵자지서 초초가독 어
是瑞安孫詒讓仲容, 乃集諸說之大成, 著墨子閒詁. 凡諸家之
시서안손이양중용 내집제설지대성 저묵자한고 범제가지
說, 是者從之, 非者正之, 闕略者補之. 至經說及備城門以下
설 시자종지 비자정지 궐략자보지 지경설급비성문이하

諸篇, 尤不易讀, 整紛剔蠹, 脈摘無遺, 旁行之文, 盡還舊觀,
제편 우불이독 정분척두 맥적무유 방행지문 진환구관

訛奪之處, 咸秩無紊. 蓋自有墨子以來, 未有此書也.
와탈지처 함질무문 개자유묵자이래 미유차서야

그리고 손이양이 광서(光緖) 정미(丁未)년(1907)에 쓴 『정본묵자한고』의 서문에서는 「경」·「경설」 4권의 교석에는 장혜언(張惠言)의 『묵자경설해(墨子經說解)』와 양보이(楊葆彝)의 『경설교주(經說校注)』가 『정본』을 쓰는 데 크게 도움이 되었고, 친구 황중도(黃中弢)도 초간본(初刊本)의 잘못을 10여 군데나 바로잡아 주었다고 말하고 있다.

그 뒤로 이립(李笠)의 『정본묵자한고교보(定本墨子閒詁校補)』 2권(1922 刊)·장순일(張純一)의 『묵자한고전(墨子閒詁箋)』 1권(1922 刊)·유창(劉昶)의 『속묵자한고(續墨子閒詁)』 4권(1925 刊)·진주(陳柱)의 『정본묵자한고보정(定本墨子閒詁補正)』(1934 刊), 최근에는 용우순(龍宇純)의 「묵자한고보정(墨子閒詁補正)」(『學術季刊』 卷4 所載) 등이 나와 손이양을 중심으로 한 『묵자』의 교주는 거의 완비한 단계에 이른 느낌이 든다.

손이양은 『묵자한고』에서 『묵자』 53편의 본문을 교석(校釋)한 외에도, 「목록」 1권에서 71편에 대한 일존(佚存)을 고증하고 있고, 「부록(附錄)」 1권에 묵자편목고(墨子篇目考)·묵자일문(墨子佚文)·묵자구서(墨子舊敘) 등을 모아놓고 있으며, 다시 「묵자후어(墨子後語)」 2권에는 묵자전략(墨子傳略)·묵자연표(墨子年表)·묵학전수고(墨學傳授考)와(이상 상권)·묵자서문(墨子緖聞)·묵학통론(墨學通論)·묵가제자구침(墨家諸子鉤沈)(이상 하권)을 붙여놓고 있다.

이 시기의 업적으로는 또 유월(俞樾)의 『묵자평의(墨子平議)』 3권(1922 刊), 도홍경(陶鴻慶)의 『독묵자찰기(讀墨子札記)』 2권(1909 刊), 우창(于鬯)의 『묵자교서(墨子校書)』 2권(1963 刊) 등이 뛰어나다. 어떻든 손이양 이후로

민국(民國)으로 들어오면서 『묵자』의 가치를 새롭게 인식하게 되어 학계에는 그에 관한 연구가 성행한다.

『묵자』 본문의 교주로는 앞에 든 『묵자한고』에 대한 보완작업 이외에도 장순일(張純一)의 『묵자집해(墨子集解)』 15권(1932 刊) · 진주의 『묵자간오(墨子刊誤)』 2권(1928 刊) · 우성오(于省吾)의 『묵자신증(墨子新證)』 4권(1937 刊) · 고형(高亨)의 『묵자신전(墨子新箋)』 1권(1962 刊) · 왕숙민(王叔岷)의 『묵자구증(墨子斠證)』 1권(1959 刊) 등이 나왔다. 그리고 양계초(梁啓超) · 호적(胡適) 등에 의하여 묵자의 생애와 묵자 사상 등 전반에 걸친 연구가 더욱 활발하게 전개되었다.

양계초(梁啓超)는 『묵자학안(墨子學案)』 1권(1929 刊) · 『자묵자학설(子墨子學說)』 1권(1942 刊) · 『묵학미(墨學微)』 1권(1942 刊) 등을 내었고, 호적(胡適)의 『중국철학사대강(中國哲學史大綱)』에 있어서의 묵자론[40]과 풍우란(馮友蘭)의 『중국철학사』에 있어서의 묵자론[41]을 비롯하여, 전목(錢穆)의 『묵자』 1권(1930 刊) · 진주(陳柱)의 『묵학십론(墨學十論)』 1권(1928 刊) · 장유교(蔣維喬)의 『묵자철학(墨子哲學)』 1권(1928 刊) · 방수초(方授楚)의 『묵학원류(墨學源流)』 1권(1937 刊) 등 무수한 업적들이 쏟아져 나왔다. 그 이후 지금에 이르기까지 중국을 비롯한 세계 각지에서 나온 묵자에 관한 저서와 논문은 이루 헤아릴 수 없을 정도로 많다.

그리고 『철학사(哲學史)』뿐만이 아니라 『중국문화개론(中國文化槪論)』(王更生 · 李鍌 · 周何 등) · 『중국교육사(中國教育史)』(余書麟) · 『중국윤리학사(中國倫理學史)』(蔡元培) · 『중국사상사(中國思想史)』(錢穆) · 『중국정치사상사(中國政治思想史)』(蕭公權) · 『국학도독(國學導讀)』(黃振民) 등에서까지도 모두

40 第六篇 墨子, 第八篇 別墨.

41 上册 第五章 墨子及前期墨家, 第十一章 墨經及後期墨家.

『묵자』를 중시하게 되었다. 여기에서 묵자는 다시 전국시대의 뛰어난 학파로서의 자기 위치를 거의 되찾게 된 것이다.

앞에서도 손이양이 특히 『묵경(墨經)』에 대하여 주의하였음을 언급하였거니와 한때 『묵경』 연구는 대단한 성황을 이루었다. 그것은 일부 학자들이 주장하는 것처럼 묵자가 손수 지은 중요한 기록이라는 점과 함께, 다른 어떤 옛 전적에서도 찾아볼 수 없는 논리학을 중심으로 하여 물리(物理)·광학(光學)·산학(算學) 등과 관계되는 기록이 담겨 있기 때문이었다.

양계초(梁啓超)의 『묵경교석(墨經校釋)』 1권(1926 刊)·등고경(鄧高鏡)의 『묵경신석(墨經新釋)』 1권(1931 刊) 및 『묵경철학(墨經哲學)』 1권(民國初 刊)·호적(胡適)의 『묵변신고(墨辯新詁)』[42]·범경연(范耕研)의 『묵변소증(墨辯疏證)』 7권(1934 刊)·장기굉(張其鍠)의 『묵경통해(墨經通解)』 5권(1931 刊)·노대동(魯大東)의 『묵변신주(墨辯新註)』 2권(1936 刊)·담계보(譚戒甫)의 『묵경이해(墨經易解)』 1권(1929 刊) 및 『묵변발미(墨辯發微)』 1권(1958 刊)과 『묵경분류역주(墨經分類譯註)』 1권(1981 刊)·고형(高亨)의 『묵경교전(墨經校詮)』 5권(1958 刊)·오비백(伍非百)의 『묵변해고(墨辯解詁)』 1권(1983 刊) 및 『대소취장구(大小取章句)』 1권(1983 刊) 등 무수한 업적들이 쏟아져 나왔다.

그러나 실제로 『묵자』의 「경」 상·하, 「경설」 상·하와 「대취」·「소취」의 여섯 편을 보면, 처음부터 끝까지 뜻을 알기도 어렵고 심지어 읽기도 어려운 데다가 앞뒤의 연관도 없는 듯한 짧은 말들이 모아져 있는 부분에 불과하다. 중국 학자들은 여기엔 반드시 오묘한 '미언대의(微言大義)'가 숨겨져 있으리라 여기고,[43] 중국 고대의 논리학이나 과학

42 오직 「小取新詁」 1편만을 발표하고 말았음.

43 孫詒讓이 梁啓超에게 墨子硏究를 권한 편지 「與梁卓如論墨子書」에 보이는 표현임.

연구의 자료로 삼으려고 열의를 내었지만 아무래도 지나친 욕심이었던 듯하다.

앞에서도 얘기했듯이 『묵자』 중에서 가장 중요한 부분은 이 '묵경(墨經)' 또는 '묵변(墨辯)' 이라 불리우는 부분이 아니라 제2조(권2~권9)의 24편이며, 제1조(권1)와 제4조(권11~권13)의 여러 편들도 오히려 이 제3조 6편보다는 묵자 연구를 위하여 보다 많은 구체적인 자료들을 남겨 주고 있는 것들이다.

4) 문장상의 특징

『묵자』 중에서도 묵자의 사상을 나타내는 중심부분은 「상현」편에서 「비유」편에 이르는 제2조 24편임을 앞에서 이미 지적하였다. 이 24편은 사상면에 있어서뿐만이 아니라 문장면에 있어서도 『묵자』의 특징을 가장 잘 드러내 보이고 있다. 『한비자(韓非子)』 외저설좌상(外儲說左上)편을 보면 다음과 같은 초(楚)나라 임금과 전구(田鳩)의 대화가 보인다.

> 초나라 임금이 전구에게 물었다. "묵자는 저명한 학술이지요. 그들이 몸소 실천하는 것은 괜찮지만 그들의 이론은 말은 많으면서도 표현이 멋지지 않으니 어째서일까요?" 전구가 아뢰었다. "옛날 진(秦)나라 임금이 그의 딸을 진(晋)나라 공자에게 출가시키면서, 진나라 사람들로 하여금 그를 치장케 하고 비단 무늬 옷을 입은 잉첩(媵妾) 70명을 딸려보냈었습니다. 진나라에 가자 진나라 공자는 그 잉첩들은 사랑하면서 공녀(公女)는 천시했습니다. 이것은 잉첩들은 시집을 잘 보낸 것이지만 딸을 잘 출가시킨 것이라 할 수는 없을 것입니다.
>
> 초나라 사람 중에 그의 구슬을 정나라 사람에게 팔려는 사람이 있

었는데, 목란(木蘭)으로 만든 궤짝에다가 계피(桂皮)와 산초(山椒)의 향기를 먹이고 주옥을 이어 박은 위에 옥돌로 장식을 하고 비취 깃을 달았습니다. 정나라 사람은 그 궤짝만 사고 그 구슬은 되돌려 보냈다 합니다. 이것은 궤짝은 잘 판 것이지만 구슬을 잘 판 것이라 할 수는 없을 것입니다.

지금 세상의 이론은 모두 멋진 표현과 잘 꾸며진 말을 드러내서, 임금들은 그 꾸며진 글만을 보고 그 쓰임은 잊고 있습니다. 묵자의 이론은 선왕의 도(道)를 전하고 성인의 말씀을 논하여 사람들에게 알려주려는 것입니다. 만약 그 말을 멋지게 하고 사람들은 그 글의 꾸밈만을 생각하고 그 쓰임은 잊어 바로 글의 꾸밈 때문에 쓰임을 해치게 될까 두려운 것입니다. 이것은 초나라 사람이 구슬을 파는 경우나 진나라 임금이 딸을 시집보내는 경우와 비슷한 일이기 때문에, 그들의 말은 많으면서도 표현은 멋지지 않은 것입니다."

楚王謂田鳩曰；墨子者顯學也. 其身體則可, 其言多不辯,
초 왕 위 전 구 왈 묵 자 자 현 학 야 기 신 체 즉 가 기 언 다 불 변
何也? 曰；昔秦伯嫁其女於晋公子, 令晋爲之飾裝, 從文衣之
하 야 왈 석 진 백 가 기 녀 어 진 공 자 영 진 위 지 식 장 종 문 의 지
媵七十人. 至晋, 晋人愛其妾, 而賤公女, 此可謂善嫁妾而未
잉 칠 십 인 지 진 진 인 애 기 첩 이 천 공 녀 차 가 위 선 가 첩 이 미
可謂善嫁女也. 楚人有賣其珠於鄭者, 爲木蘭之櫃, 薰以桂椒,
가 위 선 가 녀 야 초 인 유 매 기 주 어 정 자 위 목 란 지 궤 훈 이 계 초
綴以珠玉, 飾以玫瑰, 輯以羽翠, 鄭人買其櫃而還其珠, 此可
철 이 주 옥 식 이 매 괴 집 이 우 취 정 인 매 기 궤 이 환 기 주 차 가
謂善賣櫝矣, 未可謂善鬻珠也. 今世之談也, 皆道辯說文辭之
위 선 매 독 의 미 가 위 선 육 주 야 금 세 지 담 야 개 도 변 설 문 사 지
言, 人主覽其文而忘其用. 墨子之說, 傳先王之道, 論聖人之
언 인 주 람 기 문 이 망 기 용 묵 자 지 설 전 선 왕 지 도 논 성 인 지
言, 以宣告人. 若辯其辭, 則恐人懷其文, 忘其用, 直以文害
언 이 선 고 인 약 변 기 사 즉 공 인 회 기 문 망 기 용 직 이 문 해
用也. 此與楚人鬻珠, 秦伯嫁女同類, 故其言多不辯.
용 야 차 여 초 인 육 주 진 백 가 녀 동 류 고 기 언 다 불 변

여기서 "표현이 멋지지 않다(不辯)."는 것은 바로 글에 "수식이 없는 것(不文)"을 뜻한다. 곧 『묵자』에서 많은 문제들을 논하고 있으면서도 글은 꾸밈없고 질박(質樸)함을 말하는 것이다. 전목(錢穆)에 의하면,[44] 전구(田鳩)는 묵자의 삼전(三傳) 제자이다. 묵자는 말보다도 행동을 중시했기 때문에 문장의 수식에는 별로 신경을 쓰지 않았다는 것이다.

한편 이는 묵자가 천민 출신으로 「겸애」·「비공」·「절용」·「절장」 등에서 보여주고 있는 것처럼 그의 사상은 서민들의 입장을 대변하고 있기 때문에, 그의 글도 천한 백성들까지도 모두 알아들을 수 있도록 꾸밈없고 속된 말을 되풀이하고 있는 것이다. 따라서 중국 전통 산문의 입장에서 본다면 『묵자』의 글은 논리도 엉성하거니와 아름답지도 않고 멋도 없는 위에 지리하고 단조롭기만 하다.

그래서 『묵자』의 글은 "시골 목사의 설교 같다."고 평한 이도 있다.[45] 실제로 묵자가 시골 백성들을 상대로 설교한 내용을 후에 제자들이 정리하여 기록해 놓은 것이 『묵자』의 중심을 이루는 부분일 것이다. 그렇게 생각되는 것은 이 글들이 통속적인 표현을 쓴 강연체(講演體)의 글이기 때문이다.

첫째, 『묵자』에서의 『시경(詩經)』의 인용만 보더라도, 그 글을 쉽게 풀어서 인용하고 있다. 보기를 들면, 「상현」 중편에 「주송(周頌)」[46]을 다음과 같이 인용하고 있다.

44 『先秦諸子繫年』 참조.

45 Burton Watson: Early Chinese Literature(Columbia University Press, New York, 1962).

46 지금의 『詩經』 周頌에는 없는 逸詩임.

성인의 덕은
하늘처럼 높고
땅처럼 넓게
온 천하를 비추고 있네.
땅처럼 굳고
산처럼 솟아서
쪼개지지도 않고 무너지지도 않네.
해처럼 빛나고
달처럼 밝으며
천지와 같이 영원하네.

聖人之德, 若天之高, 若地之普,
성인지덕 약천지고 약지지보

其有昭於天下也.
기유소어천하야

若地之固, 若山之承, 不坼不崩.
약지지고 약산지승 불탁불붕

若日之光, 若月之明, 與天地同常.
약일지광 약월지명 여천지동상

이는 분명히 『시경』의 송체(頌體)처럼 형식적이고 고삽(古澁)한 글과는 다른 산문적이고 평이한 글이다. 이 중 특히 "기유소어천하야(其有昭於天下也)" 구절에서 "기유(其有)……야(也)"는 묵자가 덧붙인 것일 가능성이 많다. 「비공」 하편에서도 『시경』[47]을 인용하고 있다.

47 이 句節도 지금의 『詩經』에는 없는 逸詩임.

물고기가 물에서 놀지 못한다면
육지에서야 무엇하겠는가?

魚水不務,[48] 陸將何及乎?
어 수 불 무 육 장 하 급 호

이것도 왕념손(王念孫)이 지적하고 있듯이 '시사(詩詞)와 비슷하지 않은'[49] 산문적인 표현이다. 또 「겸애」 하편에는

군자가 이행하는 바이고
소인이 보는 바이다.

君子之所履, 小人之所視.
군 자 지 소 리 소 인 지 소 시

라고 『시경』 소아(小雅) 대동(大東)편의 구절을 인용하고 있는데, 지금의 『시경』에는 두 '지(之)' 자가 없다. 같은 편에 『시경』 대아(大雅) 억(抑)편의 구절을 인용하고 있다.

쓰이지 않는 말이란 없고
보답받지 못하는 덕이란 없다.

無言而不讎, 無德而不報.
무 언 이 불 수 무 덕 이 불 보

48 務는 孫詒讓은 '騖(말 달리다)' 또는 '游(헤엄치다)'와 통하는 글자라 하였다.
49 『墨子閒詁』 引.

지금의 『시경』에는 두 '이(而)' 자가 없다. '지(之)' 나 '이(而)' 가 보태어진 것은 시의 산문화를 뜻한다 할 수 있을 것이다.

둘째, 『서경(書經)』을 비롯한 옛글의 인용도 그 시대 말에 가깝게 고쳐서 인용하고 있다. 보기를 들면, 「상동」 하편에 다음과 같은 『서경(書經)』 대서(大誓)의 글을 인용하고 있다.

> 소인들의 간교한 짓을 보거나 듣고도 알리지 않는다면, 죄가 발각된 뒤에는 같은 벌이 내려질 것이다.
>
> 小人見姦巧, 乃聞, 不言也, 發, 罪鈞.
> 소인견간교 내문 불언야 발 죄균

또 「명귀(明鬼)」 하편에서는 다음과 같은 『서경』 하서(夏書) 우서(禹誓)의 글을 인용하고 있다.

> 나는 그대들 땅과 보옥을 욕심내는 게 아니고, 나는 하늘의 벌 주심을 함께 행하려는 것이다.
>
> ……予非爾田野葆士[50]之欲也, 予共行天之罰也.
> 여비이전야보사 지욕야 여공행천지벌야

지금 『서경』에는 이와 같은 글이 없으나(뒤의 것과 비슷한 글은 「甘誓」편에 보임), 모두 '야(也)' 자 같은 것은 그 당시의 말투를 따라 보태어진 것인 듯하다. 그리고 다음과 같은 지금의 『서경』 대우모(大禹謨)에

50 '葆士' 는 俞樾의 설을 따라 '寶玉' 의 잘못으로 보았다.

보이는 구절을 '「술령(術令)」[51]에서 말하기를' 하고 다음과 같이 쉬운 말로 다시 풀이를 붙이고도 있다.

> 입은 좋은 결과를 내기도 하지만 전쟁을 일으키기도 한다.
>
> 唯口出好興戎.
> 유 구 출 호 흥 융

고 인용하고는, 다시 이를 다음과 같이 쉬운 말로 다시 풀이를 붙이고도 있다.

> 곧 이것은 입을 잘 쓰는 사람은 좋은 결과를 내기도 하지만, 입을 잘 쓰지 못하는 사람은 남을 모함하고 해치며 내란이나 전쟁을 일으킴을 말하는 것이다.
>
> 則此言善用口者出好, 不善用口者以爲讒賊寇戎.
> 즉 차 언 선 용 구 자 출 호 불 선 용 구 자 이 위 참 적 구 융

이것은 묵자가 문아(文雅)한 글을 잘 모르는 사람들을 상대로 얘기한 것임을 알려주는 것이다.

셋째, 통속적인 용어도 많이 쓰고 있다. 「상현」 하편에는 아래와 같은 대목이 보인다.

> 그러나 옛날 우리가 요임금 · 순임금 · 우임금 · 탕임금 · 문왕 · 무왕의 도를 귀히 여긴 까닭은 무엇 때문이었나? 그것은 오직 민중에

51 『墨子閒詁』에서 孫詒讓은 「術令」은 「說命」의 別稱이며, 僞古文을 만든 사람이 이 구절을 「大禹謨」에 잘못 갖다 놓은 것이라 하였다.

게 정치 명령을 내리어 백성을 다스림에 있어, 천하의 선한 행동을 하는 사람들은 권면해주고, 난폭한 짓을 하는 자들은 막아주었기 때문이다.

然昔吾所以貴堯舜禹湯文武之道者, 何故以哉? 以其唯毋臨
연 석 오 소 이 귀 요 순 우 탕 문 무 지 도 자 하 고 이 재 이 기 유 무 림
衆發政而治民, 使天下之爲善者可而勸也, 爲暴者可而沮也.
중 발 정 이 치 민 사 천 하 지 위 선 자 가 이 권 야 위 폭 자 가 이 저 야

위 글에서 '유무(唯毋)' 라는 말은 『묵자』에 여러 곳에 보이는데, '유무(惟毋)' · '유무(唯無)' 또는 '수무(雖毋)' · '수무(雖無)' 로도 쓴다. 필원(畢沅)은 '무(毋)' 를 '관(毌)' 으로 고치고 '관습(貫習)의 관(貫)' 자와 같이 읽었고, 소시학(蘇時學)은 '무(毋)' 는 '무(務)' 의 가차(假借)인 듯하다고 하였는데, 왕념손(王念孫)에 이르러 '무(毋)' 도 '유(唯)' 와 함께 어사(語詞)로써 본시 아무 뜻도 없는 말이라 하였다.[52] 물론 '수무(雖毋)' 나 '수무(雖無)' 도 모두 '유무(唯毋)' 와 같은 어사이다. 그 용례(用例)를 몇 가지만 들어본다.

옛날의 성왕들은 현명한 사람을 구하여 그들을 썼고, ……현명한 사람들은 명철한 임금을 찾아 그를 섬기었다.

古者聖王, 唯毋得賢人而使之, ……賢人唯毋得明君而事之.
고 자 성 왕 유 무 득 현 인 이 사 지 현 인 유 무 득 명 군 이 사 지

(「尙賢(상현)」 中)

지금 현명한 이를 숭상함으로써 그의 국가와 백성을 다스린다.

52 이상 『墨子閒詁』 참조.

今唯毋以尙賢爲政其國家百姓. (「尙賢(상현)」 下)
금 유 무 이 상 현 위 정 기 국 가 백 성

지금 성대히 장사지내고 오랫동안 상옷 입는 것으로써 정치를 하고 있다.

今唯無以厚葬久喪者爲政. (「節葬(절장)」 下)
금 수 무 이 후 장 구 상 자 위 정

지금 성대히 장사지내고 오랫동안 상옷 입기를 주장하는 사람들의 말을 본받아서 국가를 위해 일한다고 한다.

今雖毋法執厚葬久喪者言以爲事乎國家. (「節葬(절장)」 下)
금 수 무 법 집 후 장 구 상 자 언 이 위 사 호 국 가

지금 왕공과 귀족들은 악기를 만들어 가지고서 국가를 위해 일한다고 한다.

今王公大人, 雖無造爲樂器, 以爲事乎國家. (「非樂(비악)」 上)
금 왕 공 대 인 수 무 조 위 악 기 이 위 사 호 국 가

이상 본 바와 같이 '유무(唯無)' 같은 것은 그 당시의 통속적인 말투에 쓰이는 말이었음이 분명하다. 그리고 첫째 예문 끝머리에 두 번 보이는 '가이(可而)'라는 말도 역시 통속적인 어사(語詞)임이 분명하다. 「천지」 상편에 속담을 인용하여 이렇게 말하고 있다.

밝은 날에 죄를 지으면 장차 어디로 도피할 것인가?

焉而晏日焉而得罪, 將惡逃避之?
언 이 안 일 언 이 득 죄 장 오 도 피 지

'가이(可而)' 를 왕념손처럼 '가이(可以)' 의 뜻으로 해석할 수는 있으나[53] 역시 위의 '언이(焉而)' 도 통속적인 비슷한 말투로 봄이 옳을 것이다.

그런데 이 제2조 24편의 문장들도 실은 제각기 성격상에 차이가 있다. 앞에서 인용한 『한비자』에서 전구(田鳩)가 『묵자』의 글을 "말은 많으면서도 표현이 멋지지 않다.(多而不辯.)"고 한 표현에 대체로 들어맞는 것은 「상현」·「상동」·「겸애」·「비공」의 중·하편과 「절장」·「명귀」의 하편 및 「천지」 상·중·하, 「비악」 상, 「비명」 상·하의 16편이다. 나머지 중 "말이 적으면서 표현도 멋지지 않은 것(少而不辯)"으로 「상동」 상, 「절용」 상·중, 「비명」 중의 4편이 있는데, 이는 그 내용이 없어져 버리고 일부만이 남은 것으로 볼 수도 있으니 같은 성격의 문장으로 처리할 수도 있다.

그러나 「상현」·「겸애」·「비공」의 상편 3편은 모두 분량이 많지 않으면서도 논리에 빈틈이 없고 문장도 간결하면서도 잘 다듬어져 있어, 전구(田鳩)의 표현과는 반대로 "표현이 멋지면서도 말은 많지 않은 것(辯而不多)"이라 할 수 있다. 「비유」 하편 같은 것은 "말이 많으면서 표현도 멋진 것(多而辯)"에 속한다 할 것이다. 어떻든 문장을 놓고 볼 적에는 이 중 "말은 많으면서도 표현이 멋지지 않은" 16편이 가장 먼저 이루어졌고, "말이 적으면서 표현도 멋지지 않은" 4편이 그 다음 단계일 것이며, "말이 많지 않으면서 표현도 멋진" 3편은 묵가의 '변학(辯學)' 이 발달한 이후에 나온 글일 것이다.

특히 「겸애」·「비공」 상편에는 '묵자께서 말씀하시기를(子墨子曰)' 이라는 허두가 쓰이지 않고 있고, 「겸애」 상편 끝머리에 '그러므로 묵

53 王念孫 『讀書雜志』.

자께서 말씀하시기를 사람들을 사랑하라고 권면하지 않으면 안된다고 하신 것은 이 때문인 것이다.(故子墨子曰, 不可以不勸愛人者, 此也.)' 는 말만이 보인다. 이 편들에 보이는 '묵경(墨經)'의 변증법(辨證法)적인 논리전개와 함께 생각할 때, 이 편들은 묵가의 변학(辯學)이 발달한 이후의 산물임이 분명한 것이다. 그러니 이곳의 한 편이 상·중·하로 나뉘어져 있으되, 서로 연결이 되거나 한 사람이 지은 것이 아니라, 완전히 서로 다른 시대에 나온 것을 내용이 같은 것이라 하여 후세 사람이 상·중·하로 구분하여 편찬해 놓은 것이라 볼 수 있다. 그리고 '말이 많으면서도 표현도 잘 되어 있는' 유가(儒家)를 공격한 「비유」편이 가장 뒤에 이루어진 글일 듯하다.

그리고 제1조의 글은 비교적 깔끔하고 반듯하다. 『묵자』는 후세 사람이 편찬한 것이어서 내용이나 글이 보다 아정한 이 7편을 맨 앞머리에 놓았을 것이다. 그러나 이는 본래의 『묵자』의 문장 성격과는 다른 것이니, 제2조보다도 대체로 더 후세에 이루어진 글들일 것이다.

제3조 6편은 모두 전구가 '말은 많으면서 표현이 멋지지 않다' 고 한 『묵자』의 평과는 반대되는 짧은 구절들로 이루어진 독특한 내용을 표현한 글이다. 거기에다 잘 알 수 없는 말들도 적지 않으니, 그 문장의 성격을 얘기할 대상은 되지 못한다. 다만 여기에서 묵가의 '변학(辯學)'이 상당히 발달했던 옛 중국의 논리학(論理學)의 한 면을 보여주고 있다는 것이 가장 주의를 요하는 점이라 할 것이다.

제4조 5편은 묵자에 관한 설화를 모아놓은 것인데, 간결하면서도 서술이 훌륭하여 전구가 말한 '말은 많으면서도 표현이 멋지지 못하다' 는 평과 어울리지 않는다. 후세 묵가들의 글이기에 그처럼 매끄러워졌을 것이다.

제5조인 병법에 관한 11편은 문장이 빠지고 뒤섞인 위에 지금은 알

수 없는 병구(兵具)도 많이 나와 그 문장을 얘기할 대상이 되지 못한다. 따라서 우리는 묵자의 사상뿐만이 아니라 문장도 제2조 24편을 중심으로 얘기하여야 할 것이다.

제4장

묵자의 사상

1.
묵자의 종교사상

1) 종교집단으로서의 묵가

(1) 종교집단으로서의 규율

묵자가 설교한 사랑은 단순한 사랑이 아니라 모든 사람들을 너와 나의 구별 없이 똑같이 사랑해야 한다는 '겸애'이다. 남을 자기처럼 사랑하고, 남의 부모를 자기 부모처럼 사랑하고, 남의 자식을 자기 자식처럼 사랑한다는 것은 말은 쉽지만, 이는 자기 희생을 전제로 하지 않으면 실행이 불가능한 일이다. 때문에 종교적인 신념 없이는 그러한 주장을 실천한다는 것은 매우 어려운 일이다. 『맹자(孟子)』에서는 묵가에 대하여 이렇게 평하고 있다.

> 묵자는 겸애를 주장하여, 머리끝에서 발꿈치에 이르기까지 털이 다 닳아 없어질 지경으로, 천하에 이로운 일이라면 행하였다.

墨子兼愛, 摩頂放踵, 利天下爲之.[1]
묵 자 겸 애　마 정 방 종　이 천 하 위 지

『장자(莊子)』 천하(天下)편에서도 묵가에 대하여 다음과 같은 말을 하고 있다.

자기 도를 추구하여 얻지 못한다면 비록 몸이 깡마르게 되더라도 그만두지 않는다.

將求之不得也, 雖枯槁不舍也.
장 구 지 부 득 야　수 고 고 불 사 야

이상과 같은 묵가의 행위는 모두 종교적인 신념을 바탕으로 한 투철한 사명감 없이는 그러할 수 없는 일일 것이다.

더욱이 묵자에게는 그를 따르는 수많은 제자들이 있었는데, 이들 모두가 자기 개인은 돌보지 않고 묵자를 정점으로 받들며 일사불란하게 조직적으로 움직이었다. 그들의 행동은 종교 신앙으로 뭉쳐진 집단이 아니면 불가능할 엄하고도 가혹한 규율을 지키는 것이었다. 『묵자』 공수(公輸)편을 보면 묵자가 초(楚)나라의 송(宋)나라 공격을 막으러 가서 공수반(公輸盤)과 모의전쟁을 하여 그의 운제(雲梯)를 사용한 성 공격을 막고 난 뒤 이런 말을 하고 있다.

공수자의 뜻은 다만 저를 죽이려는 것이니, 저를 죽이면 송나라는 수비할 수가 없게 되어 공격해도 될 거라는 것이지요. 그러나 저의 제자 금골희 등 3백 명이 이미 저의 수비하는 무기를 갖고서 송나라

1 『孟子』 盡心 上.

성 위에서 초나라 군대를 기다리고 있습니다. 비록 저를 죽인다 해도 그걸 없앨 수는 없습니다.

公輸子之意，不過欲殺臣，殺臣宋莫能守，可攻也. 然臣之弟子禽滑釐等三百人，已持臣守圉之器，在宋城上而待楚寇矣. 雖殺臣，不能絕也.
공수자지의 불과욕살신 살신송막능수 가공야 연신지 제자금골희등삼백인 이지신수어지기 재송성상이대초구 의 수살신 불능절야

묵자는 제(齊)나라에서 전쟁을 방지하려고 초나라로 급히 달려가면서도 동시에 송나라로 결사대 3백 명을 파견할 만한 조직적인 능력이 있었던 것이다. 『회남자』 태족훈(泰族訓)에는 이렇게 말하고 있다.

묵자를 위하여 복역하는 사람 180명이 있는데, 모두 불에 뛰어들고 칼날이라도 밟게 할 수 있었고 죽는다 해도 발길을 돌리지 아니하였는데, 교화(敎化)에 의하여 그렇게 된 것이다.

墨子服役者百八十人，皆可使赴火蹈刃，死不旋踵，化之所致也.
묵자복역자백팔십인 개가사부화도인 사불선종 화지소치야

묵자를 따르는 사람들은 모두 묵자의 명령이나 자기네 신조를 지키기 위하여는 죽음도 두려워하지 않고 물불도 가리지 않는 사람들이었다는 것이다. 『묵자』 노문(魯問)편에는 다음과 같은 얘기도 실려 있다.

노나라 사람 중에 묵자를 좇아 그의 아들을 공부시킨 사람이 있었는데, 그 아들이 전쟁에 나가 죽었다. 그 아버지가 묵자를 책망하자

묵자가 말하였다. "당신은 당신의 아들을 공부시키려 하였는데, 지금 그의 학업이 이루어지고 전쟁에 나가 죽었습니다. 그런데 당신은 성을 내고 있으니, 마치 곡식을 팔려던 사람이 곡식이 팔려 버리자 성을 내는 거나 같은 일입니다. 어찌 잘못된 게 아닙니까?"

魯人有因子墨子, 而學其子者, 其子戰而死. 其父讓子墨子,
노 인 유 인 자 묵 자 　이 학 기 자 자 　기 자 전 이 사 　기 부 양 자 묵 자

子墨子曰 ; 子欲學子之子, 今學成矣, 戰而死, 而子慍, 而猶
자 묵 자 왈 　자 욕 학 자 지 자 　금 학 성 의 　전 이 사 　이 자 온 　이 유

欲糶, 糴讎[2]則慍也. 豈不費哉?
욕 조 　적 수 　즉 온 야 　기 불 비 재

묵자의 말투를 따르면 묵자의 학문을 하다 보면 전쟁에 나가 죽게 되는 것도 불가피한 일이라는 것 같다. 아마도 그 전쟁은 침략전쟁이 아니라 외적의 침입으로부터 자기 나라를 수호하는 전쟁이었을 것이다.

묵자의 '비공(非攻)'의 이론에 따라 침략전쟁은 철저히 막아야 하는 것이며, 그러한 신조에 따라 행동하다가 죽는 한이 있어도 뉘우치지 않는 것까지가 묵자의 학문이었던 것이다.

(2) 종교집단의 영도자 ; 거자(巨子)

묵가라는 종교집단의 영도자를 '거자(巨子 또는 鉅子)'라 불렀다. 『장자』 천하(天下)편에는 다음과 같은 '거자'에 관한 설명이 보인다.

2 吳寬의 『抄本』에는 糴과 糶가 바뀌어 있다. 王念孫은 '糴은 糶로 씀이 옳으며, 『廣雅』에 의하면 糴은 '사는 것', 糶는 '파는 것'이다. ……지금 판본처럼 糶를 糴으로 하면 뜻이 통할 수 없다' 하였다.(『墨子閒詁』) 讎는 售와 통하여 '파는 것'.

'거자' 를 성인이라 여기니, 모두가 그 종주(宗主)가 되어 그 후계자가 되기를 바랐다.

以巨子爲聖人, 皆願爲之尸, 冀得爲其後世.
이거자위성인 개원위지시 기득위기후세

고 설명한 것이 바로 그것이다. 『여씨춘추』 상덕(上德)편에는 묵가의 '거자' 의 성격을 잘 설명해 주는 다음과 같은 얘기가 실려 있다.

묵가의 '거자' 인 맹승(孟勝)은 초(楚)나라 양성군(陽城君)과 친했다. 양성군이 자기 나라를 지키게 하고는, 반달 옥을 깨어 부신(符信)으로 삼고 '부신이 합치되는 대로 따른다' 고 약속하였다.

초나라 왕이 죽자 여러 신하들이 오기(吳起)를 공격하여 빈소 앞에서 싸웠는데, 양성군도 거기에 참여했다. 초나라에서 그를 벌하게 되어 양성군이 도주하자 초나라에서는 그의 나라를 거둬들였다. 이때 맹승이 말하였다. "남의 나라를 맡고 부신까지도 받아두었는데, 지금 부신도 볼 수 없고 힘으로도 막을 수 없으니, 죽을 수밖에 없구나!" 그의 제자 서약(徐弱)이 맹승을 만류하였다. "죽어서 양성군에게 이익이 된다면 죽어도 괜찮지만, 아무런 이익도 없고 묵가만 세상에서 없어지게 될 것이니 안될 일입니다." 맹승이 말하였다. "그렇지 않다. 나와 양성군 사이는 스승도 되고 벗도 되는 한편 벗도 되고 신하도 된다. 죽지 않는다면 이제부터는 엄격한 스승을 구하려는 사람은 반드시 묵가에서 찾지 않을 것이고, 현명한 벗을 구하려는 사람도 반드시 묵가에서 찾지 않을 것이며, 훌륭한 신하를 구하려는 사람도 반드시 묵가에서 찾지 않게 될 것이다. 죽는다는 것은 묵가의 의(義)를 행하고 그 업(業)을 계승케 하는 방법인 것이다. 나는 '거자' 를 송(宋)나라 전양자(田襄子)에게 물려줄 것이다. 전양자는 현명한 사람이다. 어찌 묵가가 세상에서 없어질까 걱정하겠는가?" 서약이 말하였다. "선생님 말씀이 그러하시다면 제가 먼저 죽어 길을 열어드리겠습니다." 그리고 맹승 앞에서 목을 잘랐다.

그러자 두 사람으로 하여금 '거자'를 전양자에게 전하도록 하였다. 그리고 맹승이 죽자 그를 따라 죽은 제자가 183명이었다.

두 사람이 전양자에게 명령을 전하고는 초나라에 있는 맹승에게로 되돌아가 죽으려 하였다. 전양자가 그들을 만류하면서 말하였다. "맹선생님께서 이미 '거자'를 나에게 전하시었으니, 내 말을 들어야만 하오!" 그러나 마침내는 되돌아가 함께 죽었다. 묵가에서는 이들이 '거자'에게 복종하지 않은 것으로 여겼다.

墨者鉅者孟勝, 善荊之陽城君. 陽城君令守於國, 毁璜以爲
묵자거자맹승 선형지양성군 양성군령수어국 훼황이위
符. 約曰；符合聽之. 荊王薨, 羣臣攻吳起, 兵於喪所, 陽城君
부 약왈 부합청지 형왕훙 군신공오기 병어상소 양성군
與焉. 荊罪之, 陽城君走, 荊收其國. 孟勝曰；受人之國, 與之
여언 형죄지 양성군주 형수기국 맹승왈 수인지국 여지
有符, 今不見符而力不能禁, 不能死不可. 其弟子徐弱諫孟勝
유부 금불견부이력불능금 불능사불가 기제자서약간맹승
曰；死而有益陽城君, 死之可矣. 無益也, 而絕墨者於世, 不
왈 사이유익양성군 사지가의 무익야 이절묵자어세 불
可! 孟勝曰；不然, 吾於陽城君, 非師則友也, 非友則臣也. 不
가 맹승왈 불연 오어양성군 비사즉우야 비우즉신야 불
死, 自今以來, 求嚴師必不於墨者矣, 求賢友必不於墨者矣,
사 자금이래 구엄사필불어묵자의 구현우필불어묵자의
求良臣必不於墨者矣. 死之所以行墨者之義而繼其業者也. 我
구량신필불어묵자의 사지소이행묵자지의이계기업자야 아
將屬鉅子於宋之田襄子. 田襄子賢者也, 何患墨者之絕於世
장속거자어송지전양자 전양자현자야 하환묵자지절어세
也? 徐弱曰；若夫子之言, 弱請先死以辟路. 還沒頭於孟勝前.
야 서약왈 약부자지언 약청선사이벽로 환몰두어맹승전

因使二人傳鉅子於田襄子. 孟勝死, 弟子之死之者百八十三
인사이인전거자어전양자 맹승사 제자지사지자백팔십삼

人. 二人已致命於田襄子, 欲反死孟勝於荊. 田襄子止之,
인 이인이치명어전양자 욕반사맹승어형 전양자지지
曰; 孟子已傳鉅子於我矣, 當聽! 遂反死之. 墨者以爲不聽鉅
왈 맹자이전거자어아의 당청 수반사지 묵자이위불청거
子.
자

이 기록에 의하면, 묵가는 자기의 신념이나 자기 집단을 위하여는 목숨을 초개처럼 가벼이 여기고 있다. 그리고 '거자'는 그 집단의 절대적인 지배자여서, 묵가들은 '거자'를 위하여는 모두 죽음으로 따르고 있다. 그러기에 '거자'의 자리를 전양자에게 전한 두 사람이 다시 초나라로 돌아가 이전의 '거자'인 맹승을 따라 죽었어도, 뒤의 묵가들은 그들이 현임 '거자'의 명령을 듣지 않았다 하여 그들 두 사람을 비난하였던 것이다. 자기네 지도자인 '거자'가 신의를 지키기 위하여 죽었다 해서 그를 따르던 183명의 제자들도 따라 죽는다는 것은 단순한 학술단체로서는 생각도 못할 일이다.

그런데 오기(吳起)가 죽은 것은 주(周) 안왕(安王) 21년(B.C. 381)이니 아직 묵자가 살아 있었을 가능성도 있다. 그러니 맹승이나 전양자는 묵자에게 직접 배웠을 가능성도 있으며, 맹승은 남쪽 묵가의 대사(大師)로서 묵자가 직접 '거자'에 임명한 것일 가능성도 있다.[3] 양계초(梁啓超)는 묵자가 죽은 뒤 전국의 묵가 중에서 한 사람의 '거자'를 선출하여 묵교(墨教)의 총통(總統)으로 모셨는데, '거자'는 마치 기독교의 교황(教皇)이나 같은 존재였다고 말하고 있다.[4] 그리고 첫 번째 '거자'는 묵자였고, 제2대가 금골희(禽滑釐)이고, 맹승은 제3대 '거자'였을 것이라고 주장하

3 孫詒讓 『墨子閒詁』 後語의 「墨學傳授考」 참조.

4 『墨子學案』 第五章, 胡適 『中國哲學史大綱』의 견해도 대략 같음.

는 학자도 있기는 하나,[5] 근거는 없는 추측에 불과하다.

묵가 사람들은 말할 것도 없이 '거자' 에게 절대 복종해야만 했거니와 '거자' 도 역시 그들 집단의 규율에는 절대 복종해야만 하였다. 『여씨춘추』 거사(去私)편에는 이런 얘기가 보인다.

> 복돈(腹䵍)은 묵가의 '거자' 로서 진(秦)나라에 살고 있었는데, 그의 아들이 살인을 하였다. 진나라 혜왕(惠王)이 말하였다. "선생의 나이도 많은데 다른 아들도 없으니, 내가 이미 법을 집행하는 관리에게 명하여 처형하지 말도록 하였소. 선생께서는 이제부턴 내 뜻을 따라 주시오." 복돈이 대답하였다. "묵가의 법에 사람을 죽인 자는 사형에 처하고 사람을 상케 한 자는 형벌을 받도록 되어 있는데, 이는 사람을 죽이거나 상케 하는 것을 금하는 수단입니다. 사람을 죽이거나 상케 하는 것을 금하는 것은 천하의 대의(大義)입니다. 왕께서 비록 은총을 베푸시어 옥리에게 명하여 처형하지 말도록 하셨다 하더라도 저로서는 묵자의 법을 행하지 않을 수가 없습니다." 혜왕의 뜻을 따르지 않고 마침내 그를 죽여 버렸다.

> 腹䵍爲墨者鉅子, 居秦, 其子殺人. 秦惠王曰, 先生之年長
> 복돈위묵자거자 거진 기자살인 진혜왕왈 선생지년장
>
> 矣, 非有它子也, 寡人已令吏弗誅矣. 先生之以此聽寡人也.
> 의 비유타자야 과인이령리불주의 선생지이차청과인야
>
> 腹䵍曰 ; 墨者之法, 殺人者死, 傷人者刑. 此所以禁殺傷人也.
> 복돈왈 묵자지법 살인자사 상인자형 차소이금살상인야
>
> 夫禁殺傷人者, 天下之大義也. 王雖爲之賜, 而令吏弗誅,
> 부금살상인자 천하지대의야 왕수위지사 이령리불주
>
> 腹䵍不可不行墨子之法. 不許惠王, 而遂殺之.
> 복돈불가불행묵자지법 불허혜왕 이수살지

5 方授楚 『墨子源流』 上卷 第六章 墨家之組織.

임금의 특사가 있었음에도 불구하고 묵가의 '거자'는 자신의 외아들의 죄를 물어 묵가의 법에 따라 사형에 처한 것이다. 묵가 사람들은 모두 자기를 버리고 묵가 지도자들의 명령과 묵가 집단의 규율을 지켰던 것이다.

(3) 묵가와 벼슬살이

다시 묵자와 그의 제자들과의 관계만 보더라도 이들은 단순한 사제관계(師弟關係)에만 그치는 것이 아니다. 『묵자』의 기록만 보더라도 묵자는 그 자신은 아무런 벼슬도 하지 않았으면서도 여러 제자들을 각 지방으로 파견하여 벼슬살이를 시키고 있다. 「경주(耕柱)」편을 보면 묵자는 경주자(耕柱子)를 초(楚)나라에 보내어 벼슬살이시키고, 또 관금오(管黔敖)를 시켜 고석자(高石子)를 위(衛)나라에 가서 벼슬살이하게 하고 있다.

또 「노문(魯問)」편에서는 묵자가 공상과(公尙過)를 월(越)나라에 보내어 유세(遊說)하게 하고, 또 조공자(曹公子)를 송(宋)나라에 보내어 벼슬살이시키고, 또 승작(勝綽)을 제(齊)나라 항자우(項子牛)에게 보내어 그 밑에서 일하게 하고 있다. 다시 「귀의(貴義)」편에도 묵자가 그의 제자 한 사람을 위(衛)나라에 보내어 벼슬을 하게 하는 얘기가 씌어 있다.

『묵자』 비제(備梯)편에도 다음과 같은 기록이 있다.

> 금골희 선생이 묵자를 섬긴 지 3년이 되자 손발에 못이 박히고 얼굴은 새까맣게 되었고, 자기 몸을 부리어 선생님을 위해 일했으나 감히 자기가 바라는 것은 물어보지도 않았다.

> 禽滑釐子事子墨子三年, 手足胼胝, 面目黧黑, 役身給使,
> 금골희자사자묵자삼년 수족변지 면목려흑 역신급사

不敢問欲.
불 감 문 욕

고 하였다. 묵가로서의 수행(修行)은 자기 희생의 경지에까지 이르지 않으면 안되는 것이었기 때문에 매우 고된 것이었다. 그러나 일단 수행에 성공하면 묵가에서는 여러 나라에 파견하여 벼슬살이를 하게 하는 은전(恩典)도 베풀었던 것 같다. 금골희는 처음부터 이런 은전에는 관심없이 자기희생의 몸가짐으로 수행에 임했기 때문에 묵자의 수제자가 될 수 있었을 것이다.

그러나 개중에는 얼마간의 수업을 닦은 뒤에 노골적으로 그러한 은전을 요구하는 사람도 있었다. 『묵자』 공맹(公孟)편에는 다음과 같은 얘기가 실려 있다.

묵자의 문하로 배우러 온 사람이 있었는데, 신체가 건강하고 생각이 잘 돌아갔다. 자기를 따라 공부하도록 하고자 하여 묵자께서 말씀하셨다. "잠시 공부해 보게. 내 그대를 벼슬살이하도록 해줄 것이니." 좋은 말로 권하자 공부하게 되었는데, 1년이 되자 묵자에게 벼슬살이를 시켜줄 것을 요구하였다.

有游於子墨子之門者, 身體强良, 思慮徇通. 欲使隨而學,
유 유 어 자 묵 자 지 문 자 　신 체 강 량 　사 려 순 통 　욕 사 수 이 학

子墨子曰 ; 姑學乎, 吾將仕子. 勸於善言而學, 其[6]年而責仕於
자 묵 자 왈 　고 학 호 　오 장 사 자 　권 어 선 언 이 학 　기 년 이 책 사 어

子墨子.
자 묵 자

6 其는 朞와 통하여, 한 돌, 1년을 뜻함.

그리고 이들이 나가 벼슬살이하게 되면 자기가 받는 봉급의 일부를 묵가 집단을 위하여 헌금하였다. 「경주」편에는 이를 증명해 주는 다음과 같은 얘기가 실려 있다.

묵자가 경주자를 초나라에 가서 벼슬살이하게 하였다. 두세 명의 친구들이 그를 찾아가니, 그는 하루 석 되〔升〕 곡식으로 그들을 먹여 주고 손님대접을 후하게 하지 않았다. 두세 명의 친구들이 돌아와 묵자에게 보고하였다. "경주자가 초나라에 있어 봤자, 아무 소용도 없습니다. 저희들이 찾아가니 그는 하루 석 되의 곡식으로 먹여 주었고 손님대접을 후하게 하지 않았습니다." 묵자가 말하였다. "아직은 알 수 없어!" 얼마 안 있다가 그가 묵자에게 10금(金)을 보내면서 편지에 이렇게 말하였다. "후생은 감히 죽지 않고 잘 있습니다. 10금이 여기 있으니 바라건대 선생님께서 이것을 써 주십시오." 묵자가 말하였다. "과연 아직은 알 수 없는 일이었지!"

子墨子游耕柱子於楚, 二三子過之, 食之三升, 客之不厚.
자묵자유경주자어초 이삼자과지 사지삼승 객지불후
二三子復於子墨子曰；耕柱子處楚無益矣. 二三子過之, 食之
이삼자복어자묵자왈 경주자처초무익의 이삼자과지 사지
三升, 客之不厚. 子墨子曰；未可知也. 毋幾何而遺十金於子
삼승 객지불후 자묵자왈 미가지야 무기하이유십금어자
墨子曰；後生不敢死. 有十金於此, 願夫子之用之也. 子墨子
묵자왈 후생불감사 유십금어차 원부자지용지야 자묵자
曰；果未可知也.
왈 과미가지야

묵자의 사상은 "재물이 있으면 사람들과 나누어 갖는 것"[7]이었으니,

7 『墨子』 天志 中；"有財相分." 又 「魯問」；"有財以分人."

그의 제자들이 벼슬살이에서 받는 봉록을 절약하였다가 돈을 모아 그들 스승에게로 보내어 사회를 위해 쓰도록 한 것은 당연한 일이었는지도 모른다.

그리고 그들의 벼슬살이도 자기네 주장이 어느 정도 받아들여진다는 조건 아래에서만 가능하였다. 그들은 아무리 후한 대우를 해준다 하더라도 자기네 주장이 외면당하면 그곳을 떠났다. 「경주」편에는 또 이런 얘기가 실려 있다.

> 묵자가 관금오(管黔敖)로 하여금 고석자(高石子)를 위나라에 가서 벼슬살이하게 하였다. 위나라 임금은 매우 후한 보수를 주며 그를 경(卿) 자리에 앉히었다. 고석자는 세 번 조회(朝會)에 나가서는 꼭 하고 싶은 말을 다 하였는데, 그의 말대로 행하여지지 않자, 위나라를 떠나 제(齊)나라로 갔다.
>
> 그는 묵자를 뵙고서 말하였다. "위나라 임금은 선생님 때문에 제게 매우 후한 보수를 주고 저를 경 벼슬에 앉히었습니다. 저는 세 번 조회에 나가서는 꼭 하고 싶은 말을 다 하였는데, 그 말대로 행하여지는 게 없었습니다. 그래서 그곳을 떠나왔습니다. 위나라 임금은 저를 과격하다고 보지 않겠습니까?"
>
> 묵자가 말하였다. "그곳을 떠나는 게 진실로 올바른 도리라면 과격하다는 소리를 듣는다 한들 무슨 걱정인가? 옛날 주공 단(周公旦)은 관숙(管叔)에게 비난을 받자 삼공(三公) 자리를 사임하고 동쪽 상엄(商奄)에 피해 있었네. 사람들은 모두 그를 과격하다고 했지만, 후세에는 그의 덕을 칭송하고 그의 이름을 기리게 되어 지금까지도 그러하네. 또한 내가 듣건대 의로움을 행한다는 것은 비난을 피하고 기림을 받으려는 것이 아니라 하였네. 그곳을 떠나는 게 진실로 올바른 도라면 과격하다는 소리를 듣는다 한들 무엇이 걱정인가?"

고석자가 말하였다. “제가 그곳을 떠난 것이 어찌 감히 올바른 도가 아니겠습니까? 옛날에 선생님께서 말씀하시기를, 천하가 무도(無道)할 적에는 어진 선비는 후대를 받고 살지 않는다 하셨습니다. 지금 위나라 임금은 올바른 도를 행하지 않고 있는데, 그의 대우와 벼슬을 탐한다면 곧 저는 구차히 남의 곡식이나 먹고 사는 게 됩니다.”

묵자는 기뻐하면서 자금자(子禽子)를 불러 말하였다. “잠시 이 말을 들어보게나! 의로움을 버리고 보수를 좇는 사람들 얘기는 나도 늘 들어 왔네. 보수를 버리고 의로움을 좇는 사람은 고석자에게서 보게 되었네!”

子墨子使管黔敖, 游高石子於衛. 衛君致祿甚厚, 設之於卿.
자묵자사관검오 유고석자어위 위군치록심후 설지어경

高石子三朝必盡言, 而言無行者, 去而之齊. 見子墨子曰 ; 衛
고석자삼조필진언 이언무행자 거이지제 견자묵자왈 위

君以夫子之故, 致祿甚厚, 設我於卿. 石三朝必盡言, 而言無
군이부자지고 치록심후 설아어경 석삼조필진언 이언무

行, 是以去之也. 衛君無乃以石爲狂乎? 子墨子曰 ; 去之苟
행 시이거지야 위군무내이석위광호 자묵자왈 거지구

道, 受狂何傷? 古者, 周公旦非管叔, 辭三公, 東處於商奄. 人
도 수광하상 고자 주공단비관숙 사삼공 동처어상엄 인

皆爲之狂, 後世稱其德, 揚其名, 至今不息. 且翟聞之, 爲義
개위지광 후세칭기덕 양기명 지금불식 차적문지 위의

非避毁就譽, 去之苟道, 受狂何傷? 高石子曰 ; 石去之, 焉敢
비피훼취예 거지구도 수광하상 고석자왈 석거지 언감

不道也? 昔者, 夫子有言曰 ; 天下無道, 仁士不處厚焉. 今衛
부도야 석자 부자유언왈 천하무도 인사불처후언 금위

君無道, 而貪其祿爵, 則是我爲苟啗人長也. 子墨子說而召子
군무도 이탐기록작 즉시아위구담인장야 자묵자열이소자

禽子曰 ; 姑聽此乎! 夫倍義而鄕祿者, 我常聞之矣. 倍祿而鄕
금자왈 고청차호 부배의이향록자 아상문지의 배록이향

義者, 於高石子焉見之也.
의자 어고석자언견지야

「노문」편에도 그러한 사정을 알리는 대목의 글들이 있다.

묵자가 제자인 승작(勝綽)으로 하여금 항자우(項子牛)를 섬기게 하였다. 항자우가 세 번 노나라를 침략하였는데, 승작은 세 번 다 그를 따랐다. 묵자가 그 얘기를 듣고는 고손자(高孫子)를 보내어 그를 퇴임시키도록 하였다. 그때 말하였다.

"내가 승작을 보낸 것은 그로 하여금 선생님의 교만함을 막아주고 편벽됨을 바로잡아 주려는 것이었습니다. 지금 승작은 많은 녹을 받게 되자 선생님을 속이고 있습니다. 선생님은 세 번 노나라를 침략하였는데, 승작은 세 번 다 따라가 싸웠으니 이것은 달리는 말 가슴걸이에 채찍질하여 못 달리게 하는 것과 같은 짓입니다. 제가 듣건대 의로움을 말하면서 실행하지 않는 것은 분명한 이치를 범하는 것이라 하였습니다. 승작은 이런 것을 알지 못하는 게 아니라 그의 보수 때문에 의로움이 눌리어진 때문입니다."

子墨子使勝綽事項子牛. 項子牛三侵魯地, 而勝綽三從. 子
자묵자사승작사항자우 항자우삼침로지 이승작삼종 자
墨子聞之, 使高孫子請而退之, 曰 ; 我使綽也. 將以濟驕而正
묵자문지 사고손자청이퇴지 왈 아사작야 장이제교이정
嬖也. 今綽也祿厚而譎夫子. 夫子三侵魯而綽三從, 是鼓鞭於
폐야 금작야록후이휼부자 부자삼침로이작삼종 시고편어
馬靳也. 翟聞之, 言義而弗行, 是犯明也. 綽非弗之知也, 祿
마근야 적문지 언의이불행 시범명야 작비불지지야 녹
勝義也.
승의야

그리고 묵자가 공상과(公尙過)를 월(越)나라에 보냈을 적에도 월나라 임금은 묵자의 이론을 듣고 좋아하여 사방 5백 리(里)의 땅을 떼어 주겠다며 수레 50승(乘)을 내어 묵자를 월나라로 모셔오도록 했었다. 이때

도 묵자는 이렇게 말하면서 그 제의를 거절하고 있다.

> 만약 월나라 임금이 내 말을 받아들이지 않고 나의 도를 따르지 않는데도 내가 간다면 곧 내가 의로움을 팔아먹는 셈이 되네. 의로움을 아무에게나 팔아먹을 것이라면, 중국 땅에서 팔 일이지 어찌 반드시 월나라까지 가야 하겠는가?

> 抑越王不聽吾言, 不用吾道, 而吾往焉, 則是我以義糶也.
> 억월왕불청오언, 불용오도, 이오왕언, 즉시아이의조야
> 鈞之糶, 亦於中國耳, 何必於越哉?
> 균지조, 역어중국이, 하필어월재

결국 묵자는 아무리 큰 벼슬이 주어지고 아무리 큰 이익이 주어진다 하더라도 자기의 주장이 받아들여지지 않는다면 거기에 나아가지 아니하였다. 이것도 묵자와 그의 집단이 대단히 강한 신념을 바탕으로 뭉쳐진 사람들이었음을 증명하는 것이다.

(4) 자기희생과 신앙

묵가란 자기 희생을 두려워하지 않고 서로 단결하여 자기네 이념을 추구하던 집단이었다. 곧 자신의 신앙을 위하여는 자기 희생도 두려워하지 않는 사람들이었다. 『묵자』 경(經)편을 보면 이런 말이 있다.

> 책임이란 선비가 자기를 손상시키면서도 위하려는 상대를 이롭게 하는 것이다.

> 任, 士損己而益所爲也.
> 임, 사손기이익소위야

「경설(經說)」편에서는 이를 다음과 같이 다시 보충 설명하고 있다.

책임이란 자신이 싫어하는 것이라도 행함으로써 남의 다급한 일을 이루어 주는 것이다.

任, 爲身之所惡, 以成人之所急.
임 위신지소오 이성인지소급

「대취(大取)」편에는 또 이런 말이 보인다.

손가락을 자르는 것과 팔을 자르는 것이 천하에 주는 이익이 같다면 선택의 여지도 없다. 죽고 사는 것의 이익이 똑같다면 선택의 여지가 없는 것은 아니다. 한 사람을 죽이어 천하를 보전케 한다면 그것은 살인을 하여 천하를 이롭게 하는 것이 아니다. 자기를 죽이어 천하를 보전케 한다면은 그것은 자기를 죽이어 천하를 이롭게 하는 것이다.

斷指與斷腕, 利於天下相若, 無擇也. 死生利若一, 非無擇
단지여단완 이어천하상약 무택야 사생리약일 비무택
也. 殺一人以存天下, 非殺人以利天下也. 殺己以存天下, 是
야 살일인이존천하 비살인이리천하야 살기이존천하 시
殺己以利天下.
살기이리천하

「경주(耕柱)」편에는 이런 말이 보인다.

내가 듣건대 의로움을 행한다는 것은 비난을 피하고 칭찬을 받으려는 것이 아니다. 가는 것이 진실로 올바른 도라면 미쳤다는 소리를 듣는다 한들 무슨 상관이 있겠느냐?

翟聞之, 爲義非避毁就譽. 去之苟道, 受狂何傷?
적 문 지 위 의 비 피 훼 취 예 거 지 구 도 수 광 하 상

묵자는 자기가 올바르다고 생각하는 일, 또는 자기 신앙을 위해서는 자기 손해는 말할 것도 없고 자기 희생도 마지 않는다는 것이다. 묵자는 자기 행동에 대한 확고한 신념을 보이고 있다.

묵자와 그의 추종자들이 이상 얘기한 것처럼, 지배자들의 비위를 건드리고 시대조류를 어기며 낮은 서민들의 입장을 대변하는 과격한 주장들을 내세우고, 또 자기 희생을 무릅쓰며 그러한 주장들을 실천하였다는 것은 종교적인 신념 없이는 모두 불가능한 일이었을 것이다. 그리고 묵가는 묵자를 정점으로 받드는 조직적인 집단을 이루어, 그 집단의 주장과 조직을 위하여는 자기 희생을 가벼이 여기며 일사불란하게 단결하였으니, 이것도 종교집단이 아니라면 불가능한 일이었다고 믿어진다.

따라서 묵자는 단순한 사상가가 아니라 묵가라는 종교의 교주였고, 그의 사상은 종교적인 신앙을 바탕으로 한 것이었으며, 묵가는 단순한 학파가 아니라 당시의 사회를 개혁하려고 노력했던 종교집단이기도 하였던 것이다.

2) '하늘'에 대한 신앙

(1) 옛 중국인들의 '하늘'에 대한 신앙

풍우란(馮友蘭)은 그의 『중국철학사』 상책 제1편 제3장에서 옛날 중국 사람들의 '하늘'에 대한 개념을 다음과 같은 다섯 가지로 분류하였다. 첫째는 물질(物質)적인 '하늘'로, 땅과 대가 되는 것이다. 둘째는 만

물의 주재자(主宰者)로서의 '하늘'로 이른바 '황천(皇天)' 또는 '상제(上帝)'이며, 인격적인 존재이다. 셋째는 운명으로서의 '하늘'로서, 사람으로서는 어찌할 수가 없는 것이다. 넷째는 자연으로서의 '하늘'로서, 자연의 운행을 가리킨다. 다섯째는 의리(義理)의 '하늘'로서, 곧 우주 최고의 원리를 가리킨다.

어떻든 고대 중국에는 주재자(主宰者) 또는 만물의 창조자를 뜻하는 '하늘', 곧 '하나님'에 대한 신앙이 있었다는 것이다. 그러한 '하늘'에 대한 믿음은 요(堯)임금과 순(舜)임금시대부터 있었는데, 주(周)나라 때까지도 그대로 이어져, 인간본위(人間本位)의 가르침을 폈던 공자(孔子)의 유교 경전에서도 무수히 그 증거가 발견된다. 『논어(論語)』만 보더라도 공자가 송(宋)나라를 지나다가 사마(司馬)인 환퇴(桓魋)란 자에게 위협을 받았을 적에 제자들은 모두가 두려워 떨었지만 공자는 의젓이 이렇게 말하고 있다.

> 하늘이 내게 덕을 부여해 주셨거늘, 환퇴가 나를 어찌하겠는가?
>
> 天生德於予, 桓魋其如予何? (「述而(술이)」)
> 천 생 덕 어 여 　 환 퇴 기 여 여 하

다시 여행을 하다가 광(匡) 땅에서 환난을 당했을 적에도 공자는 하늘의 뜻을 믿고 전혀 흔들림이 없었다.

> 문왕은 이미 돌아가셨지만 그의 문화는 여기에 전해져 있지 않은가? 하늘이 이 문화를 없애버리려 한다면, 후세 사람들은 이 문화에 접하지 못하게 될 것이다. 하늘이 이 문화를 없애려 하시지 않는다면, 광 사람들이 나를 어찌할 수 있겠느냐?

文王旣沒, 文不在玆乎? 天之將喪斯文也, 後死者不得與於
문왕기몰 문부재자호 천지장상사문야 후사자부득여어

斯文也. 天之未喪斯文也, 匡人其如予何? (「子罕(자한)」)
사문야 천지미상사문야 광인기여여하

그는 '하늘' 이나 '하나님' 을 믿으라고 가르치지는 않았지만, 그 스스로는 하나님에 대한 믿음을 바탕으로 한 굳건한 사명감(使命感)을 지니고 행동하였던 것이다. "하늘에 죄를 지으면 빌 곳도 없게 된다.(「獲罪於天, 無所禱也.(획죄어천 무소도야)」 -八佾(팔일))" 고도 말하였다. 이밖에도 '하늘' 에 관한 얘기는 여러 곳에 보이고 있다.

『서경(書經)』을 보더라도 하늘의 신앙과 관계되는 말이 여러 곳에 보인다.

지금 하늘이 위엄을 드러내어 주공의 덕을 밝히셨다.

今天動威, 以彰周公之德. (「周書 金滕(주서 금등)」)
금천동위 이창주공지덕

불행히도 하늘이 우리 집안에 재난을 내리셨다.

弗弔, 天降割于我家. (「周書 大誥(주서 대고)」)
불조 천강할우아가

하늘의 상제께서 그의 큰아들의 큰 나라 은의 명을 바꾸셨다.

皇天上帝, 改厥元子玆大國殷之命. (「周書 召誥(주서 소고)」)
황천상제 개궐원자자대국은지명

이것은 하늘의 명이니 어기지 말라!

時惟天命, 無違! (「周書 多士(주서 다사)」)
시 유 천 명   무 위

『시경(詩經)』에도 하늘에 대한 믿음을 보여주는 대목이 무수히 많다. 보기를 든다.

하늘이 여러 사람들을 내셨다.

天生烝民. (「大雅 蕩(대아 탕)」·「烝民(증민)」)
천 생 증 민

하늘이 재난을 내리셨다.

天降喪亂. (「大雅 桑柔(대아 상유)」·「雲漢(운한)」)
천 강 상 란

하나님의 법도를 따른다.

順帝之則. (「大雅 皇矣(대아 황의)」)
순 제 지 칙

하늘의 명은 심원하기 그지없다.

惟天之命, 於穆不已. (「周頌 惟天之命(주송 유천지명)」)
유 천 지 명   어 목 불 이

춘추(春秋)시대로 들어오면서 점차 하늘에 대한 신앙보다도 인간 중심의 사상이 성행한다. 『좌전(左傳)』을 보면 정(鄭)나라 자산(子産)이 '하늘'이 사람들의 잘못을 징계하기 위하여 재난을 내린다는 이론을 반대하면서 다음과 같은 말을 하고 있다.

> 하늘의 도는 멀리 있고 사람의 도는 가까이 있으니, 미칠 수 있는 것이 아니다.
>
> 天道遠, 人道邇, 非所及也. (「昭公(소공)」 18年)
> 천도원 인도이 비소급야

하늘에 대한 믿음이 약해진 것이다. 정나라에 혜성(彗星)이 나타나자 앞으로 생길 재앙을 막아야 한다고 소동을 벌인 사람들도 있었으나 (『左傳』 昭公 10年 · 昭公 17年), 정나라 신수(申繻) 같은 사람은 '하늘'이 괴상한 현상과 재난을 내리는 것이 아니라면서, "괴상한 현상은 사람으로 말미암아 일어나는 것(妖由人興也. -莊公 14年)"이라 주장하고 있다. 이러한 인간본위의 사상경향은 전국(戰國)시대로 가면 더욱 두드러지게 된다.[8]

묵자는 이처럼 고대의 '하늘'에 대한 신앙이 식어가는 시대에 태어나서, 다시 옛날 '하늘'에 대한 신앙을 되찾아 그 '하늘'의 뜻 또는 '하늘'의 법도를 바탕으로 하여 불합리한 사회를 개혁하려 하였던 것이다. '하늘'은 모든 사람에게 똑같이 비와 이슬을 내려주고, 햇빛과 바람을 누리게 하고 있다는 데서, 묵자는 인간이란 기본적으로 모두가 동등하다는 발상을 하게 된다.

따라서 옛 봉건제도 아래에서 그의 사상은 결국 평민들의 입장을 대변하는 것이 되게 마련이다. 그러므로 그의 사상은 지배자 계층이나

8 세상의 혼란과 무질서가 주재자로서의 하나님의 존재를 의심케 하는 한편, 사람의 능력을 더욱 믿게 하였다.

귀족들과는 이해관계가 어긋날 수밖에 없었다.

그뿐 아니라 그의 모든 사람들이 서로 사랑해야 한다는 '겸애' 나 모든 사람이 부지런히 일하고 검소한 생활을 해야 한다는 '근검(勤儉)' 의 주장은 초인적인 노력이나 인내 없이는 실천하기 어려운 것이었다. 처음부터 자기 희생과 고난을 각오하지 않으면 안되는 것이었다. 곧 신앙의 힘 없이는 묵자의 가르침은 따르기 어렵고, 또 종교적인 규율 없이는 묵자도 따르는 사람들을 거느리기 어려웠음을 뜻한다. 이 때문에 묵자는 모든 그의 가르침을 '하늘의 뜻' 에 결부시키고, '하늘' 에 대한 신앙을 바탕으로 고질화된 사회의 여러 가지 병폐를 개혁하려 하였던 것이다.

(2) 묵자의 '하늘' 에 대한 개념

묵자의 '하늘' 에 대한 개념은 어떤 것이었는가?

먼저 '하늘' 은 만물의 창조자이시며 주재자(主宰者)이시다. 「천지(天志)」 중(中)편에서 묵자는 이렇게 말하고 있다.

> 또한 내가 '하늘' 이 백성을 두터이 사랑하고 계시다는 것을 아는 근거가 있다. 곧 해와 달과 별들을 벌여놓음으로써 그들을 밝게 인도하시고, 춘하추동의 사철을 만들어 놓음으로써 그들의 기강(紀綱)이 되게 하셨고, 눈 · 서리 · 비 · 이슬을 내려줌으로써 오곡과 삼베가 자라고 누에를 칠 수 있게 하여 백성들이 거기에서 재물과 이익을 얻게 하셨으며, 산천과 계곡을 벌여놓고 여러 가지 일들을 펼쳐놓음으로써 백성들의 착하고 악한 것을 살펴보시고, 왕공(王公)과 후백(侯伯)들을 마련하여 그들로 하여금 현명한 이에게는 상을 주고 포악한 자에게는 벌을 주도록 하셨으며, 쇠와 나무와 새와 짐승을

취하여 쓰고 오곡과 삼베를 기르고 누에를 길러 백성들이 입고 먹을 재물을 마련토록 하신 것이다.

且吾所以知天之愛民之厚者, 有矣. 曰 ; 以磨爲日月星辰,
차 오 소 이 지 천 지 애 민 지 후 자 유 의 왈 이 력 위 일 월 성 신
以昭道之 ; 制爲四時春秋冬夏, 以紀綱之 ; 霣降雪霜雨露, 以
이 소 도 지 제 위 사 시 춘 추 동 하 이 기 강 지 운 강 설 상 우 로 이
長遂五穀麻絲, 使民得而財利之 ; 列爲山川谿谷, 播賦百事,
장 수 오 곡 마 사 사 민 득 이 재 리 지 열 위 산 천 계 곡 파 부 백 사
以臨司民之善否 ; 爲王公侯伯, 使之賞賢而罰暴 ; 賦金木鳥
이 림 사 민 지 선 부 위 왕 공 후 백 사 지 상 현 이 벌 폭 부 금 목 조
獸, 從事乎五穀麻絲, 以爲民衣食之財.
수 종 사 호 오 곡 마 사 이 위 민 의 식 지 재

'하늘' 은 해와 달과 별을 있게 하고 산천초목을 마련하였을 뿐만이 아니라 사철이 있게 하고 비 · 이슬과 눈 · 서리를 내리게 하며, 심지어 세상을 지배하는 임금과 관리들까지 있게 한 존재인 것이다.

따라서 "하늘은 고귀하고 하늘은 지혜로운 것.(天爲貴, 天爲知而已矣. 「天志」 中)"이 된다. 곧 이 세상에서 가장 고귀하고 지혜로운 존재가 하늘이다. 그러므로 "천자도 자기 멋대로 정치를 해서는 안되고 하늘의 다스림을 알아야 한다.(天子未得次己而爲政, 有天政之. 「天志」 上)"고도 하였다.

'하늘' 은 무소부재(無所不在)하고 무소불명(無所不明)한 존재이기도 하다. 『묵자』 천지 상편은 다음과 같은 대목으로 시작되고 있다.

묵자께서 말씀하셨다. 지금 천하의 군자들은 작은 것은 알면서도 큰 것은 알지 못한다. 무엇으로 그것을 아는가? 그들이 집에서 생활하는 것을 보고 안다. 만약 집에서 집안 어른에게 죄를 지으면 그래도 이웃집으로 피하여 도망칠 곳이 있기는 하다. 그러나 친척들

과 형제들 및 그를 아는 사람들은 모두 서로 경계를 하며 "경계하지 않으면 안되고, 신중히 하지 않으면 안되지! 어찌 집안에서 집안 어른에게 죄를 짓고도 괜찮을 수가 있겠는가?"라고 말할 것이다.

집안에서 지내는 것만이 그러할 뿐 아니라 나라에서 살아가는 것도 역시 그러하다. 나라에 살면서 나라 임금에게 죄를 지었다면, 그래도 이웃 나라로 피하여 도망칠 곳이 있기는 하다. 그러나 친척들과 형제들 및 그를 아는 사람들은 모두 서로 경계를 하며, "경계하지 않으면 안되고, 신중히 하지 않으면 안되지! 그 누가 나라 안에 살면서 나라 임금에게 죄를 짓고도 괜찮을 수가 있겠는가?"라고 말할 것이다.

이런 경우에는 피하여 도망칠 여지가 있는데도 서로 경계하기를 이와 같이 철저히 하고 있는 것이다. 그러니 피하여 도망칠 여지도 없는 경우라면 서로 경계함이 어찌 더욱 철저하지 않을 수 있겠는가? 또한 속담에 이르기를 "밝은 날에 죄를 지으면 장차 어디로 피하여 도망칠 것인가? 피하여 도망칠 곳이란 없는 것이다."라고 하였다.

하늘이란, 숲이나 골짜기 속의 으슥하고 아무도 없는 곳이라 할지라도 아무것도 몰래 하도록 버려두지 않으니, 밝게 반드시 보고 있는 것이다. 그러나 천하의 군자들은 하늘에 대하여 특히 서로 경계할 줄을 모르고 있다. 이것이 내가 천하의 군자들은 작은 것은 알면서도 큰 것은 알지 못함을 아는 까닭인 것이다.

子墨子言曰；今天下之士君子，知小而不知大．何以知之？
자묵자언왈 금천하지사군자 지소이부지대 하이지지
以其處家者知之．若處家，得罪於家長，猶有隣家所避逃之．
이기처가자지지 약처가 득죄어가장 유유린가소피도지
然且親戚兄弟所知識，共相儆戒，皆曰；不可不戒矣，不可不
연차친척형제소지식 공상경계 개왈 불가불계의 불가불
愼矣．惡有處家而得罪於家長而可爲也？
신의 오유처가이득죄어가장이가위야

非獨處家者爲然, 雖處朝亦然. 處國得罪於國君, 猶有隣國
비독처가자위연 수처조역연 처국득죄어국군 유유린국
所避逃之. 然且親戚兄弟所知識, 共相儆戒, 皆曰; 不可不戒
소피도지 연차친척형제소지식 공상경계 개왈 불가불계
矣, 不可不愼矣. 誰亦有處國得罪於國君而可爲也?
의 불가불신의 수역유처국득죄어국군이가위야

此有所避逃之者也, 相儆戒猶若此其厚, 況無所避逃之者,
차유소피도지자야 상경계유약차기후 황무소피도지자
相儆戒豈不愈厚, 然後可哉? 且語言有之曰; 焉而晏日焉而得
상경계기불유후 연후가재 차어언유지왈 언이안일언이득
罪, 將惡避逃之? 曰; 無所避逃之. 夫天不可爲林谷幽閒無
죄 장오피도지 왈 무소피도지 부천불가위림곡유간무
人, 明必見之. 然而天下之士君子之於天也, 忽然不知以相儆
인 명필견지 연이천하지사군자지어천야 홀연부지이상경
戒. 此我所以知天下士君子, 知小而不知大也.
계 차아소이지천하사군자 지소이부지대야

'하늘'은 계시지 않는 곳도 없을 뿐만이 아니라 보지 못하는 곳도 없다는 것이다. 따라서 '하늘'은 이 세상 모든 것에 널리 작용하며, 그 작용은 영원불변하는 것이라 생각하였다. 「법의(法儀)」편에서 묵자는 그 하늘의 작용에 대하여 이렇게 말하고 있다.

하늘의 운행은 광대하고도 사사로움이 없으며, 그 베푸는 것은 두터우면서도 멈추는 일이 없고, 그 밝음은 오래되어도 쇠하여지지 않는 것이다.

天之行廣而無私, 其施厚而不息, 其明久而不衰.
천지행광이무사 기시후이불식 기명구이불쇠

따라서 이 세상 모든 것이 '하늘'의 것이며 '하늘'의 지배 아래 놓여 있는 것이다. 묵자는 「법의」편에서 또 하늘의 작용을 바탕으로 하늘의 뜻에 대하여 이렇게 말하고 있다.

무엇으로써 하늘이 모든 사람들이 서로 사랑하고 모든 사람들이 서로 이롭게 함을 알 수 있는가? 하늘이 모든 것을 아울러 보전하고 모든 것을 아울러 먹여살리는 것으로써 알 수 있다.

지금 천하의 크고 작은 나라를 막론하고 모두가 하늘의 땅인 것이다. 사람은 어리고 나이 많고 귀하고 천한 구별 없이 모두가 하늘의 신하인 것이다. 이 때문에 모두가 양과 소를 기르고 개와 돼지를 기른 다음 깨끗한 술과 단술과 젯밥을 담아놓고 공경히 하늘에 제사지내는 것이다. 이것은 모든 것을 아울러 보전해 주고 모든 것을 아울러 먹여주기 때문이 아니겠는가? 하늘은 진실로 모든 것을 아울러 보전해 주고 먹여 살려주고 있는 것이다.

奚以知天兼而愛之, 兼而利之也? 以其兼而有之, 兼而食之也.
(해이지천겸이애지, 겸이리지야? 이기겸이유지, 겸이사지야.)

今天下無大小國, 皆天之邑也 ; 人無長幼貴賤, 皆天之臣也. 此以莫不犓牛羊, 豢犬豬, 絜爲酒醴粢盛, 以敬事天. 此不爲兼而有之, 兼而食之邪? 天苟兼而有食之.
(금천하무대소국, 개천지읍야 ; 인무장유귀천, 개천지신야. 차이막불추우양, 환견저, 결위주례자성, 이경사천. 차불위겸이유지, 겸이사지야? 천구겸이유사지.)

천하의 모든 나라도 '하늘'의 땅이오 천하의 모든 사람이 '하늘'의 신하이다. 그래서 '하늘'이 모든 것을 보전시켜 주고 있고 모든 것을 먹여 살려주고 있다는 것이다. 여기에서 '하늘'은 묵자의 신앙대상으로서 사람들의 정성어린 제사를 받게 된다는 것이다.

다만 『묵자』 속에서는 '천(天)'이라는 말과 함께 '상제(上帝)'라는 말도 간간이 쓰고 있어(약 10대 1의 비율), 학자에 따라서는 묵자의 '천(天)'과 '상제(上帝)'의 개념은 다르다고 주장하기도 한다.[9] 그러나 이는 지나친 천착인 듯하다. 묵자 이전부터 '천(天)'과 '천제(天帝)'·'상제(上帝)'를 혼용하던 습관을 그대로 계승한 것일 따름이라 여겨진다.

(3) '하늘'의 의의

'하늘'은 인간 생활의 모든 기준이 된다. 묵자는 늘 인간 윤리의 기준으로 '의로움'을 내세우고 있다. 묵자는 '의로움'을 「귀의(貴義)」편 첫머리에서 이렇게 설명하고 있다.

> 묵자께서 말씀하셨다. 만사에 '의로움'보다 귀중한 것은 없다. 지금 어떤 사람이 그대에게 관(冠)과 신을 줄 터이니 네 손과 발을 자르라고 한다면, 그대는 그렇게 하겠는가? 절대로 그러지 않을 것이다. 왜냐하면 관과 신은 손과 발만큼 귀중하지 않기 때문이다.
>
> 또 말하기를, 그대에게 천하를 줄 것이니 그대 몸을 죽이라고 한다면, 그대는 그렇게 하겠는가? 절대로 그렇게 하지 않을 것이다. 왜냐하면 천하는 몸만큼 귀중한 것은 아니기 때문이다.
>
> 그러나 한 마디 말을 다투다가 서로 죽이기도 하니, 그렇다면 '의로움'은 그의 몸보다도 귀중한 것이다. 그러므로 만사에 '의로움'보다 귀중한 것은 없다고 한 것이다.
>
> 子墨子曰；萬事莫貴於義. 今謂人曰；予子冠履, 而斷子之手足, 子爲之乎? 必不爲. 何故? 則冠履不若手足之貴也.
> (자묵자왈 만사막귀어의. 금위인왈 여자관리 이단자지 수족 자위지호 필불위 하고 즉관리불약수족지귀야)

9 李紹崑『墨子硏究』

又曰；予子天下，而殺子之身，子爲之乎? 必不爲. 何故?
우왈 여자천하 이살자지신 자위지호 필불위 하고

則天下不若身之貴也.
즉천하불약신지귀야

爭一言以相殺, 是貴義於其身也. 故曰；萬事莫貴於義也.
쟁일언이상살 시귀의어기신야 고왈 만사막귀어의야

그런데 묵자는 이 '의로움'이 '하늘'로부터 나오는 것이라 하였다. 그는 「천지」 중(中)편에서 이렇게 말하고 있다.

묵자께서 말씀하셨다. 지금 천하의 군자들이 어짊과 의로움을 행하고자 한다면, 곧 '의로움'은 어디에서 나오는가 살피지 않으면 안된다. 이미 '의로움'이 어디에서 나오는가 살피지 않으면 안된다고 하였으니, 그러면 '의로움'은 어디로부터 나오는 것인가?

묵자께서 말씀하셨다. '의로움'이란 어리석고 천한 자들로부터 나오지 아니하고, 반드시 귀하고도 지혜있는 자들로부터 나올 것이다. 무엇으로 '의로움'은 어리석고 천한 자들로부터 나오지 아니하고, 반드시 귀하고도 지혜있는 자들로부터 나온다는 것을 아는가? 그것은 '의로움'이란 훌륭하고 올바른 것이기 때문이다. 무엇으로 '의로움'이 훌륭하고 올바른 것임을 아는가? 그것은 천하에 '의로움'이 있으면 잘 다스려지고 '의로움'이 없으면 어지러워지니, 그래서 '의로움'이 훌륭하고 올바른 것임을 안다.

어리석고 천한 자들은 귀하고도 지혜있는 사람들을 다스릴 수가 없다. 귀하고도 지혜 있는 사람이어야만 어리석고 천한 자들을 다스릴 수가 있는 것이다. 이것이 내가 '의로움'은 어리석고 천한 자들로부터 나오지 아니하고, 반드시 귀하고도 지혜있는 자들로부터 나온다는 것을 아는 근거이다.

그렇다면 누가 귀하고 누가 지혜로운가? 그것은 '하늘'만이 귀하고 '하늘' 만이 지혜로울 따름이다. 그러니 '의로움' 이란 결국 '하늘' 로부터 나오는 것이다.

子墨子言曰 ; 今天下之君子之欲爲仁義者, 則不可不察義之
자묵자언왈 금천하지군자지욕위인의자 즉불가불찰의지
所從出. 旣曰不可以不察義之所從出, 然則義何從出?
소종출 기왈불가이불찰의지소종출 연즉의하종출

子墨子曰 ; 義不從愚且賤者出, 必自貴且知者出. 何以知義
자묵자왈 의부종우차천자출 필자귀차지자출 하이지의
之不從愚且賤者出, 然必自貴且知者出也? 曰 ; 義者善政也.
지부종우차천자출 연필자귀차지자출야 왈 의자선정야
何以知義之爲善政也? 曰 ; 天下有義則治, 無義則亂, 是以知
하이지의지위선정야 왈 천하유의즉치 무의즉란 시이지
義之爲善政也.
의지위선정야

夫愚且賤者不得爲政乎貴且知者, 貴且知者然後得爲政乎愚
부우차천자부득위정호귀차지자 귀차지자연후득위정호우
且賤者. 此吾所以知義之不從愚且賤者出, 而必自貴且知者出
차천자 차오소이지의지부종우차천자출 이필자귀차지자출
也. 然則孰爲貴, 孰爲知? 曰 ; 天爲貴. 天爲知而已矣. 然則
야 연즉숙위귀 숙위지 왈 천위귀 천위지이이의 연즉
義果自天出矣.
의과자천출의

'의로움' 이 '하늘' 로부터 나오는 것이란 말은 「천지」 상편과 하편 등에도 보인다.

이 때문에 '하늘' 은 가장 높은 인간의 법도가 되는 것이다. 곧 '하늘' 은 사람들이 살아나가면서 지켜야만 할 모든 규범이 된다는 것이다. 「법의(法儀)」편에서 묵자는 이렇게 논하고 있다.

묵자께서 말씀하셨다. 천하에서 일을 하는 사람들은 법도(法度)가 없어서는 안될 것이니, 법도가 없으면서도 그의 일을 제대로 이룩하는 사람은 있을 수가 없는 것이다.

심지어 선비로서 장수나 재상이 되려는 사람이라 하더라도 모두 법도가 있다. 비록 일을 하는 공인(工人)들이라 할지라도 역시 모두 법도가 있다. 여러 공인들은 굽은 자(矩)로써 네모꼴을 만들고 그림쇠(規)로써 동그라미를 만들며 먹줄로써 곧게 만들고 추가 달린 줄로써 바르게 만들고 수평으로써 평평하게 만든다. 기술 있는 공인이나 기술없는 공인을 막론하고 모두가 이 다섯 가지 것으로써 법도를 삼는다. 기술 있는 사람은 그것을 정확하게 할 수 있을 것이며, 기술 없는 사람도 비록 그것을 정확하게 할 수는 없다 하더라도 이에 따라 일을 하면 그래도 더 잘될 것이다. 그러므로 여러 공인들이 일을 하는 데에는 모두 법도가 있다고 하는 것이다. 지금 큰 사람은 천하를 다스리고 있고 그 다음 사람은 큰 나라를 다스리고 있는데 그들이 법도가 없다면 이것은 여러 공인들의 분별만도 못하게 된다.

그렇다면 무엇으로써 다스리는 법도를 삼으면 좋을까? 만약 모두가 그의 부모님을 본뜬다면 어떨까? 천하에 부모 노릇을 하는 사람은 많지만 어진 사람은 적다. 만약 모두가 그의 부모를 본뜬다면 이것은 어질지 않음을 본뜨는 것이 된다. 어질지 않음을 본뜨는 것은 법도로 삼을 수가 없는 것이다.

만약 모두가 그의 스승을 본뜨면 어떨까? 천하에 스승 노릇을 하는 사람은 많지만 어진 사람은 적다. 만약 모두가 그의 스승을 본뜬다면 이것은 어질지 않음을 본뜨는 것이다. 어질지 않음을 본뜨는 것은 법도로 삼을 수가 없는 것이다.

만약 모두가 그의 임금을 본뜬다면 어떨까? 천하에 임금 노릇을 하는 사람은 많지만 어진 사람은 적다. 만약 모두가 그의 임금을 본뜬다면 이것은 어질지 않음을 본뜨는 것이다. 어질지 않음을 본뜨는 것은 법도로 삼을 수 없는 것이다. 그러므로 부모와 스승과 임금의 세 분들을 다스리는 법도로 삼아서는 안되는 것이다.

그러면 무엇으로 다스리는 법도를 삼아야만 하는가? 그러기에 하늘을 법도로 삼는 것보다 더 좋은 것은 없다고 하는 것이다.

子墨子曰；天下從事者，不可以無法儀，無法儀而其事能成
자묵자왈 천하종사자 불가이무법의 무법의이기사능성
者，無有也．雖至士之爲將相者，皆有法，雖至百工從事者，
자 무유야 수지사지위장상자 개유법 수지백공종사자
亦皆有法．百工爲方以矩，爲圓以規，直以繩，正以縣，平以
역개유법 백공위방이구 위원이규 직이승 정이현 평이
水．無巧工不巧工，皆以此五者爲法．巧者能中之，不巧者雖
수 무교공불교공 개이차오자위법 교자능중지 불교자수
不能中，放依以從事，猶逾已．故百工從事，皆有法度．今大
불능중 방의이종사 유유이 고백공종사 개유법도 금대
者治天下，其次治大國，而無法度，此不若百工辯也．
자치천하 기차치대국 이무법도 차불약백공변야

然則奚以爲治法而可？常皆法其父母，奚若？天下之爲父母
연즉해이위치법이가 상개법기부모 해약 천하지위부모
者衆，而仁者寡．若皆法其父母，此法不仁也．法不仁，不可
자중 이인자과 약개법기부모 차법불인야 법불인 불가
以爲法．
이위법

當皆法其學，奚若？天下之爲學者衆，而仁者寡．若皆法其
당개법기학 해약 천하지위학자중 이인자과 약개법기
學，此法不仁也．法不仁，不可以爲法．
학 차법불인야 법불인 불가이위법

當皆法其君，奚若？天下之爲君者衆，而仁者寡．若皆法其
당개법기군 해약 천하지위군자중 이인자과 약개법기
君，此法不仁也．法不仁，不可以爲法．故父母學君三者，莫
군 차법불인야 법불인 불가이위법 고부모학군삼자 막
可以爲治法．
가이위치법

然則奚以爲治法而可？故曰；莫若法天．
연즉해이위치법이가 고왈 막약법천

묵자에게 하늘은 절대적인 의로움의 기준이 되고 다스림의 법도가 되는 것이다.

(4) '하늘'의 뜻(志)

「천지」 상편에서는 하늘의 뜻에 대하여 이렇게 말하고 있다.

묵자께서 말씀하셨다. 우리에게 하늘의 뜻이 있음은 비유를 들면 마치 수레바퀴 만드는 사람에게 그림쇠가 있고 목수에게 굽은 자가 있는 것과 같다. 수레바퀴 만드는 사람과 목수들은 그들의 그림쇠와 굽은 자를 가지고서 천하의 네모꼴과 원을 재면서 말하기를 "들어맞는 것은 바른 것이고 들어맞지 않는 것은 그릇된 것이다."라고 한다.

지금 천하의 군자들의 책은 이루 다 기록할 수 없을 만큼 많고, 그들의 이론은 이루 다 헤아릴 수 없을 만큼 많다. 위로는 제후들을 설복시키고 아래로는 여러 선비들을 설복시키려 하지만 그들의 어짊과 의로움에 있어서는 크게 멀리 떨어져 있다. 무엇으로써 그러함을 아는가? 그것은 내가 천하의 밝은 법도로 재어 봄으로써 아는 것이다.

子墨子言曰；我有天志，譬若輪人之有規，匠人之有矩，輪
자묵자언왈 아유천지 비약륜인지유규 장인지유구 윤

匠執其規矩，以度天下之方圓曰；中者是也，不中者非也．今
장집기규구 이탁천하지방원왈 중자시야 부중자비야 금

天下之士君子之書，不可勝載，言語不可盡計．上說諸侯，下
천하지사군자지서 불가승재 언어불가진계 상설제후 하

說列士，其於仁義，則大相遠也．何以知之？曰；我得天下之
설열사 기어인의 즉대상원야 하이지지 왈 아득천하지

明法以度之．
명법이도지

여기서 말하는 '천하의 밝은 법도'란 바로 '하늘'의 뜻을 근거로 하여 세상에 행해지는 법도를 뜻하는 것이다. 「천지」 중편에서도 끝머리에 이와 비슷한 말을 하고는 이어서 또 이렇게 논하고 있다.

그러므로 묵자는 하늘의 뜻이 있음으로써, 위로는 천하의 임금과 귀족들이 법과 정치를 펴는 법도가 되게 하고, 아래로는 천하의 만백성들이 공부를 하고 말을 하는 기준이 되게 하려 하였다. 그의 행동을 보아 하늘의 뜻에 따르고 있다면 그것을 훌륭한 뜻을 지닌 행동이라 말하고, 하늘의 뜻에 반하고 있다면 그것을 훌륭하지 않은 뜻을 지닌 행동이라 말한다. 그의 말하는 것을 보아 그것이 하늘의 뜻에 따르고 있으면 그것을 선한 말이라 말하고, 하늘의 뜻에 반하고 있으면 그것을 선하지 않은 말이라 하는 것이다. 그의 법과 정치를 펴는 것을 보아 하늘의 뜻에 따르고 있으면 그것을 훌륭한 법과 정치를 펴는 것이라 말하고 하늘의 뜻에 반하고 있으면 그것을 훌륭하지 못한 법과 정치를 펴는 것이라 말하는 것이다.

그러므로 이것을 놓고서 법도로 삼고 이것을 세워 놓고 기준으로 삼아, 천하의 임금 귀족과 여러 관리들의 어질고 어질지 않음을 재려는 것이다. 이것을 비유로 들면 마치 검은 것과 흰 것을 구분하는 것이나 같다. 그러므로 묵자께서 말씀하셨다.

지금 천하의 임금과 귀족과 관리들이 진실로 도를 따라 백성들을 이롭게 하고자 한다면, 근본적으로 어짊과 의로움의 근본을 살펴야 하며, 하늘의 뜻을 따르지 않을 수가 없게 될 것이다. 하늘의 뜻을 따른다는 것은 '의로움'의 법도인 것이다.

故子墨子之有天之意也, 上將以度天下之王公大人爲刑政
고자묵자지유천지의야 상장이탁천하지왕공대인위형정

也, 下將以量天下之萬民爲文學出言談也. 觀其行, 順天之意,
야 하장이량천하지만민위문학출언담야 관기행 순천지의

謂之善意行, 反天之意, 謂之不善意行. 觀其言談, 順天之意,
위지선의행 반천지의 위지불선의행 관기언담 순천지의

謂之善言談, 反天之意, 謂之不善言談. 觀其刑政, 順天之意,
위지선언담 반천지의 위지불선언담 관기형정 순천지의

謂之善刑政, 反天之意, 謂之不善刑政.
위지선형정 반천지의 위지불선형정

故置此以爲法, 立此以爲儀, 將以量度天下之王公大人卿大
고치차이위법 입차이위의 장이량탁천하지왕공대인경대

夫之仁與不仁. 譬之猶分黑白也. 是故子墨子曰 ; 今天下之王
부지인여불인 비지유분흑백야 시고자묵자왈 금천하지왕

公大人士君子, 中實將欲遵道利民, 本察仁義之本, 天之意不
공대인사군자 중실장욕준도리민 본찰인의지본 천지의불

可不順也. 順天之意者, 義之法也.
가불순야 순천지의자 의지법야

따라서 이 세상의 최고 통치자도 '하늘'이며, 천자도 '하늘'의 뜻을 따라 정치를 행할 때 비로소 올바른 다스림이 이루어지게 된다. 곧 '하늘'의 뜻은 이 세상 모든 것을 결정하는 기준이 되기 때문이다. 「천지」 상편에서는 이렇게 논하고 있다.

일반적으로 "의로움이란 올바른 것이다."고 한다. 아랫사람을 따라 윗사람이 바로잡히는 일은 없고, 반드시 윗사람을 따라 아랫사람들이 바로잡히는 것이다. 그러므로 서민들은 힘을 다해 자기 일에 종사하기는 하지만 자기 마음대로 다스릴 수는 없는 일이며, 관리들이 있어 그들을 다스리는 것이다. 관리들은 힘을 다해 자기 일에 종사하기는 하지만 자기 마음대로 다스릴 수는 없는 일이며, 장군과 대부들이 있어 그들을 다스린다. 장군과 대부들도 힘을 다해 자기 일에 종사하기는 하지만 자기 마음대로 다스릴 수는 없는 일이며, 삼공(三公)과 제후들이 있어 그들을 다스린다. 삼공과 제후들도 힘을 다해 자기 일에 종사하기는 하지만 자기 마음대로 다스릴 수는 없는 일이며, 천자가 있어 그들을 다스린다. 천자도 자기 마음대로 정치를 할 수는 없는 일이며, 하늘이 있어 그를 다스린다.

천자가 삼공과 제후와 관리와 서민들을 다스리고 있다는 것은 천하의 군자들은 본시부터 분명히 알고 있다. 하늘이 천자와 천하의 백성들을 다스리고 있다는 것은 아직 분명히 알지 못하고 있다. 그러므로 옛날 하(夏)나라 · 은(殷)나라 · 주(周)나라 삼대(三代)의 성왕인 우(禹)임금 · 탕(湯)임금 · 문왕(文王) · 무왕(武王) 같은 임금들은 하늘이 천자를 다스리고 있다는 것을 천하의 백성들에게 분명히 얘기하려 하였다. 그러므로 모두가 소와 양을 기르고 개와 돼지를 길러 깨끗이 젯밥과 술과 단술을 마련하여 가지고서 하나님과 귀신들에게 제사를 지내어 하늘에 복을 빌고 구하였던 것이다. 나는 아직도 하늘이 천자에게 복을 빌었다는 말을 들어 본 일이 없다. 나는 그래서 하늘이 천자를 다스리고 있는 것임을 알고 있는 것이다.

曰；且夫義者政也，無從下之政上，必從上之政下．是故庶
왈 차부의자정야 무종하지정상 필종상지정하 시고서
人竭力從事，未得次己而爲政，有士政之．士竭力從事，未得
인갈력종사 미득차기이위정 유사정지 사갈력종사 미득
次己而爲政，有將軍大夫政之．將軍大夫竭力從事，未得次己
차기이위정 유장군대부정지 장군대부갈력종사 미득차기
而爲政，有三公諸侯政之．三公諸侯竭力聽治，未得次己而爲
이위정 유삼공제후정지 삼공제후갈력청치 미득차기이위
政，有天子政之．天子未得次己而爲政，有天政之．
정 유천자정지 천자미득차기이위정 유천정지

天子爲政於三公諸侯士庶人，天下之士君子固明知之．天之
천자위정어삼공제후사서인 천하지사군자고명지지 천지
爲政於天子天下百姓，未得之明知也．故昔三代聖王禹湯文
위정어천자천하백성 미득지명지야 고석삼대성왕우탕문
武，欲以天之爲政於天子，明說天下之百姓．故莫不犓牛羊，
무 욕이천지위정어천자 명설천하지백성 고막불추우양
豢犬彘，潔爲粢盛酒醴，以祭祀上帝鬼神，而求祈福於天．我
환견체 결위자성주례 이제사상제귀신 이구기복어천 아

未嘗聞天之祈福於天子也. 我所以知天之爲政於天子者也.
미 상 문 천 지 기 복 어 천 자 야　아 소 이 지 천 지 위 정 어 천 자 자 야

그래서 "천하는 큰 나라 작은 나라 할 것 없이 모두가 '하늘'의 고을이며, 사람은 어리고 나이 많고 귀하고 천한 구별 없이 모두가 '하늘'의 신하이다."(「天志」 上)고도 하였다. 하늘은 온세상의 절대적인 주재자인 것이다.

「천지」 중편에는 이런 말도 보인다.

또한 '하늘'이 천하를 차지하고 있는 것은 비유를 들면 나라 임금이나 제후가 그의 사방 나라 안을 차지하고 있는 것과 다를 바가 없는 것이다.

且夫天之有天下也, 譬之, 無以異乎國君諸侯之有四境之內也.
차 부 천 지 유 천 하 야　비 지　무 이 이 호 국 군 제 후 지 유 사 경 지 내 야

곧 '하늘'은 온 우주와 천하의 질서의 정점인 것이다. 다시 말하면 '하늘'은 우주의 주재자(主宰者)인 것이다. 따라서 묵자의 사회 개혁을 지향하는 여러 가지 사상도 이 '하늘'의 뜻에 바탕을 두고 있는 것이다.

「천지」 상편을 보면 묵자는 이렇게 말하고 있다.

그러면 무엇으로써 하늘이 천하의 백성을 사랑한다는 것을 아는가? 하늘이 모두를 다 같이 밝혀주기 때문이다. 무엇으로써 하늘이

모두를 다 같이 밝혀 준다는 것을 아는가? 하늘이 모두를 다 같이 보존시키고 있기 때문이다. 무엇으로써 하늘이 모두를 다 같이 보존시키고 있다는 것을 아는가? 하늘이 모두를 다 같이 먹여주기 때문이다.

然則何以知天之愛天下之百姓? 以其兼而明之. 何以知其兼
연즉하이지천지애천하지백성 이기겸이명지 하이지기겸

而明之? 以其兼而有之. 何以知其兼而有之? 以其兼而食焉.
이명지 이기겸이유지 하이지기겸이유지 이기겸이사언

또 「천지」 중편에서는 이렇게 말하고 있다.

지금 하늘은 온 천하를 다 같이 사랑하고 있고 모든 만물을 다 같이 이롭게 해주고 있다. 가는 터럭 끝이라 할지라도 하늘이 만드신 것이 아닌 것이 없는데, 사람들이 모든 것을 얻어 이롭게 쓰니, 후덕하시다고 할 수가 있다.

今夫天, 兼天下而愛之, 撽遂萬物而利之. 若豪之末, 無非
금부천 겸천하이애지 교수만물이리지 약호지말 무비

天之所爲, 而民得而利之, 則可謂厚矣.
천지소위 이민득이리지 즉가위후의

또 「법의(法義)」편에서는 이렇게 말하고 있다.

하늘은 반드시 사람들이 서로 사랑하고 서로 이롭게 하기를 바라지 사람들이 서로 미워하고 서로 해치는 것을 바라지 않는다. 무엇으로써 하늘이 사람들이 서로 사랑하고 서로 이롭게 해주기를 바라지 사람들이 서로 미워하고 서로 해치는 것은 바라지 않는다는 것을 알 수 있는가? 하늘이 아울러 모두를 사랑하고 아울러 모두를 이롭게 해주는 것으로써 알 수 있다. 무엇으로써 하늘이 아울러 모두를 사랑하고 아울러 모두를 이롭게 해준다는 것을 알 수 있는가? 하늘이 아울러 모든 것을 보전해 주고 아울러 모든 것을 먹여주고 있는 것으로써 알 수 있다.

天必欲人之相愛相利, 而不欲人之相惡相賊也. 奚以知天之
천필욕인지상애상리 이불욕인지상오상적야 해이지천지
欲人之相愛相利, 而不欲人之相惡相賊也? 以其兼而愛之, 兼
욕인지상애상리 이불욕인지상오상적야 이기겸이애지 겸
而利之也. 奚以知天兼而愛之, 兼而利之也? 以其兼而有之,
이리지야 해이지천겸이애지 겸이리지야 이기겸이유지
兼而食之也.
겸이사지야

이처럼 '하늘'을 바탕으로 하여 "모든 사람을 이롭게 해주어야 하고' '모든 사람들을 똑같이 사랑해야 한다."는 묵자의 '겸애(兼愛)' 사상이 생겨나고 있는 것이다. 하늘은 모든 사람을 이롭게 해주고 사랑해 준다. 그래서 육세홍(陸世鴻) 같은 이는 그의 『묵자(墨子)』 1권(1947, 中華書局)에서 묵자의 '하늘의 뜻〔天志〕'은 실제로는 '백성들의 뜻〔民意〕'을 가리켜 말한 것이라 하였다.

그리고 묵자가 "깨끗이 제물과 술을 마련하여 하나님과 귀신에게 제사지냄으로써, 하늘에 복을 빌었다."고 하였는데, 사람들이 살아 있는 천자에게 복을 빌지 않고 푸른 하늘에 복을 빈 것은 천자가 이미 '백성들의 뜻'에 반하였기 때문에 이를 바로잡지 않으면 안될 존재여서 그리하였다고 하였다. 재미있는 착상이라 하겠으나 논리의 비약이 심한 듯하다.

이밖에 남의 나라를 공격하는 전쟁을 하면 안된다는 '비공(非攻)'의 사상도 '하늘'에 근거를 두고 나온 것이다. 「천지」 중편에서 묵자는 이렇게 논하고 있다.

> 하늘의 뜻은 큰 나라가 작은 나라를 공격하고, 큰 집안이 작은 집안을 어지럽히고, 강한 자가 힘 적은 사람에게 폭행을 하고, 사기꾼이 어리석은 사람을 속이고, 귀한 신분의 사람이 천한 사람 앞에 오만하게 구는 것을 바라지 않는다. 이것들은 하늘이 바라지 않는 일인 것이다.
>
> 天之意, 不欲大國之攻小國也, 大家之亂小家也, 强之暴寡,
> 천지의 불욕대국지공소국야 대가지란소가야 강지폭과
> 詐之謀愚, 貴之傲賤. 此天之所不欲也.
> 사지모우 귀지오천 차천지소불욕야

「천지」 하편에서도 전쟁의 비정(非情)함과 수많은 무고한 인명의 희생을 열거하며 '하늘' 의 뜻에 근거하여 전쟁을 반대하고 있다.

그리고 모든 사람이 서로 도우며 모두가 힘써 일해야 한다는 사상도 '하늘' 에 근거를 두고 있다. 「천지」 중편에서는 앞에서 인용한 '하늘의 뜻' 의 설명에 뒤이어 또 이렇게 말하고 있다.

> (하늘의 뜻은) 여기에 그치는 것이 아니다. 사람들에게 힘이 있으면 서로 도와 일을 하고, 올바른 도를 알면 서로 가르쳐 주고, 재물이 있으면 서로 나누어 갖기를 바란다. 또 윗사람은 다스리는 데 힘쓰고 아랫사람들은 일을 하는 데 힘쓰기 바라고 있다.
>
> 不止此而已. 欲人之有力相營, 有道相敎, 有財相分也. 又
> 불지차이이 욕인지유력상영 유도상교 유재상분야 우
> 欲上之强聽治也, 下之强從事也.
> 욕상지강청치야 하지강종사야

묵자는 이처럼 '하늘의 뜻'을 내세워 사람들이 표준으로 삼아야 할 의법(儀法)으로 삼았고(天志 下), 사람들의 올바른 행동기준이 되는 '의(義)'도 '하늘'로부터 나온다(上同)고 생각하였다. 따라서 그의 모든 사상은 이 '하늘'에 의거하고 있기 때문에, 사람들은 '하늘을 법도로 삼고', '하늘의 뜻을 따라야 함'을 거듭 역설하고 있다.

그러면 무엇으로써 다스림의 법도로 삼는 게 좋겠는가? 그래서 '하늘'을 법도로 삼는 것보다 더 좋은 것은 없다고 하는 것이다.

然則奚以爲治法而可? 故曰莫若法天. (「法儀(법의)」)
연 즉 해 이 위 치 법 이 가 고 왈 막 약 법 천

그러므로 오직 '하늘'의 뜻을 따라야 함을 분명히 알고, 그 뜻을 받들어 천하에 이를 널리 실천하면, 곧 법과 정치가 잘 다스려지고 만민이 평화롭게 살게 되며, 국가가 부하여지고, 쓰는 재물이 풍족해져서, 백성들이 모두 따뜻하게 옷을 입고 배불리 먹으며 편안히 걱정없이 지내게 될 것이다.

故唯毋明乎順天之意, 奉而光施之天下, 則刑政治, 萬民和,
고 유 무 명 호 순 천 지 의 봉 이 광 시 지 천 하 칙 형 정 치 만 민 화
國家富, 財用足, 百姓皆得煖衣飽食, 便寧無憂. (「天志(천지)」 中)
국 가 부 재 용 족 백 성 개 득 난 의 포 식 편 녕 무 우

그 행동을 볼 때 '하늘'의 뜻에 따르고 있으면 그것을 훌륭한 행동이라 하고, '하늘'의 뜻에 반하고 있으면 그것을 좋지 못한 행동이라 한다. 그의 말을 볼 때 '하늘'의 뜻에 따르고 있으면 그것을 훌륭한 말이라 하고, '하늘'의 뜻에 반하고 있으면 그것을 좋지 못한 말이라 한다. 나라의 법과 정치를 볼 때 '하늘'의 뜻에 따르고

있으면 그것을 훌륭한 법과 정치라 하고, '하늘'의 뜻에 반하고 있으면 그것을 좋지 못한 법과 정치라 한다. 그러므로 이것('하늘'의 뜻)을 내세워 법도로 삼고, 이것을 세워 놓고 규범으로 삼는 것이다.

觀其行, 順天之意, 謂之善行, 反天之意, 謂之不善行. 觀其
관기행 순천지의 위지선행 반천지의 위지불선행 관기
言談, 順天之意, 謂之善言談, 反天之意, 謂之不善言談. 觀
언담 순천지의 위지선언담 반천지의 위지불선언담 관
其刑政, 順天之意, 謂之善刑政, 反天之意, 謂之不善刑政.
기형정 순천지의 위지선형정 반천지의 위지불선형정
故置此以爲法, 立此以爲儀. (「天志(천지)」 中)
고치차이위법 입차이위의

지금 천하의 선비와 군자들로서 '의로움'을 행하고자 하는 사람이라면 '하늘'의 뜻을 따르지 아니하면 안된다. 곧 '하늘'의 뜻을 따르는 사람들은 모든 사람들을 아울러 다 같이 생각하고 '하늘'의 뜻에 반하는 사람들은 사람들을 분별하여 생각한다.

今天下之士君子, 欲爲義者, 則不可不順天之意矣. 曰 ; 順
금천하지사군자 욕위의자 즉불가불순천지의의 왈 순
天之意者, 兼也, 反天之意者, 別也. (「天志(천지)」 下)
천지의자 겸야 반천지의자 별야

(5) '하늘'의 상벌

'하늘'은 그 뜻을 따르는 자에게는 상을 주고, '하늘'의 뜻을 어기는 자에게는 벌을 내린다고도 생각하였다. 그러한 사상은 「묵자」의 여러 곳에 보이고 있다. 아래에 보기를 든다.

'하늘'의 뜻을 따르는 사람들은 모든 사람들을 아울러 사랑하고 모두가 서로 이롭게 하여 반드시 상을 받게 된다. '하늘'의 뜻을 반하는 자들은 사람들을 분별하여 서로 미워하고 모두가 서로 해침으로써 반드시 벌을 받게 된다.

順天意者, 兼相愛, 交相利, 必得賞. 反天意者, 別相惡, 交
순천의자 겸상애 교상리 필득상 반천의자 별상오 교
相賊, 必得罰. (「天志(천지)」上)
상적 필득벌

사람들을 사랑하고 사람들을 이롭게 하여 '하늘'의 뜻을 따름으로써 '하늘'의 상을 받는 사람이 있고, 사람들을 미워하고 사람들을 해치어 '하늘'의 뜻을 반함으로써 '하늘'의 벌을 받는 자들도 있다.

愛人利人, 順天之意, 得天之賞者有之, 憎人賊人, 反天之
애인리인 순천지의 득천지상자유지 증인적인 반천지
意, 得天之罰者亦有矣. (「天志(천지)」中)
의 득천지벌자역유의

천자가 착한 일을 행하면 '하늘'이 그에게 상을 내리고, 천자가 포악한 짓을 하면 '하늘'이 그에게 벌을 준다.

天子爲善, 天能賞之, 天子爲暴, 天能罰之. (「天志(천지)」中)
천자위선 천능상지 천자위폭 천능벌지

그러나 오직 '하늘'에 보답하지 않으면서, 그것이 어질지 못하고 상서롭지 못한 짓인 줄은 알지 못한다.

然獨無報夫天, 而不知其爲不仁不祥也. (「天志(천지)」中)
연독무보부천 이부지기위불인불상야

그러나 '하늘'이 바라는 것을 행하지 않고 '하늘'이 바라지 않는 것을 행하면, 곧 '하늘'도 사람들이 바라는 것을 해주지 않고 사람들이 바라지 않는 것을 해주게 된다. 사람들이 바라지 않는 것이란 무엇인가? 바로 질병과 재난일 것이다. 만약 자기가 '하늘'이 바라는 것을 행하지 않고 '하늘'이 바라지 않는 짓을 하면, 그것은 천하 만백성들을 이끌고서 환난 가운데 빠지는 일에 종사하는 셈이 된다.

然有所不爲天之所欲, 而爲天之所不欲, 則夫天亦且不爲人
연 유 소 불 위 천 지 소 욕 이 위 천 지 소 불 욕 즉 부 천 역 차 불 위 인
之所欲, 而爲人之所不欲矣. 人之所不欲者, 何也? 曰；病疾
지 소 욕 이 위 인 지 소 불 욕 의 인 지 소 불 욕 자 하 야 왈 병 질
禍崇也. 若己不爲天之所欲, 而爲天之所不欲, 是率天下之萬
화 수 야 약 기 불 위 천 지 소 욕 이 위 천 지 소 불 욕 시 솔 천 하 지 만
民, 以從事乎禍崇之中也. (「天志(천지)」中)
민 이 종 사 호 화 수 지 중 야

이처럼 '하늘'은 사람들의 규범이 되어, 모든 사람이 법도로 삼고 그 뜻을 따라야 하는 것이며, 또 '하늘'은 그의 뜻에 따르고 따르지 않는 데 따라서 상과 벌을 내리는 두려운 존재이기도 한 것이다. 이에 '하늘'은 공경히 받들며 정성껏 제사지내야만 하는 신앙의 대상이 되는 것이다.

3) '귀(鬼)'의 성격

(1) 묵자의 '귀'와 중국 고래의 개념

『묵자』를 보면 자신의 주장을 펴면서 다음과 같이 '하늘'과 '귀신'

을 인용하고 있다.

> 모든 사람들을 아울러 생각하는 사람들은 큰 나라를 지니고 있어도 작은 나라를 공격하지 않으며, ……위로는 하늘을 이롭게 하고 가운데로는 귀신을 이롭게 하며 아래로는 사람들을 이롭게 한다. ……사람들을 분별하여 생각하는 사람들은 큰 나라를 지니고 있다면 작은 나라들을 공격하고……위로는 하늘을 이롭지 않게 하고 가운데로는 귀신을 이롭지 않게 하며 아래로는 사람들을 이롭지 않게 한다.

> 兼者, 處大國不攻小國……上利乎天, 中利乎鬼, 下利乎人.
> 겸자 처대국불공소국 상리호천 중리호귀 하리호인
> ……別者, 處大國則攻小國, ……上不利乎天, 中不利乎鬼,
> 별자 처대국즉공소국 상불리호천 중불리호귀
> 下不利乎人. (「天志(천지)」 中)
> 하불리호인

「천지」 하편에서도 하늘의 뜻에 맞는 '하늘의 덕(天德)' 과 하늘의 뜻에 어긋나는 '하늘의 도적(天賊)' 을 논하고 있다. 곧 하늘의 뜻에도 맞고 귀신의 뜻에도 맞고 사람들 뜻에도 맞는 것은 '하늘의 덕' 이고, 하늘과 귀신과 사람 모두의 뜻에 어긋나고 해로운 것은 '하늘의 도적' 이라는 것이 있다. 묵자는 '하늘' 이외에 또 '귀신' 의 존재도 믿고 있었던 것이다.

그의 '귀신' 에 대한 견해를 구체적으로 논한 글로는 『묵자』에 「명귀(明鬼)」편이 있다. 그는 「명귀」 하편에서 귀신의 종류에 대하여 다음과 같이 설명하고 있다.

> 옛날부터 지금까지 귀신이란 다름이 아니라 바로 하늘의 귀신이

있고, 산수(山水)의 귀신이 있고, 또 사람이 죽어서 된 귀신이 있다.

古之今之爲鬼, 非他也. 有天鬼, 亦有山水鬼神者, 亦有人死而爲鬼者.
고지금지위귀 비타야 유천귀 역유산수귀신자 역유인사이위귀자

'하늘의 귀신' 이란 '하늘' 의 보조자로서의 신(神)을 말하고, '산수의 귀신' 이란 자연의 산천(山川) 속에 깃들어 있다고 생각한 여러 가지 신을 뜻하며, 또 사람이 죽으면 누구나 귀신이 된다고 생각했던 것이다. 곧 이는 천신(天神) · 지기(地祇) · 인귀(人鬼)의 세 가지를 가리키는 것으로 볼 수도 있을 것이다. 이것은 중국 고래의 귀신관(鬼神觀)을 그대로 계승한 것이다.

『좌전(左傳)』 장공(莊公) 32년에는 신(神)에 대하여 이렇게 말하고 있다.

나라가 흥성하려 할 적에는 밝은 신이 강림하는데 그 덕을 살폈기 때문이고, 망하려 할 적에도 신이 또 강림하는데 그 악을 보았기 때문이다.

國之將興, 明神降之, 監其德也 ; 將亡, 神又降之, 觀其惡也.
국지장흥 명신강지 감기덕야 장망 신우강지 관기악야

또 같은 「장공 10년」에는 이런 말을 하고 있다.

작은 신의도 지키지 못한다면 신이 복을 주지 않을 것이다.

小信未孚, 神弗福也.
소신미부 신불복야

또 같은 책 「희공(僖公) 5년」에는 귀신에 관한 다음과 같은 말이 보인다.

귀신이란 실로 사람을 친근히 하는 게 아니라 오직 덕만을 의지하는 것이다.

鬼神非人實親, 惟德是依.
귀 신 비 인 실 친 유 덕 시 의

이러한 귀신은 모두 '하늘의 귀신' 인 것이다.

산천의 신에 대하여는 『국어(國語)』 주어(周語)에서 이렇게 말하고 있다.

옛날 우리 선왕들이 천하를 다스릴 적에는 ……하나님과 산천의 여러 신들의 제사를 잘 받들었다.

昔我先王之有天下也, ……以供上帝山川百神之祀.
석 아 선 왕 지 유 천 하 야 이 공 상 제 산 천 백 신 지 사

그리고 『서경(書經)』 순전(舜典)에는 산천에 지내는 제사에 관한 기록이 있다.

산천에 망제(望祭)를 지낸다.

望于山川.
망 우 산 천

이는 나라의 명산(名山)과 대천(大川)의 신에게 제사를 지낸 것이다. 묵자의 '산수의 귀신' 이 여기에서 나온 것임은 말할 나위도 없다.

『논어(論語)』 선진(先進)편을 보면 사람이 죽어서 된 귀신에 관한 이런 얘기가 보인다.

> 계로가 귀신을 섬기는 일에 관하여 여쭙자 공자께서는 “사람도 제대로 섬기지 못하는데 어찌 귀신을 섬길 수 있겠느냐?”고 대답하고, 죽음에 대하여 여쭙자 공자께서는 “삶에 대하여도 다 모르거늘 어찌 죽음을 알겠느냐?”고 대답하셨다.

> 季路問事鬼神, 子曰; 未能事人, 焉能事鬼? 敢問死, 子曰; 未知生, 焉知死?
> 계로문사귀신 자왈 미능사인 언능사귀 감문사 자왈 미지생 언지사

계로와 공자의 문답을 보면 사람이 죽으면 귀신이 된다고 생각했음이 분명하다.

또 『좌전』 희공(僖公) 31년에도 이런 말이 보인다.

> 귀신은 그의 친족이 아니면 그 제사를 받아먹지 않는다.

> 鬼神非其族類, 不歆其祀.
> 귀신비기족류 불흠기사

여기의 귀신도 사람이 죽어서 된 귀신을 두고 한 말임이 분명하다. 곧 옛날 중국 사람들이 믿던 귀신에서는 ‘하늘의 귀신’과 ‘산천의 귀신’과 ‘사람이 죽어서 된 귀신’의 세 가지가 있었던 것이다. 묵자는 하늘과 사람 사이에 이러한 귀신이 있어, 하늘의 뜻에 따라 움직이고 있음을 믿은 것이다.

⑵ '귀'의 존재 증명

묵자의 시대란 '하늘'에 대한 신앙의 약화에 따라 '귀신'에 대한 소신도 무척 흔들리고 있던 때였다. 묵자는 무엇보다도 천하가 어지러워진 가장 큰 이유의 하나는 사람들의 '귀신'에 대한 믿음이 흔들리기 시작한 데 있다고 믿었다. 그래서 묵자는 이런 말을 하고 있다.

> 옛날 하나라 · 상나라 · 주나라 삼대의 성왕들이 돌아가신 뒤로는 천하는 의로움을 잃고 제후들은 힘으로 정치를 하게 되었다. 그래서 임금과 신하와 윗사람과 아랫사람들이 은혜롭고 충성스럽지 않은 이가 있게 되었으며, 아버지와 자식과 형과 아우들이 자애롭고 효성스럽지 않으며 우애롭고 공경하고 바르고 훌륭하지 않은 이가 있게 되었고, ……그리하여 천하가 어지럽게 되었다. 이렇게 된 까닭은 어째서인가? 곧 모두가 귀신이 있고 없는 분별에 의혹을 지니어, 귀신이 현명한 사람에겐 상을 주고 난폭한 자에겐 벌을 줄 수 있음을 밝게 인식하지 못하기 때문이다.

> 逮至昔三代聖王既沒, 天下失義, 諸侯力正. 是以存夫爲人
> 체 지 석 삼 대 성 왕 기 몰 천 하 실 의 제 후 력 정 시 이 존 부 위 인
> 君臣上下者之不惠忠也, 父子弟兄之不慈孝弟長貞良也, ……
> 군 신 상 하 자 지 불 혜 충 야 부 자 제 형 지 부 자 효 제 장 정 량 야
> 是以天下亂. 此其故何以然也? 則皆以疑惑鬼神之有與無之
> 시 이 천 하 란 차 기 고 하 이 연 야 즉 개 이 의 혹 귀 신 지 유 여 무 지
> 別, 不明乎鬼神之能賞賢而罰暴也. (「明鬼(명귀)」 下)
> 별 불 명 호 귀 신 지 능 상 현 이 벌 폭 야

묵자는 귀신을 내세우면서 한편 귀신이 존재한다는 것을 증명하기에 힘쓰고 있다. 그는 여러 각도에서 귀신의 존재를 증명하려 하고 있다. 그는 무엇보다도 옛날 성왕들이 귀신을 존중했다는 사실을 중요한

근거로 삼았다.

옛날 성왕들은 반드시 귀신이 있다고 하였고 귀신을 위하여 독실히 힘썼다. 또 후세 자손들이 알 수 없게 될까 두려워해서 대쪽과 비단폭에 그것을 써서 후세 자손들에게 전하여 주었다. 어떤 이는 그것이 썩거나 좀먹어 없어져서 후세 자손들이 알 수 없게 될까 두려워하여 쟁반이나 그릇 같은 데 새기거나 쇠나 돌에 새겨 놓음으로써 그것을 소중히 하였다. 그리고도 후세 자손들이 공경하고 두려워하지 않아 복을 받지 못할까 두려워하였다. 그러므로 선왕들의 책이나 성인들의 말을 보면 한 자 길이의 비단이나 한 편의 책을 펼쳐 보더라도 귀신이 있다는 말이 자주 나오며, 그것을 소중히 하고 또 소중히 하였던 것이다.

古者聖王, 必以鬼神爲有, 其務鬼神厚矣. 又恐後世子孫不
고자성왕 필이귀신위유 기무귀신후의 우공후세자손불
能知也, 故書之竹帛, 傳遺後世子孫. 或恐其腐蠹絕滅, 後世
능지야 고서지죽백 전유후세자손 혹공기부두절멸 후세
子孫不得而記, 故琢之盤盂, 鏤之金石以重之. 有恐後世子孫,
자손부득이기 고탁지반우 누지금석이중지 유공후세자손
不能敬莙以取羊. 故先王之書, 聖人之言, 一尺之帛, 一篇之
불능경군이취양 고선왕지서 성인지언 일척지백 일편지
書, 語數鬼神之有也, 重有重之. (「明鬼(명귀)」 下)
서 어삭귀신지유야 중유중지

그는 또 옛 전적의 글을 인용하여 귀신의 존재를 증명하고 있다. 『시경』「대아」에 이렇게 읊고 있다.

문왕께서 저 위
하늘에 뚜렷이 계시네.

주나라는 오래된 나라이지만
받은 하늘의 명(命) 새롭기만 하네.
주나라의 덕 매우 밝으니
하나님 명 바르게 내리신 것일세.
문왕께선 하늘 땅 오르내리시며
하나님 곁 떠나지 않으시네.
문왕께선 애쓰고 계시어
기리는 말 끊이지 않고 있네.

만약 귀신이 있지 않다면 문왕께서는 이미 돌아가셨는데 그가 어떻게 하나님 곁에 계실 수가 있겠는가?

大雅曰;
대 아 왈

文王在上, 於昭于天. 周雖舊邦, 其命維新.
문 왕 재 상 오 소 우 천 주 수 구 방 기 명 유 신

有周不顯, 帝命不時. 文王陟降, 在帝左右.
유 주 불 현 제 명 불 시 문 왕 척 강 재 제 좌 우

穆穆文王, 令聞不已.
목 목 문 왕 영 문 불 이

若鬼神無有, 則文王旣死, 彼豈能在帝之左右哉?
약 귀 신 무 유 즉 문 왕 기 사 피 기 능 재 제 지 좌 우 재

(「明鬼(명귀)」 下)

묵자는 『시경』을 인용하여 주(周)대의 귀신관을 증명한 다음, 뒤이어는 『서경(書經)』 상서(商書)의 글을 인용하여 상(商)대의 귀신 신앙을 증명하고, 또 『서경』 하서(夏書)의 글을 인용하여 하(夏)대의 귀신 신앙을 증명하고 있다.

그리고도 부족하여 묵자는 옛 성왕들의 일을 인용하여 귀신의 존재를 더욱 확실히 증명하려 하고 있다.

> 옛날 무왕이 은(殷)나라 주(紂)왕을 공격하여 쳐부쉈을 적에 제후들로 하여금 제각기 그들의 제사를 맡게 하였다. 곧 은나라와 성이 같은 제후들은 그들 조상에 대한 제사를 맡게 하고, 성이 다른 제후들은 바깥 산천에 대한 제사를 맡도록 했던 것이다. 그러니 무왕은 꼭 귀신이 있다고 믿었던 것이다.

> 昔者武王之攻殷誅紂也, 使諸侯分其祭. 曰 ; 使親者受內祀,
> 석자무왕지공은주주야 사제후분기제 왈 사친자수내사
> 疏者受外祀. 故武王必以鬼神爲有. (「明鬼(명귀)」 下)
> 소자수외사 고무왕필이귀신위유

또한 옛날 우(虞)나라와 하(夏)나라 · 상(商)나라 · 주(周)나라 삼대(三代)의 성왕들은 처음 나라를 세우고 도읍을 마련할 적에는, 반드시 나라의 올바른 자리를 골라서 종묘를 안치하였고, 반드시 나무가 무성하게 잘 자란 곳을 골라서 거기에 땅의 신을 모시는 사(社)를 세웠다. ……그러므로 옛 성왕들은 천하를 다스림에 있어서 반드시 귀신을 먼저 위하고 사람은 뒤에 생각하였는데, 이 때문이었다.

> 且惟昔者虞夏商周三代之聖王, 其始建國營都日, 必擇國之
> 차유석자우하상주삼대지성왕 기시건국영도일 필택국지
> 正壇, 置以爲宗廟, 必擇木之脩茂者, 立以爲菆位. …… 故古
> 정단 치이위종묘 필택목지수무자 입이위추위 고고
> 聖王治天下也, 故必先鬼神而後人者, 此也. (「明鬼(명귀)」 下)
> 성왕치천하야 고필선귀신이후인자 차야

그 위에 묵자는 귀신의 존재를 증명하기 위하여 여러 사람들이 보고

들은 것까지도 동원하고 있다.

주나라 선왕(宣王)이 그의 신하 두백(杜伯)을 아무런 죄도 없이 죽이려 하였다. 그때 두백이 말하였다. "임금께서 저를 아무 죄 없이 죽이려 하시는데, 만약 죽은 사람이 아무것도 모른다면 곧 그만이겠지만, 만약 죽은 뒤에도 지각이 있다면 3년을 넘기지 않고 반드시 우리 임금으로 하여금 이 일을 아시도록 해드리겠습니다!" 그 뒤 3년 되는 때에 주나라 선왕이 제후들을 모아 함께 포전(圃田)에 나가 사냥을 하게 되었다. 수레 수백 승(乘)과 따르는 사람들 수천 명이 들판에 가득 찼다. 한낮이 되자 두백이 흰 말이 끄는 흰 수레를 타고 붉은 옷과 관을 착용하고서 붉은 활에 붉은 화살을 메어 잡고는, 주나라 선왕을 뒤쫓아가 수레 위에서 그를 쏘아 심장을 맞추어 척추를 부러뜨리어 수레 가운데에서 활집 위에 엎어져 죽게 하였다. 이때에 주나라 사람으로서 따라갔던 사람들은 모두가 이것을 보았고, 멀리 있던 사람들도 이 일을 듣지 못한 사람이 없었으며, 주나라 『춘추(春秋)』에도 기록되어 있는 일이다.

周宣王殺其臣杜伯而不辜. 杜伯曰；吾君殺我而不辜, 若以
주선왕살기신두백이불고 두백왈 오군살아이불고 약이

死者爲無知, 則止矣, 若死而有知, 不出三年, 必使吾君知之.
사자위무지 즉지의 약사이유지 불출삼년 필사오군지지

其後三年, 周宣王合諸侯, 而田於圃田. 車數百乘, 從數千人,
기후삼년 주선왕합제후 이전어포전 거수백승 종수천인

滿野. 日中, 杜伯乘白馬素車, 朱衣冠, 執朱弓, 挾朱矢, 追周
만야 일중 두백승백마소거 주의관 집주궁 협주시 추주

宣王, 射之車上, 中心折脊, 殪車中, 伏弢而死. 當是之時, 周
선왕 사지거상 중심절척 에거중 복도이사 당시지시 주

人從者莫不見, 遠者莫不聞, 著在周之春秋. (「明鬼(명귀)」 下)
인종자막불견 원자막불문 저재주지춘추

『묵자』 명귀 하편을 보면 이 얘기에 이어 정(鄭, 秦의 잘못)나라 목공(穆公)이 많은 덕을 쌓았다 하여 구망(句芒)이란 귀신이 하나님의 명을 받고 나타나 19년의 수명을 더 보태어 준 뒤에 그의 나라와 자손들을 번성케 해주는 얘기와, 연(燕)나라 간공(簡公)이 장자의(莊子儀)라는 신하를 죄 없이 죽였는데, 뒤에 여러 사람들이 보는 앞에 장자의의 귀신이 나타나 연나라 간공을 죽이는 얘기, 송(宋)나라 문군(文君) 때 축관(祝官)인 관고(觀辜)가 제례(祭禮)에 어긋나는 제사를 지내자 여신(厲神)이 주자(祩子) 몸에 내려와 관고를 제단 위에서 때려 죽였다는 얘기, 제(齊)나라 장공(莊公) 때 중리요(中里徼)라는 신하가 어떤 사람을 상대로 3년이나 억지로 소송을 벌이자 조신(祧神)이 마침내 나타나 그를 죽여버렸다는 얘기를 인용하고 있다.

이처럼 귀신은 분명히 존재하는 것이기 때문에 옛날의 성왕들처럼 '하나님' 과 함께 '귀신' 도 섬기고 받들어야 한다고 믿었다. 묵자는 또 이렇게 주장하고 있다.

> 그러므로 옛날 삼대(三代)의 성왕이신 우(禹)임금 · 탕(湯)임금 · 문왕(文王)과 무왕(武王)은 하나님이 천자에게 정치를 하게 한다는 것을 천하의 백성들에게 분명히 설명하고자 하였기 때문에, 누구나 소와 양을 치고 개와 돼지를 기르고 깨끗이 젯밥과 술과 단술을 마련하여 하나님과 귀신에게 제사지내어 하늘에 복을 빌도록 하였던 것이다.

> 故昔三代聖王, 禹湯文武, 欲以天之爲政於天子, 明說天下
> 고석삼대성왕 우탕문무 욕이천지위정어천자 명설천하
> 之百姓, 故莫不犓牛羊, 豢犬彘, 潔爲粢盛酒醴, 以祭祀上帝
> 지백성 고막불추우양 환견체 결위자성주례 이제사상제
> 鬼神, 而求祈福於天. (「天志(천지)」 中)
> 귀신 이구기복어천

그러므로 옛날 삼대의 성왕인 요임금 · 순임금 · 우임금 · 탕임금 · 문왕과 무왕이 천하를 아울러 사랑하실 적에는 모든 사람들을 이롭게 해주고 백성들의 뜻을 올바르게 이끌어, 그들과 아울러 하나님과 산천의 귀신들을 공경하였다.

故昔也三代之聖王, 堯舜禹湯文武之兼愛之天下也, 從而利之, 移其百姓之意焉, 率以敬上帝山川鬼神. (「天志(천지)」 下)
고석야삼대지성왕 요순우탕문무지겸애지천하야 종이리지 이기백성지의언 솔이경상제산천귀신

이처럼 귀신은 묵자에게 있어 하나님과 함께 신앙의 대상이 되었던 것이다.

(3) '귀'의 지위와 권능

그러면 이처럼 옛날 성왕들도 공경하였고 따라서 지금의 우리도 공경하여야만 할 '귀신'이란 도대체 어떤 성격의 것인가?
『묵자』에서

위로는 하늘을 이롭게 하고 가운데로는 귀신을 이롭게 하며 아래로는 사람들을 이롭게 한다.

上利乎天, 中利乎鬼, 下利乎人. (「天志(천지)」 中)
상리호천 중리호귀 하리호인

라고 하였으니, '귀신'은 하늘과 사람의 중간 지위임에 틀림없다. 그러면 '하나님'과 '귀신'의 관계는 어떻게 되는가? 「명귀」 하편을 보면 정(鄭, 秦의 잘못) 목공(穆公)에게 구망(句芒)이란 귀신이 나타나 이런 말을

하고 있다.

두려워하지 마십시오. 하나님께서는 당신의 밝은 덕을 가상히 여기시어 나로 하여금 당신에게 19년의 수를 더 내려주게 하시고, 당신의 국가를 번창케 하고 자손들을 번성케 하여 정나라를 잃는 일이 없게 하도록 하셨습니다.

無懼. 帝享女明德, 使予錫女壽十年有九, 使若國家蕃昌, 子孫茂, 毋失鄭.
무구 제향여명덕 사여석여수십년유구 사약국가번창 자손무 무실정

곧 구망이라는 귀신은 스스로 '하나님'의 부림을 받고 있는 존재임을 선언하고 있는 것이다.

귀신의 역할은 착하고 올바른 사람에게는 상을 주고 악하고 비뚤어진 사람에게는 벌을 주는 것이다. 그래서 묵자는 거듭 이렇게 말하고 있다.

본시 옛 성왕들은 반드시 귀신이 현명한 사람에게는 상을 주고 포악한 자에게는 벌을 준다고 생각했었다. 그러므로 상은 반드시 종묘에서 내리고, 처형은 반드시 사(社)에서 하였던 것이다.

故古聖王必以鬼神爲賞賢而罰暴, 是故賞必於祖, 而僇必於社. (「明鬼(명귀)」 下)
고고성왕필이귀신위상현이벌폭 시고상필어조 이륙필어사

귀신이 상을 줌에 있어서는 작은 사람에게도 빠뜨리지 않고 반드시 상을 주며, 귀신이 벌을 내림에 있어서는 큰 나라도 가리지 않고

반드시 벌을 내린다.

鬼神之所賞, 無小必賞之 ; 鬼神之所罰, 無大必罰之.
귀 신 지 소 상 무 소 필 상 지 귀 신 지 소 벌 무 대 필 벌 지

(「明鬼(명귀)」 下)

묵자는 하늘의 뜻을 어기는 자들을 가리어 그들에게 벌을 주고, 하늘의 뜻을 따르는 사람을 가리어 그들에게 복을 내리는 역할을 담당한 것이 귀신이라 믿었던 것이다.

따라서 귀신은 가장 능력있는 사람보다도 훨씬 빼어난 초월적인 존재이다. 묵자는 「경주(耕柱)」편에서 귀신의 능력에 대하여 이렇게 설명하고 있다.

귀신이 성인보다도 밝은 지혜를 지닌 것은 마치 또렷한 귀와 밝은 눈을 지닌 사람을 귀머거리와 장님에게 견주는 것이나 같다.

鬼神之明智於聖人, 猶聰耳明目之與聾瞽也.
귀 신 지 명 지 어 성 인 유 총 이 명 목 지 여 롱 고 야

따라서 귀신은 사람의 일에 대하여 보지 못하는 게 없고 알지 못하는 게 없다.

그러므로 귀신의 밝음은 어두운 곳이나 넓은 택지(澤地) 또는 산림이나 깊은 계곡으로도 방해할 수가 없다. 귀신의 밝음은 반드시 그것을 안다. 귀신의 벌은 부귀와 많은 사람, 강한 힘과 큰 용기와 무술과 튼튼한 갑옷이나 날카로운 무기로도 어찌하는 수가 없다. 귀신의 벌은 반드시 이들을 이겨낸다.

故鬼神之明, 不可爲幽閒廣澤, 小林深谷. 鬼神之明, 必知
고귀신지명 불가위유간광택 소림심곡 귀신지명 필지

之. 鬼神之罰, 不可爲富貴衆强, 勇力强武, 堅甲利兵. 鬼神
지 귀신지벌 불가위부귀중강 용력강무 견갑리병 귀신

之罰, 必勝之. (「明鬼(명귀)」 下)
지벌 필승지

그리고 묵자는 이러한 귀신의 존재를 '하늘'에 대한 신앙과 묶어서 사람들을 올바로 이끌고 이 세상을 평화롭게 다스리는 기반으로 삼고 있다. 그는 「명귀」 하편의 첫머리에서 이렇게 말하고 있다.

옛날 하나라 · 상나라 · 주나라 삼대의 성왕들이 돌아가신 뒤로는, 천하가 의로움을 잃고 제후들은 힘으로 정치를 하게 되었다. 그리하여 임금과 신하와 윗사람 아랫사람들이 은혜롭고 충성되지 않은 자가 있게 되었으며, 아버지와 자식과 형과 아우들이 자애롭고 효성스럽지 않고 우애 있고 공경스럽고 바르고 훌륭하지 않은 자가 있게 되었고, 우두머리의 사람들은 정사를 처리하는 데 힘쓰지 않고 천한 사람들은 종사하는 일에 힘쓰지 않게 되었다. 백성들이 난폭하고 반란을 일삼고 도적질을 하며, 무기와 독약과 물과 불로써 한길이나 골목길에서 죄 없는 사람들을 가로막고 그들의 수레와 말과 옷가지를 약탈하여 자기의 이익을 추구하는 자들이 한꺼번에 생겨난 것은 이로부터 비롯된다. 그리하여 천하가 어지러워진 것이다.

그렇게 된 까닭은 무엇 때문이겠는가? 곧 모두가 귀신이 있고 없는 분별에 의혹을 지니어, 귀신이 현명한 사람에게는 상을 주고 포악한 자에게는 벌을 내린다는 것을 분명히 알지 못하였기 때문이다. 지금 만약 천하의 사람들로 하여금 귀신이 현명한 사람들에게는 상을 주고 포악한 자에게는 벌을 내린다는 것을 믿게 한다면 천하가 어찌 어지러워지겠는가?

子墨子言曰；逮至昔三代聖王旣沒，天下失義，諸侯力正.
자묵자언왈 체지석삼대성왕기몰 천하실의 제후력정
是以存夫爲人君臣上下者之不惠忠也，父子兄弟之不玆孝弟
시이존부위인군신상하자지불혜충야 부자형제지불자효제
長貞良也，正長之不强於聽治，賤人之不强於從事也．民之爲
장정량야 정장지불강어청치 천인지불강어종사야 민지위
淫暴寇亂盜賊，以兵刃毒藥水火，退無罪人乎道路率徑，奪人
음폭구란도적 이병인독약수화 퇴무죄인호도로솔경 탈인
車馬衣裘以自利者，並作，由此始．是以天下亂．此其故何以
거마의구이자리자 병작 유차시 시이천하란 차기고하이
然也？則皆疑惑鬼神之有與無之別，不明乎鬼神之能賞賢而罰
연야 즉개의혹귀신지유여무지별 불명호귀신지능상현이벌
暴也．今若使天下之人，偕若信鬼其之能賞賢而罰暴也，則夫
폭야 금약사천하지인 해약신귀기지능상현이벌폭야 즉부
天下豈亂哉？
천하기란재

묵자는 천하의 혼란도 실은 귀신의 존재를 의심하고 사람들에게 상벌을 주는 그 권능을 알지 못하는 것으로 말미암는 것이라 믿었던 것이다. 묵자는 「명귀」 하편에서 이에 대하여 다음과 같이 설명을 부연하고 있다.

그러니 관리들 중 관청 일을 처리하는 데 깨끗하지 아니한 자들과 남녀 중에 분별이 없는 자들이 있는데, 귀신은 그들을 보고 있는 것이다. 백성들 중의 난폭하고 어지러운 짓을 일삼고 도둑질을 하며, 무기와 독약과 물과 불로써 길에서 죄 없는 사람들을 가로막고 그들의 수레와 말과 옷가지를 약탈하여 자기의 이익을 추구하는 자가 있다면 귀신이 있어 그것을 보게 되는 것이다. 그 때문에 관리들이 관청 일을 처리하는 데 있어서는 깨끗하지 않을 수가 없고 착한 일을 하는 것을 보면 상을 주지 않을 수가 없고 포악한 짓을 하는 것을 보면 죄를 벌하지 않을 수가 없게 된다. 백성들 중에 난폭하고 어지러운 짓을 일삼고 도둑질을 하며, 무기와 독약과 물과 불로써 길에서 죄 없는 사람들을 가로막고 그들의 수레와 말과 옷가지를 약탈하여 자기의 이익을 추구하는 자들도 이로 말미암아 없어지게 된다.

是以吏治官府之不絜廉, 男女之爲無別者, 鬼神見之. 民之
시이리치관부지불결염 남녀지위무별자 귀신견지 민지
爲淫暴寇亂盜賊, 以兵刃毒藥水火, 退無罪人乎道路, 奪人車
위음폭구란도적 이병인독약수화 퇴무죄인호도로 탈인거
馬衣裘以自利者, 有鬼神見之. 是以吏治官府, 不敢不絜廉,
마의구이자리자 유귀신견지 시이리치관부 불감불결렴
見善不敢不賞, 見暴不敢不罪. 民之爲淫暴寇亂盜賊, 以兵刃
견선불감불상 견폭불감불죄 민지위음폭구란도적 이병인
毒藥水火, 退無罪人乎道路, 奪車馬衣裘以自利者, 由此止.
독약수화 퇴무죄인호도로 탈거마의구이자리자 유차지

따라서 묵자는 이 귀신을 바탕으로 사람들에게 올바른 윤리의 실천을 요구하였던 것이다. 「노문(魯問)」편을 보면 묵자가 조공자(曹公子)에게 이런 말을 하고 있다.

귀신이 사람들에게 바라는 것은 많다. 사람이 높은 지위에 오르게 되면 곧 현명한 사람에게 양보할 것을 요구한다. 재산이 많게 되면 곧 그것을 가난한 사람들에게 나누어 줄 것을 바란다.

夫鬼神之所欲於人者多. 欲人之處高爵祿, 則以讓賢也. 多
부귀신지소욕어인자다 욕인지처고작록 즉이양현야 다
財, 則以分貧也.
재 즉이분빈야

그래서 묵자는 앞에서 애기한 것처럼 옛 성왕들의 일까지 인용하면서 '하늘'과 함께 '귀신'을 믿고 공경히 제사를 지낼 것을 강조하고 있는 것이다. 그리고 「명귀」 하편을 다음과 같은 말로 끝맺고 있다.

> 지금 천하의 임금과 대신들과 관리와 군자들이 진실로 천하의 이익을 도모하고 천하의 해를 없애려 한다면, 마땅히 귀신이 있다는 것을 존중히 여기며 밝히지 않아서는 안될 것이니, 이것이 성왕의 도인 것이다.
>
> 今天下之王公大人士君子, 中實將欲求興天下之利, 除天下
> 금천하지왕공대인사군자　중실장욕구흥천하지리　제천하
> 之害, 當若鬼神之有也, 將不可不尊明也, 聖王之道也.
> 지해　당약귀신지유야　장불가부존명야　성왕지도야

4) 비명론(非命論)

(1) 유가와 도가의 운명론

묵자의 또 다른 종교적 특징의 하나는 당시에 상당히 뿌리깊게 믿어지고 있던 운명론(運命論) 또는 숙명론(宿命論)을 반대한 것이다. 묵자 스스로 그 당시에는 운명이 있다고 믿는 사람들이 많았음을 인정하고 있다.

> 운명이 있다고 주장하는 자들이 민간에 섞여 있는 경우가 많다.
>
> 執有命者, 以雜於民間者衆. (「非命(비명)」 上)
> 집유명자　이잡어민간자중

당시의 가장 두드러진 학파였던 유가(儒家)와 도가(道家) 모두가 숙명(宿命)을 중시하는 경향이었다. 『논어(論語)』만 보더라도 「안연(顏淵)」편에서는 공자의 제자 자하(子夏)가 이렇게 말하고 있다.

죽고 사는 것은 운명에 달렸고, 부자가 되고 출세하는 것은 하늘에 달려 있다.

死生有命, 富貴在天.
사 생 유 명 부 귀 재 천

그리고 공자 스스로도 다음과 같이 사람이 살아가는 데에는 운명이 있음을 수긍하고 있다.

올바른 도가 행해지게 되는 것도 운명이요, 올바른 도가 무너지게 되는 것도 운명이다. 공백료[10]가 운명을 어찌하겠느냐?

道之將行也與, 命也, 道之將廢也與, 命也. 公伯寮其如命何? (「憲問(헌문)」)
도 지 장 행 야 여 명 야 도 지 장 폐 야 여 명 야 공 백 료 기 여 명 하

운명을 알지 못하면 군자가 될 수 없다.

不知命, 無以爲君子也. (「堯曰(요왈)」)
불 지 명 무 이 위 군 자 야

10 公伯寮가 孔子의 제자인 子路를 勢道家인 季孫氏에게 모함하였다. 子服景伯이 孔子를 찾아와 公伯寮를 응징하고자 했을 때 孔子가 한 대답이다.

『장자(莊子)』를 보아도 대종사(大宗師)편에서 다음과 같이 운명론을 펴고 있다.

> 죽음과 삶은 운명이다. 밤과 낮이 일정하게 있도록 하는 것은 하늘이다.
>
> 死生, 命也. 其有夜旦之常, 天也.
> 사 생 명 야 기 유 야 단 지 상 천 야

장자는 이어서 자상(子桑)이란 사람으로 하여금 자신을 그토록 궁하게 살도록 만든 것은 부모도 아니요, 하늘과 땅도 아니요, 오직 운명일 수밖에 없다고 결론을 내리게 하고 있다. 또 『열자(列子)』 역명(力命)편에서는 능력(또는 노력)과 운명이 토론을 벌이는데, 운명이 옛날 팽조(彭祖)는 지혜가 요(堯)임금이나 순(舜)임금만 못했는데도 8백 세나 살았고, 안연(顔淵)은 남보다 재능과 학문이 뛰어났는데도 일찍 죽었으며, 공자의 덕은 제후들보다 뛰어났는데도 여러 번 곤경을 치러야만 하였고, 은(殷)나라 주(紂)는 그보다 훌륭한 형제들이 많았는데 그가 임금이 되어 폭군 노릇을 하였다는 등의 예를 들며, 사람의 일생은 그의 능력이나 노력과는 상관 없이 운명에 의하여 정해지는 것임을 강조하고 있다.

(2) 묵자의 비명론(非命論)

묵자가 이처럼 유가와 도가가 모두 믿고 받들던 운명론을 반대하고 나선 것은, 그것이 그가 지지하던 서민들의 입장에 어긋나는 것이기 때문이다. 첫째, 운명론을 믿는다면 고대 봉건(封建) 계급사회에 있어서 서민들은 지배자들의 어떠한 횡포에도 불평없이 순종하는 수밖에 없게 된다. 둘째, 운명론을 믿는다면 모든 사람들이 적극적으로 자기의 능력을 개발하여 자신을 발전시키려 들지 않게 된다. 셋째, 운명론을 믿는다면 '하늘'과 '귀신'에 대한 믿음을 바탕으로 한 자신이 믿는 정의를 실천하고 '겸애'를 널리 행하게 함으로써 사회를 개혁할 수가 없게 된다. 그래서 묵자는 운명의 존재를 부정하는 것이다.

> 운명이란 것은 포악한 임금이 지어낸 것이고 궁지에 몰린 사람들이 떠받드는 것이지 어진 사람이 말하는 것은 아닌 것이다.
>
> 命者, 暴王所作, 窮人所術, 非仁者之言也. (「非命(비명)」下)
> 명자 폭왕소작 궁인소술 비인자지언야

따라서 그는 운명이 있다고 주장하는 사람들은 어질지 못한 자들이라고 거듭 비난하고 있다.

> 운명이 있다고 주장하는 사람들은 말하기를, 운명이 부해지게 되어 있으면 부해지고, 운명이 가난해지게 되어 있으면 가난해지며, 운명이 사람들이 많아지게 되어 있으면 사람이 많아지고, 운명이 사람들이 적어지게 되어 있으면 사람이 적어지며, 운명이 다스려지게 되어 있으면 다스려지고, 운명이 어지러워지게 되어 있으면 어지러워지며, 운명이 오래 살게 되어 있으면 오래 살고, 운명이 일찍 죽게 되어 있으면 일찍 죽는다. 운명은 비록 강한 힘이 있다한들 어찌할 수 있겠는가? 이런 말로써 위로는 임금과 장관들을 설복시키고 아래로는 백성들이 일에 종사하는 것을 방해하는 것이다. 그러므로 운명이 있다고 주장하는 자들이란 어질지 못한 것이다.
>
> 執有命者之言曰 ; 命富則富, 命貧則貧, 命衆則衆, 命寡則
> 집유명자지언왈 명부즉부 명빈즉빈 명중즉중 명과즉

寡, 命治則治, 命亂則亂, 命壽則壽, 命夭則夭. 命雖强勁何益
과 명치즉치 명란즉란 명수즉수 명요즉요 명수강경하익

哉? 以上說王公大人, 下以阻百姓之從事. 故執有命者不仁.
재 이상설왕공대인 하이조백성지종사 고집유명자불인

(「非命(비명)」 上)

라고 운명론자들이 어질지 못하다고 한 이유를 설명하고 있다.

묵자는 또 말하고 있다.

지금 운명이 있다고 주장하는 자들의 말을 따른다는 것은 바로 천하의 의로움을 뒤엎는 것이 된다. 천하의 의로움을 뒤엎는 자들이 바로 운명을 내세우는 자들이며 백성들의 걱정을 만드는 자들이다. 백성들의 걱정을 좋아하는 자들이란 바로 천하의 사람들을 멸망시키는 자들인 것이다.

今用執有命者之言, 是覆天下之義. 覆天下之義者, 是立命
금용집유명자지언 시복천하지의 복천하지의자 시립명

者也, 百姓之誶也. 說百姓之誶者, 是滅天下之人也.
자야 백성지수야 열백성지수자 시멸천하지인야

(「非命(비명)」 上)

운명론은 기본적으로 천하의 의로움을 뒤엎는 것이기 때문에 그 폐해는 여러 가지로 미치게 된다. 묵자는 그 폐해를 여러 각도에서 역설하고 있다.

운명이 있다고 주장하는 자들은 말하기를, 임금에게서 상을 받게 되는 것은 운명이 본시 상을 받게 되어 있기 때문이지 현명하기 때문에 상을 받는 것은 아니며, 임금에게 벌을 받는 것은 운명이 본시 벌을 받게 되어 있기 때문이지 난폭하기 때문에 벌을 받는 것이 아니라고 한다. 이 때문에 들어와서는 부모와 친척들에게 자애롭게 굴거나 효도를 행하지 않게 되고, 나아가서는 마을 사람들에게 우애 있게 행동하거나 공경스럽게 행동하지 않게 된다. 몸가짐에 법도가 없고 행동에 절도가 없으며 남녀도 분별치 못하게 된다. 그 때문에 관청 일을 맡게 되면 도적질을 하고, 성을 지키게 되면 무너져 버리게 되고, 임금에게 어려움이 닥쳐도 목숨을 바치지 않고, 임금이 국외로 망명하게 되어도 전송하지도 않는다. 이것은 임금으로서는 벌을 주어야 할 자들이요, 백성들로서는 비난을 해야 할 자들인 것이다.

執有命者之言曰；上之所賞，命固且賞，非賢故賞也．上之
집유명자지언왈　상지소상　명고차상　비현고상야　상지
所罰，命固且罰，不暴故罰也．是故入則不慈孝於親戚，出則
소벌　명고차벌　불폭고벌야　시고입즉불자효어친척　출즉
不弟長於鄕里．坐處不度，出入無節，男女無辨．是故治官府
불제장어향리　좌처부도　출입무절　남녀무변　시고치관부
則盜竊，守城則崩叛，君有難則不死，出亡則不送．此上之所
즉도절　수성즉붕반　군유난즉불사　출망즉불송　차상지소
罰，百姓之所非毁也．(「非命(비명)」上)
벌　백성지소비훼야

운명이 있다고 주장하는 자들은 말하기를, 임금에게 벌을 받게 되는 것은 운명이 본시 벌을 받게 되어 있기 때문이지 난폭하기 때문에 벌을 받게 되는 것은 아니며, 임금에게 상을 받게 되는 것은 운명이 본시 상을 받게 되어 있기 때문이지 현명하기 때문에 상을 받게 되는 것은 아니라고 말한다. 그럼으로써 임금이 되면 의롭지 않게 되고, 신하가 되면 충성스럽지 않게 되며, 아버지가 되면 자애롭지 않게 되고, 아들이 되면 효성스럽지 않게 되며, 형이 되면 어질지 않게 되고, 아우가 되면 윗사람을 공경하지 않게 된다. 그런데도 굳이 이것을 주장하는 것은 바로 흉악한 이론이 생겨나는 원인이 되고, 포악한 사람의 도가 되는 것이다.

執有命者言曰；上之所罰，命固且罰，不暴故罰也．上之所
집 유 명 자 언 왈 상 지 소 벌 명 고 차 벌 불 폭 고 벌 야 상 지 소
賞，命固且賞，非賢故賞也．以此爲君則不義，爲臣則不忠，
상 명 고 차 상 비 현 고 상 야 이 차 위 군 즉 불 의 위 신 즉 불 충
爲父則不慈，爲子則不孝，爲兄則不良，爲弟則不弟．而强執
위 부 즉 불 자 위 자 즉 불 효 위 형 즉 불 량 위 제 즉 불 제 이 강 집
此者，此特凶言之所自生，而暴人之道也．(「非命(비명)」上)
차 자 차 특 흉 언 지 소 자 생 이 폭 인 지 도 야

특히 「공맹(公孟)」편을 보면 묵자는 정자(程子)에게

유가의 도로서 천하를 망치기에 충분한 것으로 네 가지가 있다.

儒之道，足以喪天下者，四政焉．
유 지 도 족 이 상 천 하 자 사 정 언

라고 하면서, 하나님과 귀신을 믿지 않는 것, 지나친 상례(喪禮), 가무(歌舞)와 음악을 좋아하는 것 세 가지를 든 다음 끝으로 다음과 같이 그들의 운명론을 공격하고 있다.

또 운명이 있다고 주장하며 가난하고 부한 것과 오래 살고 일찍 죽는 것과 다스려지는 것과 어지러운 것 및 편안하고 위태로운 것은 정해진 것이 있어서 덜거나 더 보탤 수가 없는 것이라 한다. 윗자리에 있는 사람이 이를 믿고 행동하면 반드시 잘 다스려지지 않을 것이며, 아랫사람들이 이를 믿고 행동하면 반드시 하는 일에 힘

쓰지 않게 될 것이다. 그러니 천하를 망치기에 충분한 것이다.

又以命爲有, 貧富壽夭, 治亂安危, 有極矣, 不可損益也. 爲
우 이 명 위 유 빈 부 수 요 치 란 안 위 유 극 의 불 가 손 익 야 위
上者行之, 必不聽治矣, 爲下者行之, 必不從事矣. 此足以喪
상 자 행 지 필 불 청 치 의 위 하 자 행 지 필 부 종 사 의 차 족 이 상
天下.
천 하

그리고 「비유(非儒)」편에서도 유가의 운명론을 신랄하게 비평하고 있다.

또 억지로 운명이 있다는 이론을 주장하며 말하기를, 오래 살고 일찍 죽는 것과 가난하고 부한 것과 편안하고 위태로운 것 및 다스려지고 혼란한 것은 본시 하늘의 운명이 있는 것이어서 덜거나 더 보탤 수가 없는 것이며, 궁하여지고 출세하고 상을 받거나 벌을 받는 것 및 행복하고 불행한 것은 정해진 것이어서, 사람의 지혜나 힘으로는 어찌할 수가 없는 것이라 한다. 여러 관리들이 이 말을 믿게 되면 자기의 직책에 태만하게 되고, 서민들이 이 말을 믿게 되면 자기 일에 태만하게 될 것이다. 관리들이 일을 처리하지 않으면 혼란해지고, 농사를 허술히 하게 되면 가난해진다. 가난하고 혼란해진다는 것은 정치의 근본에 위배되는 것인데, 유가에서는 올바른 도라 여기고 가르치고 있으니 이것은 천하 사람들을 해치는 짓인 것이다.

有强執有命以說議曰 ; 壽夭貧富, 安危治亂, 固有天命, 不可
유 강 집 유 명 이 설 의 왈 수 요 빈 부 안 위 치 란 고 유 천 명 불 가
損益, 窮達賞罰, 幸否有極, 人之知力, 不能爲焉. 羣吏信之,
손 익 궁 달 상 벌 행 부 유 극 인 지 지 력 불 능 위 언 군 리 신 지
則怠於分職, 庶人信之, 則怠於從事. 吏不治則亂, 農事緩則
즉 태 어 분 직 서 인 신 지 즉 태 어 종 사 이 불 치 즉 란 농 사 완 즉

貧. 貧且亂, 倍政之本, 而儒者以爲道敎, 是賊天下之人者也.
빈 빈차란 배정지본 이유자이위도교 시적천하지인자야

대체로 묵자의 비명론(非命論)은 공자의 유가를 의식한 이론이었음을 알 수 있다.

(3) '비명'의 근거

『묵자』의 「비명」 상편을 보면 묵자는 운명을 부정하기 위하여 이른바 '삼표법(三表法)'(「비명」 중 · 하편에서는 '三法'이라 부르고 있음)을 동원하고 있다.

그러므로 운명이 있다고 주장하는 자들의 말에 대하여 분명히 분별을 지어주지 않으면 안될 것이다. 그러면 이러한 이론에 대하여 분명히 판단을 내리자면 어떻게 해야만 하겠는가? 묵자는 반드시 기준을 세워야 한다고 하였다. 말을 하면서도 기준이 없다면 마치 돌림대 위에 서서 동서를 가늠하려는 거나 같은 짓이 된다. 그것이 옳은지 그른지 또는 이로운지 해로운지 분별을 분명히 할 수가 없을 것이다. 그러므로 반드시 '세 가지 기준'이 있어야 한다고 하는 것이다. 무엇을 '세 가지 기준'이라 하는가? 묵자가 말하였다.

"근본이 있어야 하고, 근원이 있어야 하고, 쓰임이 있어야 한다." 어디에 근본을 두어야 하는가? 위로 옛 성왕들의 일에 근본을 두어야 한다. 어디에 근원을 두어야 하는가? 아래로 백성들이 귀로 듣고 눈으로 본 사실에 근원을 두어야 한다. 어디에서 쓰임을 찾아야 하는가? 그것을 써서 법과 정치를 다스리고 나라와 백성과 사람들의 이익에 부합하는데서 찾아야 하는 것이다. 이것이 이른바 '세 가지 기준'이 있다고 하는 것이다.

故當執有命者之言, 不可不明辨. 然則明辨此之說, 將奈何
고당집유명자지언 불가불명변 연즉명변차지설 장내하
哉? 子墨子言曰; 必立儀. 言而毋儀, 譬猶運鈞之上, 而立朝
재 자묵자언왈 필립의 언이무의 비유운균지상 이립조
夕者也. 是非利害之辨, 不可得而明知也. 故言必有三表. 何
석자야 시비리해지변 불가득이명지야 고언필유삼표 하
謂三表? 墨子言曰; 有本之者, 有原之者, 有用之者. 於何本
위삼표 묵자언왈 유본지자 유원지자 유용지자 어하본
之? 上本之於古者聖王之事. 於何原之? 下原察百姓耳目之
지 상본지어고자성왕지사 어하원지 하원찰백성이목지
實. 於何用之? 廢以爲刑政, 觀其中國家百姓人民之利. 此所
실 어하용지 폐이위형정 관기중국가백성인민지리 차소
謂言有三表也. (「非命(비명)」上)
위언유삼표야

묵자는 「비명」 편의 상 · 중 · 하 삼편에서 모두 이 '삼표법'을 동원하여 운명을 부정하고 있다. 이 '삼표법'의 설명과 '삼표법'을 동원한 설명 내용이 세 편 모두 서로 약간 다르므로 여기에는 그 대표적인 보기를 한 가지만 들어보기로 한다.

첫째, 옛 성왕들의 일을 인용하여 근본을 드러냄으로써 묵자는 다음과 같이 운명론을 부정하고 있다.

그러나 지금 천하의 군자들 중에는 간혹 운명이 있다고 주장하는 이가 있다. 그러나 시험 삼아 위로 성왕들의 일을 살펴보기로 하자. 옛날 걸(桀)임금이 어지럽힌 천하를 탕(湯)임금이 물려받아 다스렸고, 주(紂)임금이 어지럽힌 천하를 무왕(武王)이 물려받아 다스렸다. 이때 세상도 바뀌지 않았고 백성들도 변하지 않았던 것인데, 걸임금과 주임금에게 맡겨져 있을 적엔 천하가 어지러웠고, 탕임금과 무왕에게 맡겨지고 나서는 곧 천하가 다스려졌던 것이다. 어찌 운명이 있다고 말할 수가 있겠는가?

然而今天下之士君子，或以命爲有．蓋尙觀於聖王之事．古
연 이 금 천 하 지 사 군 자　혹 이 명 위 유　개 상 관 어 성 왕 지 사　고
者桀之所亂，湯受而治之，紂之所亂，武王受而治之．此世未
자 걸 지 소 란　탕 수 이 치 지　주 지 소 란　무 왕 수 이 치 지　차 세 미
易，民未渝，在於桀紂則天下亂，在於湯武則天下治．豈可謂
역　민 미 유　재 어 걸 주 즉 천 하 란　재 어 탕 무 즉 천 하 치　개 가 위
有命哉？（「非命(비명)」上）
유 명 재

이 뒤로 '선왕들의 책'까지 동원하며 묵자는 운명이란 없는 것이며, 천하가 다스려지고 어지러워지는 것은 모두 다스리는 사람들의 능력과 노력 여하에 달렸던 것임을 증명하고 있다.

둘째, 백성들의 견문을 통하여 운명의 근원을 드러냄으로써 묵자는 다음과 같이 운명론을 부정하기에 온 힘을 기울이고 있다.

지금 천하의 군자들 중에는 어떤 이는 운명이 있다 하고 어떤 이는 운명이 없다고 한다. 우리가 운명이 있고 없는 것을 아는 근거가 되는 것은, 여러 사람들이 귀로 듣고 눈으로 본 사실을 통하여 그것이 있고 없음을 아는 것이다. 그것에 대하여 들은 이가 있고 그것을 본 이가 있다면 그것이 있다고 말하고, 아무도 그것에 대하여 들은 이가 없고 그것을 아무도 보지 못하였다면 그것이 없다고 말하는 것이다.

그렇다면 어찌하여 백성들의 실정을 고찰해 보지 않는가? 옛날부터 지금에 이르기까지 백성들이 생겨난 이래로 일찍이 운명이란 물건을 본 사람이 있는가? 운명의 소리를 들어 본 사람이 있는가? 그런 사람이란 없을 것이다. 만약 백성들이란 어리석고 못나서 그들이 듣고 본 실정을 근거로 하여 기준을 삼을 수가 없다면, 어찌하여 또 제후들이 전하는 말이나 퍼뜨린 말들을 상고하여 보지 않는가? 옛날부터 지금에 이르기까지 사람들이 생겨난 이래로 일찍이 운명의 소리를 들었다는 사람이 있던가? 운명의 실체를 보았다는 사람

이 있던가? 그런 사람이란 없을 것이다.

今天下之士君子, 或以命爲有, 或以命爲亡. 我所以知命之
금천하지사군자 혹이명위유 혹이명위무 아소이지명지
有與亡者, 以衆人耳目之情, 知有與亡. 有聞之, 有見之, 謂
유여무자 이중인이목지정 지유여무 유문지 유견지 위
之有. 莫之聞, 莫之見, 謂之亡.
지유 막지문 막지견 위지무

然則胡不嘗考之百姓之情? 自古以及今, 生民以來者, 亦嘗
연즉호불상고지백성지정 자고이급금 생민이래자 역상
見命之物, 聞命之聲者乎? 則未嘗有也. 若以百姓爲愚不肖,
견명지물 문명지성자호 즉미상유야 약이백성위우불초
耳目之情, 不足因而爲法, 然則胡不嘗考之諸侯之傳言流語
이목지정 부족인이위법 연즉호불상고지제후지전언류어
乎? 自古以及今, 生民以來者, 亦嘗有聞命之聲, 見命之體者
호 자고이급금 생민이래자 역상유문명지성 견명지체자
乎? 則未嘗有也. (「非命(비명)」 中)
호 즉미상유야

셋째, 법과 정치의 실정을 통하여 운명론이 어떤 작용을 하게 되는가를 보이고, 묵자는 운명론을 부정하고 있다. 묵자는 나라의 상벌이 모두 운명이라 규정한다면 관리고 백성이고 모두 정치나 생업에 힘쓰지 않게 되고 사회 윤리가 무너져 버린다고 거듭 얘기한 뒤 이렇게 결론을 내리고 있다.

지금 운명이 있다고 주장하는 사람들의 말을 따른다면, 곧 위에서는 정치를 돌보지 않고 아래에서는 일에 종사하지 않게 될 것이다. 위에서 정치를 돌보지 않으면 곧 법과 정치질서가 어지러워질 것이며, 아래에서 일에 종사하지 않으면 곧 쓸 재물이 부족하게 될 것이다. 위로는 젯밥과 술과 단술을 마련하여 하나님과 귀신께 제사지낼 물자가 없게 될 것이고, 아래로는 천하의 현명하고 훌륭한 선비들을 길러 편안하게 해줄 길이 없게 될 것이며, 밖으로는 제후들이 손님들을 대접할 물건이 없게 될 것이고, 안으로는 굶주리는 사람들을 먹이고 헐벗는 사람들에게 옷을 입혀 주며 늙은이와 약한 자들을 돕고 길러줄 물자가 없게 될 것이다. 그러므로 운명이란 위로는 하늘에게 이롭지 못하고, 가운데로는 귀신에게 이롭지 않으며, 아래로는 사람들에게 이롭지 않은 것이다. 그런데도 굳이 운명을 주장하는 자들은 특히 흉악한 말을 생겨나게 하는 근원이 되고 포악한 자들의 방편이 되는 것이다.

그러므로 묵자는 말하였다. 지금 천하의 군자들이 진실로 천하가 부유해지기를 바라고 가난해지는 것을 싫어하며 천하가 다스려지기를 바라고 그것이 어지러워지는 것을 싫어한다면, 운명이 있다고 주장하는 자들의 말을 비난하지 않을 수가 없는 것이다. 그것은 천하의 큰 해가 되는 것이다.

今用執有命者之言, 則上不聽治, 下不從事. 上不聽治則刑
금용집유명자지언 즉상불청치 하부종사 상불청치즉형
政亂, 下不從事則財用不足. 上無以供粢盛酒醴, 祭祀上帝鬼
정란 하부종사즉재용부족 상무이공자성주례 제사상제귀
神, 下無以降綏天下賢可之士, 外無以應待諸侯之賓客, 內無
신 하무이강수천하현가지사 외무이응대제후지빈객 내무
以食飢衣寒, 將養老弱. 故命上不利於天, 中不利於鬼, 下不
이사기의한 장양로약 고명상불리어천 중불리어귀 하불
利於人. 而强執此者, 此特凶言之所自生, 而暴人之道也.
리어인 이강집차자 차특흉언지소자생 이폭인지도야

是故子墨子言曰；今天下之士君子, 忠實欲天下之富, 而惡
시고자묵자언왈 금천하지사군자 충실욕천하지부 이오
其貧, 欲天下之治, 而惡其亂, 執有命者之言, 不可不非, 此
기빈 욕천하지치 이오기란 집유명자지언 불가불비 차
天下之大害也. (「非命(비명)」上)
천하지대해야

(4) '노력'과 '역행(力行)'의 주장

그러면 묵자는 운명을 부정하고 대신 무엇을 내세웠는가? 그는 사람이나 사회의 모든 것을 결정하는 것은 '운명'이 아니라 사람의 '노력'이라 하였다. 곧 힘써 실천하는 '역행(力行)'에 의하여 사람이나 세상의 모든 것이 결정된다는 것이다. '역행'이란 사람들이 힘써서 일을 행하는 것을 가리킨다. 직접 묵자의 주장을 읽어 보기로 하자.

> 지금 임금과 대신들이 일찍 조정에 나가 늦게 퇴근하면서 소송 일을 처리하고 정치에 관한 일을 처리하며 아침 일찍부터 직분을 다하고 감히 게을리하지 않는 것은 어째서인가? 그것은 그들이 부지런하면 반드시 잘 다스려지고 부지런하지 않으면 반드시 어지러워지며, 부지런하면 반드시 편안하게 되고 부지런하지 않으면 반드시 위태로워진다고 생각하고 있기 때문이다. 그래서 감히 게을리하지 못하는 것이다.
>
> 지금 높은 관리들이 팔다리의 힘을 다하고 그의 생각하는 지혜를 다하여 안으로는 관청 일을 처리하고 밖으로는 시장의 세금과 산이나 숲과 호수와 다리 등의 이익을 거둬들이어 관청의 창고를 충실케 하면서 감히 게을리하지 않는 까닭은 무엇이겠는가? 그것은 그들이 부지런하면 반드시 귀해지고 부지런하지 않으면 반드시 천해지며, 부지런하면 반드시 영화롭게 되고 부지런하지 않으면 반드시 욕되게 된다고 생각하고 있기 때문에 감히 게을리하지 못하는 것이다.
>
> 지금 농부들이 아침 일찍 나갔다가 저녁 늦게 들어오면서 부지런히 밭 갈고 곡식 심고 씨 뿌리고 가꾸어 콩과 조를 많이 거둬들이려 하며 감히 게을리하지 않는 까닭은 무엇이겠는가? 그것은 그들이 부지런하면 반드시 부해지지만 부지런하지 않으면 반드시 가난해

지고, 부지런하면 반드시 배불리 먹고 살지만 부지런하지 않으면 반드시 굶주리게 된다고 여기고 있기 때문에 감히 게을리하지 않는 것이다.

지금 부인들이 새벽 일찍 일어나고 밤 늦게 잠자면서 부지런히 실 뽑고 길쌈하고 많은 삼베 실과 칡 실을 마련하여 천을 짜내며 감히 게을리하지 아니하는 까닭은 무엇이겠는가? 그것은 그들이 부지런하면 반드시 부해지지만 부지런하지 못하면 반드시 가난해지고, 부지런하면 반드시 따뜻하게 지내게 되지만 부지런하지 못하면 반드시 헐벗게 된다고 여기기 때문에 감히 게을리하지 못하는 것이다.

지금 임금이나 장관 자리에 있는 사람들이 만약 운명이 있다고 믿고서 행동하게 된다면 반드시 소송 일을 처리하고 정치에 관한 일을 하는 데 게을리하게 될 것이다. 고관들은 반드시 관청 일을 처리하는 일을 게을리하게 될 것이다. 농부들은 반드시 밭 갈고 씨 뿌리고 심고 가꾸는 일을 게을리하게 될 것이다. 부인들은 반드시 실 뽑고 길쌈하는 일을 게을리하게 될 것이다.

임금과 장군들이 소송 일을 처리하고 정치에 관한 일을 하는 데 게을리하게 되고, 고관들이 관청 일을 처리하는 일을 게을리하게 된다면 곧 우리는 천하가 반드시 어지러워진다고 생각할 것이다. 농부들이 밭 갈고 씨 뿌리고 심고 가꾸는 일을 게을리하게 되고, 부인들이 실 뽑고 길쌈하는 일을 게을리하게 된다면 곧 우리는 천하의 입고 먹을 재물이 반드시 부족하게 될 거라고 생각할 것이다.

만약 그렇게 천하의 정치를 해나간다면, 위로 하늘과 귀신을 섬긴다 해도 하늘과 귀신이 따르지 않을 것이며, 아래로 백성들을 부양한다 하더라도 백성들에게 이롭지 못하여 반드시 흩어져서 그들을 이용할 수가 없게 될 것이다. 그래서 들어와 나라를 지킨다 해도 견고하지 못하고, 나아가 전쟁을 한다 해도 이기지 못하게 될 것이다.

그러므로 옛날 삼대의 폭군인 걸(桀)임금과 주(紂)임금 및 유왕(幽

王)과 여왕(厲王)이 그들의 국가를 잃어버리고 그들 왕실을 망쳐 버리게 된 것도 이 때문이었던 것이다.

今也王公大人之所以蚤朝晏退, 聽獄治政, 終朝均分而不敢
금 야 왕 공 대 인 지 소 이 조 조 안 퇴 청 옥 치 정 종 조 균 분 이 불 감
怠倦者, 何也? 曰 ; 彼以爲强必治, 不强必亂 ; 强必寧, 不强
태 권 자 하 야 왈 피 이 위 강 필 치 불 강 필 란 강 필 녕 불 강
必危 ; 故不敢怠倦.
필 위 고 불 감 태 권

今也卿大夫之所以竭股肱之力, 殫其思慮之知, 內治官府,
금 야 경 대 부 지 소 이 갈 고 굉 지 력 탄 기 사 려 지 지 내 치 관 부
外斂關市山林澤梁之利, 以實官府, 而不敢怠倦者, 何也?
외 렴 관 시 산 림 택 량 지 리 이 실 관 부 이 불 감 태 권 자 하 야
曰 ; 彼以爲强必貴, 不强必賤 ; 强必榮, 不强必辱 ; 故不敢怠
왈 피 이 위 강 필 귀 불 강 필 천 강 필 영 불 강 필 욕 고 불 감 태
倦.
권

今也農夫之所以蚤出暮入, 强乎耕稼樹藝, 多聚菽粟, 而不
금 야 농 부 지 소 이 조 출 모 입 강 호 경 가 수 예 다 취 숙 속 이 불
敢怠倦者, 何也? 曰 ; 彼以爲强必富, 不强必貧 ; 强必飽, 不
감 태 권 자 하 야 왈 피 이 위 강 필 부 불 강 필 빈 강 필 포 불
强必飢 ; 故不敢怠倦.
강 필 기 고 불 감 태 권

今也婦人之所以夙興夜寐, 强乎紡績織紝, 多治麻絲葛緒,
금 야 부 인 지 소 이 숙 흥 야 매 강 호 방 적 직 임 다 치 마 사 갈 서
捆布縿, 而不敢怠倦者, 何也? 曰 ; 彼以爲强必富, 不强必
곤 포 삼 이 불 감 태 권 자 하 야 왈 피 이 위 강 필 부 불 강 필
貧 ; 强必煖, 不强必寒 ; 故不敢怠倦.
빈 강 필 난 불 강 필 한 고 불 감 태 권

今雖毋在乎王公大人, 藉若信有命而致行之, 則必怠乎聽獄
금 수 무 재 호 왕 공 대 인 자 약 신 유 명 이 치 행 지 즉 필 태 호 청 옥
治政矣, 卿大夫必怠乎治官府矣, 農夫必怠乎耕稼樹藝矣, 婦
치 정 의 경 대 부 필 태 호 치 관 부 의 농 부 필 태 호 경 가 수 예 의 부
人必怠乎紡績織紝矣.
인 필 태 호 방 적 직 임 의

王公大人怠乎聽獄治政, 卿大夫怠乎治官府, 則我以爲天下
왕 공 대 인 태 호 청 옥 치 정 경 대 부 태 호 치 관 부 즉 아 이 위 천 하

必亂矣. 農夫怠乎耕稼樹藝, 婦人怠乎紡績織紝, 則我以爲天
필란의 농부태호경가수예 부인태호방적직임 즉아이위천

下衣食之財, 將必不足矣.
하의식지재 장필부족의

若以爲政乎天下, 上以事天鬼, 天鬼不使; 下以持養百姓,
약이위정호천하 상이사천귀 천귀불사 하이지양백성

百姓不利, 必離散, 不可得用也. 是以入守則不固, 出誅則不
백성불리 필리산 불가득용야 시이입수즉불고 출주즉불

勝.
승

故雖昔者三代暴王, 桀紂幽厲之所以共抎其國家, 傾覆其社
고수석자삼대폭왕 걸주유려지소이공운기국가 경복기사

稷者, 此也. (「非命(비명)」 下)
직자 차야

이처럼 운명의 부정도 묵자의 하늘과 귀신에 대한 신앙에 결부되어, 그의 모두가 부지런히 일하고 검소하게 살아야 한다는 사상을 발전시키고, 나아가 겸애(兼愛) · 비공(非攻) · 절용(節用) · 절장(節葬) · 비악(非樂) · 비유(非儒) 등의 이론을 발전시키게 되는 것이다. 그리고 그처럼 운명을 부정하고 인간의 능력과 노력을 숭상하였기 때문에 어느 누구보다도 철저한 실천 위주의 사상가가 되었을 것이다.

2.
묵자의 교리

1) 묵자 교리의 바탕

(1) 법의(法儀)

앞에서 묵자의 '하늘에 대한 신앙'을 얘기할 때 밝힌 것처럼 그는 사람으로서 이 세상을 살아가는 데 있어서 모든 일의 법도와 기준이 되는 '법의'가 있지 않으면 안된다고 하였다. 그리고 우리에게 가장 가깝고 우리를 가장 위해 주는 부모도 법의가 될 수 없고, 스승이나 임금도 우리의 법도가 되어 줄 수 없으며, 오직 '하늘'만이 법의가 될 수 있다고도 하였다. 곧 그는 '하늘'을 법도로 삼고 '하늘의 뜻'만을 따라야 한다고 주장하였다. 따라서 그의 모든 사상 또는 묵자의 교리가 모두 '하늘'에 대한 신앙을 근거로 발전한 것일 수밖에 없는 것이다. 묵자는 「법의」편에서 이렇게 말하고 있다.

그러니 무엇으로써 다스리는 법도를 삼아야 하겠는가? 본시 하늘을 법도로 삼는 것보다 더 좋은 것은 없다고 하였다. 하늘의 움직임은 광대하면서도 사사로움이 없고, 그 베푸는 것은 후덕하면서도 은덕으로 내세우지 않으며, 그 밝음은 오래 가면서도 쇠하여지지 않는다. 그러므로 성왕들께서는 이것을 법도로 삼았던 것이다.

하늘을 법도로 삼는다면 그의 동작과 행위는 반드시 하늘을 법도로 삼을 것이다. 하늘이 바라는 것이면 행하고 하늘이 바라지 않는 것이면 그만둘 것이다. 그러면 하늘은 무엇을 바라고 무엇을 싫어하고 있는가? 하늘은 반드시 사람들이 서로 사랑하고 서로 이롭게 해주기를 바라지 사람들이 서로 미워하고 서로 해치는 것을 바라지 않는다. 무엇으로써 하늘이 사람들이 서로 사랑하고 서로 이롭게 해주기를 바라지 사람들이 서로 미워하고 서로 해치는 것을 바라지 않는다는 것을 아는가? 하늘은 모든 것을 아울러 이롭게 해주기 때문이다. 무엇으로써 하늘이 모든 것을 아울러 사랑하고 아울러 이롭게 해준다는 것을 아는가? 하늘이 모든 것을 아울러 보전하고 아울러 먹여살리고 있기 때문이다.

然則奚以爲治法可? 故曰; 莫若法天. 天之行廣而無私, 其
연즉해이위치법가 고왈 막약법천 천지행광이무사 기
施厚而不德, 其明久而不衰, 故聖王法之.
시후이부덕 기명구이불쇠 고성왕법지

既以天爲法, 動作有爲, 必度於天. 天之所欲則爲之, 天所
기이천위법 동작유위 필도어천 천지소욕즉위지 천소
不欲則止. 然而天何欲何惡者也? 天必欲人之相愛相利, 而不
불욕즉지 연이천하욕하오자야 천필욕인지상애상리 이불
欲人之相惡相賊也. 奚以知天欲人之相愛相利, 而不欲人之相
욕인지상오상적야 해이지천욕인지상애상리 이불욕인지상
惡相賊也? 以其兼而愛之, 兼而利之也. 奚以知天兼而愛之,
오상적야 이기겸이애지 겸이리지야 해이지천겸이애지
兼而利之也? 以其兼而有之, 兼而食之也.
겸이리지야 이기겸이유지 겸이사지야

곧 사람이란 모든 행동의 기준을 '하늘'에 두고, 하늘의 뜻에 따라 행동하여야만 한다는 것이다. 따라서 묵자는 계속 하늘의 뜻을 강조하고 있다.

우리에게 하늘의 뜻이 있다는 것은 마치 수레바퀴 만드는 사람에게 둥근 자가 있고 목수들에게 굽은 자가 있는 거나 같다. ……그것으로써 천하의 모난 것과 둥근 것을 헤아리어, 거기에 들어맞으면 옳고 들어맞지 않으면 그르다고 하는 것이다.

我有天志, 譬若輪人之有規, 匠人之有矩. ……以度天下之
아유천지 비약륜인지유규 장인지유구 이도천하지
方圓, 日 ; 中者是也, 不中者非也. (「天志(천지)」 上)
방원 왈 중자시야 부중자비야

그리고 묵자는 하늘을 받들고 따른 보기로 옛날의 성인들 업적을 들고 있다.

옛날의 성왕인 우(禹)임금 · 탕(湯)임금 · 문왕(文王) · 무왕(武王)은 천하의 백성들을 아울러 사랑하며 모두가 하늘을 존중하고 귀신을 섬기어 사람들을 이롭게 해준 것이 많기 때문에, 하늘이 그들에게 복을 내리어 천자 자리에 앉도록 하고 천하의 제후들이 모두 받들어 섬겼던 것이다. 폭군인 주(紂)임금 · 걸(桀)임금 · 유왕(幽王) · 여왕(厲王)은 천하의 백성들을 아울러 미워하며 모두가 하늘을 욕하고 귀신을 업신여기어 사람들을 해친 것이 많기 때문에, 하늘이 그들에게 화를 내리어 마침내 그들 나라를 잃고 자신도 세상에서 형벌을 받아 죽게 되었던 것이다.

昔之聖王禹湯文武，兼愛天下之百姓，率以尊天事鬼，其利
석지성왕우탕문무 겸애천하지백성 솔이존천사귀 기리
人多，故天福之，使立爲天子，天下諸侯，皆賓事之．暴王紂
인다 고천복지 사립위천자 천하제후 개빈사지 폭왕주
桀幽厲，兼惡天下之百姓，率以詬天侮鬼，其賊人多，故天禍
걸유려 겸오천하지백성 솔이구천모귀 기적인다 고천화
之，使遂失其國家，身死爲僇於天下．(「法儀(법의)」)
지 사수실기국가 신사위륙어천하

성왕들은 하늘의 뜻을 따랐기 때문에 상을 받고, 폭군들은 하늘의 뜻을 어기어 벌을 받았다고도 하였다.

옛 삼대의 성왕인 우임금 · 탕임금 · 문왕 · 무왕은 하늘의 뜻을 따름으로써 상을 받았었고, 옛 삼대의 폭군인 걸임금 · 주임금 · 유왕 · 여왕은 하늘의 뜻을 어김으로써 벌을 받았던 자들이다.

昔三代聖王，禹湯文武，此順天意而得賞也，昔三代暴王，
석삼대성왕 우탕문무 차순천의이득상야 석삼대폭왕
桀紂幽厲，此反天意而得罰者也．(「天志(천지)」上)
걸주유려 차반천의이득벌자야

이처럼 하늘은 사람들이 지킬 규범인 '법의(法儀)' 가 되며, 모든 행동의 기준이 되는 것이다.

그런데 하늘은 '모든 사람들을 똑같이 아울러 사랑하고 이롭게 해준다.(兼而愛之, 兼而利之.)' 는 것이다. 여기에서 사람들은 모두가 서로 똑같이 위해 주고 사랑해야 한다는 사상이 나오는데, 이러한 평등(平等) 의식은 옛 봉건주의 시대에 있어서는 혁명적인 주장이라 할 것이다. 묵자는 또 그러한 평등사상을 이렇게 표현하고 있다.

하늘의 뜻은, …… 사람들이 힘이 있으면 서로 도와주고, 바른 도를 알면 서로 가르쳐 주고, 재물이 있으면 서로 나누어 주기를 바란다. 또 윗사람은 부지런히 잘 다스리기에 힘쓰고 아랫사람은 부지런히 일에 종사하기를 바란다.

天之意, ……欲人之有力相營, 有道相教, 有財相分也. 天又欲上之強聽治也, 下之強從事也. (「天志(천지)」 中)
천지의 욕인지유력상영 유도상교 유재상분야 천우욕상지강청치야 하지강종사야

모두가 서로 똑같이 사랑하고 이롭게 해줄 뿐만이 아니라, 능력에 따라 서로 돕고 서로 가르쳐 주고 재물은 서로 나누어 가지며, 모두 자기 직분에 부지런해야 한다는 것이다. 이러한 여러 가지 묵자의 교리의 기준인 '법의'는 모두 그 뿌리를 하늘에 두고 있는 것이다.

(2) 의(義)와 이(利)

묵자는 앞에서 얘기한 '하늘'을 바탕으로 한 '법의'를 따른 여러 가지 자신의 교리(教理)의 덕성(德性)을 의로움인 '의(義)'라는 말로 표현하고 있다. 따라서 이 '의로움'은 바로 하늘로부터 나온 것이다.

「천지」 하편에서는 이렇게 잘라 말하고 있다.

하늘의 뜻이란 것은 '의로움'의 기본이다.

天之志者, 義之經也.
천지지자 의지경야

묵자는 「천지」 중편에서 '의로움'의 근거에 대하여 이렇게 말하고

있다.

'의로움'은 어리석고 천한 자에게서 나오지 않고 반드시 귀하고도 지혜있는 곳에서 나온다. ……그런데 누가 귀하고 누가 지혜로운가? 바로 하늘이 귀하고 하늘이 지혜로울 따름인 것이다. 그러니 '의로움'은 과연 하늘로부터 나오는 것이다.

義不從愚且賤者出, 必自貴且知者出. ……然則熟爲貴, 熟
의부종우차천자출 필자귀차지자출 연즉숙위귀 숙

爲知? 曰 ; 天爲貴, 天爲知而已矣. 然則義果自天出矣.
위지 왈 천위귀 천위지이이의 연즉의과자천출의

(「天志(천지)」 中)

다시 묵자는 '의로움'의 근거인 하늘의 작용에 대하여 이런 설명을 하고 있다.

그렇다면 하늘은 또한 무엇을 바라고 무엇을 싫어하는가? 하늘은 '의로움'을 바라고 불의는 싫어한다. 그래서 천하의 백성들을 거느리고 '의로움'에 종사한다면 곧 나는 하늘이 바라는 일을 하는 것이 된다. 내가 하늘이 바라는 일을 하면 하늘도 내가 바라는 것은 해줄 것이다…….

그런데 무엇으로써 하늘이 '의로움'을 바라고 불의는 싫어함을 아는가? 그것은 천하에서 '의로움'이 있으면 살고 '의로움'이 없으면 죽게 되며, '의로움'이 있으면 부해지고 '의로움'이 없으면 가난해지며, '의로움'이 있으면 다스려지고 '의로움'이 없으면 어지러워지기 때문이다. 그러니 하늘은 그가 살게 되기를 바라되 그가 죽는 것은 싫어하며, 그가 부유하게 되기를 바라되 그가 가난해지는 것은 싫어하며, 그가 다스려지는 것은 바라되 그가 어지러워지는 것은 바라지 않는다. 이것이 내가 하늘이 '의로움'을 바라지만 불의는 싫어함을 아는 까닭인 것이다.

然則天亦何欲何惡? 天欲義而惡不義. 然則率天下之百姓,
연 즉 천 역 하 욕 하 오 천 욕 의 이 오 불 의 연 즉 솔 천 하 지 백 성
以從事於義, 則我乃爲天之所欲也. 我爲天之所欲, 天亦爲我
이 종 사 어 의 즉 아 내 위 천 지 소 욕 야 아 위 천 지 소 욕 천 역 위 아
所欲…….
소 욕

然則何以知天之欲義, 而惡不義? 曰 ; 天下有義則生, 無義
연 즉 하 이 지 천 지 욕 의 이 오 불 의 왈 천 하 유 의 즉 생 무 의
則死, 有義則富, 無義則貧, 有義則治, 無義則亂. 然則天欲
칙 사 유 의 즉 부 무 의 즉 빈 유 의 즉 치 무 의 즉 란 연 즉 천 욕
其生而惡其死, 欲其富而惡其貧, 欲其治而惡其亂. 此我所以
기 생 이 오 기 사 욕 기 부 이 오 기 빈 욕 기 치 이 오 기 란 차 아 소 이
知天欲義而惡不義也. (「天志(천지)」上)
지 천 욕 의 이 오 불 의 야

「상현(尙賢)」 상편에서는 또 하늘의 뜻을 따른 '의로움'의 효과에 대하여 이렇게 말하고 있다.

'의'롭지 않으면 부해지지 않고, '의'롭지 않으면 귀해지지 않으며, '의'롭지 않으면 친해지지 않고, '의'롭지 않으면 가까워지지 않는다.

不義不富, 不義不貴, 不義不親, 不義不近.
불 의 불 부 불 의 부 귀 불 의 불 친 불 의 불 근

따라서 '의로움'이란 「귀의(貴義)」편에서 말하고 있는 것처럼 사람들에게 가장 소중한 것이다.

만사에 '의로움' 보다 더 귀중한 것은 없다.

萬事莫貴於義.
만 사 막 귀 어 의

「경주(耕柱)」편에서 말한 것처럼 또 가장 소중한 것이기도 하다.

'의로움' 은 천하의 좋은 보배이다.

義, 天下之良寶也.
의 천 하 지 양 보 야

따라서 묵자에게 있어 가장 중요한 사명은 '의로움' 의 실천이라 할 것이다. 「귀의」편에는 다음과 같은 얘기가 실려 있다.

묵자가 노(魯)나라로부터 제(齊)나라로 가다가 친구를 방문하였다. 그가 묵자에게 말하였다. "지금 천하에서 '의로움' 을 행하는 사람이 없는데 당신만이 스스로를 괴롭히며 '의로움' 을 행하고 있으니, 당신도 그만두는 게 좋을 것 같소." 묵자가 대답하였다. "지금 여기에 어떤 사람이 있는데 자식이 열 명 있다고 합시다. 한 사람이 농사를 짓고 아홉 명은 들어앉아 있다면, 농사짓는 사람은 더욱 다급히 일하지 않으면 안될 것이오. 왜고하니 먹는 사람은 많은데 농사짓는 사람은 적기 때문이지요. 지금 천하엔 '의로움' 을 행하는 이가 없으니 당신은 내게 마땅히 '의로움' 을 권해야 할 것이어늘 어째서 나를 말리는 거요?"

子墨子自魯卽齊, 過故人. 謂子墨子曰 ; 今天下莫爲義, 子
자 묵 자 자 로 즉 제 과 고 인 위 자 묵 자 왈 금 천 하 막 위 의 자

獨自苦而爲義, 子不若已. 子墨子曰 ; 今有人於此, 有子十人,
독 자 고 이 위 의 자 불 약 이 자 묵 자 왈 금 유 인 어 차 유 자 십 인
一人耕而九人處, 則耕者不可以不益急矣. 何故? 則食者衆而
일 인 경 이 구 인 처 즉 경 자 불 가 이 불 익 급 의 하 고 즉 식 자 중 이
耕者寡也. 今天下莫爲義, 卽子如勸我者也, 何故止我?
경 자 과 야 금 천 하 막 위 의 즉 자 여 권 아 자 야 하 고 지 아

그리고 묵자는 뜻대로 되지 않는 때라 할지라도 '의로움'을 어겨서는 안된다고 생각하였다. 「귀의」편을 보면 이런 말을 하고 있다.

'의로움'을 행하다가 불가능하게 되더라도 반드시 그 올바른 도를 어겨서는 안된다. 비유를 들면 마치 목수가 나무를 깎다가 잘 되지 않는다 해도 먹줄을 어기지 못하는 거나 같다.

爲義而不能, 必無排其道. 譬若匠人之斲而不能, 無排其繩.
위 의 이 불 능 필 무 배 기 도 비 약 장 인 지 착 이 불 능 무 배 기 승

『묵자』 경(經) 상편을 보면 "'의로움'은 이롭다는 뜻이다.(義, 利也.)"고 설명하고 있고, 「비공(非攻)」 하편에서도 "선생은 공격하는 것을 '의로움'이 아니며 '이로움'이 되지 않는 물건이라 생각하는가?(子以攻伐者不義, 非利物與?)" 같은 식으로 '의로움'과 '이로움'을 연결시켜 얘기하고 있으며, 또 곳곳에서 '이(利)'를 함께 강조하고 있다. 곧 그의 학문과 활동의 목적은 온 천하 사람들에게 이롭게 하는 데 있기 때문이다.

천하의 이익을 가져오고, 천하의 해를 제거한다.

興天下之利, 除天下之害.
흥 천 하 지 리 제 천 하 지 해

이 말은 『묵자』의 「겸애」 중 · 「겸애」 하 · 「비공」 하 · 「절장」 하 · 「천지」 중 · 「명귀」 하 · 「비악」 하 · 「비명」 하 등 여러 편에 도합 10여 차례나 보이고 있다.

그리고 또 '이'는 바로 '의로움'으로 이어져 그의 가치 판단에 중요한 기준의 하나가 되고 있다. 따라서 그는 『묵자』의 곳곳에서(「비공」 하, 「천지」 상 · 중 · 하, 「비명」 중 등) 모든 일은 하늘과 귀신은 물론 사람에게로 이로워야 한다고 강조하고 있다.

> 위로는 하늘에 '이'로워야 하고, 가운데로는 귀신에 '이'로워야 되고, 아래로는 사람들에게 '이'로워야 된다.
>
> 上利於天, 中利於鬼, 下利於人.
> 상 리 어 천　중 리 어 귀　하 리 어 인

곧 그는 하늘과 귀신과 사람에게 '이'가 되는 것이 바로 '의로움'이며, 이러한 '이'가 되지 못하는 것은 무가치한 것이라 생각했던 것이다. 따라서 『묵자』에 있어서 묵자사상을 대표하는 각 편[11]의 끝머리도 모두 '이'를 근거로 하여 결론을 맺고 있다. 보기를 들면, 「상현」 하편에서는 이렇게 말하고 있다.

> '상현'이란 하늘과 귀신과 백성들의 '이'가 되고 정사의 근본이 되는 것이다.

11 '제3장 『묵자』란 책의 성격 2) 『묵자』 각 편의 성격'에서 '제2조'로 분류한 각 편 중에서 「비유」편을 제외한 나머지 23편.

尙賢者, 天鬼百姓之利, 而政事之本也.
상현자 천귀백성지리 이정사지본야

「상동」 하편에도 이런 말이 보인다.

위로 성왕의 도에 들어맞게 하고 아래로 국가와 백성의 '이'에 들어맞게 하려 한다면 마땅히 '상동'의 이론을 잘 살피지 않으면 안 될 것이다.

上欲中聖王之道, 下欲中國家百姓之利, 故當尙同之說, 而不可不察.
상욕중성왕지도 하욕중국가백성지리 고당상동지설 이불가불찰

이밖에 「비공」 하 · 「절장」 하 · 「천지」 하편 등에서도 「상동」편과 거의 같은 말로 결론을 내리고 있다. 곧 「겸애」 하편에서는 이렇게 단정하고 있다.

이것은 성왕의 도이며 만민의 큰 '이'가 되는 것이다.

此聖王之道, 而萬民之大利也.
차성왕지도 이만민지대리야

「절용」 상편의 결론도 비슷하다.

쓸데없는 비용을 없애는 것이 성왕의 도이며 천하의 큰 '이'인 것이다.

去無用之費, 聖王之道, 天下之大利也.
거무용지비 성왕지도 천하지대리야

「명귀」 하편에서는 이렇게 결론 짓고 있다.

진실로 천하에 '이'를 주고 천하의 해를 제거하고자 한다면 마땅히 귀신이 있다는 것을 존중하고 밝히지 않으면 안될 것이다.

中實將欲求興天下之利, 除天下之害, 當若鬼神之有也, 將不可不尊明也.
중실장욕구흥천하지리 제천하지해 당약귀신지유야 장불가불존명야

「비악」 상 · 「비명」 하의 두 편도 「명귀」편과 비슷한 표현의 결론을 내리고 있다.

이밖에 묵자의 교리의 중심을 이루는 '모든 사람이 똑같이 모두를 서로 사랑해야 한다'는 '겸애(兼愛)'를 주장함에 있어서도, 늘 '사랑'에 '이'가 붙어다니며 논리를 강조시키고 있다. 보기를 들기로 한다.

아울러 서로 사랑하고 모두가 서로 '이'롭게 해야 한다.

兼相愛, 交相利.
겸상애 교상리

아울러 서로 사랑해 주고, 아울러 서로 '이'롭게 해주어야 한다.

兼而愛之, 兼而利之.
겸이애지 겸이리지

서로 사랑하고 서로 '이'롭게 해야 하다.

相愛相利.
상 애 상 리

남을 사랑하고 남에게 '이'롭게 한다.

愛人利人.
애 인 리 인

사랑하고 '이'롭게 한다.

愛利.
애 리

이런 말들이 「상현」·「상동」·「겸애」·「천지」·「비공」·「비명」 등 편에 거듭 보이고 있다. 묵자의 사상을 양계초(梁啓超)가[12] '실리주의(實利主義)'란 말을 써서 해설하고, 풍우란(馮友蘭)은[13] '공리주의(功利主義)'란 말을 써서 해설한 것도 그 때문이다. 그러나 이들은 모두 '이'의 해석에 있어서 너무 물질적 또는 경제적인 면으로만 치우친 듯하다.

양계초는 『묵자학안』 제3장에서 '이'를 물질적인 입장에서 해석한 뒤 "묵자의 유물관(唯物觀)은 마르크스보다도 더욱 극단적이다. 그가 말하는 유용(有用) 무용(無用)과 유리(有利) 불리(不利)는 오로지 눈앞 현실생활로써 표준을 삼고 있고, 인류가 생존하는 데 필요한 최저한도를 가

12 梁啓超 『墨子學案』 第三章 墨子之實利主義及其經濟學說.

13 馮友蘭 『中國哲學史』 上冊 第一篇 第五章(四) 墨子哲學爲功利主義.

지고 표준을 삼고 있다."고 하면서, 묵자를 '큰 마르크스〔大馬克思〕'라 부르고 있다.

풍우란도 『중국철학사』 제1편 제5장에서 "모든 사물은 반드시 국가와 백성과 인민의 '이'에 합치되어야만 가치가 있는 것인데, 국가와 백성과 인민의 '이'란 바로 인민의 '부유함〔富〕'과 '번성함〔庶〕'이다."고 하면서 물질적인 면에 편중하여 '이'를 설명하고 있는 것이다. 그러나 앞에 인용한 『묵자』에 보이는 말들처럼 '이'가 '의로움'이나 '사랑'과 연결되기 위해서는 그 윤리적인 성격도 무시해서는 안될 것이다. 다만 묵자가 '이'를 설교함에 있어 다른 어떤 사상가들보다도 물질적 경제적인 면을 강조하고 있는 것은 사실이다.

(3) 실천력행(實踐力行)

묵자는 사람은 알고 있는 것과 그의 행동이 일치하여야 한다는 지행합일(知行合一)을 무엇보다도 중시하였다. 그는 행동이 따르지 못하는 앎이란 '진실한 앎'이 되지 못한다고 생각하였다. 「귀의」편에는 다음과 같은 얘기가 실려 있다.

> 지금 장님이 말하기를 하얀 것은 희고 까만 것은 검다고 한다면 비록 밝은 눈을 지닌 사람이라 하더라도 이 말을 고칠 수는 없다. 그러나 흰 것과 검은 것을 섞어 놓고 장님으로 하여금 어느 하나를 잡으라고 한다면 알지를 못할 것이다. 그러므로 내가 장님은 희고 검은 것을 알지 못한다고 하는 것은 그 말을 가지고 판단한 것이 아니라 그가 잡는 것을 보고 판단한 것이다.

今瞽曰；鉅者[14]白也，黔者，黑也，雖明目者無以易之．兼白
금 고 왈 거 자 백 야 검 자 흑 야 수 명 목 자 무 이 역 지 겸 백
黑，使瞽取焉，不能知也．故我曰；瞽不知白黑者，非以其名
흑 사 고 취 언 불 능 지 야 고 아 왈 고 부 지 백 흑 자 비 이 기 명
也，以其取也．
야 이 기 취 야

따라서 '어짊(仁)'과 '의로움'이라는 말을 알기만 한다 해도 진실로 아는 것이 아니며, 그것을 몸소 가리어 실천할 때에야만 그것을 안다고 할 수 있는 것이 된다.

따라서 그가 실천을 강조하는 것은 무엇보다도 당연한 일이다. 「공맹」편 끝머리에서 묵자는 고자(告子)에게 이렇게 말하고 있다.

정치란 것은 입으로 말한 것을 몸으로 반드시 실행하는 것입니다. 지금 당신은 입으로는 말하면서 몸으로는 실행하지 않고 있으니 이것은 당신의 몸이 어지러운 것입니다. 당신은 당신의 몸도 다스리지 못하고 있는데, 어찌 나라의 정사를 다스릴 수가 있겠습니까? 당신은 먼저 당신의 몸을 어지럽히지 않도록 하십시오!

政者，口言之，身必行之．今子口言之，而身不行，是子之身
정 자 구 언 지 신 필 행 지 금 자 구 언 지 이 신 불 행 시 자 지 신
亂也．子不能治子之身，惡能治國政？子姑亡子之身亂之矣！
란 야 자 불 능 치 자 지 신 오 능 치 국 정 자 고 무 자 지 신 란 지 의

묵자는 또 「귀의」편에서도 이런 말을 하고 있다.

14 俞樾은 '鉅는 豈의 잘못일 것이며, 豈는 皚의 假借字로 희다는 뜻이다.'고 하였다.(『墨子閒詁』)

말을 충분히 옮기어 실행할 수 있는 것이라면 늘 말해도 되지만, 실행으로 옮길 수 없는 것은 늘 말해서는 안된다. 실행으로 옮길 수 없는 것인데도 늘 말한다면, 그것은 입만 닳게 하는 것이다.

言足以遷行者常之, 不足以遷行者勿常. 不足以遷行而常之,
언족이천행자상지 부족이천행자물상 부족이천행이상지
是蕩口也.
시탕구야

「경주(耕柱)」편에도 비슷한 말이 보인다. 묵자는 꼭 실천할 수 있는 일만을 말하라고 가르치고 있는 것이다.

「귀의」편에서는 또 사람의 말과 행동을 성인과 연관시켜 이렇게 말하고 있다.

침묵을 할 때에는 생각하고, 말을 할 적에는 깨우침이 있고, 움직일 적에는 일을 해야 한다. 이 세 가지를 번갈아 사용하면 반드시 성인이 될 것이다.

嘿則思, 言則誨, 動則事. 使三者代御, 必爲聖人.
묵즉사 언즉회 동즉사 사삼자대어 필위성인

손 발과 입 · 코 · 귀 · 눈이 '의로움'에 종사하게 되면 반드시 성인이 될 것이다.

手足口鼻耳目, 從事於義, 必爲聖人.
수족구비이목 종사어의 필위성인

이처럼 묵자가 생각하는 성인이란 침묵을 하건 말을 하건 행동을 하건 언제나 올바른 일을 추구하는, 그의 손발과 입 · 코 · 귀 · 눈 등 온 몸이 언제나 '의로움'을 추구하고 있는 부지런한 실천의 사람이었다.

따라서 그는 육체적인 노동뿐만이 아니라 정신적인 노력과 노동도 중시하였다. 묵자는 「공맹」편에서 이런 말도 하고 있다.

지혜있는 사람이란 반드시 그의 능력으로 할 수 있는 일을 헤아리어 일에 종사한다.

夫知者, 必量其力所能至, 而從事焉.
부 지 자 필 량 기 력 소 능 지 이 종 사 언

「경주」편엔 또 이런 기록이 있다.

치도오와 현자석이 묵자에게 물었다. "'의로움'을 행함에 있어서 무엇이 가장 힘써야만 할 일입니까?" 묵자가 대답하였다. "비유를 들면 담을 쌓는 거나 같소. 흙을 잘 다지는 사람은 흙을 다지고, 흙을 잘 날라다 넣는 사람은 흙을 날라다 넣고, 감독을 잘하는 사람은 감독을 하고, 그래야 담이 이룩되는 거요. '의로움'을 행하는 것도 이와 같소. 연설을 잘하는 사람은 연설을 하고, 책 해설을 잘하는 사람은 책 해설을 하고, 일을 잘하는 사람은 일에 종사하고, 그래야만 '의로움'이 이룩될 것이오."

治徒娛縣子碩, 問於子墨子曰; 爲義熟爲大務? 子墨子曰;
치 도 오 현 자 석 문 어 자 묵 자 왈 위 의 숙 위 대 무 자 묵 자 왈

譬若築牆然. 能築者築, 能實壤者實壤, 能欣者欣, 然後牆成
비 약 축 장 연 능 축 자 축 능 실 양 자 실 양 능 흔 자 흔 연 후 장 성

也, 爲義猶是也. 能談辯者談辯, 能說書者說書, 能從事者從
야 위 의 유 시 야 능 담 변 자 담 변 능 설 서 자 설 서 능 종 사 자 종

事, 然後義事成也.
사 연 후 의 사 성 야

곧 사람들은 이 사회에서 자기의 능력과 적성에 맞는 일을 골라 해야 한다고 생각했던 것이다.

『묵자』 경주편의 다음과 같은 대목도 묵자가 얼마나 자기 일에 열중하였는가를 보여준다.

무마자가 묵자에게 말하였다. "선생께선 '의로움'을 행하시는데, 도와드리는 사람도 보지 못하였고, 부하게 해주는 귀신도 없습니다. 그런데도 선생께선 행하시고 계시니 미친 병이 드신 것 같습니다." 묵자가 대답하였다. "지금 당신에게 여기에 두 신하가 있다 합시다. 그 중 한 사람은 당신이 보면 일을 하고 당신이 보지 않으면 일을 하지 않으며, 다른 사람은 당신이 봐도 일을 하고 당신이 보지 않아도 일을 합니다. 당신은 이 두 사람 중 누구를 귀하게 여기겠습니까?" 무마자가 대답하였다. "저는 내가 보아도 일을 하고 내가 보지 않아도 역시 일을 하는 사람을 귀하게 여깁니다." 묵자가 말하였다. "그렇다면 이것은 당신도 역시 미친 병이 든 것을 귀하게 여기는 게 됩니다."

巫馬子謂子墨子曰；子之爲義也，人不見而助，鬼而不見而
무마자위자묵자왈 자지위의야 인불견이조 귀이불견이
富，而子爲之，有狂疾．子墨子曰；今使子有二臣於此，其一
부 이자위지 유광질 자묵자왈 금사자유이신어차 기일
人者，見子從事，不見子則不從事，其一人子，見子亦從事，
인자 견자종사 불견자즉불종사 기일인자 견자역종사
不見子亦從事．子誰貴於此二人？巫馬子曰；我貴其見我亦從
불견자역종사 자수귀어차이인 무마자왈 아귀기견아역종
事，不見我亦從事者．子墨子曰；然則是子亦貴有狂疾也．
사 불견아역종사자 자묵자왈 연즉시자역귀유광질야

「공수」편에 쓰여 있듯이, 초(楚)나라가 공수반(公輸盤)이 만든 운제(雲

梯)라는 성 공격용 무기를 이용하여 송(宋)나라를 공격하려 했을 때, 묵자는 제(齊)나라에서 그 얘기를 듣고는 열흘 낮 열흘 밤을 쉬지 않고 초나라로 달려간다. 그리고는 자기 생명의 위험을 무릅쓰고 공수반과 초나라 임금을 설복시켜 송나라를 공격하려던 계획을 취소시킨다. 여기에서 묵자 개인의 소득이란 아무것도 없는 것이다. 오직 묵자는 자신의 교리의 실천을 위하여 온갖 고난과 위험을 무릅쓰며 행동하고 있는 것이다. 묵자가 그 시대의 다른 사상가들과 크게 다른 점이 바로 이것이다.

묵가는 모두 자기네 교리의 실천에 철저했던 사상가들이다. '비공(非攻)' 이란 교리의 실천을 위해서도 묵자가 「공수」편에 보이는 것처럼 위험을 무릅쓰고 행동하였으니, '겸애' 나 '절용' · '절장' · '비악' 같은 교리의 실천에는 더욱 철저했으리라 믿어도 좋을 것이다. '상현' · '상동' 같은 정치적인 교리만은 그들이 끝내 서민의 입장, 곧 피지배자의 입장을 벗어나지 못했으니 실천할 방법이나 기회가 없었을 것이다.

2) 겸애(兼愛)

(1) '겸애' 의 근거

『묵자』를 보면 「천지」·「명귀」·「비명」 같은 그의 종교사상과 관계되는 3편 이외에, 또 그의 교리를 대표하는 「상현」·「상동」·「겸애」·「비공」·「절용」·「절장」·「비악」의 일곱 편이 있다. 이것들이 실제로 묵자의 사상 내지는 묵자의 교리를 대표하는 것이다. 앞에서도 이미 지적한 것처럼 묵자 교리의 바탕을 이루는 것은 '하늘' 에 대한 신앙이며, 이 '하늘' 은 사람들에게 윤리규범으로 '의로움' 을 제시하고 있다.

그런데 이 '의로움'이 인간생활 속에 구체화되고 있는 가장 중요한 면이 모든 사람들이 다 같이 서로 사랑하고 서로 위해주어야 한다는 '겸애'여서, 한편 묵자의 교리의 기초가 되는 가장 중요한 사상이 '겸애'라고 할 수 있다. 나머지 「비공」·「절용」·「절장」·「비악」·「상현」·「상동」 같은 교리들도 모든 사람들이 다 같이 서로 사랑한다는 '겸애'를 바탕으로 파생된 것이라 보아도 좋을 것이다. 그러므로 묵자의 교리는 '겸애'가 대표한다고도 할 수 있다.

묵자의 '겸애' 사상도 '하늘'을 법도로 삼아 발전한 것이다. 「법의」편에서 묵자는 이렇게 말하고 있다.

> 하늘의 움직임은 광대하면서도 사사로움이 없고, 그 베푸는 것은 후덕하면서도 은덕으로 내세우지 않고, 그 밝음은 오래가면서도 쇠하여지지 않는다. 그러므로 성왕께서는 이것을 법도로 삼았던 것이다.
>
> 이미 하늘을 법도로 삼았다면 그의 행동과 하는 일은 반드시 하늘을 기준 삼게 될 것이다. 하늘이 바라는 것이면 행하고 하늘이 바라지 않는 것이면 그만둔다. 그렇지만 하늘은 무엇을 바라고 무엇을 싫어하는 것인가? 결코 하늘은 사람들이 서로 사랑하며 서로 이롭게 할 것을 바라지 사람들이 서로 미워하며 서로 해칠 것을 바라지 않는다. 무엇으로써 하늘이 사람들이 서로 사랑하며 서로 이롭게 해주는 것을 바라고 사람들이 서로 미워하며 서로 해치는 것을 바라지 않는다는 것을 아는가? 하늘은 모든 것을 아울러 사랑하고 모든 것을 아울러 이롭게 해주는 것으로써 알 수 있다. 무엇으로써 하늘이 모든 것을 아울러 사랑하고 모든 것을 아울러 이롭게 해줌을 알 수 있는가? 하늘이 모든 것을 아울러 보전하고 모든 것을 아울러 먹여살리는 것으로써 알 수 있다.

天之行廣而無私, 其施厚而不德, 其明久而不衰. 故聖王法
천지행광이무사 기시후이부덕 기명구이불쇠 고성왕법
之. 旣以天爲法, 動作有爲必度於天. 天之所欲則爲之, 天所
지 기이천위법 동작유위필도어천 천지소욕즉위지 천소
不欲則止. 然而天何欲何惡者也? 天必欲人相愛相利, 而不欲
불욕즉지 연이천하욕하오자야 천필욕인상애상리 이불욕
人之相惡相賊也. 奚以知天之欲人之相愛相利, 而不欲人之相
인지상오상적야 해이지천지욕인지상애상리 이부욕인지상
惡相賊也? 以其兼而愛之, 兼而利之也. 奚以知天兼而愛之,
오상적야 이기겸이애지 겸이리지야 해이지천겸이애지
兼而利之也? 以其兼而有之, 兼而食之也.
겸이리지야 이기겸이유지 겸이사지야

「천지」 상편에도 이런 말이 있다.

하늘의 뜻에 따르는 사람은 모두가 아울러 사랑하고 모두 서로 이롭게 하여 반드시 상을 받게 된다. 하늘의 뜻에 반하는 자는 차별을 두어 서로 미워하고 모두 서로 해쳐서 반드시 벌을 받게 된다.

그렇다면 어떤 사람이 하늘의 뜻을 좇아서 상을 받았으며, 어떤 사람이 하늘의 뜻을 반하여 벌을 받았는가? 묵자가 말하였다.

"옛날 세 왕조의 성왕인 우임금 · 탕임금 · 문왕 · 무왕이 하늘의 뜻을 좇아서 상을 받았었고, 옛날 세 왕조의 폭군인 걸(桀)임금 · 주(紂)임금 · 유왕(幽王) · 여왕(厲王)은 하늘의 뜻을 반하여 벌을 받았던 사람이다."

"그렇다면 우임금 · 탕임금 · 문왕 · 무왕 같은 이들이 상을 받은 것은 어째서였는가?"

묵자가 말하였다.

"그들이 한 말은 위로는 하늘을 높이고 가운데로는 귀신을 섬기며 아래로는 사람들을 사랑하는 것이었다. 그러므로 하늘의 뜻은, 이들은 내가 사랑하려는 것은 모두 아울러 사랑해 주고, 내가 이롭게 해주려는 것은 모두 아울러 이롭게 해주었다. 이들은 사람들을 사랑하는 것이 광대(廣大)하며 이들은 사람들을 이롭게 하는 것이 대단하다고 여기셨다. 그러므로 그들로 하여금 귀하기로는 천자가 되게 하고 부유하기로 말하면 천하를 갖도록 하여 자손 만대가 되도록 그의 훌륭함을 전하며 칭송하고 널리 천하에 알려지도록 하여, 지금까지도 그들은 칭송되며 성왕이라 불리고 있는 것이다."

"그러면 걸임금 · 주임금 · 유왕 · 여왕이 하늘의 벌을 받은 것은 어째서인가?"

묵자가 말하였다.

"그들이 한 일은 위로 하늘을 욕보이고 가운데로는 귀신들을 업신 여기고 아래로는 사람들을 해치는 것이었다. 그러므로 하늘의 뜻은, 이들은 내가 사랑하는 것에 차별두어 미워하고 내가 이롭게 하려는 것은 모두 해쳤다. 이들은 사람들 미워함이 대단하고, 사람을 해치는 것이 굉장하다고 여기셨다. 그러므로 그들로 하여금 그들의 수명(壽命)을 다 누리지 못하고 그들의 세대를 잘 끝맺지 못하게 하여, 지금까지도 그들은 비난을 받으며 폭군이라 불리고 있는 것이다."

順天意者, 兼相愛, 交相利, 必得賞. 反天意者 別相惡, 交
순 천 의 자 겸 상 애 교 상 리 필 득 상 반 천 의 자 별 상 오 교

相賊, 必得罰.
상 적 필 득 벌

然則是誰順天意而得賞者, 誰反天意以得罰者? 子墨子言
연 즉 시 수 순 천 의 이 득 상 자 수 반 천 의 이 득 벌 자 자 묵 자 언

曰; 昔三代聖王禹湯文武, 此順天意而得賞也, 昔三代之暴王
왈 석 삼 대 성 왕 우 탕 문 무 차 순 천 의 이 득 상 야 석 삼 대 지 폭 왕

桀紂幽厲, 此反天意而得罰者也.
걸 주 유 려 차 반 천 의 이 득 벌 자 야

然則禹湯文武, 其得賞何以也? 子墨子言曰; 其事上尊天,
연 즉 우 탕 문 무 기 득 상 하 이 야 자 묵 자 언 왈 기 사 상 존 천

中事鬼神, 下愛人. 故天意曰 ; 此之我所愛, 兼而愛之, 我所
중사귀신 하애인 고천의왈 차지아소애 겸이애지 아소
利, 兼而利之. 愛人者, 此爲博焉, 利人者, 此爲厚焉. 故使貴
리 겸이리지 애인자 차위박언 리인자 차위후언 고사귀
爲天子, 富有天下, 業萬世子孫, 傳稱其善, 方施天下, 至今
위천자 부유천하 업만세자손 전칭기선 방시천하 지금
稱之, 謂之聖王.
칭지 위지성왕

然則桀紂幽厲, 得其罰, 何以也? 子墨子言曰 ; 其事上詬天,
연즉걸주유려 득기벌 하이야 자묵자언왈 기사상후천
中誣鬼神, 下賊人. 故天意曰 ; 此之我所愛, 別而惡之, 我所
중무귀신 하적인 고천의왈 ; 차지아소애 별이오지 아소
利, 交而賊之. 惡人者, 此爲之博也, 賊人者, 此爲之厚也. 故
리 교이적지 오인자 차위지박야 적인자 차위지후야 고
使不得終其壽, 不歿其世, 至今毁之, 謂之暴王.
사부득종기수 불몰기세 지금훼지 위지폭왕

하늘은 모든 사람들을 똑같이 사랑하고 똑같이 이롭게 해주고 있다. 착한 사람이건 악한 자이건 가리지 않고 이 세상에서 모두가 똑같이 먹고 살고 활동하게 해주고, 똑같이 모두에게 비와 이슬을 내려주고 있다. 그러니 사람들도 이러한 하늘의 뜻을 따라 모든 사람들을 구별 말고 똑같이 사랑하고 똑같이 이롭게 해주도록 노력해야 한다. 그리고 이 하늘의 뜻을 따르는 사람만이 결국은 하늘의 축복을 받아 잘살게 된다는 것이다. 그는 사람과 하늘 중간에 귀신도 내세우며, 하늘의 뜻을 잘 따름으로써 하늘의 상을 받았던 보기로 옛 성왕을 들고, 반대로 하늘의 뜻을 어김으로써 하늘의 벌을 받았던 보기로 옛 폭군을 들고 있다.

(2) '겸애'의 뜻

묵자의 '겸애'란 나와 너의 구별이 없는 절대적인 사랑이다. 나와 너의 구별도 없이 모든 사람들을 똑같이 사랑하는 게 '겸애' 이다.

만약 온 천하가 모두 아울러 서로 사랑하게 되어 남을 사랑하기를 그 자신 사랑하듯 한다면, 그래도 불효한 자가 있겠는가? 부형과 임금 보기를 그 자신 보듯 한다면 어찌 불효를 행하겠는가? 그래도 자애롭지 않은 자가 있겠는가? 아우와 자식과 신하들 보기를 그 자신 보듯 한다면 어찌 자애롭지 않을 수 있겠는가? 그러므로 효성스럽지 않고 자애롭지 않은 이가 없게 될 것이다.

그래도 도적이 있겠는가? 남의 집 보기를 그의 집 보듯 한다면 누가 훔치겠는가? 남의 몸 보기를 그의 몸 보듯 한다면 누가 해치겠는가? ……남의 집 보기를 자기 집 보듯 한다면 누가 어지럽히겠는가? 남의 나라 보기를 자기 나라 보듯 한다면 누가 공격하겠는가?

若使天下兼相愛, 愛人若愛其身, 猶有不孝者乎? 視父兄與
약사천하겸상애 애인약애기신 유유불효자호 시부형여
君若其身, 惡施不孝? 猶有不慈者乎? 視弟子與臣若其身, 惡
군약기신 오시불효 유유부자자호 시제자여신약기신 오
施不慈? 故不孝不慈亡有.
시부자 고불효부자무유

猶有盜賊乎? 故視人之室若其室, 誰竊? 視人身若其身, 誰
유유도적호 고시인지실약기실 수절 시인신약기신 수
賊? ……視人家若其家, 誰亂? 視人國若其國, 誰攻?
적 시인가약기가 수란 시인국약기국 수공

(「兼愛(겸애)」 上)

곧 '겸애' 란 '남 사랑하기를 그 자신을 사랑하듯 하고', '남의 아버지나 형 또는 아우나 아들 보기를 그 자신 보듯 하고', '임금이나 신하들 보기를 그 자신 보듯 하고', '남의 집이나 남의 몸 남의 나라 보기를 자기의 집이나 자기 몸 자기 나라 보듯 하는 것' 이라는 것이다. 「대취(大取)」편에서도 이렇게 말하고 있다.

> 남의 어버이 사랑하기를 자기 어버이 사랑하듯 한다.
>
> 愛人之親, 若愛其親.
> 애 인 지 친 약 애 기 친

따라서 '겸' 이란 '자기와 남을 똑같이 생각하는 것', '자기와 남의 구별이 없는 것', 또 '사람들을 차등을 두지 않고 똑같이 대해 주는 것' 등을 의미한다. 따라서 사랑에 있어서 '겸' 의 반대가 되는 것은 '별(別)' 이다. '별' 이란 '자기와 남을 구별하고', '사람들에 대하여 자기를 중심으로 차등을 두고 구별하여' 상대하는 것이다. 「겸애」 하편에서는 이 '겸' 과 '별' 의 구별을 다음과 같이 설명하고 있다.

> 잠시 그러한 여러 가지 해가 생겨나는 원인을 추구해 본다면, 그것은 어디에서 생기고 있는가? 그것이 남을 사랑하고 남을 이롭게 해주는 데서 생겨나겠는가? 반드시 그렇지 않다고 말할 것이다. 반드시 남을 미워하고 남을 해치는 데서 생겨난다고 말할 것이다. 천하에서 남을 미워하고 남을 해치는 자에 대하여 말하는 것을 따져 본다면 그들을 '겸' 하는 사람이라 하겠는가, '별' 하는 사람이라 하겠는가? 반드시 '별' 하는 사람이라 말할 것이다. 그러니 이 서로 '별' 하는 자들이란 과연 천하의 큰 해를 낳게 하는 자들인 것이다. 그러므로 '별' 이란 그릇된 것이다…….
>
> 잠시 그러한 여러 가지 이익이 생겨나는 원인을 추구해 본다면, 그것은 어디에서 생겨나는가? 그것은 남을 미워하고 남을 해치는 데서 생겨나는가? 반드시 그렇지 않다고 말할 것이다. 반드시 남을 사랑하고 남을 이롭게 하는 데에서 생겨난다고 말하게 될 것이다.

천하에서 남을 사랑하고 남을 이롭게 하는 사람들에 대하여 하는 말을 따져 본다면 그들을 '별' 하는 사람이라 하겠는가 '겸' 하는 사람이라 하겠는가? 반드시 '겸' 하는 사람이라 말할 것이다. 그러니 이 서로 '겸' 하는 사람들이란 과연 천하의 큰 이익을 낳게 하는 사람들인 것이다. 그래서 묵자는 '겸' 이 옳은 것이라 한 것이다.

姑嘗本原若衆害之所自生, 此胡自生? 此自愛人利人生與?
고 상 본 원 약 중 해 지 소 자 생　차 호 자 생　차 자 애 인 리 인 생 여
卽必日非然也. 必日從惡人賊人生. 分名乎天下惡人而賊人
즉 필 왈 비 연 야　필 왈 종 오 인 적 인 생　분 명 호 천 하 오 인 이 적 인
者, 兼與別與? 卽必日別也. 然卽之交別者, 果生天下之大害
자　겸 여 별 여　즉 필 왈 별 야　연 즉 지 교 별 자　과 생 천 하 지 대 해
者與! 是故別非也…….
자 여　시 고 별 비 야

姑嘗本原若衆利之所自生, 此自胡生? 此自惡人賊人生與?
고 상 본 원 약 중 리 지 소 자 생　차 자 호 생　차 자 오 인 적 인 생 여
卽必日非然也. 必日從愛人利人生. 分名乎天下愛人而利人
즉 필 왈 비 연 야　필 왈 종 애 인 리 인 생　분 명 호 천 하 애 인 이 리 인
者, 別與兼與? 卽必日兼也. 然卽之交兼者, 果生天下之大利
자　별 여 겸 여　즉 필 왈 겸 야　연 즉 지 교 겸 자　과 생 천 하 지 대 리
者與! 是故子墨子日 ; 兼是也.
자 여　시 고 자 묵 자 왈　겸 시 야

'별' 하는 선비는, 내 어찌 내 친구의 몸을 위하기를 내 몸 위하듯 하고, 내 친구의 어버이 위하기를 내 어버이 위하듯 할 수가 있겠는가라고 말할 것이다. 그러므로 물러나 그의 벗을 볼 적에, 굶고 있어도 먹여 주지 않고 헐벗고 있어도 입혀 주지 않으며, 병들어 있어도 간호해 주지 않고 죽더라도 장사지내 주지 않을 것이다. '별' 하는 선비는 말도 그러하거니와 행동도 그러하다.

'겸' 하는 선비는 말도 그렇지 않고 행동도 그렇지 않다. 그는 말하기를, 내가 듣건대 천하의 고상한 선비라면 반드시 그의 친구의

몸을 위하기를 자기 몸 위하듯 하고 그의 친구의 어버이 위하기를 자기 어버이 위하듯 해야 하며, 그래야만 천하의 고상한 선비가 될 수 있다고 할 것이다. 그러므로 물러나 그의 벗을 볼 적에, 굶주리고 있으면 먹여 주고 헐벗고 있으면 입혀 주며, 병들어 있으면 간호해 주고 죽으면 장사지내 줄 것이다. '겸' 하는 선비는 말도 그러하거니와 행동도 그러하다.

是故別士之言曰；吾豈能爲吾友之身, 若爲吾身, 爲吾友之
시 고 별 사 지 언 왈 오 기 능 위 오 우 지 신 약 위 오 신 위 오 우 지
親, 若爲吾親? 是故退睹其友, 飢卽不食, 寒卽不衣, 疾病不
친 약 위 오 친 시 고 퇴 도 기 우 기 즉 불 식 한 즉 불 의 질 병 불
侍養, 死喪不葬埋. 別士之言若此, 行若此.
시 양 사 상 부 장 매 별 사 지 언 약 차 행 약 차

兼士之言不然, 行亦不然. 曰；吾聞爲高士於天下者, 必爲
겸 사 지 언 불 연 행 역 불 연 왈 오 문 위 고 사 어 천 하 자 필 위
其友之身, 若爲其身, 爲其友之親, 若爲其親. 然後可以爲高
기 우 지 신 약 위 기 신 위 기 우 지 친 약 위 기 친 연 후 가 이 위 고
士於天下. 是故退睹其友, 飢則食之, 寒則衣之, 疾病侍養之,
사 어 천 하 시 고 퇴 도 기 우 기 즉 사 지 한 즉 의 지 질 병 시 양 지
死喪葬埋之. 兼士之言若此, 行若此.
사 상 장 매 지 겸 사 지 언 약 차 행 약 차

'겸애' 의 사랑이란 자기와 남 또는 다른 사람들에 대한 차별 또는 구별이 없어야만 이루어지는 것이다. 그러기에 묵자 스스로 '겸' 에 대가 되는 말로 '별' 을 얘기하고 있는 것이다. 자기 마음속에 자기와 남, 자기 것과 남의 것에 대한 구별이 있고, 또 사람들을 자기를 중심으로 하여 친근한 사람과 소원한 사람, 가까운 사람과 먼 사람, 좋아하는 사람과 싫어하는 사람 등을 분별하기 시작하면 그가 생각하는 완전한 사랑인 '겸애' 는 이룩될 수 없는 것이라 생각했던 것이다.

그리고 앞 절의 '(2) 의(義)와 이(利)' 에서도 이미 설명한 것처럼 묵자

의 사랑의 또 다른 특징은 언제나 '이'를 바탕으로 하고 있다는 것이다. 그는 사람들을 이롭게 해주지 못하는 것, 또는 사람들에게 이익을 주지 못하는 행위는 사랑이 아니라고 생각하였던 것이다. 그래서 『묵자』란 책을 펼쳐 보면 곳곳에서 사랑과 함께 이익을 강조하고 있다.

아울러 모두가 사랑하고, 아울러 모두가 이롭게 해야 한다.

兼而愛之, 兼而利之. (「尙賢(상현)」 中 · 「天志(천지)」 上)
겸 이 애 지 겸 이 리 지

아울러 모두 서로 사랑하고, 모두가 서로 이롭게 해야 한다.

兼相愛, 交相利. (「兼愛(겸애)」 中 · 下 · 「天志(천지)」 上 · 「非命(비명)」 上)
겸 상 애 교 상 리

서로 사랑하고 서로 이롭게 한다.

相愛相利. 「法儀(법의)」
상 애 상 리

남을 사랑하고 남을 이롭게 한다.

愛人利人. (「法儀(법의)」 · 「兼愛(겸애)」 中 · 下 · 「天志(천지)」 中)
애 인 리 인

사랑하고 이롭게 한다.

愛利. (「尙同(상동)」 · 「兼愛(겸애)」 下 · 「非攻(비공)」 中)
애 리

천하의 이익을 주고 천하의 해를 제거한다.

興天下之利, 除天下之害.
흥 천 하 지 리 제 천 하 지 해

(「兼愛(겸애)」 中 · 下 · 「天志(천지)」 中 · 「明鬼(명귀)」 下 · 「非樂(비락)」 上 · 「非命(비명)」 下)

심지어 묵자의 '애'란 바로 '이'를 뜻한다고도 할 수 있을 정도이다. 이는 옛 춘추전국(春秋戰國) 시대의 각박했던 시민들의 생활을 바로 반영하는 것이라 생각한다. 약육강식(弱肉强食)의 물고 물리는 끊임없는 전쟁 북새통에 박해와 고난과 가난 속에 하루하루를 연명하는 서민들로서는 아무런 이익도 따르지 않는 정신적인 사랑이란 거의 무용지물이었을 것이다. 굶고 헐벗는 자에게는 커다란 정신적인 사랑보다도 한 줌의 쌀이 더 절실한 것이었을 것이다. 묵자가 대표하는 서민계급의 이러한 성격 때문에 그의 사랑은 이처럼 실리와 깊이 결부되어 있을 것이다.

(3) '겸애'의 목표

묵자가 그의 교리의 중심을 이루는 '겸애'를 내세웠던 것은, 그것을 바탕으로 어지러웠던 세상을 바로잡으려는 데 주목적이 있었던 듯하다. 그는 「겸애」 상편에서 다음과 같은 주장을 하고 있다.

성인은 천하를 다스리는 일에 종사하는 사람이니, 혼란이 일어나고 있는 까닭을 잘 살피지 않으면 안되는 것이다. 일찍이 혼란은 어디에서 일어나고 있는가 살펴본 일이 있는데, 그것은 서로 사랑하지 않는데서 일어나고 있었다. 신하와 자식이 그의 임금이나 아버지에게 효성스럽지 않은 짓을 하는 것이 이른바 혼란이다.

자식은 자신은 사랑하면서도 그의 아버지는 사랑하지 않는다. 그래서 아버지를 해치면서 자신을 이롭게 하는 것이다. 아우는 자신을 사랑하면서도 형은 사랑하지 않는다. 그래서 형을 해치면서 자신을 이롭게 하는 것이다. 신하는 자신은 사랑하면서도 임금은 사랑하지 않는다. 그래서 임금을 해치면서 자신을 이롭게 하는 것이다. 이것이 이른바 혼란인 것이다.

또 아버지가 자식에게 자애롭지 않고 형이 아우에게 자애롭지 않고 임금이 신하에게 자애롭지 않다 해도 이것 역시 천하의 이른바 혼란인 것이다.

아버지는 자신은 사랑하면서도 자식은 사랑하지 않는다. 그래서 자식을 해치면서 자신을 이롭게 하는 것이다. 형은 자신은 사랑하면서도 아우는 사랑하지 않는다. 그래서 아우를 해치면서 자신을 이롭게 하는 것이다. 임금은 자신은 사랑하면서도 신하는 사랑하지 않는다. 그래서 신하를 해치면서 자신을 이롭게 하는 것이다. 이것은 무엇 때문인가? 모두가 서로 사랑하지 않는 데서 일어나는 것이다.

심지어 천하의 도둑들에 이르기까지도 역시 그러하다. 도적은 그의 집은 사랑하면서도 그와 다른 집은 사랑하지 않는다. 그래서 다른 집의 것을 훔치어 그의 집을 이롭게 하는 것이다. 도적은 또 그 자신은 사랑하면서도 남은 사랑하지 않는다. 그래서 남을 해침으로써 그 자신을 이롭게 하는 것이다. 이것은 어째서인가? 모두가 서로 사랑하지 않는 데서 일어나는 것이다.

또한 대부(大夫)들이 서로 남의 집안을 어지럽히고, 제후들이 서로 남의 나라를 공격하는 일도 역시 그러하다. 대부들은 각기 그의 집안은 사랑하면서도 남의 집안은 사랑하지 않는다. 그래서 남의 집안을 어지럽힘으로써 그의 집안을 이롭게 하는 것이다. 제후들은 각기 그의 나라는 사랑하면서도 남의 나라는 사랑하지 않는다. 그래서 남의 나라를 공격함으로써 그의 나라를 이롭게 하는 것이다.

천하가 어지럽게 되는 것은 여기에 전부 원인이 있을 따름이다. 이것들이 어디에서 일어나는가를 살펴보건대 모두가 서로 사랑하지 않는 데서 일어나고 있는 것이다.

聖人以治天下爲事者也, 不可不察亂之所自起. 當察亂何自
성인이치천하위사자야 불가불찰란지소자기 당찰란하자
起, 起不相愛. 臣子之不孝君父, 所謂亂也.
기 기불상애 신자지불효군부 소위란야

子自愛不愛父, 故虧父而自利. 弟自愛不愛兄, 故虧兄而自
자자애불애부 고휴부이자리 제자애불애형 고휴형이자
利. 臣自愛不愛君, 故虧君而自利. 此所謂亂也.
리 신자애불애군 고휴군이자리 차소위란야

雖父之不慈子, 兄之不慈弟, 君之不慈臣, 此亦天下之所謂
수부지부자자 형지부자제 군지부자신 차역천하지소위
亂也.
란야

父自愛也不愛子, 故虧子而自利. 兄自愛而不愛弟, 故虧弟
부자애야부애자 고휴자이자리 형자애이불애제 고휴제
而自利. 君自愛也不愛臣, 故虧臣而自利. 是何也? 皆起不相
이자리 군자애야불애신 고휴신이자리 시하야 개기불상
愛.
애

雖至天下之爲盜賊者, 亦然. 盜愛其室, 不愛其異室, 故竊
수지천하지위도적자 역연 도애기실 불애기이실 고절
異室以利其室. 賊愛其身, 不愛人, 故賊人以利其身. 此何也?
이실이리기실 적애기신 불애인 고적인이리기신 차하야
皆起不相愛.
개기불상애

雖至大夫之相亂家, 諸侯之相攻國者, 亦然. 大夫各愛其家,
수지대부지상란가 제후지상공국자 역연 대부각애기가
不愛異家, 故亂異家以利其家. 諸侯各愛其國, 不愛異國, 故
불애이가 고란이가이리기가 제후각애기국 불애이국 고
攻異國以利其國.
공이국이리기국

天下之亂物, 具此而已矣. 察此何自起, 皆起不相愛.
천하지란물 구차이이의 찰차하자기 개기불상애

「겸애」 중편에서도 사회 혼란의 원인을 묵자는 사랑의 부재라 단정짓고 있다.

지금 제후들은 다만 자기 나라만 사랑할 줄 알지 남의 나라는 사랑하지 않는다. 그래서 그의 나라를 동원하여 남의 나라를 공격하는 데 거리낌이 없다. 지금 집안의 우두머리는 다만 자기 집안만을 사랑할 줄 알고 남의 집안은 사랑하지 않는다. 그래서 그의 집안을 동원하여 남의 집안을 빼앗는 데 거리낌이 없는 것이다. 지금 사람들은 다만 자기의 몸만을 사랑할 줄만 알고 남의 몸은 사랑하지 않는다. 그래서 그의 몸을 써서 남의 몸을 해치는 데 거리낌이 없는 것이다.

그러므로 제후들이 서로 사랑하지 않으면 곧 반드시 들판에서 전쟁을 하게 되고, 집안의 우두머리들이 서로 사랑하지 않으면 곧 반드시 서로 빼앗게 되며, 사람과 사람이 서로 사랑하지 않으면 곧 반드시 서로 해치게 되고, 임금과 신하가 서로 사랑하지 않으면 곧 은혜롭거나 충성스럽지 않게 되며, 아버지와 자식이 서로 사랑하지 않으면 곧 자애롭거나 효도를 않게 되며, 형과 아우가 서로 사랑하지 않으면 곧 조화되지 못하게 된다.

천하의 사람들이 모두 서로 사랑하지 않는다면 강한 자가 반드시 약한 자를 잡아 누르고 부유한 자가 반드시 가난한 사람들을 업신여기며 귀한 사람들은 반드시 천한 사람들에게 오만하고 사기꾼은 반드시 어리석은 사람들을 속이게 될 것이다. 모든 천하의 재난과 남의 것을 빼앗는 짓과 원한이 일어나는 까닭은 서로 사랑하지 않는 데에서 생겨나는 것이다.

今諸侯獨知愛其國, 不愛人之國. 是以不憚擧其國, 以攻人
금 제 후 독 지 애 기 국 불 애 인 지 국 시 이 불 탄 거 기 국 이 공 인

之國. 今家主獨知愛其家, 而不愛人之家. 是以不憚擧其家,
지국 금가주독지애기가 이불애인지가 시이불탄거기가
以簒人之家. 今人獨知愛其身, 不愛人之身. 是以不憚擧其身,
이찬인지가 금인독지애기신 불애인지신 시이불탄거기신
以賊人之身.
이적인지신

是故諸侯不相愛, 則必野戰, 家主不相愛, 則必相簒, 人與
시고제후불상애 즉필야전 가주불상애 즉필상찬 인여
人不相愛, 則必相賊, 君臣不相愛, 則不惠忠, 父子不相愛,
인불상애 즉필상적 군신불상애 즉불혜충 부자불상애
則不慈孝, 兄弟不相愛, 則不和調. 天下之人皆不相愛, 强必
즉부자효 형제불상애 즉불화조 천하지인개불상애 강필
執弱, 富必侮貧, 貴必敖賤, 詐必欺愚. 凡天下禍簒怨恨, 其
집약 부필모빈 귀필오천 사필기우 범천하화찬원한 기
所以起者, 以不相愛生也.
소이기자 이불상애생야

곧 그는 이 세상의 모든 불효 · 불충과 도적질 · 사기 · 약탈 및 전쟁 같은 것이 모두가 서로 사랑하지 않는 데에서 생겨난다고 본 것이다. 그리고 그 사랑이 약해지거나 무너지는 까닭은 자기와 아버지 또는 자기와 형을 구별하고 자신과 남을 달리 생각하는 데에 있다고 생각하였다. "자식은 자신은 사랑하면서도 그의 아버지는 사랑하지 않는다. 그래서 아버지를 해치면서 자신을 이롭게 하게 된 것이다."고 생각하였다. 여기에서 그는 자기와 남을 구별하지 않는 적극적인 사랑인 '겸애'를 해결책으로 제시하게 된 것이다.

만약 온 천하로 하여금 모두가 아울러 서로 사랑하게 하여 남을 사랑하기를 자기 몸을 사랑하듯 한다면, 그래도 불효한 짓을 하는 자가 있겠는가? 아버지와 형이나 임금 보기를 자기 자신과 같이한다면 어찌 불효한 짓을 하겠는가? 그런데도 자애롭지 않은 사람이 있겠는가? 아우와 자식과 신하를 보기를 자기 자신과 같이한다면 어찌 자애롭지 않게 행동하겠는가? 그러므로 불효한 짓이나 자애롭지 않음이 있지 않게 될 것이다.

그런데도 도둑이 있겠는가? 남의 집을 보기를 자기 집과 같이하는데 누가 훔치겠는가? 남의 몸 보기를 자기 몸과 같이하는데 누가 해치겠는가? 그러므로 도둑은 없어질 것이다.

그런데도 서로 남의 집안을 어지럽히는 대부와 남의 나라를 서로 공격하는 제후가 있겠는가? 남의 집안을 보기를 자기 집안과 같이 한다면 누가 어지럽힐 것인가? 남의 나라 보기를 자기 나라와 같이 한다면 누가 공격하겠는가? 그러므로 대부들이 서로 남의 집안을 어지럽히고 제후들이 서로 남의 나라를 공격하는 일이 없게 될 것이다.

만약 온 천하로 하여금 모두가 아울러 서로 사랑하게 한다면 나라와 나라는 서로 공격하지 않을 것이며, 집안과 집안은 서로 어지럽히지 않을 것이고, 도둑들은 없어지고 임금과 신하와 아버지와 자식들은 모두가 효도를 하고 자애로울 수 있을 것이다. 이와 같이 된다면 곧 천하가 다스려질 것이다.

若使天下兼相愛, 愛人若愛其身, 猶有不孝者乎? 視父兄與
약사천하겸상애 애인약애기신 유유불효자호 시부형여
君, 若其身, 惡施不孝? 猶有不慈者乎? 視弟子與臣, 若其身,
군 약기신 오시불효 유유부자자호 시제자여신 약기신
惡施不慈? 故不孝不慈, 亡有.
악시부자 고불효부자 무유

猶有盜賊乎? 視人之室若其室, 誰竊? 視人身若其身, 誰賊?
유유도적호 시인지실약기실 수절 시인신약기신 수적
故盜賊亡有.
고도적무유

猶有大夫之相亂家, 諸侯之相攻國者乎? 視人家, 若其家,
유유대부지상란가 제후지상공국자호 시인가 약기가
誰亂? 視人國, 若其國, 誰攻? 故大夫之相亂家, 諸侯之相攻
수란 시인국 약기국 수공 고대부지상란가 제후지상공

國者, 亡有.
국자 무유

若使天下兼相愛, 國與國不相攻, 家與家不相亂, 盜賊無有,
약사천하겸상애 국여국불상공 가여가불상란 도적무유

君臣父子皆能孝慈. 若此則天下治. (「兼愛(겸애)」上)
군신부자개능효자 약차즉천하치

남의 나라를 보기를 자기 나라 보듯 하고, 남의 집안을 보기를 자기 집 보듯 하며, 남의 몸을 보기를 자기 몸 보듯 하는 것이다. 그래서 제후들이 서로 사랑하게 되면 들판에서 전쟁하는 일이 없게 되고, 집안의 우두머리들이 서로 사랑하게 되면 서로 남의 집의 것을 뺏으려는 일이 없게 되며, 사람과 사람이 서로 사랑하면 곧 서로 해치지 않게 된다. 임금과 신하가 서로 사랑하면 은혜롭고 충성스럽게 될 것이며, 부자가 서로 사랑하면 자애롭고 효성스럽게 될 것이고, 형제들이 서로 사랑하면 화목하고 조화를 이루게 될 것이다. 천하의 사람들이 모두가 서로 사랑한다면 강한 자가 약한 자에게 못살게 굴지 않게 되고, 많은 사람들이 적은 사람들의 것을 빼앗지 않게 되며, 부유한 사람들이 가난한 사람들을 업신여기지 않게 되고, 귀한 사람들은 천한 사람들에게 오만하지 않게 되고, 간사한 자들이 어리석은 자들을 속이지 않게 될 것이다.

모든 천하의 재난과 약탈과 원한이 일어나지 않도록 하는 일은 서로 사랑하여야만 가능한 것이다.

視人之國, 若視其國, 視人之家, 若視其家, 視人之身, 若視
시인지국 약시기국 시인지가 약시기가 시인지신 약시

其身. 是故諸侯相愛則不野戰, 家主相愛則不相簒, 人與人相
기신 시고제후상애즉불야전 가주상애즉불상찬 인여인상

愛則不相賊. 君臣相愛則惠忠, 父子相愛則慈孝, 兄弟相愛則
애즉불상적 군신상애즉혜충 부자상애즉자효 형제상애즉

和調. 天下之人兼相愛, 强不執弱, 衆不劫寡, 富不侮貧, 貴
화조 천하지인겸상애 강부집약 중불겁과 부불모빈 귀

不敖賤, 詐不欺愚.
불오천 사불기우

凡天下禍簒怨恨可使毋起者, 以相愛生也. (「兼愛(겸애)」 中)
범천하화찬원한가사무기자 이상애생야

세상 사람들이 모두가 서로 사랑하기만 하면 "재난과 약탈과 원한" 같은 나쁜 일이 절대로 일어나지 않는다는 것이다. 그러니 사람들은 모두가 서로 절대적으로 사랑해야만 한다는 것이다.

(4) '겸애'의 방법

목자의 '겸애'는 하늘의 뜻을 따라 모든 사람을 차별하지 않고 다 같이 사랑하여 사람들을 이롭게 해주어야 한다는 것이다. 그리고 그는 거듭 옛 성왕과 폭군의 보기를 들며, '겸애'를 실천하면 하늘의 복을 받고 그러지 못하면 벌을 받게 된다고 설교하고 있다.

> 사람들을 사랑하고 사람들을 이롭게 하며 하늘의 뜻을 따름으로써 하늘의 상을 받았던 사람은 누구인가? 바로 옛날 하나라 · 상나라 · 주나라 세 왕조의 성왕인 요(堯)임금 · 순(舜)임금 · 우(禹)임금 · 탕(湯)임금 · 문왕(文王) · 무왕(武王)이다. 요임금 · 순임금 · 우임금 · 탕임금 · 문왕 · 무왕은 어떤 일에 종사했었는가? 모든 사람을 아울러 생각하는 '겸'에 종사하며, 사람들을 차별하여 생각하는 '별'에 종사하지 않았다.
>
> '겸' 하는 사람은 큰 나라를 차지하고 있다 해도 작은 나라를 공격하지 아니하고, 큰 집안을 차지하고 있다 해도 작은 집안을 어지럽히지 않으며, 강해도 약한 자들의 것을 약탈하지 아니하고, 사람들이 많아도 적은 사람들에게 난폭하지 아니하며, 속임수로 어리석은

사람을 속이지 아니하고, 귀하다 하더라도 천한 사람들에게 오만하지 아니하다. 그들의 하는 일을 보면 위로는 하늘에 이롭고, 가운데로는 귀신에게 이롭고, 아래로는 사람들에게 이로운 것이다…….

그래서 이들을 어질다 의롭다고 하는데, 사람들을 사랑하고 사람들을 이롭게 하며 하늘의 뜻을 따름으로써 하늘의 상을 받았던 사람들인 것이다…….

사람들을 미워하고 사람들을 해치면서 하늘의 뜻을 어김으로써 하늘의 벌을 받았던 사람은 누구인가? 바로 옛날 하나라 · 상나라 · 주나라 세 왕조의 폭군인 걸(桀)임금 · 주(紂)임금 · 유왕(幽王) · 여왕(厲王) 등이었다. 걸임금 · 주임금 · 유왕 · 여왕은 어떤 일에 종사했었는가? 바로 사람들을 차별하여 생각하는 '별'에 종사하며, 사람들을 다 같이 생각하는 '겸'에 종사하지 않았다.

'별' 하는 자는 큰 나라를 차지하고 있으면 작은 나라를 공격하고, 큰 집안을 차지하고 있으면 작은 집안을 어지럽히며, 강하면 약한 자들의 것을 약탈하고, 사람이 많으면 적은 사람들에게 난폭하게 굴며, 속임수로 어리석은 자들을 속이고, 귀하면 천한 자들에게 오만하게 군다. 그들의 하는 일을 볼 것 같으면, 위로는 하늘에 이롭지 아니하고 가운데로는 귀신에게 이롭지 아니하며 아래로는 사람들에게 이롭지 아니한 것이다…….

그래서 이들을 어질지 못하고 의롭지 못하다고 하는데, 사람들을 미워하고 사람들을 해치면서 하늘의 뜻을 어기어 하늘의 벌을 받았던 자들인 것이다.

夫愛人利人, 順天之意, 得天之賞者誰也? 曰; 昔者三代聖
부 애 인 리 인 순 천 지 의 득 천 지 상 자 수 야 왈 석 자 삼 대 성
王, 堯舜禹湯文武者是也. 堯舜禹湯文武, 焉所從事? 曰; 從
왕 요 순 우 탕 문 무 자 시 야 요 순 우 탕 문 무 언 소 종 사 왈 종
事兼, 不從事別.
사 겸 부 종 사 별

兼者, 處大國不攻小國, 處大家不亂小家, 强不劫弱, 衆不
겸자 처대국불공소국 처대가불란소가 강불겁약 중불
暴寡, 詐不謀愚, 貴不傲賤. 觀其事, 上利乎天, 中利乎鬼, 下
폭과 사불모우 귀불오천 관기사 상리호천 중리호귀 하
利乎人…….
리호인

曰; 此仁也, 義也, 愛人利人, 順天之意, 得天之賞者
왈 차인야 의야 애인리인 순천지의 득천지상자
也…….
야

夫憎人賊人, 反天之意, 得天之罰者誰也? 曰; 若昔者三代
부증인적인 반천지의 득천지벌자수야 왈 약석자삼대
暴王, 桀紂幽厲者是也. 桀紂幽厲, 焉所從事? 曰; 從事別,
폭왕 걸주유려자시야 걸주유려 언소종사 왈 종사별
不從事兼.
부종사겸

別者, 處大國則攻小國, 處大家則亂小家, 强劫弱, 衆暴寡,
별자 처대국즉공소국 처대가즉란소가 강겁약 중폭과
詐某愚, 貴傲賤. 觀其事, 上不利乎天, 中不利乎鬼, 下不利
사모우 귀오천 관기사 상불리호천 중불리호귀 하불리
乎人…….
호인

曰; 此非仁也, 非義也, 憎人賊人, 反天之意, 得天之罰者
왈 차비인야 비의야 증인적인 반천지의 득천지벌자
也. 「天志(천지) 中」
야

이러한 '겸애'가 세상의 모순을 해소하고 이 사회를 살기 좋은 세상으로 만들어 주는 원리는 극히 간단하다. 그것은 곧 서로 사랑하는 사람들은 모두가 서로 이롭게 해주기 때문이라는 것이다.

남을 사랑하는 사람은 남도 반드시 그를 따라서 사랑해 줄 것이며, 남을 이롭게 하는 사람은 남도 반드시 그를 따라서 이롭게 해준다. 남을 미워하는 사람은 남도 반드시 그를 따라서 미워할 것이며, 남을 해치는 사람은 남도 반드시 그를 따라서 해치게 될 것이다.

夫愛人者, 人必從而愛之. 利人者, 人必從而利之. 惡人者,
부애인자 인필종이애지 이인자 인필종이리지 오인자
人必從而惡之. 害人者, 人必從而害之. (「兼愛(겸애)」 中)
인필종이오지 해인자 인필종이해지

반드시 내가 먼저 남의 어버이를 사랑하고 이롭게 해주는 일에 종사한다면, 남도 나의 어버이를 사랑하고 이롭게 해줌으로써 보답하게 될 것이다.

卽必吾先從事乎愛利人之親, 然後人報我以愛利吾親也.
즉필오선종사호애리인지친 연후인보아이애리오친야

(「兼愛(겸애)」 下)

"남의 집 보기를 자기 집 보듯 하고, ……남의 몸 보기를 자기 몸 보듯 하며, ……남의 집안 보기를 자기 집안 보듯 하고, ……남의 나라 보기를 자기 나라 보듯 한다.(兼愛 上)" 또는 "남의 어버이 사랑하기를 자기 어버이 사랑하듯 한다.(大取)"는 '겸애'는 말로는 쉽지만 실제로 행하기는 쉽지 않은 일이다. 묵자도 이미 그러한 사실을 알고 있었기 때문에 '겸애'가 이 세상에서 실천하기 어려운 일이 아니라는 것을 설명하기 위하여 옛 성왕들의 보기를 들며 이미 '겸애'를 실천했던 사람들이 적지않음을 강조하였다.

『묵자』 겸애 중편을 보면[15] 나라를 다스리는 임금들이 '겸애'를 좋

15 「겸애」 하편에도 이와 같은 논리의 얘기를 한 대목이 보인다.

아하기만 한다면 백성들로서는 '겸애'란 무엇보다도 실천하기 쉬운 일이라는 점을 다음과 같이 강조하고 있다.

> 그러나 지금 천하의 군자들은 말하기를, "그처럼 모두 아울러 생각한다는 것은 훌륭한 일이지만 그것은 세상에서 가장 어려운 조건이요, 힘드는 일이다."라고 한다. 묵자가 말하였다.
>
> "천하의 군자들은 특히 그 유익함을 알지 못하고 그 까닭을 분별하지 못하고 있다. 지금 성을 공격하고 들판에서 전쟁을 할 때 자기 몸을 죽이면서 명성을 이룩하는 일은 천하의 백성들이 모두 어렵게 생각하고 있는 일이다. 그러나 진실로 임금이 그것을 좋아하기 때문에 민중들은 그러한 짓을 하게 되는 것이다. 하물며 모두가 아울러 서로 사랑하고 모두가 서로 이롭게 하는 일이야 이것과 다를 바가 있겠는가?
>
> 남을 사랑하는 사람은 남도 반드시 그를 따라 그를 사랑하게 되며, 남을 이롭게 하는 사람은 남도 반드시 그를 따라 그를 이롭게 해줄 것이다. 남을 미워하는 사람은 남도 반드시 그를 따라 그를 미워할 것이며, 남을 해치는 사람은 남도 반드시 그를 따라 그를 해치게 될 것이다. 여기에 무엇이 어려운 게 있겠는가? 특히 그것은 임금이 그런 방법으로 정치를 하지 않고 선비들은 그것을 행하지 않기 때문인 것이다."
>
> 옛날 진(晉)나라 문공(文公)은 선비들이 나쁜 옷을 입고 있는 것을 좋아하였다. 그러므로 문공의 신하들은 모두 암양의 갖옷을 입고, 장식없이 다린 가죽으로 칼을 묶어 찼으며, 거친 비단의 관을 쓰고서 들어가서는 임금을 뵙고 나가서는 조정의 모임에 참석하기도 했었다. 이러한 까닭은 무엇인가? 임금이 그런 것을 좋아하였기 때문에 신하들은 그렇게 하였던 것이다.

옛날 초(楚)나라 영왕(靈王)은 선비들의 가는 허리를 좋아하였다. 그래서 영왕의 신하들은 모두 한 끼의 밥으로 절제를 하고, 가슴으로 숨을 들이쉰 다음에야 띠를 매었고, 벽을 의지한 연후에야 일어설 수 있었다. 1년이 되자 조정의 대신들은 모두가 깡마른 얼굴빛을 지니게 되었다. 이러한 까닭은 무엇인가? 임금이 그런 것을 좋아하기 때문에 신하들이 그렇게 할 수 있었던 것이다.

옛날 월왕(越王) 구천(勾踐)은 선비들의 용감함을 좋아하였다. 그는 신하들을 가르치고 길들이기 위하여, 그들을 모아놓고 배에다 불을 질러 불이 나게 하고는 그의 신하들을 시험하기 위하여 말하였다. "월나라의 보물은 모두 이 속에 있다." 월왕은 친히 북을 치면서 그의 신하들에게 배 안으로 들어가라고 하였다. 신하들은 북소리를 듣자 대오(隊伍)를 무너뜨리면서 어지러이 달려가 불에 뛰어들어 죽는 자가 좌우로 백 명이 넘었다. 월왕은 그제야 징을 쳐서 그들을 물러나게 하였다.

그러므로 묵자가 말하였다.

"적게 먹고 나쁜 옷을 입고 자신을 죽이어 명성을 얻는 것과 같은 일은 천하의 백성들이 모두 어렵게 여기는 일이다. 그러나 만약 진실로 임금이 그것을 좋아한다면 민중들은 그 일을 할 수 있는 것이다. 하물며 아울러 서로 사랑하고 모두가 서로 이롭게 해주는 일이 이와 다를 수가 있겠는가?"

然而今天下之士君子曰；然，乃若兼則善矣，雖然天下之難
연 이 금 천 하 지 사 군 자 왈 연 내 약 겸 즉 선 의 수 연 천 하 지 난

物于故也.
물 우 고 야

子墨子言曰；天下之士君子，特不識其利辯其故也. 今若夫
자 묵 자 언 왈 천 하 지 사 군 자 특 불 식 기 리 변 기 고 야 금 약 부

攻城野戰，殺身爲名，此天下百姓之所皆難也. 苟君說之，則
공 성 야 전 살 신 위 명 차 천 하 백 성 지 소 개 난 야 구 군 열 지 즉

士衆能爲之. 況於兼相愛交相利, 則與此異?
사중능위지 황어겸상애교상리 즉여차이

夫愛人者, 人必從而愛之, 利人者, 人必從而利之, 惡人者, 人必從而惡之, 害人者, 人必從而害之. 此何難之有? 特上弗以爲政, 士不爲行故也.
부애인자 인필종이애지 이인자 인필종이리지 오인자 인필종이오지 해인자 인필종이해지 차하난지유 특상불이위정 사불위행고야

昔者, 晋文公好士之惡衣, 故文公之臣, 皆牂羊之裘, 韋以帶劍, 練帛之冠, 入以見於君, 出以踐於朝. 是其故何也? 君說之, 故臣爲之也.
석자 진문공호사지악의 고문공지신 개장양지구 위이대검 연백지관 입이현어군 출이천어조 시기고하야 군열지 고신위지야

昔者, 楚靈王好士細要. 故靈王之臣, 皆以一飯爲節, 脇息然後帶, 扶牆然後起. 比期年, 朝有黧黑之色. 是其故何也? 君說之, 故臣能之也.
석자 초령왕호사세요 고령왕지신 개이일반위절 협식연후대 부장연후기 비기년 조유려흑지색 시기고하야 군열지 고신능지야

昔越王勾踐好士之勇. 教馴其臣, 和合之, 焚舟失火. 試其士曰; 越國之寶, 盡在此. 越王親自鼓其士而進之, 士聞鼓音, 破碎亂行, 蹈火而死者, 左右百人有餘. 越王擊金而退之
석월왕구천호사지용 교순기신 화합지 분주실화 시기사왈 월국지보 진재차 월왕친자고기사이진지 사문고음 파쇄란행 도화이사자 좌우백인유여 월왕격금이퇴지

是故子墨子言曰; 乃若夫少食惡衣殺身而名, 此天下百姓之所皆難也. 若苟君說之, 則衆能爲之. 況兼相愛交相利, 與此異矣?
시고자묵자언왈 내약부소식악의살신이명 차천하백성지소개난야 약구군열지 즉중능위지 황겸상애교상리 여차이의

임금이 좋아하기만 하면 신하들은 거친 옷을 입고 굶으며 불에 뛰어드는 일도 서슴치 않는 법인데, 하물며 남도 자기를 사랑해 주게 되고 이롭게 해줄 '겸애'야 임금이 좋아하기만 하면 얼마나 더 쉽사리 실천

하겠느냐는 것이다.

그리고 어떤 사람이 "'겸애'는 좋은 일이기는 하나 실제로는 태산(泰山)을 옆에 끼고 강물을 뛰어 건너는 일만큼이나 실천하기 어려운 일이다."고 말하자, 묵자는 옛 성왕들이 이미 '겸애'를 실천했었으니 그것은 태산을 옆에 끼고 강물을 뛰어건너는 일과는 전혀 다른 일이며, 따라서 지금의 우리도 실천할 수 있는 것이라 주장하고 있다. 「겸애」 하편의 한 대목을 소개한다.[16]

그러나 천하의 선비들 중에는 모두들 아울러 생각하는 것을 비난하는 발언이 아직도 끊이지 않고 있다. 그들은 말하기를

"아울러 생각한다는 것은 어질고 의로운 것이기는 하다. 그러나 어찌 행할 수 있는 것인가? 내가 모두 아울러 생각하는 것은 행할 수가 없는 것임을 비유로 들면 마치 태산을 끼고 장강(長江)이나 황하(黃河)를 뛰어 건너는 것과 같다. 그러므로 모두가 아울러 생각하는 것은 다만 바라는 것이기는 할지언정 어찌 가히 실행할 수야 있겠는가?"

묵자가 말하였다.

"태산을 끼고서 장강이나 황하를 뛰어 건너는 것은 예부터 지금에 이르기까지 사람이 살아온 이래로 실지로 그렇게 한 사람이 없는 일이다. 지금의 아울러 서로 사랑하고 모두가 서로 이롭게 하는 것은 옛날의 성인이신 네 임금님들께서 몸소 행하셨던 일이다."

"어떻게 옛날의 성인이신 네 임금님께서 그것을 몸소 행하신 것을 아는가?"

묵자가 말하였다.

16 「겸애」 중편에도 같은 논리의 대목이 들어 있음.

"나는 그분들과 같은 세상 같은 때에 살면서 직접 그분들의 소리를 듣고 그분들의 얼굴빛을 보았던 것은 아니다. 그분들에 관하여 책에 씌어져 있는 것과, 쇠그릇이나 돌에 새겨져 있는 것과, 쟁반이나 대야에 새겨져 있는 것을 통하여, 후세 자손들에게 전하여진 기록으로써 그것을 아는 것이다."

『서경』 태서편에 이런 말이 있다. '문왕(文王)께서는 해와도 같고 달과도 같이 사방에 빛을 발하고 서쪽 땅에서도 빛을 발하였다.' 곧 이것은 문왕이 천하를 아울러 사랑하심이 넓고도 커서, 비유를 들면, 해와 달이 온 세상을 사사로움 없이 아울러 모두 비쳐줌과 같음을 말한 것이다. 곧 이것은 문왕의 모두를 아울러 생각하심이다. 묵자의 이른바 모두를 아울러 생각한다는 것도 문왕에게서 법도를 취한 것이다.

또한 「태서」편뿐만이 아니라 『서경』 우서[17]편에서도 이와 같이 말하고 있다…….

또한 「우서」에만 그러할 뿐 아니라 『서경』 탕설[18]편에도 역시 이와 같은 글이 씌어 있다…….

또한 「서명」[19]과 「탕설」에만 그러할 뿐만 아니라 「주시」에도 역시 이와 같은 게 기록되어 있다…….

옛날 문왕(文王)과 무왕(武王)은 정치를 고르게 하여 현명한 사람에게는 상을 주고 포악한 자에게는 벌을 주었으며, 친척이나 형제들이라 해도 개인적인 차별이 없었다. 곧 이것이 문왕과 무왕의 아울러 생각하심이다. 묵자의 이른바 모두를 아울러 생각한다는 것도 문왕과 무왕에게서 법도를 취한 것이다. 천한 사람들이 모두 아울

17 「우서(禹誓)」의 글은 지금의 『서경』 「대우모(大禹謨)」편에 보이는 글임.
18 「탕설」은 지금의 『서경』에는 편명도 없고 여기에 인용된 글귀도 없다.
19 「서명」은 「우서」의 잘못임이 분명하다.

러 생각하는 것에 대하여 듣고도 그것을 비난하는 까닭이 무엇인지 알지 못하겠다.

然而天下之士，非兼者之言也，猶未止也．曰；兼卽仁矣義
연 이 천 하 지 사 비 겸 자 지 언 야 유 미 지 야 왈 겸 즉 인 의 의
矣，雖然豈可爲哉？吾譬兼之不可爲也，猶挈泰山以超江河
의 수 연 기 가 위 재 오 비 겸 지 불 가 위 야 유 설 태 산 이 초 강 하
也，故兼者直願之也，夫豈可爲之物哉？
야 고 겸 자 직 원 지 야 부 개 가 위 지 물 재

子墨子曰：夫挈泰山以超江河，自古之及今，生民而來未嘗
자 묵 자 왈 부 설 태 산 이 초 강 하 자 고 지 급 금 생 민 이 래 미 상
有也．今若夫兼相愛交相利，此自先聖六王者親行之．何知先
유 야 금 약 부 겸 상 애 교 상 리 차 자 선 성 륙 왕 자 친 행 지 하 지 선
聖六王之親行之也？
성 륙 왕 지 친 행 지 야

子墨子曰；吾非與之兼也同時，親聞其聲，見其色也．以其
자 묵 자 왈 오 비 여 지 겸 야 동 시 친 문 기 성 견 기 색 야 이 기
所書於竹帛，鏤於金石，琢於槃盂，傳遺後世子孫者知之．
소 서 어 죽 백 누 어 금 석 탁 어 반 우 전 유 후 세 자 손 자 지 지

泰誓曰；文王若日若月，乍照光于四方，于西土．卽此言，
태 서 왈 문 왕 약 일 약 월 사 조 광 우 사 방 우 서 토 즉 차 언
文王之兼愛，天下之博大也，譬之日月兼照天下之無私有也．
문 왕 지 겸 애 천 하 지 박 대 야 비 지 일 월 겸 조 천 하 지 무 사 유 야
卽此文王兼也．雖子墨子之所謂兼者，於文王取法焉．
즉 차 문 왕 겸 야 수 자 묵 자 지 소 위 겸 자 어 문 왕 취 법 언

且不唯泰誓爲然，雖禹誓，卽亦猶是也……．
차 불 유 태 서 위 연 수 우 서 즉 역 유 시 야

且不唯禹誓爲然，雖湯說卽亦猶是也……．
차 불 유 우 서 위 연 수 탕 설 즉 역 유 시 야

且不唯誓命與湯說爲然，周詩亦猶是也……．
차 불 유 서 명 여 탕 설 위 연 주 시 역 유 시 야

古者文武爲正，均分賞賢罰暴，勿有親戚弟兄之所阿．卽此
고 자 문 무 위 정 균 분 상 현 벌 폭 물 유 친 척 제 형 지 소 아 즉 차
文武兼也，雖子墨子之所謂兼者，於文武取法焉．不識天下之
문 무 겸 야 수 자 묵 자 지 소 위 겸 자 어 문 무 취 법 언 불 식 천 하 지
人，所以皆聞兼而非之者，其故何也．
인 소 이 개 문 겸 이 비 지 자 기 고 하 야

(5) '겸애'의 사회

묵자의 생각으로는 사람이란 존귀한 사람이건, 천한 사람이건 모두가 하늘이 돌보아주고 있는 존재이다. 그는 이런 말을 하고 있다.

> 사람은 어리고 나이먹고 귀하고 천한 이 없이 모두가 하늘의 신하이다.
>
> 人無幼長貴賤, 皆天之臣也. (「法儀(법의)」)
> 인 무 유 장 귀 천 　 개 천 지 신 야

따라서 "하늘의 뜻을 따라", "하늘이 모든 사람을 아울러 돌보아 주고 아울러 먹여주고 있듯이(法儀)", 사람도 모든 사람들이 자기와 남의 구별없이 서로 똑같이 아울러 "서로 사랑하고 서로 이롭게 해야 한다."는게 '겸애'이다. 따라서 '겸애'가 실현되는 사회는 사람마다 하는 일이 다르고 성격이나 능력도 서로 다르지만 모든 조건이나 생활여건은 평등하다.

'겸애'의 사회에서는 자기를 위하고자 한다면 먼저 남을 위해 주고, 자기 부모를 위하고자 한다면 먼저 남의 부모부터 위한다. '남을 사랑하는 사람은 남도 반드시 좇아서 그를 사랑해 줄 것(「兼愛」 中)'이기 때문이다. 「겸애」 하편에선 이런 설교도 하고 있다.

> 잠시 근본적인 문제로 효자로서 어버이를 위해드리려는 이에 대하여 알아보자. 나는, 효자로서 어버이를 위해드리려는 사람이 남이 그의 어버이를 사랑하고 이롭게 해주기를 바라겠는가, 그렇지 않으면 남이 그의 어버이를 미워하고 해치기를 바라겠는가 알지 못하겠다. 그러나 논리적으로 따져보면 남이 그의 어버이를 사랑하고

이롭게 해주기를 바랄 것이다.

그렇다면 우리는 어디서부터 먼저 일을 착수해야만 그렇게 될 수가 있겠는가? 내가 먼저 남의 어버이를 사랑하고 이롭게 해주는 일에 착수한 다음, 남이 나의 어버이를 사랑하고 이롭게 해주는 일로 나에게 보답하도록 하여야 하겠는가? 그렇지 않으면 내가 먼저 남의 어버이를 미워하고 해치는 일에 착수한 다음에 남이 나의 어버이를 사랑하고 이롭게 해주는 일로 나에게 보답하도록 하여야 하겠는가? 그것은 반드시 내가 먼저 남의 어버이를 사랑하고 이롭게 하는 일에 착수하고 난 다음에 남도 나의 어버이를 사랑하고 이롭게 해주는 일로 보답하도록 하여야 할 것이다.

그러니 이 서로가 효자 노릇을 하려는 사람들은 과연 어찌할 수 없어서 그렇게 하는 건가? 그들은 먼저 남의 어버이를 사랑하고 이롭게 하는 일을 하지 않는 사람들인가? 그렇지 않으면 천하의 효자라는 사람들은 어리석은 자여서 일을 올바로 하지 못하는 자들인가?

잠시 근본적인 것을 따져보면 옛 훌륭한 임금들의 문서인 『시경』 대아(大雅)[20]에 이렇게 말하고 있다.

'어떤 말이든 응답이 없는 것은 없고,
은덕에는 보답이 없는 것이 없다.
내게 복숭아를 던져주면
그에게 오얏으로 갚게 된다.'

곧 이것은 남을 사랑하는 사람은 반드시 자기도 사랑을 받게 되고, 남을 미워하는 자는 반드시 자기도 미움을 받게 됨을 말한 것이다.

20 대아(大雅)의 억(抑) 시에 보이는 구절임.

姑嘗本原之, 孝子之爲親度者. 吾不識孝子之爲親度者, 亦
고 상 본 원 지　효 자 지 위 친 탁 자　오 불 식 효 자 지 위 친 탁 자　역
欲人愛利其親與, 意欲人之惡賊其親與. 以說觀之, 卽欲人之
욕 인 애 리 기 친 여　의 욕 인 지 오 적 기 친 여　이 설 관 지　즉 욕 인 지
愛利其親也.
애 리 기 친 야

然卽吾惡先從事卽得此? 若我先從事乎愛利人之親, 然後人
연 즉 오 오 선 종 사 즉 득 차　약 아 선 종 사 호 애 리 인 지 친　연 후 인
報我愛利吾親乎? 意我先從事乎惡人之親, 然後人報我以愛利
보 아 애 리 오 친 호　의 아 선 종 사 호 오 인 지 친　연 후 인 보 아 이 애 리
吾親乎? 卽必吾先從事乎愛利人之親, 然後報我以愛利吾親
오 친 호　즉 필 오 선 종 사 호 애 리 인 지 친　연 후 보 아 이 애 리 오 친
也.
야

然卽之交孝子者, 果不得已乎? 毋先從事愛利人之親者與?
연 즉 지 교 효 자 자　과 부 득 이 호　무 선 종 사 애 리 인 지 친 자 여
意以天下之孝子爲遇, 而不足以爲正乎?
의 이 천 하 지 효 자 위 우　이 부 족 이 위 정 호

姑嘗本原之, 先王之所書, 大雅之所道曰 ; 無言而不讎, 無
고 상 본 원 지　선 왕 지 소 서　대 아 지 소 도 왈　무 언 이 불 수　무
德而不報. 投我以桃, 報之以李.
덕 이 불 보　투 아 이 도　보 지 이 리

卽此言, 愛人者必見愛也, 而惡人者必見惡也.
즉 차 언　애 인 자 필 견 애 야　이 오 인 자 필 견 오 야

'겸애' 의 사회에서는 서로 사랑하고 서로 이롭게 해주기 때문에, 남의 나라를 공격하는 일도 없고 남의 집안을 어지럽히는 이도 없으며, 남을 해치거나 남의 것을 도둑질하는 이도 없게 된다. 약한 자의 것을 뺏는 일도 없고 가난한 자라고 업신여기는 일도 없으며, 천한 사람에게 오만한 자도 없고, 난폭한 자도 없으며, 어리석은 사람을 속이는 자도 없어진다. 불효한 자식이나 충성스럽지 않은 신하도 없고, 우애 없는 형제도 없게 된다.(「兼愛」 上 · 中 · 下)

이들은 서로 사랑하기 때문에 늘 남을 도와주고 남에게 부족한 게

있으면 자기 것을 나누어 준다.

힘 있는 사람은 다급히 남을 돕고, 재물이 있는 사람은 힘써 남에게 나누어 주며, 올바른 도를 아는 사람은 남에게 그것을 권하고 가르쳐 준다. 이렇게 하면 굶주리는 자는 음식을 먹을 수 있게 되고, 헐벗는 자는 옷을 입을 수 있게 되고, 어지러운 자는 다스려질 수 있게 된다.

有力者疾以助人, 有財者勉以分人, 有道者勸以教人. 若此,
유 력 자 질 이 조 인 유 재 자 면 이 분 인 유 도 자 권 이 교 인 약 차
則飢者得食, 寒者得衣, 亂者得治. (「尙賢(상현)」 下)
즉 기 자 득 식 한 자 득 의 난 자 득 치

힘이 있으면 서로 일해 주고, 올바른 도를 알고 있으면 서로 가르쳐 주고, 재물이 있으면 서로 나누어 준다.

有力相營, 有道相教, 有財相分也. (「天志(천지)」 中)
유 력 상 영 유 도 상 교 유 재 상 분 야

그래서 귀가 밝고 눈이 밝은 사람들은 함께 서로 보고 들어 주게 된다. 그래서 팔다리가 잽싸고 힘 있는 사람들은 서로 움직이고 행동하는 것을 돕게 된다. 그리고 올바른 도를 아는 사람들은 부지런히 서로 가르치고 깨우쳐 주게 된다.

是以聰耳明目, 相與視聽乎. 是以股肱畢强, 相爲動宰乎.
시 이 총 이 명 목 상 여 시 청 호 시 이 고 굉 필 강 상 위 동 재 호
而有道, 肆相教誨. (「兼愛(천지)」 下)
이 유 도 사 상 교 회

귀신이 사람들에게 바라는 것은 많다. 사람이 높은 벼슬과 녹(祿)

을 받게 되면 그것을 현명한 사람에게 양보할 것을 바란다. 재물이 많게 되면 그것을 가난한 이들에게 나누어 주기를 바란다.

夫鬼神之所欲於人者多. 欲人之處高爵祿, 則以讓賢也. 多
부 귀 신 지 소 욕 어 인 자 다 욕 인 지 처 고 작 록 즉 이 양 현 야 다
財, 則以分貧也. (「魯問(노문)」)
재 즉 이 분 빈 야

남을 돕고 남에게 나누어 주는 것도 좋지만, 묵자는 그에 앞서 사람들 모두가 부지런히 자기 맡은 일에 힘쓰고 노력해야 한다고 주장하였다.

그의 힘을 이용하는 자는 살고 그의 힘을 이용하지 못하는 자는 살지 못한다. 군자가 힘써 나라를 다스리지 않으면 나라의 법과 정치가 어지러워진다. 천한 사람들이 부지런히 맡은 일에 종사하지 않으면 쓸 재물이 부족하게 된다.

賴其力者生, 不賴其力者不生. 君子不强聽治, 即刑政亂,
뇌 기 력 자 생 불 뢰 기 력 자 불 생 군 자 불 강 청 치 즉 형 정 란
賤人不强從事, 即財用不足 (「非樂(비락)」 上)
천 인 불 강 종 사 즉 재 용 부 족

현명한 사람이 나라를 다스리면 일찍이 조정에 나가고 늦게 퇴근하며, 소송을 처리하고 나랏일을 다스린다. 그래서 나라가 다스려지고 형벌과 법령이 바로잡힌다. 현명한 사람이 관청의 우두머리가 되면 밤늦게 자고 새벽 일찍이 일어나며, 관소(關所)와 시장 및 산림과 호수와 다리에서 얻어지는 이익을 거두어들이어 관청 창고를 충실케 한다. 그래서 관청 창고는 충실해지고 재물이 흩어지지 않는다. 현명한 사람이 고을을 다스리게 되면 일찍 출근하고 늦게 퇴근

하면서 밭 갈고 씨 뿌리며 심고 가꾸며 곡식을 거둬들이게 한다. 그래서 곡식이 많아지고 백성들은 먹을 것이 풍족해진다.

賢者之治國也, 蚤朝晏退, 聽獄治政. 是以國家治而刑法正.
현 자 지 치 국 야　조 조 안 퇴　청 옥 치 정　시 이 국 가 치 이 형 법 정

賢者之長官也, 夜寢夙興, 收斂關市山林澤梁之利, 以實官府.
현 자 지 장 관 야　야 침 숙 흥　수 렴 관 시 산 림 택 량 지 리　이 실 관 부

是以官府實而財不散. 賢者之治邑也, 蚤出莫入, 耕稼樹藝聚
시 이 관 부 실 이 재 불 산　현 자 지 치 읍 야　조 출 모 입　경 가 수 예 취

菽粟. 是以菽粟多而民足乎食. (「尙賢(상현)」 中)
숙 속　시 이 숙 속 다 이 민 족 호 식

이렇게 모두가 부지런히 노력할 뿐만 아니라 모두 자기에게 가장 적절한 직분을 골라 그 일에 종사한다. 묵자는 이렇게 말하고 있다.

지혜로운 사람은 반드시 그의 능력이 미칠 수 있는 일을 헤아리어 거기에 종사한다.

夫知者, 必量其力所能至而從事焉. (「公孟(공맹)」)
부 지 자　필 량 기 력 소 능 지 이 종 사 언

하였다. 따라서 사람들은 자기 능력에 따라 하는 직업을 가려야 한다고 하였다.

연설을 잘하는 사람은 연설을 하고, 책 해설을 잘하는 사람은 책 해설을 하고, 일을 잘하는 사람은 그 일에 종사한다.

能談辯者談辯, 能說書者說書, 能從事者從事. (「耕柱(경주)」)
능 담 변 자 담 변　능 설 서 자 설 서　능 종 사 자 종 사

여러 가지 기능공들의 경우에는 더욱 자기 능력을 따라야 한다고 하였다.

모든 천하의 공인들은 수레를 만들거나 가죽 물건을 만들거나 질그릇을 만들거나 가구를 만들거나 각기 그의 능력대로 일에 종사하게 한다.

凡天下羣百工, 輪車鞼匏, 陶冶梓匠, 使各從事其能.
범천하군백공 윤차궤포 도야재장 사각종사기능

(「節用(절용)」 中)

따라서 나라의 정치는 묵자가 「상현」편에서 거듭 현명한 사람에게 맡기어 해나가야만 된다고 가르치고 있다.

현명한 이를 숭상하는 것이 정치의 근본이다.

尙賢, 爲政之本也.
상현 위정지본야

묵자는 그래야만 천하가 제대로 돌아가게 된다고 하였다.

사람들로 하여금 각각 자기가 잘하는 일을 찾아 하게 하면 천하의 일들이 잘 처리되게 되고, 고루 각자의 직책을 나누어 맡아 하게 하면 천하의 일들이 제대로 되며, 모두가 자기 좋아하는 일을 하게 되면 천하의 일들이 모두 잘되게 되고, 강한 자와 약한 자의 일에 분수가 있으면 천하의 일들이 모두 갖추어진다.

使人各得其所長，天下事當；鈞其分職，天下事得；皆其所
사 인 각 득 기 소 장 천 하 사 당 균 기 분 직 천 하 사 득 개 기 소

喜，天下事備；强弱有數，天下事具矣. (「雜守(잡수)」)
희 천 하 사 비 강 약 유 수 천 하 사 구 의

그리고 남을 사랑하고 남을 이롭게 하기 위하여는 자기 자신이 검소한 분수에 맞는 생활을 하지 않으면 안된다고도 주장하였다.

배를 헤아리어 알맞게 먹고, 몸을 헤아리어 알맞게 입는다.

量腹而食，度身而衣. (「耕柱(경주)」)
양 복 이 식 도 신 이 의

과분하게 진수성찬을 먹으려 들거나 화려한 옷을 입으려 들어서는 안된다. 모든 쓰는 물건을 절약하여 낭비없는 생활을 하여야만 한다. 그는 “쓸데없는 비용을 없애야 하고(去無用之費)”, “재물의 사용에 낭비가 없어야 한다(用財不費).”[21]고 주장하고 있다. 특히 「절용(節用)」편과 「절장(節葬)」편은 그의 검약(儉約)의 교리를 전문적으로 설교한 부분이다.

이 때문에 '겸애'가 실현되는 사회에는 불행한 자나 불우한 자가 없어진다. 묵자는 이렇게 설명하고 있다.

늙어서 자식이 없는 사람도 그의 수명을 잘 마칠 수가 있고, 형제가 없어 괴롭고 외로운 사람도 여러 사람들 사이에 어울리어 잘 살아갈 수가 있으며, 어려서 그의 부모를 잃은 사람도 의지하여 제대로 자랄 수가 있다.

21 이상 절용(節用)편.

老而無子者，有所得終其壽；連獨無兄弟者，有所雜於生人
노이무자자 유소득종기수 연독무형제자 유소잡어생인
之間；少失其父母者，有所放依而長 (「兼愛(겸애)」中)
지간 소실기부모자 유소방의이장

굶주리면 곧 음식을 먹여주고, 헐벗으면 곧 옷을 입혀주며, 병이 들면 간호하고 보살펴주고, 죽으면 장사지내 준다.

飢卽食之，寒卽衣之，疾病侍養之，死喪葬埋之.
기즉사지 한즉의지 질병시양지 사상장매지

(「兼愛(겸애)」下)

따라서 '겸애'는 모두 인간문제를 근본적으로 해결하는 근거인 것이다. 여기에서 얘기하는 그 밖의 모든 묵자의 교리가 이 '겸애'를 바탕으로 발전한 것이라고도 할 수 있는 것이다. 그리고 좀 더 크게 보면 그의 교리 모두가 '겸애' 속에 포함될 수 있는 것이기 때문에, 보통 얘기하듯이 묵자의 사상은 모든 사람들이 다 같이 서로 사랑하고 아껴준다는 '겸애'로 대표된다고 하여도 지나치다고 할 수는 없는 것이다. '겸애'가 실현되는 사회가 진실로 평화롭고 안락한 사회인 것이다.

3) 비공(非攻)

(1) '비공'의 의의와 근거

'비공'이란 '한 나라가 다른 나라를 공격하고 침략해서는 안된다'는 뜻이다. '겸애'를 주장하는 묵자로서는 국제관계에 있어서는 당연히 여러 나라들이 서로 지켜야 할 조건의 하나가 되는 것이다. 다시 말하면 '비공' 이란 국제문제에 있어서의 '겸애' 의 한 단면이라 볼 수 있다. '겸애' 를 바탕으로 할 때, 나라와 나라 사이에도 서로 우호를 다져야 하고 서로 도우며 교역을 활발히 하여야 하는 등 '비공' 이외에도 여러 조건을 생각할 수 있을 것이다. 그러나 『묵자』에 유독 「비공」 상 · 중 · 하편이 보이고, 또 묵자가 기회있을 적마다 '비공' 을 힘주어 설교하고 있는 것은 그가 살았던 시대의 특수한 상황 때문이라 할 것이다.

묵자가 살았던 춘추(春秋) 말엽에서 전국(戰國) 초엽에 걸친 시대는 나라와 나라 사이의 공격과 전쟁이 극성하여 이른바 약육강식(弱肉强食)의 혼란을 이루었던 때이다. 춘추시대에 대하여 사마천(司馬遷)은 『사기(史記)』[22]에서 다음과 같이 기술하고 있다.

> 춘추시대에 신하에게 죽음을 당한 임금이 36명, 망한 나라가 52개의 나라, 제후로서 망명을 하여 자기 조정을 보전치 못한 사람은 이루 다 헤아릴 수 없는 정도이다.
>
> 春秋之中, 弑君三十六, 亡國五十二, 諸侯奔走不得保其社稷者, 不可勝數.
> 춘추지중 시군삼십륙 망국오십이 제후분주부득보기사직자 불가승수

맹자(孟子)는 춘추시대의 혼란에 대하여 이렇게 말하고 있다.

> 신하로서 그의 임금을 죽이는 자도 있고, 자식으로서 그의 아비를 죽이는 자도 있었다.

22 『史記』 太史公自序.

臣弑其君者有之, 子弑其父者有之. (「滕文公(등문공)」 下)
신 시 기 군 자 유 지 자 시 기 부 자 유 지

전국시대에 와서는 나라들 사이의 전쟁이 더욱 어지러울 정도로 많아져서 맹자는 다음과 같이 설명하고 있다.

땅을 다투기 위하여 전쟁을 하느라고 사람들 사체가 들판에 가득히 널릴 정도로 죽이고, 성을 다투기 위하여 전쟁을 하느라고 사람들 사체가 성 안에 가득찰 정도로 죽였다.

爭地以戰, 殺人盈野 ; 爭城以戰, 殺人盈城. (「離婁(이루)」 上)
쟁 지 이 전 살 인 영 야 쟁 성 이 전 살 인 영 성

이런 세상에서 가장 큰 고통을 겪게 되는 것은 백성들이다. 자연히 부모와 형제가 서로 지탱하지 못하고 처자도 제대로 돌보지 못하게 된다. 『맹자』에는 이어서 이런 말도 보인다.

부모는 헐벗고 굶주리고 형제와 처자가 서로 흩어진다.

父母凍餓, 兄弟妻子離散. (「梁惠王(양혜왕)」 上)
부 모 동 아 형 제 처 자 리 산

'겸애' 를 주장하고 특히 서민의 입장을 대변하려던 묵자로서 이 시대의 전쟁을 특히 반대하고 나선 것은 무엇보다도 당연한 일이라 할 것이다.

'비공' 의 교리는 본질적으로 하늘의 신앙을 바탕으로 한 '겸애' 에서 출발하고 있다. 묵자는 이렇게 말하고 있다.

하늘의 뜻은 큰 나라가 작은 나라를 공격하기 바라지 않으며, 큰 집안이 작은 집안을 어지럽히기 바라지 않는다.

天之意, 不欲大國之攻小國也, 大家之亂小家也.
천지의 불욕대국지공소국야 대가지란소가야

(「兼愛(겸애)」 中)

만약 온 세상 사람들이 모두 아울러 서로 사랑한다면 나라와 나라가 서로 공격하지 않고, 집안과 집안이 서로 어지럽히지 않을 것이다.

若使天下兼相愛, 國與國不相攻, 家與家不相亂.
약사천하겸상애 국여국불상공 가여가불상란

(「兼愛(겸애)」 上)

그러므로 제후들이 서로 사랑하지 않는다면 반드시 들판에서 전쟁을 하게 되고, 가장들이 서로 사랑하지 않는다면 반드시 서로 남의 것을 빼앗게 될 것이다.

是故諸侯不相愛, 則必野戰 ; 家主不相愛, 則必相簒.
시고제후불상애 즉필야전 가주불상애 즉필상찬

(「兼愛(겸애)」 中)

큰 것은 작은 것을 공격하고, 강한 것은 약한 것을 업신여기고, 수많은 자들은 적은 자들을 해치고, 사기꾼은 어리석은 자들을 속이고, 높은 지위의 사람들은 천한 사람들에게 오만하고, 부유하면 가난한 자들에게 교만하고, 건장한 자는 늙은이의 것을 약탈한다. 그래서 천하의 여러 나라들은 지금 물불과 독약과 무기로 서로를 해치고 있다. 이러한 일은 위로는 하늘에 이롭지 아니하고, 가운데로는 귀신에게 이롭지 아니하며, 아래로는 사람에게 이롭지 아니하다. ……곧 하늘의 뜻을 어기는 것이다.

大則攻小也，强則侮弱也，衆則賊寡也，詐則欺愚也，貴則
대 즉 공 소 야　강 즉 모 약 야　중 즉 적 과 야　사 즉 기 우 야　귀 즉
傲賤也，富則驕貧也，壯則奪老也．是以天下之庶國，方以水
오 천 야　부 즉 교 빈 야　장 즉 탈 로 야　시 이 천 하 지 서 국　방 이 수
火毒藥兵刃，以相賊害也．若事上不利天，中不利鬼，下不利
화 독 약 병 인　이 상 적 해 야　약 사 상 불 리 천　중 불 리 귀　하 불 리
人．……則反天之意也．(「天志(천지)」 下)
인　즉 반 천 지 의 야

남의 나라를 공격해서는 안된다는 것은 바로 하늘의 뜻이라는 것이다.

(2) '비공'의 이유

그러나 묵자가 '비공'을 무엇보다도 앞에 드러내 놓고 설교한 까닭은 전쟁이 무엇보다도 무고한 사람들을 많이 죽이는 불의(不義)의 짓이기 때문이었다. 그는 「비공」 상편에서 먼저 이렇게 주장하고 있다.

지금 한 사람이 있어, 남의 과수원에 들어가 그곳의 복숭아나 오얏을 훔치면 여러 사람들은 그 얘기를 듣고서 그를 비난하고, 위에서 정치를 하는 사람들이 그를 잡으면 처벌을 할 것이다. 그것은 어째서인가? 남을 해치면서 자신을 이롭게 하였기 때문이다. 남의 개나 닭이나 돼지를 훔친 자는 그 의롭지 않은 정도가 남의 과수원에 들어가 복숭아나 오얏을 훔친 것보다 더욱 심하다. 그것은 무슨 까닭인가? 남을 해친 게 더욱 많기 때문이다.

진실로 남을 해친 게 더욱 많을수록 그의 어질지 못함도 더욱 심해지고 그의 죄도 더욱 많아진다. 남의 마구간에 들어가 남의 말이나 소를 훔친 자에 이르러는 그 의롭지 않은 정도가 남의 개나 닭이나 돼지를 훔친 것보다 더욱 심하다. 그것은 무슨 까닭인가? 남을 해친 것이 더욱 많기 때문인 것이다.

진실로 남을 해친 게 더욱 많을수록 그의 어질지 못함도 더욱 심하고 그의 죄도 더욱 많아진다. 죄 없는 사람을 죽이고 그의 옷을 벗기고 그의 창이나 칼을 훔친 자에 이르러는 그 의롭지 않은 정도가 남의 마구간에 들어가 남의 말이나 소를 훔친 것보다 더욱 심하다. 그것은 무슨 까닭인가? 그가 남을 해친 것이 더욱 많기 때문이다. 진실로 남을 해친 것이 더욱 많을수록 그의 어질지 못함도 더욱 심해지고 그의 죄도 더욱 많아진다.

이와 같은 일을 천하의 군자들은 모두 알고 그것을 비난하며 의롭지 않은 짓이라고 말한다. 지금 크게 의롭지 않은 짓을 하며 남의 나라를 공격하는 짓에 이르러서는 비난할 줄도 모르고 이를 좇아 칭송을 하면서 의로운 일이라 말한다. 이것을 의로운 일과 의롭지 않은 짓의 분별을 안다고 말할 수가 있겠는가?

한 사람을 죽이면 그것을 의롭지 않은 짓이라 말하며 반드시 한 사람에 대한 죽을 죄를 지게 된다. 만약 이렇게 말해 나간다면 열 사람을 죽이면 열 배의 의롭지 않은 짓이 되고 반드시 열 사람에 대한 죽을 죄를 지게 된다. 백 사람을 죽이면 백 배의 의롭지 않은 짓이 되고 반드시 백 사람에 대한 죽을 죄를 지게 된다.

이와 같은 일을 천하의 군자들은 모두 알고서 그것을 비난하며 의롭지 않은 짓이라고 말한다. 지금 크게 의롭지 않은 짓을 행하며 남의 나라를 공격하는 데 이르러서는 곧 비난할 줄 모르고 그를 좇아서 칭송을 하며 의로운 짓이라 말한다. 이것은 진실로 그것이 의롭지 않은 짓임을 알지 못하는 것이다. 그러므로 그의 말을 적어서 후세에 전하기까지 한다. 만약 그것이 의롭지 않은 짓임을 알았다면 도대체 무슨 말로 그 의롭지 않은 짓을 적어 후세에 전하겠는가?

今有一人，入人園圃，竊其桃李，衆聞則非之，上爲政者得
금유일인 입인원포 절기도리 중문즉비지 상위정자득
則罰之，此何也？以虧人自利也．至攘人犬豕鷄豚者，其不義
즉벌지 차하야 이휴인자리야 지양인견시계돈자 기불의
又甚入人園圃竊桃李，是何故也？以虧人愈多．
우심입인원포절도리 시하고야 이휴인유다

苟虧人愈多，其不仁慈甚，罪益厚．至入人欄廏，取人馬牛
구휴인유다 기불인자심 죄익후 지입인란구 취인마우
者，其不義又甚攘人犬豕鷄豚．此何故也？以其虧人愈多．
자 기불의우심양인견시계돈 차하고야 이기휴인유다

苟虧人愈多，其不仁慈甚，罪益厚．至殺不辜人也，拕其衣
구휴인유다 기불인자심 죄익후 지살불고인야 타기의
裘，取戈劍者，其不義又甚入人欄廏，取人馬牛，此何故也？
구 취과검자 기불의우심입인란구 취인마우 차하고야
以其虧人愈多．苟虧人愈多，其不仁慈甚矣，罪益厚．
이기휴인유다 구휴인유다 기불인자심의 죄익후

當此，天下之君子，皆知而非之，謂之不義．今至大爲不義
당차 천하지군자 개지이비지 위지불의 금지대위불의
攻國，則弗知非，從而譽之，謂之義．此可謂知義與不義之別
공국 즉불지비 종이예지 위지의 차가위지의여불의지별
乎？
호

殺一人謂之不義，必有一死罪矣．若以此往，殺十人，十重
살일인위지불의 필유일사죄의 약이차왕 살십인 십중
不義，必有十死罪矣．殺百人，百重不義，必有百死罪矣．當
불의 필유십사죄의 살백인 백중불의 필유백사죄의 당
此，天下之君子，皆知而非之，謂之不義．今至大爲不義攻國，
차 천하지군자 개지이비지 위지불의 금지대위불의공국
則弗知非，從而譽之，謂之義．情不知其不義也．故書其言，
즉불지비 종이예지 위지의 정부지기불의야 고서기언
以遺後世．若知其不義也，夫奚說書其不義，以遺後世哉？
이유후세 약지기불의야 부해설서기불의 이유후세재

전쟁은 수많은 인명을 살상케 하고 많은 재물을 낭비하여, 사람에게 이롭지 못한 것은 말할 것도 없거니와 '하늘'의 이익이나 '귀신'의 이익에도 어긋나는 것이라 하였다. 곧 묵자가 늘 제시하는 '의'의 기준에도 들어맞지 않을 뿐만 아니라 '이'의 기준에도 어긋나는 것이라는 것이다. 그러니 공벌전쟁은 반대하지 않을 수가 없는 것이다. 「비공」 하편의 한 대목을 더 읽어보기로 하자.

> 지금의 임금이나 대신 또는 천하의 제후들은 그렇지 않다. 반드시 그들은 모두 그의 군사들을 정리하고 군함과 전차를 타는 부대를 잘 갖춘 다음, 이에 튼튼한 갑옷과 예리한 무기를 준비해 가지고 죄 없는 나라를 치러 간다. 그 나라의 변경을 넘어 들어가서는 그들이 농사지은 곡식을 베어 버리고 그곳의 나무를 잘라 버리며, 그들의 성곽을 부수고 그들의 해자를 묻어 버리며, 그들의 가축을 함부로 죽이고 그들의 종묘(宗廟)를 불질러 없애며, 그 나라 백성들을 찔러 죽이고 그 나라의 늙은이와 약한 사람들을 죽여 없애며, 그 나라의 소중한 그릇들을 가져간다. 갑자기 진격하여 전투를 벌이고 말하기를, 목숨을 바치는 것이 가장 잘하는 짓이고 적을 많이 죽이는 게 그 다음이며 몸에 부상을 입는 것은 잘 못하는 짓이라 한다. 그리하고는 대열을 잃고 돌아서서 도망치는 자들은 용서없이 사형에 처할 자들이라 하며 그의 군사들을 위협한다.
>
> 그들은 남의 나라를 빼앗고 군인들을 죽이며 백성들을 해치고 학대하여 성인의 끼치신 일을 어지럽힌다. 그렇지만 그렇게 하여 하늘에 이롭게 하고 있는가? 하늘이 버린 사람들을 가지고서 하늘의 고을을 공격하니, 이것은 하늘의 백성들을 찔러 죽이고 신을 모시는 곳을 박살내며 나라를 뒤엎고 제물로 쓸 짐승들을 함부로 죽이는 것이다. 그러니 이것은 위로 하늘의 이익에 부합되지 않는다.

또 그렇게 함으로써 귀신을 이롭게 해 주는가? 하늘의 사람들을 죽이고 귀신을 제사 지낼 사람들을 없애며, 옛 임금들을 부정하고 백성을 해치고 학대하여 백성들을 흩어지게 하는 것이다. 곧 이것은 가운데로 귀신들의 이익에도 부합되지 않는다.

또 그렇게 함으로써 사람들을 이롭게 해 주는가? 사람을 죽인다는 것은 사람들의 이익도 망치는 짓이다. 또 그 비용을 셈하여 본다면 이것은 삶의 근본을 해치는 것이며 천하 백성들이 사용할 재물을 얼마나 많이 말리게 되는지 이루 다 헤아릴 수도 없다. 그러니 이것은 아래로 사람들의 이익에도 맞지 않는 것이다.

今王公大人, 天下之諸侯, 則不然. 將必皆差論其爪牙之士,
금왕공대인 천하지제후 즉불연 장필개차논기조아지사
比列其舟車之卒伍, 於此爲堅甲利兵, 以往攻伐無罪之國. 入
비렬기주거지졸오 어차위견갑리병 이왕공벌무죄지국 입
其國家邊境, 芟刈其禾稼, 斬其樹木, 墮其城郭, 以湮其溝池,
기국가변경 삼예기화가 참기수목 타기성곽 이인기구지
攘殺其牲牷, 燔潰其祖廟, 勁殺其萬民, 覆其老弱, 遷其重器.
양살기생전 번궤기조묘 경살기만민 복기로약 천기중기
卒進而極乎鬪, 曰; 死命爲上, 多殺次之, 身傷者爲下. 又況
졸진이극호투 왈 사명위상 다살차지 신상자위하 우황
失列北撓乎哉, 罪死無赦, 以憚其衆.
실렬배요호재 죄사무사 이탄기중

夫無兼國覆軍, 賊虐萬民, 以亂聖人之緒. 意將以爲利天乎?
부무겸국복군 적학만민 이란성인지서 의장이위리천호
夫取天之人, 以攻天之邑, 此刺殺天民, 剝振神位, 傾覆社稷,
부취천지인 이공천지읍 차척살천민 박진신위 경복사직
攘殺犧牲, 則此上不中天之利矣.
양살희생 즉차상부중천지리의

意將以爲利鬼乎? 夫殺天之人, 滅攻鬼神之主, 廢滅先王,
의장이위리귀호 부살천지인 멸공귀신지주 폐멸선왕
賊虐萬民, 百姓離散, 則此中不中鬼之利矣.
적학만민 백성리산 즉차중부중귀지리의

意將以爲利人乎? 夫殺人之爲利也薄矣. 又計其費, 此爲害
의장이위리인호 부살인지위리야박의 우계기비 차위해

生之本, 竭天下百姓之財用, 不可勝數也. 則此下不中人之利矣.
생지본 갈천하백성지재용 불가승수야 즉차하부중인지리의

묵자는 전쟁이 어마어마한 낭비임을 다음과 같이 여러 면에서 힘주어 강조하고 있다.

지금 군사를 일으키려 하는데 겨울에 동원하자니 추위가 두렵고 여름에 동원하자니 더위가 두렵다. 그래서 겨울이나 여름에는 군사를 일으킬 수가 없는 것이다. 봄에 일으키면 백성들의 밭 갈고 씨 뿌리는 농사일을 망치게 되고 가을에 일으키면 백성들의 가을걷이를 망치게 된다. 지금 오직 한 철을 망치기만 해도 백성들의 굶주리고 헐벗어 얼어 죽거나 굶어서 죽는 자가 얼마나 많을지 이루 다 헤아릴 수가 없다.

지금 시험삼아 군대를 움직일 때의 비용을 계산하여 보자. 화살 · 깃발 · 장막과 갑옷 · 방패 · 큰 방패 · 칼집이 전쟁에 나가서 부서지고 썩어서 되갖고 돌아오지 못할 것이 얼마나 많을지 이루 다 헤아릴 수가 없다. 또 세모창 · 갈래진 창 · 긴 창 · 칼 · 수레 등도 전쟁에 갖고 나가 부서지고 부러지고 망가져서 되갖고 돌아오지 못할 것이 얼마나 많을지 이루 다 헤아릴 수가 없다. 또 소나 말도 살찐 놈이 나갔다가 말라서 돌아오거나 죽어서 돌아오지 못하게 될 것이 얼마나 많을지 이루 다 헤아릴 수가 없다. 또한 갈 길이 멀어 양식의 운반이 끊겨서 공급이 안 되어 백성들이 죽는 자가 얼마나 많을지 이루 다 헤아릴 수가 없다. 또 사는 곳이 불안하고 밥을 아무 때나 먹게 되고 굶주림과 배부름이 조절되지 않아서 백성들이 길에서 병이 나 죽는 자가 얼마나 많을지 이루 다 헤아릴 수가 없다. 싸우다 죽는 군사가 많은 것도 이루 다 헤아릴 수가 없다. 전멸하는 군사가 얼마나 될는지도 이루 다 헤아릴 수가 없다. 그러면 그를 위하여 제사 지내 줄 사람까지도 잃는 귀신도 역시 이루 다 헤아릴 수 없도록 많을 것이다.

今師徒唯毋興起, 冬行恐寒, 夏行恐暑. 此不可以冬夏爲者
금사도유무흥기 동행공한 하행공서 차불가이동하위자
也. 春則廢民耕稼樹藝, 秋則廢民穫斂. 今唯毋廢一時, 則百
야 춘즉폐민경가수예 추즉폐민확렴 금유무폐일시 즉백
姓飢寒凍餒而死者, 不可勝數.
성기한동뇌이사자 불가승수

今嘗計軍出, 竹箭羽旄幄幕, 甲盾撥劫, 往而靡弊腑冷不反
금상계군출 죽전우모악막 갑순발겁 왕이미폐부랭불반
者, 不可勝數. 又與矛戟戈劍乘車, 其往則碎折靡弊而不反者.
자 불가승수 우여모극과검승거 기왕즉쇄절미폐이불반자
不可勝數.
불가승수

與其牛馬, 肥而往, 瘠而反, 死亡而不反者, 不可勝數. 與其
여기우마 비이왕 척이반 사망이불반자 불가승수 여기
涂道之脩遠, 糧食輟絶而不繼, 百姓死者, 不可勝數也. 與其
도도지수원 양식철절이불계 백성사자 불가승수야 여기
居處之不安, 食飯之不時, 飢飽之不節, 百姓之道疾病而死者,
거처지불안 식반지불시 기포지부절 백성지도질병이사자
不可勝數. 喪師多, 不可勝數. 喪師盡, 不可勝計. 則是鬼神
불가승수 상사다 불가승수 상사진 불가승계 즉시귀신
之喪其主后, 亦不可勝數.
지상기주후 역불가승수

(「非攻(비공)」 中)

만약 군사를 일으키려 한다면 지휘관급 수백 명에 사관급은 반드시 수천 명이 있어야 하고 병졸은 수십 만이 있어야만 군사행동을 할 수가 있을 것이다. 그리고 오래 갈 적에는 수 년, 빨라도 수 개월은 걸리는데, 이 사이 임금은 정치를 할 겨를이 없고 관리들은 그의 벼슬직책을 수행할 겨를이 없고 농부는 농사지을 겨를이 없고 부인은 실 뽑고 길쌈할 겨를이 없을 것이다. 곧 이것이 나라는 일꾼을 잃게 되고 백성들은 하던 일을 바꾸게 되는 원인이 되는 것이다.

그리고 그들의 수레와 말은 해지고 지치게 될 것이고, 장막과 포장같은 전군의 용품과 갑옷과 무기 같은 군수품들은 오분의 일 정도만 남게 된다 해도 많이 남았다고 할 수가 있을 것이다. 그리고 길에서 흩어져 없어지는 것도 있다. 가는 길은 아득히 먼데 양식이 공급되지 않아 음식을 제때에 먹지 못하게 되면, 노무자들은 이 때문에 굶주리고 헐벗어 병에 걸려 도랑 가운데로 굴러 떨어져 죽는 자가 이루 헤아릴 수도 없이 많을 것이다.

이래서 그것이 사람들에게 이롭지 못하며, 천하에 끼치는 해가 대단하다는 것이다. 그런데도 임금과 귀족들이 그것을 즐겨 행한다면, 곧 이것은 천하의 백성들을 해치고 멸망시키기를 즐기는 짓이 된다. 어찌 도리에 어긋나는 것이 아니겠는가?

若使中興師, 君子數百, 庶人也必且數千, 徒倍十萬, 然後
약사중흥사 군자수백 서인야필차수천 도배십만 연후
足以師而動矣. 久者數歲, 速者數月, 是上不暇聽治, 士不暇
족이사이동의 구자수세 속자수월 시상불가청치 사불가
治官府, 農夫不暇稼穡, 婦人不暇紡績織紝. 則是國家失卒,
치관부 농부불가가색 부인불가방적직임 즉시국가실졸
而百姓易務也.
이백성역무야

然而又與其車馬之罷弊也, 幔幕帷蓋, 三軍之用, 甲兵之備,
연이우여기거마지파폐야 만막유개 삼군지용 갑병지비
五分而得其一, 則猶爲序疏矣. 然而又與其散亡道路. 道路遼
오분이득기일 즉유위서소의 연이우여기산망도로 도로요
遠, 粮食不繼傺, 食飮不時, 厠役以此飢寒, 凍餒疾病而轉死
원 양식불계제 식음불시 측역이차기한 동뇌질병이전사
溝壑中者, 不可勝計也.
구학중자 불가승계야

此其爲不利於人也，天下之害厚矣．而王公大人樂而行之，
차 기 위 불 리 어 인 야 천 하 지 해 후 의 이 왕 공 대 인 락 이 행 지

則此樂賊滅天下之萬民也．豈不悖哉？ (「非攻(비공)」下)
즉 차 락 적 멸 천 하 지 만 민 야 기 불 패 재

전쟁이 일어나면 수많은 사람들이 죽게 되고 엄청난 재물이 손실된다. 이 세상에 전쟁처럼 크고 무서운 재난은 없는 것이다.

(3) 공벌(攻伐)과 주벌(誅伐)

그런데 묵자는 전쟁 중에서도 덕 있는 임금이 하늘의 뜻을 대신하여 포악무도한 임금이 다스리는 나라를 징벌하는 전쟁은 '주벌(誅伐)' 이라 하여 '공벌(攻伐)' 과 구별하였다. 곧 옛날 하(夏)나라 우(禹)임금이 묘족(苗族)을 정벌했던 일이나, 상(商)나라 탕(湯)임금이 하나라 걸(桀)임금을 정벌했던 일, 주(周)나라 무왕(武王)이 상나라 주(紂)임금을 정벌했던 전쟁 같은 것은 모두 주벌(誅伐)이어서 '공벌(攻伐)' 과는 구별되어야 한다는 것이다. 묵자는 「비공」 하편에서 '주벌' 에 대하여 다음과 같은 설명을 하고 있다.

지금 공격과 정벌을 좋아하는 임금들은 또 그들의 이론을 꾸며가지고 묵자를 비난한다.

"공격하고 정벌하는 것을 의롭지 않다고 하는 것은 엉뚱한 것을 이롭게 하려는 것이 아닐까? 옛날에 우(禹)임금은 묘(苗)족을 정벌하였고, 탕(湯)임금은 걸(桀)을 정벌하였고, 무왕(武王)은 주(紂)임금을 정벌하였는데, 이들은 모두 성왕이 되었다. 이것은 무엇 때문인가?"

묵자가 말하였다.

"당신은 내 말의 내용을 잘 살피지 않아 그 뜻을 잘 알지 못하고

있다. 그들이 한 것은 이른바 공격이 아니라 잘못한 자를 치는 주벌(誅伐)이라는 것이다.

옛날 묘족들이 크게 세상을 어지럽히자 하늘이 명하시어 그들을 처벌케 하였다. 요괴가 밤이면 나타났고 사흘이나 피비가 내렸고, 용(龍)이 묘당(廟堂)에 나타났고, 개가 시장에서 곡을 하였고, 여름에 얼음이 얼고, 땅이 갈라져 샘물이 솟아났고, 다섯 가지 곡식이 이상하게 자라서 백성들은 크게 떨며 두려워하였다. 순임금이 이에 현궁(玄宮)에서 명을 내리니, 우임금은 친히 하늘의 명령을 받들고 묘나라를 정벌하였다. 그러자 번개와 벼락이 번득이며 진동하고 사람의 얼굴에 새의 몸을 가진 신(神)이 옥홀(玉笏)을 받들고 시종하였다. 묘족은 그들의 근거를 완전히 잃게 되었다. 묘족의 무리들은 크게 어지러워져서 마침내는 후손들까지도 끊어지게 되었다.

우임금은 묘족을 정복하고 나자, 이에 산과 냇물을 따로 분별하고 하늘과 땅의 물건을 구별하였으며, 사방의 먼 나라들까지도 분명히 정리하여 신과 백성들이 서로 어기지 않게 되니 천하가 이에 안정되었다. 곧 이것이 우임금이 묘족을 정벌했던 경과이다.

하(夏)나라 임금 걸(桀)에게도 하늘의 엄한 명령이 내려졌다. 해와 달이 제때에 뜨고 지고 하지 않고, 추위와 더위가 엇갈려 닥치고 다섯 가지 곡식이 말라죽고, 귀신들이 나라 안에서 울부짖었고, 학이 10여 일 밤이나 울었다. 하늘이 이에 표궁(鑣宮)에서 탕임금에게 명하시어, 하나라가 지니고 있던 하늘의 명을 물려받도록 하시었다.

탕임금은 이에 그의 무리를 거느리고 하나라 지경으로 향하였다. 그러자 하나님은 벼락을 내리시어 하나라 성을 무너뜨렸다…….

상(商)나라 임금 주(紂)에게 이르러서는 하늘이 그 나라 임금의 덕을 좋지 않게 보셨다. 제사를 제때에 지내지 않으니, 밤낮으로 열흘 동안 박(薄) 땅에 흙비가 내렸고, 나라의 보배인 구정(九鼎)이 자리를 옮겨 앉았고, 여자 요괴가 밤에 나타났고, 귀신이 밤에 울었으며, 여자가 남자로 변하기도 했고, 하늘에선 피비가 내렸으며, 나라의 한 길에 가시덤불이 자라났고, 임금은 더욱 멋대로 방종하였다…….

무왕은 이에 가서 그를 공격하려고 주나라를 떠나 상나라로 갔다. 하늘은 무왕에게 황조(黃鳥)의 깃발을 내렸다. 무왕은 은나라를 쳐부수어 하나님이 내리신 명을 이룩하고 나서는, 제후들에게 여러 신들을 분별하여 제사 지내도록 하고, 주(紂)의 선조임금들도 제사 지내게 하여, 사방 오랑캐에게까지도 위세가 통하게 되니, 천하에 복종하지 않는 자가 없게 되었다. 이에 탕임금이 하시던 일이 무왕에 의하여 다시 계승되었던 것이다. 이것이 곧 무왕이 주를 정벌하였던 경과이다. 이와 같은 세 성왕들의 경우를 볼 것 같으면 그것은 이른바 공격이 아니라 이른바 정치를 잘 못하는 자를 치는 주벌인 것이다."

今遝夫好攻伐之君, 又飾其說, 以非子墨子曰 ; 以攻伐之爲
금 답 부 호 공 벌 지 군 우 식 기 설 이 비 자 묵 자 왈 이 공 벌 지 위

不義, 非利物與? 昔者禹征有苗, 湯伐桀, 武王伐紂, 此皆立
불 의 비 리 물 여 석 자 우 정 유 묘 탕 벌 걸 무 왕 벌 주 차 개 립

爲聖王, 是何故也?
위 성 왕 시 하 고 야

子墨子曰 ; 子未察吾言之類, 未明其故者也. 彼非所謂攻,
자 묵 자 왈 자 미 찰 오 언 지 류 미 명 기 고 자 야 피 비 소 위 공

謂誅也.
위 주 야

昔者三苗大亂, 天命殛之. 日妖宵出, 雨血三朝, 龍生於廟,
석 자 삼 묘 대 란 천 명 극 지 일 요 소 출 우 혈 삼 조 용 생 어 묘

犬哭乎市, 夏冰, 地坼及泉, 五穀變化, 民乃大振. 高陽乃命
견 곡 호 시 하 빙 지 탁 급 천 오 곡 변 화 민 내 대 진 고 양 내 명

玄宮, 禹親把天之瑞令, 以征有苗. 四電誘祇, 有神人面鳥身,
현 궁 우 친 파 천 지 서 령 이 정 유 묘 사 전 유 지 유 신 인 면 조 신

若瑾以侍. 搤矢有苗之祥. 苗師大亂, 後乃遂幾.
약 근 이 시 액 시 유 묘 지 상 묘 사 대 란 후 내 수 기

禹旣已克有三苗, 焉磨爲山川, 別物上下, 卿制大極, 而神
우 기 이 극 유 삼 묘 언 마 위 산 천 별 물 상 하 경 제 대 극 이 신

民不違, 天下乃靜. 則此禹之所以征有苗也.
민 불 위 천 하 내 정 즉 차 우 지 소 이 정 유 묘 야

遝至乎夏王桀, 天有酷命. 日月不時, 寒暑雜至, 五穀焦死,
답 지 호 하 왕 걸 천 유 혹 명 일 월 불 시 한 서 잡 지 오 곡 초 사

鬼呼國, 鶴鳴十夕餘. 天乃命湯於鑣宮, 用受夏之大命.
귀 호 국 학 명 십 석 여 천 내 명 탕 어 표 궁 용 수 하 지 대 명

湯焉敢奉率其衆, 是以鄕有夏之境. 帝乃使陰暴, 毁有夏之
탕 언 감 봉 솔 기 중 시 이 향 유 하 지 경 제 내 사 음 폭 훼 유 하 지

城…….
성

遝至乎商王紂, 天不序其德. 祀用失時, 兼夜中十日雨土于
답 지 호 상 왕 주 천 불 서 기 덕 사 용 실 시 겸 야 중 십 일 우 토 우

薄, 九鼎遷止, 婦妖宵出, 有鬼宵吟, 有女爲男, 天雨肉, 棘生
박 구 정 천 지 부 요 소 출 유 귀 소 음 유 녀 위 남 천 우 육 극 생

乎國道, 王兄自縱也…….
호 국 도 왕 황 자 종 야

武王乃攻狂夫, 反商之周. 天賜武王黃鳥之旗, 王旣已克殷,
무 왕 내 공 광 부 반 상 지 주 천 사 무 왕 황 조 지 기 왕 기 이 극 은

成帝之來, 分主諸神, 祀紂先王, 通維四夷, 而天下莫不賓,
성 제 지 래 분 주 제 신 사 주 선 왕 통 유 사 이 이 천 하 막 불 빈

焉襲湯之緖. 此卽武王之所以誅紂也. 若以此三聖王者觀之,
언 습 탕 지 서 차 즉 무 왕 지 소 이 주 주 야 약 이 차 삼 성 왕 자 관 지

則非所謂攻也, 所謂誅也.
즉 비 소 위 공 야 소 위 주 야

곧 우임금 · 탕임금 · 무왕의 정벌은 여기에서 묵자가 반대하고 있는 '공벌' 이 아닌 것이다. 묘족과 걸임금 · 주임금이 포악하고 어지러운 짓을 함으로써 하늘의 뜻을 어기었기 때문에 우임금 · 탕임금 · 무왕은 하늘의 뜻을 따라, 하늘의 명을 받들어 이들을 정벌했던 것이다. 이러한 불의를 정벌하는 것은 '주벌' 이라 하는데, '주벌' 은 하늘의 뜻에 의한 것이므로 귀신도 그 정벌을 돕고 모든 백성들도 정벌하는 사람을 따르게 마련인 것이다. 자신의 이익이나 욕망 때문에 남의 나라를 공

격하고 침략하는 전쟁인 '공벌'과는 전혀 다른 성격의 것이다.

(4) '비공'의 방법

'비공'의 방법으로는 무엇보다도 남으로부터 공격을 받는 나라를 도와주고, 다른 나라들의 어려운 문제들을 서로 해결해 주려는 자세가 필요하다. 묵자는 '비공' 하편에서 이런 말을 하고 있다.

> 지금 서로 믿음으로써 사귀고 천하를 먼저 이롭게 할 수 있는 제후들이라면, 큰 나라가 의롭지 않을 적에는 함께 그것을 걱정하고, 큰 나라가 작은 나라를 공격하면 곧 함께 그를 구해 주고, 작은 나라의 성곽이 온전치 않으면 반드시 그것을 수리해줄 것이며, 옷감이나 곡식이 모자라면 그것을 보내주고, 돈이나 비단이 모자라면 그것을 공급해 줄 것이다. 이런 방법으로 큰 나라가 다른 나라를 위해준다면 작은 나라 임금들은 기뻐할 것이다. 남은 노고를 많이 하는데 우리는 평안히 지낸다면 곧 우리 군사들이 강해질 것이며, 너그럽고도 은혜롭고 위급한 것을 구제해 준다면 백성들이 반드시 그를 따르게 될 것이다.

> 今若有能信効先利天下諸侯者, 大國之不義也則同憂之, 大
> 금 약 유 능 신 효 선 리 천 하 제 후 자 대 국 지 불 의 야 즉 동 우 지 대
> 國之攻小國也則同救之, 小國城郭之不全也必使修之, 布粟之
> 국 지 공 소 국 야 즉 동 구 지 소 국 성 곽 지 불 전 야 필 사 수 지 포 속 지
> 絕則委之, 幣帛不足則共之. 以此效大國, 則小國之君說. 人
> 절 즉 위 지 폐 백 부 족 즉 공 지 이 차 효 대 국 즉 소 국 지 군 열 인
> 勞我逸則我甲兵强, 寬以惠, 緩易急, 民必移.
> 로 아 일 즉 아 갑 병 강 관 이 혜 완 이 급 민 필 이

그리고 나라와 나라 사이의 외교도 두터이 할 것을 주장하였다. 「노

문(魯問)」편을 보면, 노(魯)나라 임금이 묵자에게 "나는 늘 제(齊)나라가 우리를 공격할까 하여 두려워하고 있는데 좋은 해결책이 있겠습니까?" 하고 물은 일이 있다. 이때 묵자는 그 해결책으로 다음과 같은 말을 하고 있다.

제가 바라옵건대, 임금께서 위로는 하늘을 높이고 귀신을 섬기고 아래로는 백성을 사랑하고 이롭게 하면서, 많은 예물을 갖추고 하는 말을 공손히 하면서 속히 사방의 제후들에게 두루 예를 갖추고, 온 나라를 이끌고 제나라를 섬기도록 하십시오. 그래야만 걱정은 해결될 수 있습니다. 이러시지 않고는 달리 어찌할 도리가 없습니다.

吾願主君之上者尊天事鬼, 下者愛利百姓, 厚爲皮幣, 卑辭
오 원 주 군 지 상 자 존 천 사 귀 하 자 애 리 백 성 후 위 피 폐 비 사

令, 亟徧禮四隣諸侯, 敺國而以事齊, 患可救也. 非此, 顧無
령 극 편 례 사 린 제 후 구 국 이 이 사 제 환 가 구 야 비 차 고 무

可爲者.
가 위 자

「천지」 중편에서도 이렇게 말하고 있다.

밖으로는 여러 가지 옥과 구슬을 장만하여 가지고서 사방 이웃 나라에 사신을 보내어 사귀면 제후들 사이의 원한이 생겨나지 않을 것이며, 변경의 전쟁도 일어나지 않을 것이다.

外有以爲環璧珠玉, 以聘撓四鄰, 諸侯之冤不興矣, 邊境兵
외 유 이 위 환 벽 주 옥 이 빙 요 사 린 제 후 지 원 불 흥 의 변 경 병

甲不作矣.
갑 부 작 의

그러나 묵자가 주장하고 있는 '비공'의 방법으로써 가장 두드러지는 것은 그가 공격에 대한 방비를 강조하고 있다는 점이다. 그는 「칠환(七患)」편에서 이렇게 적극적으로 적의 공격에 대비할 것을 강조하고 있다.

스스로는 안전하고 강하다 여기고서 수비를 하지 않고, 사방의 이웃이 그를 넘보는 데도 경계할 줄 모르는 것이 다섯째 환난이다.

自以爲安彊而無守備, 四鄰謀之不知戒, 五患也.
자이위안강이무수비 사린모지부지계 오환야

창고에 무기가 비축되어 있지 않으면 비록 의롭다 하더라도 의롭지 않은 자를 정벌할 수가 없고, 성곽이 온전히 갖추어져 있지 않으면 스스로를 지킬 수가 없으며, 마음에 걱정스런 일에 대한 대비가 없으면 졸지에 생기는 일에 대응할 수가 없다.

庫無備兵, 雖有義不能征無義 ; 城廓不備全, 不可以自守 ;
고무비병 수유의불능정무의 성곽불비전 불가이자수

心無備慮, 不可以應卒.
심무비려 불가이응졸

그러므로 대비란 것은 나라의 중요한 일이며, 식량이란 나라의 보배이며, 무기란 나라의 발톱이며, 성이라는 것은 스스로를 지키는 근거인 것이다. 이 세 가지 것은 나라의 중대한 기구인 것이다.

故備者, 國之重也 ; 食者, 國之寶也 ; 兵者, 國之爪也 ; 城
고비자 국지중야 식자 국지보야 병자 국지조야 성

者, 所以自守也. 此三者, 國之具也.
자 소이자수야 차삼자 국지구야

다시 「절장(節葬)」 하편에서도 이렇게 말하고 있다.

> 큰 나라가 작은 나라를 공격하지 못하는 까닭은, 거기에 비축된 재물이 많고 성곽이 잘 수리되어 있고 위 아래 사람들이 잘 조화를 이루고 있기 때문이다. 그래서 큰 나라도 그들을 공격하려 들지 않는 것이다.

> 凡大國之所以不攻小國者, 積委多, 城廓修, 上下調和, 是故大國不耆攻之.
> 범대국지소이불공소국자 적위다 성곽수 상하조화 시고대국불기공지

묵자는 당장 눈앞에 벌어지고 있는 나라들 사이의 공벌전쟁(攻伐戰爭)을 막는 일을 실천하자면 우선 적의 공격을 효과적으로 막아 물리치는 방법을 강구해야 한다고 생각했던 것 같다. 모든 나라들이 외국을 침공하는 것이 쉬운 일이 아니라는 것을 잘 알게 된다면 자연히 공벌전쟁은 없어지게 되리라 여겼던 것이다.

『묵자』를 보면 제52 「비성문(備城門)」편으로부터 제71 「잡수(雜守)」편에 이르는 11편 모두가 제목을 통해서도 짐작할 수 있듯이 적의 공격으로부터 성을 방어하는 방법을 쓴 것이다. 이 종류의 글은 본시 10편이 더 있었으나 중간에 없어져 버리고 11편만 남은 것이다. 이 11편의 글을 보면 묵자는 방어술을 연구했을 뿐만이 아니라 여러 가지 방어기계도 발명하여 그 사용방법을 설명하고 있다. 묵자는 이처럼 실제로 자신이 방어를 위주로 하는 병법(兵法)을 연구하여 병략가(兵略家)로서도 일가를 이루고 있다. 실제로 그 스스로가 전쟁을 막기 위하여 이러한 방어법을 활용하여 적지 않은 성과도 올렸다. 다음에 소개하는 「공수」편에는 그 좋은 보기가 실려 있다.

묵자는 남의 나라를 공격하는 짓을 말로만 반대했을 뿐만 아니라, 적극적으로 적의 공격을 물리치고 성을 방위할 수 있는 무기와 병법도 연구했던 것이다. 그가 살았던 시대가 '전국(戰國)' 이었기에 불가피한 일이라 할 수 있다.

(5) '비공'의 실천

초(楚)나라가 공수반(公輸盤)이 만든 구름 사다리〔雲梯〕라는 무기를 사용하여 송(宋)나라를 공격하려 했을 때, 묵자는 멀리 제(齊)나라로부터 초(楚)나라까지 자신의 고난과 위험도 무릅쓰고 달려가 전쟁을 막았다. 그 얘기는 『묵자』 공수(公輸)편에 실려 있다. 아래에 「공수」편 전편을 세 단으로 나누어 소개한다.

> 공수반(公輸盤)이[23] 초(楚)나라를 위하여 구름 사다리〔雲梯〕라는 성을 공격하는 기계를 만들었다. 다 이루어지자 그것을 가지고서 송(宋)나라를 공격하려 하였다. 묵자는 그 말을 듣자 제(齊)나라[24]에서 출발하여 열흘 낮과 열흘 밤을 달리어 초나라의 도읍 영(郢)에 이르러 공수반을 만났다.
>
> 공수반이 말하였다.
>
> "선생님은 무슨 일로 오셨는지요?"
>
> 묵자가 말하였다.
>
> "북쪽에 나를 업신여기는 자가 있어 선생님 힘을 빌어 그를 죽이

23 公輸盤 : 公輸般 · 公輸班으로도 쓰고 魯班이라고도 불리던 魯나라 출신의 유명한 工匠으로, 후세에까지도 이름을 떨쳤다.

24 『呂氏春秋』 愛類편 등의 기록을 참고하면, 여기의 '齊'나라는 '魯'나라의 잘못임이 분명함.

고자 합니다."

공수반은 기쁘지 않은 모습을 지었다. 묵자가 말하였다.

"십금(十金)을 바치겠습니다."

공수반이 말하였다.

"저는 의롭기 때문에 본시 사람을 죽이지 않습니다."

"청컨대 설명을 하게 해주십시오. 나는 북쪽에서 선생님께서 구름 사다리(雲梯)를 만들어 그것으로써 송나라를 공격하려 한다는 말을 들었습니다. 송나라에 무슨 죄가 있습니까? 초나라는 여유 있는 땅을 가지고 있으나 백성들이 부족합니다. 부족한 백성을 죽임으로써 여유 있는 땅을 위하여 다툰다는 것은 지혜로운 일이라 할 수가 없습니다. 송나라는 죄도 없는데 그 나라를 공격한다는 것은 어진 일이라고 말할 수 없습니다. 알면서도 올바로 말하지 않는 것은 충성스럽다고 할 수가 없습니다. 올바로 말하여 뜻을 이루지 못하는 것은 강하다고 말할 수가 없습니다. 의로움이라 하여 적은 사람들은 죽이지 않으면서도 여러 사람들을 죽이는 것은 일의 성질을 제대로 안다고 말할 수 없습니다."

공수반은 설복당하였다. 묵자가 말하였다.

"그런데 어찌하여 그만두게 하지 않습니까?"

공수반이 말하였다.

"안됩니다. 나는 이미 그렇게 하도록 임금님께 말하였습니다."

묵자가 말하였다.

"어찌하여 나를 임금님께 뵙도록 해주지 않습니까?"

공수반이 대답하였다.

"그렇게 하겠습니다."

公輸盤, 爲楚造雲梯之械, 成, 將以攻宋. 子墨子聞之, 起於
공수반 위초조운제지계 성 장이공송 자묵자문지 기어

齊, 行十日十夜, 而至於郢, 見公輸盤.
제 행십일십야 이지어영 견공수반

公輸盤曰；夫子何命焉爲? 子墨子曰；北方有侮臣, 願藉子
공수반왈 부자하명언위 자묵자왈 북방유모신 원자자
殺之. 公輸盤不說. 子墨子曰；請獻十金. 公輸盤曰；吾義固
살지 공수반불열 자묵자왈 청헌십금 공수반왈 오의고
不殺人.
불살인

子墨子起, 再拜曰；請說之. 吾從北方聞子爲梯, 將以攻宋.
자묵자기 재배왈 청설지 오종북방문자위제 장이공송
宋何罪之有? 荊國有餘於地, 而不足於民. 殺所不足, 而爭所
송하죄지유 형국유여어지 이부족어민 살소부족 이쟁소
有餘, 不可謂智. 宋無罪而攻之, 不可謂仁. 知而不爭, 不可
유여 불가위지 송무죄이공지 불가위인 지이부쟁 불가
謂忠. 爭而不得, 不可謂强. 義不殺少而殺衆, 不可謂知類.
위충 쟁이부득 불가위강 의불살소이살중 불가위지류
公輸盤服.
공수반복

子墨子曰；然胡不已乎? 公輸盤曰；不可. 吾旣已言之王
자묵자왈 연호불이호 공수반왈 불가 오기이언지왕
矣. 子墨子曰；胡不見我於王? 公輸盤曰；諾.
의 자묵자왈 호불견아어왕 공수반왈 낙

묵자가 임금을 뵙고서 말하였다.

"지금 여기에 한 사람이 있는데 그의 무늬 새겨진 좋은 수레를 버려두고 이웃에 있는 다 낡은 수레를 훔치려 합니다. 그의 수놓인 비단 옷은 버려두고 이웃에 있는 짧은 거친 옷을 훔치려 합니다. 그의 기장과 고기는 버려 두고 이웃에 있는 겨와 지게미를 훔치려 합니다. 이것은 어떠한 사람이라 하시겠습니까?"

임금이 말하였다.

"반드시 도둑질하는 버릇이 든 사람이겠지요."

묵자가 말하였다.

"초나라 땅은 사방 5천 리의 넓이이고 송나라 땅은 사방 5백 리이니 이것은 마치 무늬 새겨진 좋은 수레를 낡은 수레와 견주는 것이나 같습니다. 초나라에는 운몽(雲夢)이란 호수가 있는데 그 근처에는 물소와 외뿔소와 고라니와 사슴 같은 짐승들이 가득하고 강수(江水)와 한수(漢水)에는 물고기와 자라와 큰 자라와 악어가 있어 천하의 부를 이루고 있습니다. 송나라는 이른바 꿩과 토끼나 붕어 같은 물고기조차도 없다는 나라입니다. 이것은 마치 기장과 고기를 겨와 지게미와 견주는 것이나 같습니다. 초나라에는 장송(長松)과 문재(文梓)와 편남(楩枏)과 예장(豫章) 같은 좋은 재목들이 나는데 송나라에는 긴 나무란 없습니다. 이것은 마치 수놓은 비단 옷을 짧은 거친 옷과 견주는 것이나 같습니다. 저는 임금님의 신하들이 송나라를 공격하려 하는 것도 앞 사람들과 같은 종류의 일이라 생각합니다. 저의 생각으로는 대왕께서는 반드시 의로움만 손상시키게 될 뿐 얻어지는 게 없을 것으로 압니다."

임금이 말하였다.

"좋은 말씀이오! 비록 그렇다 하더라도 공수반이 나를 위하여 구름 사다리〔雲梯〕를 만들었으니 꼭 송나라를 빼앗아야만 하겠소."

子墨子見王曰；今有人於此，舍其文軒，鄰有敝輿，而欲竊
자 묵 자 견 왕 왈 금 유 인 어 차 사 기 문 헌 인 유 폐 여 이 욕 절

之，舍其錦繡，鄰有短褐，而欲竊之，舍其粱肉，鄰有糠糟，而
지 사 기 금 수 인 유 단 갈 이 욕 절 지 사 기 량 육 인 유 강 조 이

欲竊之，此爲何若人？王曰；必爲竊疾矣.
욕 절 지 차 위 하 약 인 왕 왈 필 위 절 질 의

子墨子曰；荊之地，方五千里，宋之地，方五百里，此猶文
자 묵 자 왈 형 지 지 방 오 천 리 송 지 지 방 오 백 리 차 유 문

軒之敝輿也. 荊有雲夢，犀兕麋鹿滿之，江漢之魚鼈黿鼉，爲
헌 지 폐 여 야 형 유 운 몽 서 시 미 록 만 지 강 한 지 어 별 원 타 위

天下富. 宋所謂無雉兎鮒魚者也. 此猶粱肉之與糠糟也. 荊有
천 하 부 송 소 위 무 치 토 부 어 자 야 차 유 량 육 지 여 강 조 야 형 유

長松文梓楩枏豫章，宋無長木，此猶錦繡之與短褐也. 臣以三
장 송 문 재 편 남 예 장 송 무 장 목 차 유 금 수 지 여 단 갈 야 신 이 삼

吏之攻宋也, 爲與此同類. 臣見大王之必傷義而不得.
리 지 공 송 야 위 여 차 동 류 신 견 대 왕 지 필 상 의 이 부 득

王曰 ; 善哉! 雖然, 公輸盤爲我爲雲梯, 必取宋.
왕 왈 선 재 수 연 공 수 반 위 아 위 운 제 필 취 송

이에 공수반을 만났다. 묵자는 허리띠를 끌러 성을 만들고 나뭇조각으로 기계를 삼았다. 공수반은 성을 공격하는 방법을 아홉 번이나 바꾸면서 기계로 공격하였으나 묵자는 아홉 번 모두 이를 막아내었다. 공수반의 성을 공격하는 기계의 방법을 다썼으나 묵자의 수비에는 여유가 있었다. 공수반이 굴복하였다.

그러나 그는 말했다.

"저는 선생님을 막아내는 방법을 알고 있지만 말하지 않겠습니다."

묵자도 역시 말하였다.

"나도 선생님이 나를 막아낼 방법을 알고 있지만 나도 말하지 않겠습니다."

초나라 임금이 그 까닭을 물으니 묵자가 말하였다.

"공수 선생의 뜻은 다만 저를 죽이려는 것 뿐입니다. 저를 죽이면 송나라는 막아낼 수가 없을 터이니 공격할 수 있을 거라는 거지요. 그러나 저의 제자 금골회(禽滑釐) 등 3백 명이 이미 저의 수비하는 기계를 가지고서 송나라 성 위에서 초나라의 군대를 기다리고 있습니다. 비록 저를 죽인다 하더라도 그것을 없앨 수는 없습니다."

초나라 임금이 말하였다.

"좋습니다! 나는 송나라를 공격하지 않도록 하지요."

묵자는 돌아가는 길에 송나라를 지났다. 마침 비가 내려 그곳 마을 문 안으로 들어가 비를 피하려 하였다. 그러나 마을문을 지키는 사람이 그를 들여보내 주지 않았다. 그러므로

"귀신처럼 일을 한 사람에 대하여 사람들은 그가 한 일을 알지 못

한다. 밝게 드러내 놓고 다툰 일만을 여러 사람들은 알게 된다."는 말이 있는 것이다.

於是見公輸盤. 子墨子解帶爲城, 以牒爲械, 公輸盤九設攻
어시견공수반 자묵자해대위성 이첩위계 공수반구설공
城之機變, 子墨子九距之. 公輸盤之攻械盡, 子墨子之守圉有
성지기변 자묵자구거지 공수반지공계진 자묵자지수어유
餘. 公輸盤詘.
여 공수반굴

而曰 ; 吾知所以距子矣, 吾不言. 子墨子亦曰 ; 吾知子之所
이왈 오지소이거자의 오불언 자묵자역왈 오지자지소
以距我, 吾不言.
이거아 오불언

楚王問其故, 子墨子曰, 公輸子之意, 不過欲殺臣. 殺臣宋
초왕문기고 자묵자왈 공수자지의 불과욕살신 살신송
莫能守, 可攻也. 然臣之弟子禽滑釐等三百人, 已持臣守圉之
막능수 가공야 연신지제자금골리등삼백인 이지신수어지
器, 在宋城上而待楚寇矣. 雖殺臣, 不能絕也. 楚王曰 ; 善哉!
기 재송성상이대초구의 수살신 불능절야 초왕왈 선재
吾請無攻宋矣.
오청무공송의

子墨子歸, 過宋. 天雨, 庇其閭中, 守閭者不內也. 故曰 ; 治
자묵자귀 과송 천우 비기려중 수려자불내야 고왈 치
於神者, 衆人不知其功, 爭於明者, 衆人知之.
어신자 중인부지기공 쟁어명자 중인지지

다시 『묵자』 노문(魯問)편을 보면 노양문군(魯陽文君)이 정(鄭)나라를 공격하려 했을 때 묵자가 찾아가 이를 말리고 있다.

노양(魯陽)의 문군(文君)이 정(鄭)나라를 공격하려 하였다. 묵자는 그 말을 듣고서 이를 말리려고 노양의 문군에게 말하였다.

"지금 만약 노양 땅 경계 안에서 큰 도시가 작은 도시를 공격하고 큰 집안이 작은 집안을 공격하여, 거기에 사는 사람들을 죽이고 그들의 소 · 말 · 개 · 돼지 · 무명 · 비단 · 쌀 · 조 및 재물들을 빼앗아 간다면 곧 어떻게 하겠습니까?"

노양의 문군이 말하였다.

"노양 땅 사방 경계 안 사람들은 모두가 나의 신하들이오. 지금 큰 도시가 작은 도시를 공격하고 큰 집안이 작은 집안을 공격하여 그들이 재물을 빼앗는다면 곧 나는 무거운 형벌을 내릴 것이오."

묵자는 말하였다.

"하늘이 온 세상을 아울러 보존하고 있는 것도 역시 임금님께서 사방 경계 안을 갖고 있는 것이나 같은 일입니다. 지금 군사를 일으키어 정나라를 공격한다면 하늘의 처벌이 내리지 않겠습니까?"

노양의 문군이 말하였다.

"선생께서 어찌하여 내가 정나라를 공격하려는 것을 막는 거요? 내가 정나라를 공격하는 것은 하늘의 뜻을 따르는 것이오. 정나라 사람들은 이세(二世)에 걸쳐 그들의 임금을 죽이었소. 하늘은 주벌(誅罰)을 내리시어 3년 동안 농사가 온전히 되지 않게 하였지요. 나는 하늘이 벌하시는 것을 도우려는 것이오."

묵자가 말하였다.

"정나라 사람들이 이세에 걸쳐 자기 아비를 죽이어 하늘이 벌을 내리시어 3년 동안 농사가 온전히 되지 않았다면 하늘의 처벌로서 충분한 것입니다. 지금 또 군사를 일으키어 정나라를 치면서, 내가 정나라를 공격하는 것은 하늘의 뜻을 따르는 것이라고 말씀하시는 것은, 마치 여기에 한 사람이 있는데 그의 아들이 제멋대로 놀아나 사람 노릇을 못하므로 그의 아버지가 매질을 하니까 그의 이웃집 영감이 몽둥이를 들고서 치면서 말하기를, 내가 얘를 치는 것은 그의 아버지의 뜻을 따르는 것이라고 말하는 거나 같은 일입니다. 어찌 도리에 어긋나지 않겠습니까?"

魯陽文君將攻鄭, 子墨子聞而止之, 謂魯陽文君曰；今使魯
노양문군장공정 자묵자문이지지 위노양문군왈 금사로
四境之內, 大都攻其小都, 大家伐其小家, 殺其人民, 取其牛
사경지내 대도공기소도 대가벌기소가 살기인민 취기우
馬狗豕布帛米粟貨財, 則何若?
마구시포백미속화재 즉하약

魯陽文君曰；魯四境之內皆寡人之臣也. 今大都攻其小都,
노양문군왈 노사경지내개과인지신야 금대도공기소도
大家伐其小家, 奪之貨財, 則寡人必將厚罰之.
대가벌기소가 탈지화재 즉과인필장후벌지

子墨子曰；夫天之兼有天下也, 亦猶君之有四境之內也. 今
자묵자왈 부천지겸유천하야 역유군지유사경지내야 금
擧兵將以攻鄭, 天誅其不至乎?
거병장이공정 천주기부지호

魯陽文君曰；先生何止我攻鄭也? 我攻鄭, 順於天之志. 鄭
노양문군왈 선생하지아공정야 아공정 순어천지지 정
人二世殺其君, 天加誅也. 使三年不全. 我將助天誅也.
인이세살기군 천가주야 사삼년부전 아장조천주야

子墨子曰；鄭人二世殺其父, 而天加誅焉, 使三年不全, 天
자묵자왈 정인이세살기부 이천가주언 사삼년부전 천
誅足矣. 今又擧兵, 將以攻鄭, 曰吾攻鄭也, 順於天之志, 譬
주족의 금우거병 장이공정 왈오공정야 순어천지지 비
有人於此, 其子强梁不材, 故其父笞之, 其隣家之父, 擧木而
유인어차 기자강량부재 고기부태지 기린가지부 거목이
擊之曰；吾擊之也, 順於其父之志, 則豈不悖哉?
격지왈 오격지야 순어기부지지 즉기불패재

「경주」편에도 묵자가 노양문군에게 '비공'의 이론을 설교하는 다음과 같은 대목이 있다.

묵자가 노양(魯陽)의 문군(文君)에게 말하였다.

"큰 나라가 작은 나라를 공격하는 것은 비유를 들면 마치 아이들이 말놀이를 하는 것과 같습니다. 아이들은 말놀이를 하다가 모두 자기 발을 써서 지쳐 버립니다. 지금 큰 나라가 작은 나라를 공격하면 공격당하는 편의 농부들은 밭을 갈 수 없고 부인들은 길쌈을 할 수 없게 되며 나라를 지키는 일에 종사하게 됩니다. 남을 공격하는 편에서도 역시 농부들은 밭을 갈 수 없고 부인들은 길쌈을 할 수 없게 되며 공격하는 일에 종사하게 됩니다. 그러므로 큰 나라가 작은 나라를 공격하는 것은 비유를 들면 마치 아이들이 말놀이를 하는 것과 같다는 것입니다."

子墨子謂魯陽文君曰；大國之攻小國，譬猶童子之爲馬也.
자 묵 자 위 노 양 문 군 왈 대 국 지 공 소 국 비 유 동 자 지 위 마 야
童子之爲馬，足用而勞. 今大國之攻小國也，攻者農夫不得耕，
동 자 지 위 마 족 용 이 로 금 대 국 지 공 소 국 야 공 자 농 부 부 득 경
婦人不得織，以守爲事. 攻人者，亦農夫不得耕，婦人不得織，
부 인 부 득 직 이 수 위 사 공 인 자 역 농 부 부 득 경 부 인 부 득 직
以攻爲事. 故大國之攻小國也，譬猶童子之爲馬也.
이 공 위 사 고 대 국 지 공 소 국 야 비 유 동 자 지 위 마 야

묵자는 남의 나라를 공격하는 전쟁은 아이들이 말놀이를 하는 것과 같이 아무런 소득도 없는 일이라는 것이다. 결국 자기 나라와 온 세상을 피폐하게 만드는 결과를 가져온다는 것이다.

제(齊)나라가 노(魯)나라를 침공하려 했을 적에도 묵자는 적극적으로 나서서 두 나라 사이의 전쟁을 막았다. 「노문」편에 아래와 같은 애기가 실려 있다.

제나라가 노나라를 치려 하자, 묵자는 항자우(項子牛)[25]를 찾아가 말하였다. "노나라를 치는 것은 제나라의 큰 잘못이 됩니다. 옛날 오(吳)[26]나라 임금은 동쪽으로는 월(越)나라를 쳐서 그 임금을 회계

25 項子牛 : 齊나라 장수 이름.
26 吳나라 : 오왕 夫差가 월왕 勾踐을 공격했던 일을 가리킴.

산(會稽山)[27]에 가두어놓고, 서쪽으로는 초(楚)나라를 쳐서 초나라 소왕(昭王)을 수(隨)[28] 땅에 잡아두었으며, 북쪽으로는 제나라를 쳐서 장수인 국서(國書)를 잡아 오나라로 데려왔습니다. 그러자 제후들이 그 원수를 갚아주려고 일어나자 오나라 백성들은 전쟁의 수고로움을 괴로워하여 명령에 따르지 않게 되었습니다. 그래서 나라는 텅 비어 사람이 드물게 되고 그 자신은 처형을 당하게 되었던 것입니다.

옛날 진(晉)나라의 지백(智伯)[29]은 범씨(范氏)와 중항씨(中行氏)를 쳐서 삼진(三晉)의 땅을 합병시켰습니다. 그러자 제후들이 그 원수를 갚아주려고 일어나자 진나라 백성들은 그로 인한 수고로움을 견디지 못하여 임금 말을 듣지 않게 되었습니다. 그래서 나라는 텅 비어 사람이 드물게 되고 그 자신은 처형을 당하게 된 것도 그 때문입니다. 그러니 큰 나라가 작은 나라를 공격하는 것도 실은 서로를 해치는 짓이니, 잘못은 반드시 그 나라로 되돌아오게 됩니다."

齊將伐魯, 子墨子謂項子牛曰 ; 伐魯, 齊之大過也. 昔者吳王東伐越, 棲諸會稽 ; 西伐楚, 葆昭王於隨 ; 北伐齊, 取國子以歸於吳. 諸侯報其讎, 百姓苦其勞, 而弗爲用. 是以國爲虛戾, 身爲刑戮也.
제장벌로 자묵자위항자우왈 벌로 제지대과야 석자오왕동벌월 서저회계 서벌초 보소왕어수 북벌제 취국자이귀어오 제후보기수 백성고기로 이불위용 시이국위허려 신위형륙야

昔者智伯伐范氏與中行氏, 兼三晉之地. 諸侯報其讎, 百姓
석자지백벌범씨여중항씨 겸삼진지지 제후보기수 백성

27 會稽山 : 지금의 浙江省 山陰縣 남쪽에 있는 산 이름.

28 隨 : 춘추시대 작은 나라 이름, 지금의 湖北省 隨縣 남쪽에 있었다. 뒤에 楚나라에게 멸망당함.

29 智伯 : 춘추시대 晋나라 將軍, 范氏 · 中行氏와 함께 六卿 중의 한 사람이었다.

苦其勞, 而弗爲用. 是以國爲虛戾, 身爲刑戮, 用是也. 故大
고기로 이불위용 시이국위허려 신위형륙 용시야 고대

國之攻小國也, 是交相賊也, 過必反於國.
국지공소국야 시교상적야 과필반어국

묵자가 제(齊)나라 태왕(大王)을 뵙고서 말하였다.

"지금 여기에 칼이 있는데 사람의 머리를 시험삼아 잘라 보니 설경 잘라졌습니다. 예리하다고 말할 수 있겠습니까?"

태왕이 대답하였다.

"예리합니다."

묵자가 말하였다.

"여러 사람의 머리를 시험삼아 잘라보니 모두 설경설경 잘라졌습니다. 예리하다고 말할 수 있겠습니까?"

태왕이 대답하였다.

"예리합니다."

묵자가 말하였다.

"칼이 예리합니다만 누가 사람을 죽인 죗값을 받아야 하겠습니까?"

태왕이 말하였다.

"칼은 그 예리한 것이 증명되었을 뿐이니, 그것을 시험한 사람이 그 죗값을 받을 것입니다."

묵자가 말하였다.

"남의 나라를 빼앗고 군대를 모두 전멸시키며 백성들을 해치고 죽인다면 누가 그 죗값을 받게 되겠습니까?"

태왕은 고개를 떨구었다 들었다 하면서 생각하다가 말하였다.

"내가 그 죗값을 받겠지요."

子墨子見齊大王曰; 今有刀於此, 試之人頭, 倅然斷之, 可
자묵자견제태왕왈 금유도어차 시지인두 졸연단지 가

謂利乎? 大王曰；利. 子墨子曰；多試之人頭, 倅然斷之, 可
위 리 호 태 왕 왈 이 자 묵 자 왈 다 시 지 인 두 졸 연 단 지 가

謂利乎? 大王曰；利.
위 리 호 태 왕 왈 이

子墨子曰；刀則利矣, 孰將受其不祥? 大王曰；刀受其利,
자 묵 자 왈 도 즉 리 의 숙 장 수 기 불 상 태 왕 왈 도 수 기 리

試者受其不祥. 子墨子曰；并國覆軍, 賊殺百姓, 孰將受其不
시 자 수 기 불 상 자 묵 자 왈 병 국 복 군 적 살 백 성 숙 장 수 기 불

祥. 大王俯仰而思之曰；我受不祥.
상 태 왕 부 앙 이 사 지 왈 아 수 불 상

묵자의 이러한 끈질긴 노력은 실제로 일어났을 많은 전쟁들을 사전에 방지하였다. 그러나 벼슬 없는 묵자로서 이처럼 남의 나라를 찾아가 그 나라 임금이나 권력자를 만나 중대한 나랏일을 간섭한다는 것은, 우리가 상상치도 못할 고난과 함께 그의 생명에 대한 위험까지도 따랐을 것이다.

4) 절검(節儉)

(1) 절용(節用)

묵자는 앞에서도 이미 얘기했듯이 서민들의 입장을 대변하는 사상가이기 때문에, 누구나 부지런히 일하고 서로 돕는 한편 물자를 절약하고 검소하게 지낼 것을 강조하고 있다. 그는 「칠환(七患)」편에서도 이렇게 얘기하고 있다.

그러므로 지나친 상(賞)을 공도 없는 자에게 내리고, 나라의 창고를 텅 비게 하면서 수레와 말을 갖추고 옷과 갖옷을 이상하게 차리며, 그들이 부리는 자들을 괴롭히면서 궁실을 짓고 즐기며, 죽으면

또 두터이 관(棺)과 겉관을 장만하고, 많은 옷과 갖옷을 마련한다. 살아서는 누각(樓閣)과 정자를 짓고, 죽어서는 또 무덤을 치장한다. 그러므로 백성들은 밖에서 고생하고, 창고는 안으로 바닥나게 되는 것이다. 위에서는 즐김에 싫증을 낼 줄 모르고, 아래서는 그들의 괴로움을 감당하지 못하게 된다. 그러므로 나라는 적을 만나기만 하면 피해를 입고, 백성들은 흉년과 기근(饑饉)을 당하면 죽게 되는데, 이것은 모두 제대로 그 일에 대비하지 않은 죄라고 하는 것이다.

故曰；以其極賞，以賜無功，虛其府庫，以備車馬，衣裘奇
고왈 이기극상 이사무공 허기부고 이비거마 의구기
怪，苦其役徒，以治宮室觀樂，死又厚爲棺椁，多爲衣裘．生
괴 고기역도 이치궁실관락 사우후위관곽 다위의구 생
時治臺榭，死又脩墳墓．故民苦於外，府庫單於內．上不厭其
시치대사 사우수분묘 고민고어외 부고단어내 상불염기
樂，下不堪其苦．故國離寇敵則傷，民見凶饑則亡．此皆備不
락 하부감기고 고국리구적즉상 민견흉기즉망 차개비불
具之罪也．
구지죄야

그러나 『묵자』를 보면 이에 관한 글로는 특히 「절용(節用)」·「절장(節葬)」·「비악(非樂)」의 세 편이 있다. 묵자의 눈에는 무엇보다도 이 세 가지가 그 시대 사회에 있어서 가장 다급한 문제로 느껴졌기 때문일 것이다. 그런데 「절용」편에 앞서 「사과(辭過)」편도 전 편이 '검약'을 강조하는 내용이다. 여기에서는 특히 지금 임금들은 옛 임금들에 비하여 궁전·의복·음식·배와 수레·부리는 사람들의 다섯 가지를 지나치게 사치하며 절검(節儉)할 줄 몰라서 나라를 망치고 있다고 비평하고 있다. 궁전과 옷에 대하여 논한 부분만을 아래에 보기로 든다.

지금의 임금들이 집을 짓는 것은 이것과 다르다. 반드시 분에 넘치는 공사를 하여 백성들에게서 거둬들이며, 백성들이 먹고 입을 재물을 함부로 뺏어다가 궁실과 누각을 이리저리 모양을 내어 지으며, 여러 가지 색칠과 조각으로 장식을 한다. 궁전을 이와 같이 지으니 신하들도 모두 임금을 본뜨게 된다. 그리하여 나라의 재물은 흉년과 기근(饑饉)에 대비하거나 고아나 과부 같은 이들을 구제하기엔 불충분하게 된다. 그러므로 나라는 가난해지고 백성들은 다스리기 어렵게 되는 것이다. 임금이 정말로 천하가 다스려지기를 바라고 어지러워지는 것을 싫어한다면, 마땅히 궁실을 지음에 절제를 하지 않아서는 안되는 것이다.

當今之主, 其爲宮室, 則與此異矣. 必厚作, 斂於百姓, 暴奪
당금지주 기위궁실 즉여차이의 필후작 염어백성 폭탈
民衣食之財, 以爲宮室臺榭曲直之望, 靑黃刻鏤之飾. 爲宮室
민의식지재 이위궁실대사곡직지망 청황각루지식 위궁실
若此, 故左右皆法象之. 是以其財不足以待凶饑, 振孤寡, 故
약차 고좌우개법상지 시이기재부족이대흉기 진고과 고
國貧而民難治也. 君實欲天下之治而惡其亂也, 當爲宮室不可
국빈이민난치야 군실욕천하지치이오기란야 당위궁실불가
不節.
부절

지금의 임금들을 보면 옷을 만드는 방법이 이것과 다르다. 겨울에는 가볍고 따스하고 여름에는 가볍고 시원한 조건이 모두 갖추어져 있다. 반드시 백성들에게서 많은 재물을 거둬들여 백성들의 입고 먹을 재물을 함부로 빼앗아 가지고, 무늬와 채색으로 수놓은 비단으로 화려한 옷을 짓고 금을 녹여 부어 띠의 고리를 만들고 구슬과 옥으로 패옥(珮玉)을 만들어 장식한다. 여자 공인들은 무늬와 채색을 수놓고, 남자 공인들은 무늬를 조각하여 몸에 걸칠 옷을 마련한다. 이것은 더욱 따스하게 하는 실속이 있는 짓이 아니다. 재물을 소비하고 힘을 수고롭히나, 모두 쓸데없는 짓으로 귀결되고 만다.

이렇게 본다면 그들의 옷을 만드는 목적은 몸을 위한 것이 아니라 모두 보기 좋게 하기 위한 것이다.

그 때문에 백성들은 지나치게 간사해져서 다스리기 어렵게 되고, 그 임금은 사치해져서 올바른 말을 하기 어렵게 되는 것이다. 사치스런 임금이 지나치게 간사한 백성들을 다스리게 되었으니, 나라가 어지럽지 않으려 해도 그렇게 될 수가 없는 것이다. 임금이 정말로 천하가 다스려지기를 바라고 혼란을 싫어한다면, 마땅히 옷을 지어 입는 일에 절제하지 않을 수가 없을 것이다.

當今之主, 其爲衣服則與此異矣. 冬則輕煗, 夏則輕淸, 皆
당금지주 기위의복즉여차이의 동즉경난 하즉경청 개
已具矣. 必厚作斂於百姓, 暴奪民衣食之財, 以爲錦繡文采靡
이구의 필후작렴어백성 폭탈민의식지재 이위금수문채미
曼之衣, 鑄金以爲鉤, 珠玉以爲珮. 女工作文采, 男工作刻鏤,
만지의 주금이위구 주옥이위패 녀공작문채 남공작각루
以爲身服. 此非云益煗之情也. 單財勞力, 畢歸之於無用也.
이위신복 차비운익난지정야 단재로력 필귀지어무용야
以此觀之, 其爲衣服, 非爲身體, 皆爲觀好.
이차관지 기위의복 비위신체 개위관호

是以其民淫僻而難治, 其君奢侈而難諫也. 夫以奢侈之君御
시이기민음벽이난치 기군사치이난간야 부이사치지군어
好淫僻之民, 欲國無亂, 不可得也. 君實欲天下之治而惡其亂,
호음벽지민 욕국무란 불가득야 군실욕천하지치이오기란
當爲衣服不可不節.
당위의복불가부절

「절용」 상편을 보면 "나라의 쓸데없는 비용을 없애기만 하면 나라의 부를 앉아서 배로 늘일 수 있다."고 하면서, 옷과 집을 비롯하여 여러 가지 쓰는 물건들을 절약해야 함을 본격적으로 주장하고 있다. 다른 사람의 해설보다도 직접 『묵자』의 글을 읽는 편이 묵자의 사상을 좀더 정확히 파악할 수 있을 것으로 믿는다. 「절용」 상편을 소개한다.

성인이 한 나라의 정치를 하면 그 나라의 부를 배로 늘일 수 있다. 그것을 확대하여 천하의 정치를 한다면 천하의 부를 배로 늘일 수 있다. 그가 부를 배로 늘이는 것은 밖에서 땅을 빼앗아다가 늘이는 것이 아니다. 그 나라의 사정에 따라 쓸데없는 비용을 없애 가지고 두 배로 부를 늘이는 것이다. 성왕이 정치를 함에 있어서 그가 정치명령을 내리고 일을 처리함에 있어서 백성들을 부리고 재물을 쓰기는 하지만 지나치게 많이 써서 일을 처리하는 것은 아니다. 그러므로 재물을 쓰는데에 낭비가 없고 백성들의 생활엔 수고로움이 없으며 생겨나는 이익이 많아지는 것이다.

그들이 옷이나 갖옷을 지을 때는 어떻게 하는가? 그것으로써 겨울에는 추위를 막고 여름에는 더위를 막는다. 모든 옷을 만드는 도는 겨울에는 더 따스해지도록 하고 여름에는 더욱 시원해지게 하는 것이다. 화려하기만 하고 더 편리하지 않은 점은 없애 버린다.

그들이 집을 지을 적에는 어떻게 하는가? 그것으로써 겨울에는 바람과 추위를 막고 여름에는 더위와 비를 막으며, 도적을 대비하여 더욱 튼튼히 만든다. 화려하기만 하고 더 편리하지 않은 점은 없애 버린다.

그들이 갑옷과 방패와 다섯 가지 무기를 만들 적에는 어떻게 하는가? 그것으로 전란(戰亂)과 도적을 막도록 하였다. 만약 전란이 일어나고 도적이 생겨난다면 갑옷과 방패와 다섯 가지 병기를 가진 자가 싸워 이길 것이고, 갖지 않은 자는 질 것이다. 그러므로 성인이 나와 갑옷과 방패와 다섯 가지 병기를 만들었던 것이다. 갑옷과 방패와 다섯 가지 병기를 만드는 데 있어서는 더욱 가볍고도 편리하도록 하고 튼튼하고도 잘 부러지지 않도록 한다. 화려하기만 하고 쓰기에 좋지 않은 점은 없애 버린다.

그들이 배와 수레를 만들 적에는 어떻게 하는가? 수레는 육지를 타고 다니고 배는 강물이나 시냇물을 타고 다니어 사방으로 편리하게 통하도록 하는 것이다. 모든 배와 수레를 만드는 원리는 더욱 가볍고도 편리하게 하는 데 있다. 화려하기만 하고 더 편리하지 않은 점은 없애 버린다.

그들이 이러한 물건들을 만들 적에는 더욱 쓰기에 편리하도록 만들지 않은 게 없다. 그러므로 재물을 쓰는 데에 낭비가 없고 백성들의 생활은 수고롭지 않으며 그러한 이익이 더욱 많아지는 것이다.

聖人爲政一國, 一國可倍也. 大之爲政天下, 天下可倍也.
성인위정일국 일국가배야 대지위정천하 천하가배야
其倍也, 非外取地也. 因其國家, 去其無用之費, 足以倍之.
기배야 비외취지야 인기국가 거기무용지비 족이배지
聖王爲政, 其發令興事, 使民用財也, 無不加用而爲者. 是故
성왕위정 기발령흥사 사민용재야 무불가용이위자 시고
用財不費, 民德不勞, 其興利多矣.
용재불비 민덕불로 기흥리다의

其爲衣裘, 何? 以爲冬以圉寒, 夏以圉暑. 凡爲衣裳之道, 冬
기위의구 하 이위동이어한 하이어서 범위의상지도 동
加溫, 夏加清者. 鮮且不加者, 去之.
가온 하가청자 선차불가자 거지

其爲宮室, 何? 以爲冬以圉風寒, 夏以圉暑雨, 有盜賊加固
기위궁실 하 이위동이어풍한 하이어서우 유도적가고
者. 鮮且不加者, 去之.
자 선차불가자 거지

其爲甲盾五兵, 何? 以爲以圉寇亂盜賊. 若有寇亂盜賊, 有
기위갑순오병 하 이위이어구란도적 약유구란도적 유
甲盾五兵者勝, 無者不勝. 是故聖人作爲甲盾五兵. 凡爲甲盾
갑순오병자승 무자불승 시고성인작위갑순오병 범위갑순
五兵, 加輕以利, 堅而難折者. 鮮且不加者, 去之.
오병 가경이리 견이난절자 선차불가자 거지

其爲舟車, 何? 以爲車以行陵陸, 舟以行川谷, 以通四方之
기위주거 하 이위거이행릉륙 주이행천곡 이통사방지
利. 凡爲舟車之道, 加輕以利者. 鮮且不加者, 去之.
리 범위주거지도 가경이리자 선차불가자 거지

凡其爲此物也, 無不加用以爲者. 是故用財不費, 民德不勞,
범기위차물야 무불가용이위자 시고용재불비 민덕불로

其興利多矣.
기 흥 리 다 의

다시 「절용」 중편에서는 옛날 성왕들이 쓰는 것을 절약하여, 백성들에게 이익을 줌으로써 천하를 잘 다스렸던 실례를 설명하고 있다.

묵자가 말하였다.

"옛날의 현명한 임금이나 성인들이 천하를 다스리고 제후들을 바로 잡은 방법은, 그들의 백성을 사랑하여 삼가 충성되게 만들고 백성에게 이롭게 하여 삼가 착실하게 만들어 충성과 믿음으로 서로 이어지게 하고 또 그들에게 이익이 된다는 것을 보여주는 것이었다. 그리하여 평생토록 싫어하는 자가 없었고 후세에도 싫증을 내는 사람이 없었다. 옛날에 현명한 임금이나 성인들이 천하를 다스리고 제후들을 바로잡은 방법은 바로 이것이었다.

그러므로 옛날 성왕들은 쓰는 것을 절약하는 방법을 마련하여 알려주었다.

천하의 여러 공인(工人)들은 수레를 만들거나 가죽으로 물건을 만들거나 질그릇을 만들거나 쇠연장을 만들거나 가구를 만들거나, 각기 그의 능력대로 일에 종사하도록 한다. 그리고 모두 백성들의 사용에 충분한 정도에서 그친다.

성왕은 모든 비용만 많이 들고 백성들의 이익엔 보탬이 되지 않는 짓은 하지 않았다.

옛날에 성왕들은 먹고 마시는 방법을 제정하여 알려주었다.

배고픔을 채우고 기운을 차리며 팔다리를 강하게 하고 귀와 눈을 분명하고 밝게 하기에 충분한 정도에서 그친다. 다섯 가지 맛의 조화와 향기로움의 조화를 추구하지 않고 먼 나라의 진귀하고 특이한 물건을 갖다가 쓰지 않는다."

子墨子言曰；古者明王聖人, 所以王天下, 正諸侯者, 彼其
자묵자언왈 고자명왕성인 소이왕천하 정제후자 피기

愛民謹忠, 利民謹厚, 忠信相連, 又示之以利. 是以終身不饜,
애민근충 이민근후 충신상련 우시지이리 시이종신불염

歿世以不卷. 古者明王聖人, 其所以王天下, 正諸侯者, 此也.
몰세이불권 고자명왕성인 기소이왕천하 정제후자 차야

是故古者聖王, 制爲節用之法, 曰；凡天下羣百工, 輪車鞼
시고고자성왕 제위절용지법 왈 범천하군백공 윤거궤

匏, 陶冶梓匠, 使各從事所能, 曰；凡足以奉給民用則止. 諸
포 도야재장 사각종사소능 왈 범족이봉급민용즉지 제

加費不加于民利者, 聖王弗爲.
가비불가우민리자 성왕불위

古者聖王, 制爲飮食之法曰；足以充虛繼氣, 强股肱, 耳目
고자성왕 제위음식지법왈 족이충허계기 강고굉 이목

聰明則止, 不極五味之調, 芬香之和, 不致遠國珍怪異物.
총명즉지 불극오미지조 분향지화 불치원국진괴이물

또 흉년이나 기근(饑饉)에 대비하기 위해서도 쓰는 것을 절약하여, 평소부터 만약의 사태에 대비하고 있지 않으면 안된다 하였다. 그는 「칠환」편에서 이런 말을 하고 있다.

생산하는 사람이 부지런하다 하더라도 먹는 자들이 많으면 곧 풍년이 든다 해도 맥을 못춘다. 그러므로 재물이 부족하면 철에 대하여 반성하고, 식량이 부족하면 곧 쓰는 데 대하여 반성하라고 한 것이다. 그러므로 옛 백성들은 철에 맞추어 재물을 생산하였던 것이다. 근본을 굳건히 해놓고 재물을 썼기 때문에 재물이 풍족하였던 것이다. 비록 옛날의 성왕이라 하더라도 어찌 다섯 가지 곡식을 언제나 풍성히 거둬들이고 가뭄과 홍수가 오지 않도록 할 수야 있었겠는가? 그런데도 헐벗고 굶주린 백성들이 없었던 것은 어째서일까? 그들이 철에 따라 힘써 일은 많이 하면서도 스스로 먹고 사는 데에는 검소하였기 때문인 것이다.

그러므로 『서경(書經)』의 하서(夏書)에 말하기를 "우(禹)임금 때에는 7년 동안 홍수가 졌다." 하였고, 『서경』 상서(商書)에는 "탕(湯)임금 때에는 5년 동안 가뭄이 들었다."고 하였다. 이토록 그들은 흉년과 기근(饑饉)을 겪었지만 백성들에 헐벗고 굶주리는 자들이 없었음은 어째서일까? 그들은 재물의 생산에는 빈틈없는 노력을 하였으나 그것을 쓰는 데에는 절약을 하였기 때문인 것이다.

그러므로 창고에 준비되어 있는 곡식이 없다면 흉년이나 기근에 대비할 수가 없다. 창고에 준비된 무기가 없다면 비록 의로운 목적이 있다 하더라도 의롭지 않은 자를 칠 수가 없다. 성곽이 완전히 갖추어져 있지 않으면 스스로를 지킬 수가 없다. 마음속에 걱정스런 일에 대한 대비가 되어 있지 않으면 졸지의 일에 대처할 수가 없다.

爲者疾, 食者寡, 則歲無凶. 爲者緩, 食者衆, 則歲無豊. 故
위자질 식자과 즉세무흉 위자완 식자중 즉세무풍 고
曰; 財不足則反之時, 食不足則反之用. 故先民以時生財. 固
왈 재부족즉반지시 식부족즉반지용 고선민이시생재 고
本而用財則財足. 故雖上世之聖王, 豈能使五穀常收而旱水不
본이용재즉재족 고수상세지성왕 기능사오곡상수이한수부
至哉? 然而無凍餓之民者, 何也? 其力時急, 而自養儉也.
지재 연이무동아지민자 하야 기력시급 이자양검야

故夏書曰; 禹七年水. 殷書曰; 湯五年旱. 此其離凶餓甚矣,
고하서왈 우칠년수 은서왈 탕오년한 차기리흉아심의
然而民不凍餓者, 何也? 其生財密, 其用之節也.
연이민부동아자 하야 기생재밀 기용지절야

故倉無備粟, 不可以待凶饑. 庫無備兵, 雖有義不能征無義.
고창무비속 불가이대흉기 고무비병 수유의불능정무의
城廓不備全, 不可以自守. 心無備慮, 不可以應卒.
성곽불비전 불가이자수 심무비려 불가이응졸

묵자가 '절용'의 주장에 붙여서 국력을 배가시키기 위하여는 젊은 남녀를 일찍이 결혼시켜 인구를 늘여야 함을 주장하고 있는 것도 재미

있는 현상이다.

『한비자(韓非子)』 외저설(外儲說)편에도 이런 말이 보인다.

> 제나라 환공이 백성들에게 영을 내리기를, 남자는 스무 살이면 장가를 들고 여자는 열다섯이면 시집을 가야 한다 하였다.
>
> 齊桓公下令於民日；丈夫二十而室, 婦人十五而嫁.
> 제환공하령어민왈 장부이십이실 부인십오이가

또 『국어(國語)』 월어(越語)에서도 이렇게 말하고 있다.

> 여자가 열일곱 살이 되어도 시집을 가지 않으면 부모가 죄를 지게 되고, 남자가 스무 살이 되어도 장가들지 않으면 그 부모에게 죄가 돌아간다.
>
> 女子十七不嫁, 其父母有罪；丈夫二十不娶, 其父母有罪.
> 여자십칠불가 기부모유죄 장부이십불취 기부모유죄

젊은 남녀를 일찍이 결혼시켜야 한다는 것은 그 시대 사람들의 일반적인 생각이었음이 분명하다. 그것은 되도록 많은 인구를 유지하려는 뜻에서 였다. 「절용」 상편에서 묵자는 이렇게 말하고 있다.

> 오직 사람만은 두 배로 늘이기 어려운 것이다.
>
> 그러나 사람도 두 배로 늘일 수가 있다. 옛날 성왕들의 방법은 다음과 같았다.
>
> 남자는 스무 살이 되면 감히 장가들지 않는 이가 없고, 여자는 나이 열다섯이 되면 감히 시집가지 않는 이가 없어야 한다.

이것이 성왕의 방법인 것이다.

성왕들이 돌아가신 뒤로 백성들은 멋대로 행동하고 있다. 일찍이 장가들고자 하는 사람은 어떤 때는 스무 살에 장가를 가지만 늦게 장가들고자 하는 사람은 어떤 때는 마흔 살에야 장가를 든다. 그러한 이른 것과 늦은 것을 평균을 해보면 성왕의 법보다 10년이 뒤지게 된다. 만약 모두가 3년 만에 아이를 낳아 기른다면 그동안에 모두가 2, 3명의 자식을 낳을 수 있을 것이다. 이것이 백성들로 하여금 일찍 장가들도록 하였던 까닭이며, 그럼으로써 인구를 두 배로 늘일 수 있는 것이다.

唯人爲難倍.
유 인 위 난 배

然人有可倍也. 昔者聖王爲法曰；丈夫年二十, 毋敢不處家.
연 인 유 가 배 야 석 자 성 왕 위 법 왈 장 부 년 이 십 무 감 불 처 가
女子年十五, 毋敢不事人. 此聖王之法也.
여 자 년 십 오 무 감 불 사 인 차 성 왕 지 법 야

聖王既沒, 于民次也. 其欲蚤處家者, 有所二十年處家, 其
성 왕 기 몰 우 민 차 야 기 욕 조 처 가 자 유 소 이 십 년 처 가 기
欲晩處家者, 有所四十年處家. 以其蚤與晩相翦, 後聖王之法
욕 만 처 가 자 유 소 사 십 년 처 가 이 기 조 여 만 상 전 후 성 왕 지 법
十年. 若純三年而字, 子生可以二三人矣. 此不惟使民蚤處家,
십 년 약 순 삼 년 이 자 자 생 가 이 이 삼 인 의 차 불 유 사 민 조 처 가
而可以倍與.
이 가 이 배 여

생산의 주역이 인력이어서, 인구의 많고 적음은 바로 국력의 강하고 약한 것과 직결되던 시대였음을 염두에 두어야 할 것이다.

(2) 절장(節葬)

이미 「절용」 상편에서도 사치스럽고 과도한 장례(葬禮)를 경계하여 다

음과 같은 말을 하고 있다.

> 옛날 성왕께서는 장사 지내는 일을 절제하는 법을 제정하여 선포하셨다.
>
> 수의는 세 벌로 하여 살이 썩기에 충분하게 하고, 관은 세치(三寸) 두께로 만들어 뼈가 썩기에 충분하게 하며, 무덤을 팜에 있어서는 깊이 파서 지하수가 솟지 않도록 하고, 냄새가 밖으로 새어나오지 않을 정도에서 그친다. 죽은 사람을 장사지낸 뒤에는 산 사람이 오랫동안 상을 지키면서 슬퍼하지 않도록 해야 한다.
>
> 古者聖王制爲節葬之法, 曰; 衣三領, 足以朽肉, 棺三寸,
> 고자성왕제위절장지법 왈 의삼령 족이후육 관삼촌
> 足以朽骸, 堀穴深不通於泉, 流不發洩則止. 死者旣葬, 生者
> 족이후해 굴혈심불통어천 유불발설즉지 사자기장 생자
> 毋久喪用哀.
> 무구상용애

이는 주로 유가(儒家)의 지나치게 사치스럽고도 번잡한 상례(喪禮)의 폐해를 겨냥하여 내놓은 주장인 듯하다. 「공맹(公孟)」편을 보면 묵자가 정자(程子)라는 사람에게 "천하를 망치게 하는 유가(儒家)의 도(道) 네 가지가 있다."고 하면서, 하늘과 귀신을 믿지 않는 것, 악무(樂舞)를 즐기는 것, 운명이 있다고 믿는 것과 함께 다음과 같이 지나치게 사치스럽고 번잡한 장례의 폐해를 지적하고 있다.

> 또 후하게 장사를 지내고 오랫동안 복상(服喪)을 하며, 관과 겉관을 무겁게 하고 많은 수의(壽衣)를 마련하여, 장사지내는 것을 이사 가듯 한다. 3년 동안 곡하고 울어서 부축해 준 다음에야 일어설 수 있고 지팡이를 짚은 뒤에야 다닐 수 있으며, 귀로 듣는 것도 없고

눈으로 보는 것도 없게 된다. 이것도 천하를 망치기에 충분한 짓이다.

又厚葬久喪, 重爲棺槨, 多爲衣衾, 送死若徙. 三年哭泣, 扶
우후장구상 중위관곽 다위의금 송사약사 삼년곡읍 부
後起, 杖後行, 耳無聞, 目無見. 此足以喪天下.
후기 장후행 이무문 목무견 차족이상천하

같은 편에 또 다음과 같은 삼년상(三年喪)을 반대하는 묵자의 대화가 보인다.

공맹자가 묵자에게 말하였다. "선생님은 삼년상을 잘못이라 하는데, 선생님의 삼월상도 그렇다면 잘못일 것입니다."

묵자가 대답하였다. "당신이 삼년상을 근거로 삼월상도 잘못이라고 하는 것은, 마치 벌거벗은 사람이 옷자락을 걷어올린 것을 공손치 않다고 말하는 거나 같은 것이오."

公孟子謂子墨子曰；子以三年之喪爲非, 子之三月喪亦非也.
공맹자위자묵자왈 자이삼년지상위비 자지삼월상역비야
子墨子曰；子以三年之喪非三月之喪, 是猶裸謂撅者不恭也.
자묵자왈 자이삼년지상비삼월지상 시유라위궤자불공야

이를 보면 그의 '절장론'은 대체로 유가의 번잡한 장례를 의식하고 장례를 간편히 치를 것을 강조했던 것임을 알 수 있다. 「절장」 상·중편은 없어지고 지금은 하편만 전하는데, 묵자는 여기에서 성대히 장사지내고 오랫동안 복상하는 폐해를 다음과 같이 논하고 있다.

지금 천하의 군자들은 오히려 더욱 모두가 성대히 장사를 치르고 오랫동안 거상하는 것이 옳은 것인가 그른 것인가 또는 이로운 것인가 해로운 것인가 잘 몰라 의혹을 품고 있다. 그러므로 묵자가 말하였다.

그러면 잠시 시험 삼아 생각을 해보자. 지금 오직 성대히 장사지내고 오랫동안 거상하기를 주장하는 사람들의 말을 따라서 나라를 위하여 일을 한다 하자.

이때 임금이나 대신 중에 상을 당한 사람이 생긴다면 그는 관과 덧관을 반드시 여러 겹으로 하고 장례는 반드시 성대히 지내며 죽은 이의 옷과 이불도 반드시 많아야 하고, 무늬와 수도 반드시 화려해야 하며 봉분(封墳)도 반드시 커야만 한다고 주장할 것이다.

보통 사람이나 천한 사람들이 상을 당하게 되면 집안 재물을 거의 다 써야 될 것이다. 제후 중에 죽은 이가 생기게 되면 창고를 다 털어 가지고 금과 옥과 여러 가지 구슬로 죽은 이의 몸을 두르며 아름다운 실과 실로 짠 끈으로 잘 묶으며, 수레와 말도 무덤 속에 묻을 것이다. 그리고 반드시 장막과 포장 · 솥과 북 · 안석과 깔개 · 병과 쟁반 · 창과 칼 · 깃과 모우(旄牛) 꼬리 · 상아(象牙)와 가죽으로 만든 물건도 많이 만들어 그것들을 끼워 매장하여야만 만족할 것이다. 죽은 이를 장사지내는 게 마치 이사를 가는 것과 같게 된다. 거기에 천자나 제후들의 시체와 함께 묻을 사람은 많으면 수백 명 적어도 수십 명은 되어야 한다고 한다. 장군이나 대부들의 시체와 함께 묻을 사람은 많으면 수십 명 적어도 수 명은 되어야 한다고 한다.

거상을 하는 방법은 어떻게 하는가? 곡을 할 적에는 소리 내고 우는 방법이 보통과는 다르며, 거친 삼베 옷과 거친 삼베 띠를 머리와 허리에 두르고 눈물을 흘리며 움막에 거처하면서 거적자리 위에서 흙덩이를 베고 잔다. 또 모두가 억지로 먹지 않고 굶주리며 얇은 옷을 입고 추위를 견디어 얼굴이 앙상히 야위고 얼굴빛은 검어지며 귀와 눈은 뚜렷이 들리거나 보이지 않게 되며 손발은 힘이 다 빠져 쓸 수도 없게 된다.

그리고도 말하기를 훌륭한 선비가 상을 입음에 있어서는 반드시 부축해 주어야만 일어설 수 있고 지팡이를 짚어야만 다닐 수 있어야 한다고 한다. 이렇게 함으로써 3년 동안을 공경히 지낸다는 것이다.

今天下之士君子, 將猶多皆疑惑厚葬久喪之爲中是非利害
금천하지사군자 장유다개의혹후장구상지위중시비리해
也. 故子墨子言曰；然則姑嘗稽之. 今雖毋法執厚葬久喪者
야 고자묵자언왈 연즉고상계지 금수무법집후장구상자
言, 以爲事乎國家. 此存乎王公大人有喪者, 曰棺椁必重, 葬
언 이위사호국가 차존호왕공대인유상자 왈관곽필중 장
埋必厚, 衣衾必多, 文繡必繁, 丘隴必巨. 存乎匹夫賤人死者,
매필후 의금필다 문수필번 구롱필거 존호필부천인사자
殆竭家室. 存乎諸侯死者, 虛庫府, 然後金玉珠璣比乎身, 綸
태갈가실 존호제후사자 허고부 연후금옥주기비호신 윤
組節約, 車馬藏乎壙. 又必多爲屋幕, 鼎鼓, 几梴, 壺濫, 戈
조절약 거마장호광 우필다위옥막 정고 궤천 호람 과
劍, 羽旄, 齒革, 挾而埋之, 滿意, 送死若徙, 曰天子諸侯殺
검 우모 치혁 협이매지 만의 송사약사 왈천자제후살
殉, 衆者數百, 寡者數十. 將軍大夫殺殉, 衆者數十, 寡者數
순 중자수백 과자수십 장군대부살순 중자수십 과자수
人.
인

處喪之法, 將奈何哉? 曰；哭泣不秩聲嗌, 縗絰垂涕, 處倚
처상지법 장내하재 왈 곡읍부질성익 최질수체 처의
廬, 寢苫枕凷, 又相率强不食而爲飢, 薄衣而爲寒, 使面目
려 침점침괴 우상솔강불식이위기 박의이위한 사면목
陷⿰歹最, 顔色黧黑, 耳目不聰明, 手足不勁强, 不可用也.
함세 안색려흑 이목불총명 수족불경강 불가용야

又曰；上士之操喪也, 必扶而能起, 杖而能行. 以此共三年.
우왈 상사지조상야 필부이능기 장이능행 이차공삼년

만약 이러한 말을 본뜨고 이러한 원칙대로 행한다고 할 때 임금이나 대신들로 하여금 이것을 행하게 한다면 곧 반드시 일찍 조회(朝

會)에 나가고 늦게 퇴근할 수 없게 될 것이다. 대부들로 하여금 이것을 행하게 한다면 곧 반드시 여러 관청의 일을 다스릴 수 없고 풀과 나무를 뽑아내고 들을 개간하여 창고를 채우지 못하게 될 것이다. 농부들에게 그렇게 행하도록 한다면, 반드시 일찍 밭에 나가 밤늦게 들에오면서 밭 갈고 씨 뿌리며 농사를 지을 수 없게 될 것이다. 여러 공인(工人)들에게 그렇게 이것을 행하도록 한다면, 반드시 수레와 배를 수리하거나 그릇과 접시들을 만들 수 없게 될 것이다. 부인들에게 이렇게 행하도록 한다면 곧 반드시 일찍 일어나고 밤늦게 자면서 실을 뽑거나 길쌈을 하지 못하게 될 것이다.

성대히 장사지내는 결과를 자세히 따져 보면 모은 재물들을 모두 땅에 묻어버리는 셈이 된다. 오랜 거상을 하는 결과를 자세히 따져 보면 오랫동안 일하는 것을 금지시키는 셈이 된다. 고생해 이룩해 놓은 재물들을 한꺼번에 땅에 묻어버리고 뒤에 살아남은 사람들은 오랫동안 하던 일을 금지 당하는 것이다. 이렇게 함으로써 부하여지기를 바라는 것을 비유를 들어 말하면 농사짓기를 금하면서도 수확을 올리려 드는 거와 같은 짓이니, 부하여진다는 말은 터무니 없는 것이다. 그러므로 집안을 부하게 만들려는 일은 이미 될 수가 없는 게 분명하다. 그런 방법으로 백성들을 많아지게 만들려는 일은 가능하겠는가? 그것은 말도 되지 않는다.

若法若言，行若道，使王公大人行此，則必不能蚤朝晏退.
약법약언 행약도 사왕공대인행차 즉필불능조조안퇴
使大夫行此，則必不能治五官六府，辟草木，實倉廩. 使農夫
사대부행차 즉필불능치오관육부 벽초목 실창름 사농부
行此，則必不能蚤出夜入，耕稼樹藝. 使百工行此，則必不能
행차 즉필불능조출야입 경가수예 사백공행차 즉필불능
修舟車，爲器皿矣. 使婦人行此，則必不能夙興夜寐，紡績
수주거 위기명의 사부인행차 즉필불능숙흥야매 방적
織紝.
직임

計厚藏, 爲多埋賦財者也. 計久喪, 爲久禁從事者也. 財以
계후장 위다매부재자야 계구상 위구금종사자야 재이
成者, 挾而埋之, 後得生者, 而久禁之. 以此求富, 此譬猶禁
성자 협이매지 후득생자 이구금지 이차구부 차비유금
耕而求穫也. 富之說, 無可得焉. 是故求以富家, 而旣已不可
경이구확야 부지설 무가득언 시고구이부가 이기이불가
矣, 欲以衆民, 意者可邪? 其說又不可矣.
의 욕이중민 의자가야 기설우불가의

(3) 비악(非樂)

묵자가 음악을 반대한 것은 그 음악 자체가 나빠서가 아니라 그것이 사치와 낭비의 근원이 되기 때문이었다. 다시 말하면, 그 시대의 사치와 낭비 풍조에 있어서 가장 문제가 되는 것이 가무(歌舞)라고 생각되었기 때문에 묵자는 음악을 반대하고 나선 것이다. 이것은 또한 음악을 중시하던 유가의 입장과도 대가 된다. 이미 「삼변(三辯)」편에서도 옛 성왕(聖王)들은 음악을 즐기지 않았고, 후세로 오면서 음악이 성행할수록 세상도 더욱 어지러워졌다고 다음과 같이 논하고 있다.

정번(程繁)이 묵자에게 물었다.

"선생님께서 말씀하시길 성왕은 음악을 즐기지 않았다고 하셨습니다. 그러나 옛날 제후들은 정치를 하다가 권태로우면 아악(雅樂)을 들으며 쉬었습니다. 사대부들도 정치를 하다가 권태로우면 우(竽)와 슬(瑟) 같은 음악을 들으며 쉬었습니다. 농부들도 봄엔 밭 갈고 여름엔 김매며 가을엔 거둬들이고 여름엔 저장해 놓고 노래를 부르며 쉬었습니다. 지금 선생님께서 말씀하시기를 성왕들은 노래를 즐기지 않았다고 하셨는데, 그것을 비유로 들면 마치 말을 수레에 매기만 하고 풀어주지는 않는 것과 또 활줄을 잡아당기기만 하고 놓지는 않는 거와 같은 일입니다. 혈기(血氣)를 지닌 사람으로서는 될 수가 없는 일이 아닌가요?"

묵자가 대답하였다.

"옛날 요임금과 순임금은 궁전이 초가집이었으나 그래도 예의를 차리고 즐기기도 하였습니다. 그러나 탕(湯)임금은 하(夏)나라 걸(桀)을 대수(大水)로 내치고 천하를 통일하여 스스로 천자가 된 다음, 왕자(王者)로서의 일을 이룩하고 공을 세웠으니 큰 후환이 없을 것이라 생각했습니다. 그래서 옛 임금들의 음악을 쓰면서 또 스스로 음악을 작곡하여 호(濩)라 불렀고 또 우(禹)의 음악인 구초(九招)도 손질하였습니다.

무왕(武王)은 은(殷)나라를 쳐부수고 주(紂)왕을 죽이고는 천하를 통일하여 스스로 천자가 된 다음, 왕자로서의 일을 이룩하고 공을 세웠으니 큰 후환이 없을 것이라 생각했습니다. 그래서 옛 임금들의 음악을 쓰면서 또 스스로 음악을 작곡하여 상(象)이라 불렀습니다. 주(周)나라 성왕(成王)은 옛 임금들의 음악을 쓰면서 또 스스로 음악을 작곡하여 추우(騶虞)라 불렀습니다.

그러나 주나라 성왕이 천하를 다스린 것은 무왕만 못하였고, 무왕은 탕임금만 못하였으며, 탕임금은 요임금과 순임금만 못하였습니다. 그러니 그들의 음악이 번거로워질수록 그들의 정치는 더욱 시원찮아졌던 것입니다. 이로써 본다면 음악은 천하를 다스리는 근거가 되지 않음을 알 것입니다."

程繁問於子墨子曰；夫子曰；聖王不爲樂. 昔諸侯倦於聽
정번문어자묵자왈 부자왈 성왕불위악 석제후권어청

治, 息於鍾鼓之樂. 士大夫倦於聽治, 息於竽瑟之樂. 農夫春
치 식어종고지악 사대부권어청치 식어우슬지악 농부춘

耕夏耘, 秋斂冬藏, 息於聆缶之樂. 今夫子曰；聖王不爲樂,
경하운 추렴동장 식어령부지악 금부자왈 성왕불위악

此譬之, 猶馬駕而不稅, 弓張而不弛. 無乃有血氣者之所不能
차비지 유마가이불세 궁장이불이 무내유혈기자지소불능

至邪?
지 야

子墨子曰；昔者，堯舜有茅茨者，且以爲禮，以爲樂. 湯放
자 묵 자 왈 석 자 요 순 유 모 자 자 차 이 위 례 이 위 악 탕 방

桀於大水，環天下自立，以爲王事成功立，無大後患，因先王
걸 어 대 수 환 천 하 자 립 이 위 왕 사 성 공 립 무 대 후 환 인 선 왕

之樂，又自作樂，命曰濩，又脩九招. 武王勝殷殺紂，環天下
지 악 우 자 작 악 명 왈 호 우 수 구 초 무 왕 승 은 살 주 환 천 하

自立，以爲王事成功立，無大後患，因先王之樂，又自作樂，
자 악 이 위 왕 사 성 공 립 무 대 후 환 인 선 왕 지 악 우 자 작 악

命曰象. 周成王，因先王之樂，又自作樂，命曰騶虞. 周成王
명 왈 상 주 성 왕 인 선 왕 지 악 우 자 작 악 명 왈 추 우 주 성 왕

之治天下也，不若武王. 武王之治天下也，不若成湯. 成湯之
지 치 천 하 야 불 약 무 왕 무 왕 지 치 천 하 야 불 약 성 탕 성 탕 지

治天下也，不若堯舜. 故其樂逾繁者，其治逾寡. 自此觀之，
치 천 하 야 불 약 요 순 고 기 악 유 번 자 기 치 유 과 자 차 관 지

樂非所以治天下也.
악 비 소 이 치 천 하 야

「비악」 상편을 보면 묵자는 음악을 즐기는 일이 "천하의 이익이 되느냐 아익이 되지 않느냐"고 하는 관점에서 음악을 반대하고 있다. 따라서 음악뿐만이 아니라 실용을 넘어선 미술이나 요리 · 궁전 같은 것도 모두 사치스럽다는 입장에서 반대하게 된다. 다만 그 중 가장 대표적인 것이 음악이기에 묵자는 음악을 꼬집어 천하에 아무런 이익도 주지 못하는 것이라 반대하고 있는 것이다. 서민의 입장에서 볼 적에 더욱 음악은 사치스러운 것이었을 것이다.

묵자가 말하였다.

"어진 사람이 하는 일은 반드시 천하의 이익을 일으키고 천하의 해를 없애기에 힘쓰는 것이다. 그렇게 하는 것으로써 천하의 법도를 삼아서 사람들에게 이익이 되면 곧 행하고 사람들에게 이익이

되지 않으면 곧 그만두는 것이다.

또한 어진 사람이 천하를 위하여 헤아릴 적에는 그의 눈에 아름다운 것이나 귀에 즐거운 것이나 입에 단 것이나 몸에 편안한 것을 위하여 일하지 않는다. 그런 것들은 백성들이 입고 먹을 재물을 축내고 빼게 되기 때문에 어진 사람은 하지 않는 것이다.

그러므로 묵자가 음악을 부정하는 까닭은 큰 종이나 울리는 북 또는 금(琴)과 슬(瑟)과 우(竽)와 생(笙) 같은 악기의 소리가 즐겁지 않다고 여기기 때문이 아니다. 조각한 무늬와 색깔이 아름답지 않다고 여기기 때문이 아니다. 짐승 고기를 볶고 군 맛이 달지 않다고 여기기 때문이 아니다. 높은 누대나 큰 별장이나 넓은 집에서 사는 것이 편안하지 않다고 여기기 때문이 아니다. 비록 몸은 그 편안함을 알고 입은 그 단 것을 알고 입은 그 아름다운 것을 알고 귀는 그 즐거운 것을 알지만, 그러나 위의 일을 생각하여 볼 때 성왕들의 일과 부합되지 아니하고, 아래로 헤아려 볼 때 만백성들의 이익과 부합되지 않기 때문이다."

그러므로 묵자는 말하기를

"음악을 즐기는 것은 잘못이다."

고 한 것이다.

子墨子言曰；仁人之事者, 必務求興天下之利, 除天下之害.
자묵자언왈 인인지사자 필무구흥천하지리 제천하지해
將以爲法乎天下, 利人乎卽爲, 不利人乎卽止.
장이위법호천하 이인호즉위 불리인호즉지

且夫仁者之爲天下度也, 非爲其目之所美, 耳之所樂, 口之
차부인자지위천하도야 비위기목지소미 이지소락 구지
所甘, 身體之所安. 以此虧奪民衣食之財, 仁者弗爲也.
소감 신체지소안 이차휴탈민의식지재 인자불위야

是故子墨子之所以非樂者, 非以大鐘鳴鼓, 琴瑟竽笙之聲,
시고자묵자지소이비악자 비이대종명고 금슬우생지성
以爲不樂也. 非以刻鏤文章之色, 以爲不美也. 非以犓豢煎炙
이위불락야 비이각루문장지색 이위불미야 비이추환전적

之味，以爲不甘也. 非以高臺厚榭邃宇之居，以爲不安也. 雖
지 미 이 위 불 감 야 비 이 고 대 후 사 수 우 지 거 이 위 불 안 야 수

身知其安也，口知其甘也，目知其美也，耳知其樂也，然上考
신 지 기 안 야 구 지 기 감 야 목 지 기 미 야 이 지 기 락 야 연 상 고

之不中聖王之事，下度之不中萬民之利. 是故子墨子曰；爲樂
지 불 중 성 왕 지 사 하 도 지 불 중 만 민 지 리 시 고 자 묵 자 왈 위 악

非也.
비 야

따라서 임금이나 대신들이 음악을 즐기게 되면 결국 백성들의 재물을 뺏음으로써 나라를 망치게 된다고 역설하고 있다.

지금 임금과 대신들은 오직 악기를 만들어서 나라 안에서 음악 연주를 일삼고 있다. 그것들은 괴어있는 물을 푸거나 흙을 긁어 모으는 것과는 다른 일이다. 반드시 많은 세금을 만백성에게서 거두어서 큰 종이나 울리는 북이나 금과 슬과 우와 생 같은 악기를 만들어야 하는 것이다.

옛날 성왕들도 역시 일찍이 많은 세금을 만백성들로부터 거두어 배와 수레를 만들었다. 이미 다 이룩된 다음에는

"나는 이것을 어디다 쓸까?"

하고 물어보았다. 그리고는 다시 말하였다.

"배는 물에서 쓰고 수레는 육지에서 쓴다. 그러면 군자들은 그의 발을 쉬게 할 수 있고 낮은 백성들은 그들의 어깨와 등을 쉬게 할 수 있을 것이다."

그러므로 만백성들은 재물을 내어 그에게 주면서도 전혀 원망스럽고 한스럽게 여기지 않았는데 어째서인가? 그것이 도리어 백성들의 이익에 부합되었기 때문이다. 그러니 악기도 백성들의 이익에 부합됨이 이와 같다면 곧 나는 감히 그것을 비난하지 않을 것이다. 만약 악기를 사용하는 것을 비유로 들 때 그것이 마치 성왕들이 수

레나 배를 만드는 것과 같다면 곧 나는 그것을 감히 비난하지 않을 것이다.

백성들에게 세 가지 걱정이 있다. 굶주리는 자가 먹을 것을 얻지 못하고, 헐벗는 자가 옷을 얻지 못하며, 수고하는 자가 쉬지 못하는 것, 이 세 가지가 백성들의 큰 걱정인 것이다. 그런데 만약 큰 종을 두드리고 울리는 북을 치며 금과 슬을 뜯고 우와 생을 불면서 방패나 도끼를 들고 춤을 춘다면 백성들이 입고 먹을 재물이 어디에서 얻어질 수가 있겠는가? 나는 반드시 그런 일이 제대로 되지 않을 것이라 생각한다. 잠시 이 얘기는 버려 두자.

지금 큰 나라가 있으면 곧 작은 나라를 공격하고, 큰 집안이 있으면 곧 작은 집안을 해치고 있으며, 강한 자는 약한 자들을 협박하고, 수많은 자들은 수 적은 자들에게 난폭한 짓을 하며, 사기꾼은 어리석은 자를 속이고, 귀한 자들은 천한 자들에게 오만하며, 반란과 도둑질을 하는 자들이 한꺼번에 일어나고 있어 막을 수도 없다. 그런데 만약 큰 종을 두드리고 울리는 북을 치며 금과 슬을 뜯고 우와 생을 불면서 방패와 도끼를 들고 춤을 춘다면 천하의 어지러움이 어떻게 다스려질 수가 있겠는가? 나는 반드시 그런 일이 제대로 되지 않을 것이라 생각한다. 그러므로 묵자는 말하였다.

"시험삼아 많은 세금을 만백성들로부터 거두어 큰 종과 울리는 북과 금과 슬과 우와 생 같은 악기를 만들어 가지고서 천하의 이익을 일으키고 천하의 해를 없애 버리려 한다 하더라도 아무 소용도 없을 것이다."

그러므로 묵자가 말하기를

"음악을 연주하는 것은 그릇된 일이다."

고 한 것이다.

今王公大人, 雖無造爲樂器, 以爲事乎國家. 非直掊潦水,
금왕공대인 수무조위악기 이위사호국가 비직부료수

折壤坦而爲之也. 將必厚措斂乎萬民, 以爲大鐘鳴鼓, 琴瑟竽
절양탄이위지야 장필후조렴호만민 이위대종명고 금슬우
笙之聲.
생지성

古者聖王亦嘗厚措斂乎萬民, 以爲舟車. 旣已成矣, 曰；吾
고자성왕역상후조렴호만민 이위주거 기이성의 왈 오
將惡許用之? 曰；舟用之水, 車用之陸. 君子息其足焉, 小人
장오허용지 왈 주용지수 거용지륙 군자식기족언 소인
休其肩背焉. 故萬民出財齎而與之, 不敢以爲慼恨者, 何也?
휴기견배언 고만민출재재이여지 불감이위척한자 하야
以其反中民之利也. 然則樂器反中民之利, 亦若此, 卽我弗敢
이기반중민지리야 연즉악기반중민지리 역약차 즉아불감
非也. 然則當用樂器, 譬之若聖王之爲舟車也, 卽我弗敢非也.
비야 연즉당용악기 비지약성왕지위주거야 즉아불감비야

民有三患. 飢者不得食, 寒者不得衣, 勞者不得息, 三者, 民
민유삼환 기자부득식 한자부득의 노자부득식 삼자 민
之巨患也. 然卽當爲之撞巨鐘, 擊鳴鼓, 彈琴瑟, 吹竽笙, 而
지거환야 연즉당위지당거종 격명고 탄금슬 취우생 이
揚干戚, 民衣食之財, 將安可得乎? 卽我以爲未必然也. 意舍
양간척 민의식지재 장안가득호 즉아이위미필연야 의사
此.
차

今有大國卽攻小國, 有大家卽伐小家, 强劫弱, 衆暴寡, 詐
금유대국즉공소국 유대가즉벌소가 강겁약 중폭과 사
欺愚, 貴傲賤, 寇亂盜賊並興, 不可禁止也. 然卽當爲之撞巨
기우 귀오천 구란도적병흥 불가금지야 연즉당위지당거
鐘, 擊鳴鼓, 彈琴瑟, 吹竽笙, 而揚干戚, 天下之亂也, 將安可
종 격명고 탄금슬 취우생 이양간척 천하지란야 장안가
得而治與? 卽我以爲未必然也.
득이치여 즉아이위미필연야

是故子墨子曰；姑嘗厚措斂乎萬民, 以爲大鐘鳴鼓, 琴瑟竽
시고자묵자왈 고상후조렴호만민 이위대종명고 금슬우
笙之聲, 以求興天下之利, 除天下之害, 而無補也. 是故子墨
생지성 이구흥천하지리 제천하지해 이무보야 시고자묵
子曰；爲樂非也.
자왈 위악비야

그리고 제나라 강공(康公)의 보기를 들어, 음악을 좋아하는 것이 큰 낭비이므로 결국은 나라를 망치게 될 것임을 다음과 같이 설명하고 있다.

옛날 제나라 강공은 음악과 춤을 장려하여 악공들은 험한 옷을 입혀서는 안되고 험한 음식을 먹여서도 안된다 하였다. 그것은 먹고 마시는 것이 훌륭하지 않으면 얼굴과 안색이 볼 만하지 않게 되고, 의복이 아름답지 않으면 신체와 거동이 추해져서 볼 수가 없게 될 것이라는 때문이었다. 그래서 음식은 반드시 기장과 고기이어야만 하고, 옷은 반드시 무늬와 수를 놓은 것이어야만 하였다. 이들은 전혀 옷과 음식이 될 재물을 마련하는 일은 하지 않고 남에게 의지하여 먹고 지내는 자들이었다. 그래서 묵자가 말하였다.

"지금의 임금과 대신들은 오직 음악을 즐기어, 백성들이 입고 먹을 재물을 뺏어 음악을 연주함이 이처럼 심하다."

그러므로 묵자는 말하였다.

"음악을 즐기는 것은 그릇된 일이다."

昔者齊康公, 興樂萬, 萬人不可衣短褐, 不可食糠糟. 曰; 食飮不美, 面目顔色, 不足視也. 衣服不美, 身體從容, 醜羸不足觀也. 是以食必粱肉, 衣必文繡. 此掌不從事乎衣食之財, 而掌食乎人者也. 是故子墨子曰; 今王公大人, 惟毋爲樂, 虧奪民衣食之財, 以拊樂如此多也.
석자제강공 흥악만 만인불가의단갈 불가식강조 왈 식음불미 면목안색 부족시야 의복불미 신체종용 추리 부족관야 시이식필량육 의필문수 차장부종사호의식지재 이장식호인자야 시고자묵자왈 금왕공대인 유무위악 휴 탈민의식지재 이부악여차다야

是故子墨子曰; 爲樂非也.
시고자묵자왈 위악비야

그리고 또 묵자는 임금 · 대신 · 관리들로부터 농부와 부인들에 이르

기까지 여러 층의 사람들이 음악을 좋아하여 자기 직분에 태만하게 되면 어떤 결과가 오는가 다음과 같이 설명하고 있다.

지금 임금이나 대신이 된 사람들이 음악을 좋아하여 듣기만 한다면 곧 반드시 일찍 조회에 나가고 늦게 퇴근하면서 옥사를 다스리고 정사를 처리할 수 없게 될 것이다. 그러므로 국가는 어지러워지고 조정은 위태로워진다. 지금 관리로 있는 사람들이 음악을 좋아하여 듣기만 한다면 곧 반드시 그들의 팔다리의 힘을 다하고 그들이 생각하는 지혜를 다하여 안으로는 관청을 다스리고 밖으로는 관소와 시장과 산림과 택지에서 나는 이익을 거둬들이어 나라의 창고와 곳간을 채울 수 없게 될 것이다. 그래서 나라의 창고와 곳간은 부실하게 된다. 지금 농부된 사람들이 음악을 좋아하여 듣기만 한다면 곧 반드시 일찍 나가고 늦게 들어오면서 밭 갈고 씨 뿌리며 농사를 지어 콩과 조를 많이 거둬들일 수 없게 될 것이다. 그래서 콩과 조가 부족하게 될 것이다. 지금 부인된 사람들이 음악을 좋아하여 듣기만 한다면 반드시 일찍 일어나고 밤 늦게 자면서 많은 삼과 누에고치와 칡과 모시를 다스리어 천과 비단을 짤 수 없게 될 것이다. 그래서 천과 비단은 많이 생산되지 않게 될 것이다.

그러면 누가 대신들이 나라를 다스리고 천한 사람들이 일에 종사하는 것을 방해하는 것인가? 그것은 음악이다. 그러므로 묵자가 말하였다.

"음악을 연주하는 것은 그릇된 일이다."

今惟毋在乎王公大人, 說樂而聽之, 卽必不能蚤朝晏退, 聽獄治政. 是故國家亂而社稷危矣. 今惟毋在乎士君子, 說樂而聽之, 卽必不能竭股肱之力, 亶其思慮之智, 內治官府, 外收
금유무재호왕공대인 열악이청지 즉필불능조조안퇴 청옥치정 시고국가란이사직위의 금유무재호사군자 열악이청지 즉필불능갈고굉지력 단기사려지지 내치관부 외수

斂關市山林澤梁之利, 以實倉廩府庫. 是故倉廩府庫不實. 今
렴관시산림택량지리 이실창름부고 시고창름부고불실 금

惟毋在乎農夫, 說樂而聽之, 卽必不能蚤出暮入, 耕稼樹藝,
유무재호농부 열악이청지 즉필불능조출모입 경가수예

多聚叔粟. 是故叔粟不足. 今惟毋在乎婦人, 說樂而聽之, 卽
다취숙속 시고숙속부족 금유무재호부인 열악이청지 즉

必不能夙興夜寐, 多治麻絲葛緒, 綑布縿. 是故布縿不興.
필불능숙흥야매 다치마사갈서 곤포조 시고포조불흥

曰; 孰爲而廢大人之聽治, 賤人之從事? 曰; 樂也. 是故子
왈 숙위이폐대인지청치 천인지종사 왈 악야 시고자

墨子曰; 爲樂非也.
묵자왈 위악비야

「비악」편도 상편만 남아 전하고 중편과 하편은 없어져 전하지 않는다. 그러나 그의 '비악'의 이론은 대체로 이상 소개한 범위를 크게 벗어나지는 않을 것이다. 묵자가 음악을 부정한 것은 "큰 종이나 울리는 북 또는 금과 슬과 우(竽)와 생(笙) 같은 악기의 소리가 즐겁지 않다."고 여겼기 때문이 아니라, 음악이 그 시대 귀족들의 사치의 대표적인 것이었기 때문이다.

5) 의정론(義政論)

(1) '의정(義政)'과 '역정(力政)'

묵자는 정치를 하는 방법에 '의정'과 '역정'의 두 가지가 있다고 생각하였다. 이는 유가에서 말하던 덕으로 세상을 다스리는 '왕도(王道)' 및 힘이나 법으로 다스리는 '패도(覇道)'와 비슷한 개념인 듯하나 내용이 다르다. 묵자는 대체로 하늘의 뜻을 따르며 '겸애'의 사상을 실천하는 정치 방법을 '의정'이라 하고, 반대로 하늘의 뜻을 어기며 사람들을 차별 대우하는 정치 방법을 '역정'이라 하였다. '의정'은 하늘의 뜻을 표준으로 한 '의'를 바탕으로 정치를 하게 되기 때문에 그렇게 부른 것이고, '역정'이란 다스리는 사람이 권력으로 억지로 다스리게 되기 때문에 그렇게 부른 것일 것이다. 묵자는 '의정'과 '역정'을 「천지(天志)」 상편에서 다음과 같이 설명하고 있다.

> 하늘의 뜻을 따르는 것을 '의정'이라 한다. 하늘의 뜻에 반하는 것은 '역정'이라 한다. 그러면 '의정'이란 어떻게 하는 것인가? 묵자가 말하였다.
>
> 큰 나라를 차지하고 있어도 작은 나라를 공격하지 않고, 큰 집안을 지니고 있어도 작은 집안을 뺏지 아니하며, 강한 자는 약한 자의 것을 약탈하지 아니하며, 귀한 자는 천한 자에게 오만하지 아니하며, 속임수가 많은 자는 어리석은 자를 속이지 않는 것이다. 이렇게 되면 반드시 위로는 하늘에 이롭고, 가운데로는 귀신에게 이롭고, 아래로는 사람들에게 이로울 것이다. 세 군데에 다 이롭게 되면 이롭지 않은 곳이 없게 되는 것이다. 그러므로 천하에서 가장 아름다운 호칭을 그에게 붙여 그를 성왕(聖王)이라 부르는 것이다.
>
> '역정'을 하는 자는 이와 다르다. 말로는 이들을 비난하고 행동은 이들과 달라서, 마치 반대 방향으로 달려가는 것과 같다. 큰 나라를 차지하면 작은 나라를 공격하고, 큰 집안을 지니게 되면 작은 집안을 뺏으며, 강한 자는 약한 자의 것을 약탈하고, 귀한 자는 천한 자에게 오만하며, 속임수가 많은 자는 어리석은 자를 속이게 된다. 이것은 위로는 하늘에 이롭지 아니하고, 가운데로는 귀신에게 이롭지 아니하며, 아래로는 사람들에게 이롭지 않은 것이다. 세 군데에 다 이롭지 않다면 이로운 곳이란 없게 될 것이다. 그러므로 천하의 가장 고약한 호칭을 그에게 붙여 그를 폭군(暴君)이라 부르

는 것이다.

順天意者, 義政也. 反天意者, 力政也. 然義政將奈何哉?
순천의자 의정야 반천의자 역정야 연의정장내하재

子墨子言曰；處大國不攻小國, 處大家不簒小家, 强者不劫
자묵자언왈 처대국불공소국 처대가불찬소가 강자불겁
弱, 貴者不傲賤, 多詐者不欺愚. 此必上利於天, 中利於鬼,
약 귀자불오천 다사자불기우 차필상리어천 중리어귀
下利於人. 三利, 無所不利. 故擧天下美名加之, 謂之聖王.
하리어인 삼리 무소불리 고거천하미명가지 위지성왕

力政者與此異. 言非此, 行反此, 猶倖馳也. 處大國攻小國,
역정자여차이 언비차 행반차 유행치야 처대국공소국
處大家簒小家, 强者劫弱, 貴者傲賤, 多詐欺愚. 此上不利於
처대가찬소가 강자겁약 귀자오천 다사기우 차상불리어
天, 中不利於鬼, 下不利於人. 三不利, 無所不利. 故擧天下
천 중불리어귀 하불리어인 삼불리 무소불리 고거천하
惡名加之, 謂之暴王.
악명가지 위지폭왕

「천지」 하편에서 묵자는 올바른 정치인 '의정'은 하늘의 뜻을 따라야만 한다고 다음과 같이 강조하고 있다.

하늘의 뜻을 따르는 것은 모두를 아울러 사랑하는 것이며, 하늘의 뜻에 반한다는 것은 차별을 두어 모두를 사랑하지 않는 것이다. 모두를 아울러 사랑하는 도(道)는 '의정'을 이루게 되고, 차별을 두어 모두를 사랑하지 않는 도는 '역정'을 이루게 된다.

그러면 '의정'은 어떻게 하는 것인가? 그것은 큰 자는 작은 자를 공격치 않고, 강한 자는 약한 자를 업신여기지 않으며, 수많은 자들은 수 적은 자들을 해치지 아니하고, 사기꾼은 어리석은 자를 속이지 않으며, 귀한 자는 천한 자에게 오만하지 않고, 부한 자는 가난한 자에게 교만하지 않으며, 장년은 노인의 것을 빼앗지 아니한다.

그래서 천하의 여러 나라들은 물불과 독약과 무기를 가지고 서로 해치는 일이 없게 되는 것이다.

이렇게 일을 하면 위로는 하늘에 이롭게 되고, 가운데로는 귀신에게 이롭게 되며, 아래로는 사람들에게 이롭게 된다. 이 세 군데에 이롭게 되면 이롭지 않은 곳이 없게 된다. 이것을 '하늘의 덕'이라 한다. 그러므로 이러한 일을 하는 사람은 성인답고 지혜있는 사람이며, 어질고 의로운 사람이며, 충성되고 은혜로운 사람이며, 자애롭고 효성스런 사람이다. 그러므로 천하의 좋은 호칭을 모두 모아 그에게 붙여 주게 된다. 그 까닭은 무엇인가? 하늘의 뜻을 따르기 때문이다.

曰；順天之意者，兼也．反天之意者，別也．兼之爲道也，義
왈 순천지의자 겸야 반천지의자 별야 겸지위도야 의
正[30]；別之爲道也，力正．
정 별지위도야 역정

曰；義正者何若？曰；大不攻小也，强不侮弱也，衆不賊寡
왈 의정자하약 왈 대불공소야 강불모약야 중부적과
也，詐不欺愚也，貴不傲賤也，富不驕貧也，壯不奪老也．是
야 사불기우야 귀불오천야 부불교빈야 장불탈로야 시
以天下之庶國，莫以水火毒藥兵刃，以相害也．
이천하지서국 막이수화독약병인 이상해야

若事上利天，中利鬼，下利人．三利而無所不利．是謂天德．
약사상리천 중리귀 하리인 삼리이무소불리 시위천덕
故凡從事此者，聖知也，仁義也，忠惠也，慈孝也．是故聚斂
고범종사차자 성지야 인의야 충혜야 자효야 시고취렴
天下之善名而加之．是其故何也？則順天之意也．
천하지선명이가지 시기고하야 즉순천지의야

그가 정치에 '의로움'을 내세우면서도, 그 기준을 '이(利)'에 두고 있

30 正은 政자와 뜻과 음이 모두 통한다.

는 점에 우리는 주의해야 할 것이다. 그는 의로운 정치를 하면 세상이 부유해지고 다스리는 사람이 존귀해지고 사람들이 서로 친해지고 먼 나라와도 가까워진다고 생각하였다. 그는 이렇게 말하고 있다.

> 의롭지 않으면 부해지지 않고, 의롭지 않으면 귀해지지 않으며, 의롭지 않으면 친해지지 않고, 의롭지 않으면 가까이 되지 않는다.
>
> 不義不富, 不義不貴, 不義不親, 不義不近. (「尙賢(상현)」 上)
> 불의불부 불의불귀 불의불친 불의불근

따라서 "천하에 '의로움'이 있으면 다스려지고, '의로움'이 없으면 어지러워진다.(天下有義則治, 無義則亂. 「天志」 下)"고도 생각하였다. 따라서 묵자는 '의정'을 내세우며 '역정'을 반대했던 것이다.

그리고 온 천하에 이익을 가져다주는 '의정'은 특히 서민들의 이익에 부합되고, 사람들의 신분이나 친하고 소원한 관계에 따라 차별을 두면서 권력으로 다스리는 '역정'은 지배자들에게는 편리할지 모르나 특히 서민들에게는 불리한 정치방법이라는 점에 주의를 해야 할 것이다.

(2) 상현(尙賢)

묵자는 '의정'을 하는 데 있어서 가장 중요한 방법으로 늘 현명한 선비를 등용할 것을 주장하였다. 묵자는 이미 「친사(親士)」편에서도 현명한 선비의 중요성을 강조하고 있다. 다만 우리의 주의를 끄는 것은 묵자는 선비와 현명한 사람을 얘기하고 있으면서도 실은 서민들의 힘을 강조하려는 낌새가 있는 듯이 느껴진다는 것이다.

어느 나라든 들어가 보아 그 나라에서 선비〔士〕들을 아껴주지 않는다면 곧 망할 나라인 것이다. 어진 이를 보고도 쓰는 데 다급하지 않다면 곧 소홀한 임금인 것이다. 어진 이가 아니라면 쓰는 데 다급할 게 없고 선비가 아니라면 함께 나라를 걱정할 상대가 못되는 것이다. 어진 이를 소홀히 하고 선비들을 잊고도 그의 나라를 보전할 수 있었던 임금은 절대로 있을 수가 없다.

옛날에 진(晉)나라 문공(文公)은 외국으로 망명(亡命)한 일이 있었으나 천하를 바로 잡았다. 제(齊)나라 환공(桓公)도 나라를 떠난 일이 있었으나 제후들을 제패(制覇)하였다. 월(越)나라 임금 구천(勾踐)은 오(吳)나라 임금에게 치욕을 당하였으나 위로 중원 땅의 어진 임금들이 위협을 느끼는 존재가 되었다. 이 세 사람들이 명성을 얻고 천하에 공로를 이룩할 수 있었던 것은 모두가 그의 나라에서 오히려 큰 치욕을 당하였기 때문이다. 가장 좋은 일은 실패가 없는 것이지만 그 다음은 실패를 하기는 하지만 그로써 이루는 게 있는 것이다. 이것을 두고 백성을 잘 활용한다고 하는 것이다.

入國而不存其士, 則亡國矣. 見賢而不急, 則緩君矣. 非賢
입국이부존기사 즉망국의 견현이불급 즉완군의 비현
無急, 非士無與慮國. 緩賢忘士, 而能以其國存者, 未曾有也.
무급 비사무여려국 완현망사 이능이기국존자 미증유야

昔者, 文公出走而正天下. 桓公去國而覇諸侯. 越王勾踐遇
석자 문공출주이정천하 환공거국이패제후 월왕구천우
吳王之醜, 而上慴中國之賢君. 三子之能達名成功於天下也,
오왕지추 이상섭중국지현군 삼자지능달명성공어천하야
皆於其國, 抑而大醜也. 太上無敗, 其次敗而有以成, 此之謂
개어기국 억이대추야 태상무패 기차패이유이성 차지위
用民.
용민

묵자는 「상현」 상편에서도 먼저 '현명한 사람들을 존중'하여 그 나라에 현명하고 훌륭한 사람들이 많아야만 나라가 부강해진다고 이렇게 설교하고 있다.

묵자가 말하였다.

"지금 임금이나 대신들 같은 나라의 정치를 맡고 있는 사람들은 모두 나라가 부유해지고 인민이 많아지고 법과 행정이 잘 다스려지기 바란다. 그러나 부유하지 못하고 가난하며 많지 못하고 적으며 다스려지지 않고 어지러워지는 게 보통이니, 곧 이것은 근본적으로 그가 바라는 것은 잃고 그가 싫어하는 결과를 얻는 것이다. 이렇게 되고 있는 까닭은 무엇인가?"

묵자가 말하였다.

"그것은 임금이나 대신들 같은 나라의 정치를 맡고 있는 사람들이 현명한 사람들을 존중하고 능력 있는 사람들로 하여금 정치를 하도록 하지 못하였기 때문이다. 그러므로 나라에 현명하고 훌륭한 선비들이 많으면 곧 그 나라의 정치는 착실하여지며, 현명하고 훌륭한 선비들이 적으면 곧 그 나라의 정치는 각박해진다. 그러므로 정치하는 사람들이 힘쓸 일은 반드시 현명한 사람들이 많이 일하도록 하는 일이다. 그렇다면 현명한 사람들이 많이 일하도록 하는 술법이란 어떻게 하는 건가?"

묵자가 말하였다.

"비유를 들면 만약 그 나라에 활 잘 쏘고 수레 잘 모는 사람들이 많아지기 바란다면, 반드시 그들을 부하게 해주고 귀하게 해주며 그들을 공경해주고 명예롭게 해주어야 한다. 그러한 뒤에야 나라에 활 잘 쏘고 수레 잘 모는 사람들이 많아질 수가 있을 것이다. 하물며 현명하고 훌륭한 선비들은 덕이 두텁고 변론을 잘하며 올바로 일을 처리하는 방법을 널리 익히고 있으니 어찌해야 하겠는가? 이런 사람들은 본시부터 나라의 보배요 정부를 도울 수 있는 사람인 것이다. 그러니 반드시 그들을 공경하고 영예롭게 해주어야만, 나라에 훌륭한 선비들이 많아질 수 있는 것이다."

子墨子言曰；今者, 王公大人爲政於國家者, 皆欲國家之富,
자묵자언왈 금자 왕공대인위정어국가자 개욕국가지부
人民之衆, 刑政之治. 然而不得富而得貧, 不得衆而得寡, 不
인민지중 형정지치 연이부득부이득빈 부득중이득과 부
得治而得亂, 則是本失其所欲, 得其所惡. 是其故何也?
득치이득란 즉시본실기소욕 득기소오 시기고하야

子墨子言曰；是在王公大人爲政於國家者, 不能以尙賢, 事
자묵자언왈 시재왕공대인위정어국가자 불능이상현 사
能爲政也. 是故國有賢良之士衆, 則國家之治厚, 賢良之士寡,
능위정야 시고국유현량지사중 즉국가지치후 현량지사과
則國家之治薄. 故大人之務, 將在於衆賢而已. 曰；然則衆賢
즉국가지치박 고대인지무 장재어중현이이 왈 연즉중현
之術, 將奈何哉?
지술 장내하재

子墨子言曰；譬若欲衆其國之善射御之士者, 必將富之貴
자묵자언왈 비약욕중기국지선사어지사자 필장부지귀
之, 敬之譽之. 然后國之善射御之士, 將可得而衆也. 況又有
지 경지예지 연후국지선사어지사 장가득이중야 황우유
賢良之士, 厚乎德行, 辯乎言談, 博乎道術者乎? 此固國家之
현량지사 후호덕행 변호언담 박호도술자호 차고국가지
珍而社稷之佐也. 亦必且富之貴之, 敬之譽之, 然后國之良士,
진이사직지좌야 역필차부지귀지 경지예지 연후국지량사
亦將可得而衆也.
역장가득이중야

그러나 지금 세상은 현명한 사람을 존중할 줄 모르고 임금이나 대신들의 골육이나 신분 등을 따져 벼슬에 임용함으로써 크게 어지러워져 있음을 그는 「상현」 하편에서 다음과 같이 지적하고 있다.

지금 임금이나 대신들이 부하게 하여 주고 귀하게 하여 주는 사람들은 모두 임금이나 대신들과 핏줄이 이어진 친척이거나 연고가 있는 부귀한 사람이거나 얼굴이 아름다운 사람들이다. 지금 임금이나 대신들과 핏줄이 이어진 친척이나 연고있는 부귀한 사람이나 얼굴이 아름다운 사람이라 하더라도 어찌 반드시 지혜가 있을 수가 있겠는가? 만약 그들이 국가를 다스릴 줄 모른다면 곧 그 국가가 혼란하게 될 것임은 잘 알 수 있는 일이다.

지금 천하의 군자들은 모두 부귀하여지길 바라고 빈천함은 싫어한다. 그런데 그대는 어떻게 함으로써 부귀를 얻고 빈천함을 피할 수가 있겠는가? 임금이나 대신들과 핏줄이 이어진 친한 사람이나 연고있는 부귀한 사람이나 얼굴이 아름다운 사람이 되는 것보다 더 좋은 게 없다고 할 것이다. 임금이나 대신과 핏줄이 이어진 친한 사람이나 연고가 있는 부귀한 사람이나 얼굴이 아름다운 사람이 된다는 것은 배워서 될 수가 없는 것이다.

만약 분별을 알지 못한다면 덕행의 두터움이 우임금 · 탕임금 · 문왕 · 무왕 같은 성군 같다 하더라도 큰 소용이 없을 것이며, 임금이나 대신들과 핏줄이 이어진 친척이라면 앉은뱅이 · 벙어리 · 귀머거리 · 장님에다가 포악하기 걸(桀)왕이나 주(紂)왕과 같다 하더라도 받는 대우를 잃지 않을 것이다. 그러므로 내리는 상은 현명한 사람에게 돌아가지 아니하고 형벌은 포악한 자에게 내려지지 않게 된다. 그들이 상 주는 사람들이 이미 공 없는 사람이요, 그들이 벌 주는 사람들도 역시 죄 없는 사람들인 것이다.

그리하여 백성들로 하여금 모두가 마음 놓고 몸을 움직여 착한 짓을 하기 꺼리고, 그들의 팔과 다리의 힘을 놓아 두고도 서로 돕고 위로하지 않게 할 것이며, 남는 재물이 썩어 냄새가 나더라도 서로 재물을 나누어 갖지 않고, 훌륭한 도리는 숨기어 두고서 서로 가르치고 깨우쳐 주지 않게 될 것이다. 이와 같이 되면 굶주리는 사람들은 먹을 것을 얻지 못하고 헐벗는 사람들은 옷을 얻지 못하며 어지러운 사람들은 다스려질 수가 없게 된다.

今王公大人, 其所富, 其所貴, 皆王公大人骨肉之親, 毌故
금왕공대인 기소부 기소귀 개왕공대인골육지친 관고
富貴, 面目美好者也. 今王公大人骨肉之親, 毌故富貴, 面目
부귀 면목미호자야 금왕공대인골육지친 관고부귀 면목
美好者, 焉故必知哉? 若不知使治其國家, 則其國家之亂, 可
미호자 언고필지재 약부지사치기국가 즉기국가지란 가
得而知也.
득이지야

今天下之士君子, 皆欲富貴而惡貧賤. 然女何爲而得富貴,
금천하지사군자 개욕부귀이오빈천 연여하위이득부귀
而辟貧賤哉? 曰; 莫若爲王公大人骨肉之親, 毌故富貴, 面目
이벽빈천재 왈 막약위왕공대인골육지친 관고부귀 면목
美好者. 王公大人骨肉之親, 毌故富貴, 面目美好者, 此非可
미호자 왕공대인골육지친 관고부귀 면목미호자 차비가
學而能者也.
학이능자야

使不知辯, 德行之厚, 若禹湯文武, 不加得也. 王公大人骨
사부지변 덕행지후 약우탕문무 불가득야 왕공대인골
肉之親, 躄瘖聾瞽, 暴爲桀紂, 不加失也. 是故以賞不當賢,
육지친 벽음롱고 폭위걸주 불가실야 시고이상부당현
罰不當暴. 其所賞者已無功矣, 其所罰者亦無罪.
벌부당폭 기소상자이무공의 기소벌자역무죄

是以使百姓, 皆放心解體, 沮以爲善, 舍其股肱之力, 而不
시이사백성 개방심해체 저이위선 사기고굉지력 이불
相勞來也, 腐臭餘財, 而不相分資也, 隱慝良道, 而不相敎誨
상로래야 부취여재 이불상분자야 은닉량도 이불상교회
也. 若此則飢者不得食, 寒者不得衣, 亂者不得治.
야 약차즉기자부득식 한자부득의 난자부득치

(「尙賢(상현)」 下)

「상현」 중편에서도 나라를 다스리는 임금과 대신들이 제대로 능력있는 현명한 사람들을 벼슬자리에 앉히어 정치를 올바로 하지 못하고 있는 폐단을 다음과 같이 지적하고 있다.

지금의 임금과 대신들은 한 가지 옷도 만들 줄 모르므로 반드시 훌륭한 재단사의 힘을 빌리며, 한 마리의 소나 양도 잡을 줄 모르므로 반드시 훌륭한 백정의 손을 빌리고 있다. 그러므로 이와 같은 두 가지 일에 있어서는 임금이나 대신들도 현명한 사람을 숭상하고 능력 있는 사람을 부리어 다스릴 줄을 알고 있는 것이다.

그러나 그의 국가의 혼란이나 나라의 위험에 이르러서는 사람을 부리어 그것을 다스릴 줄을 알지 못하고 있다. 그들은 친척들을 부리고, 공로도 없이 부귀해진 자와 보기좋은 얼굴을 지닌 사람들이나 부리고 있는데, 어찌 그들이 반드시 지혜롭고 현명한 사람들이겠는가? 만약 그들로 하여금 나라를 다스리게 한다면 곧 그것은 지혜도 없는 자들로 하여금 나라를 다스리게 하는 것이 된다. 나라의 혼란은 이미 알 수가 있는 일이다.

또한 임금과 대신들은 그들의 얼굴빛을 보고 그들을 사랑하며 부리게 된다. 따라서 마음속으로 그들의 지혜는 살피지 아니하고 자기가 좋아하는 것만을 중시하는 것이다. 그러므로 백 명도 다스릴 수 없는 사람을 천 명을 다스리는 벼슬에 앉게 하고, 천 명도 다스리지 못할 사람을 만 명을 다스리는 벼슬에 앉게 한다. 이렇게 하게 되는 까닭은 무엇인가? 그러한 벼슬에 앉힌다는 것은 벼슬자리가 높아지고 봉급이 많아지는 것을 뜻하기 때문에 그의 얼굴빛을 보고 자기가 좋아하는 사람을 거기에 임명하게 되기 때문이다.

백 명도 다스리지 못하는 사람을 천 명을 다스리는 벼슬자리에 앉히고, 천 명도 다스리지 못하는 사람을 만 명을 다스리는 벼슬자리에 앉히면 곧 벼슬이 그의 능력의 10배가 된다. 대체로 다스리는 방법이란 하루하루 일을 해야 되는 것이다. 하루하루 일을 하는 것이어서 하루에 열흘 치를 해내지는 못한다. 아는 것으로 다스리는 것인데 앎이 열 배로 늘어날 수는 없다. 그런데도 능력의 10배의 벼슬자리를 준다면 곧 그는 하나만을 다스리고 나머지 아홉은 버리게 된다. 비록 밤낮을 연이어 그의 벼슬을 다스린다 하더라도 관청 일은 여전히 다스려지지 않을 것이다. 이렇게 되는 까닭은 어디에 있는가? 그것은 곧 임금과 대신들이 현명한 사람을 숭상하고 능력 있는 사람을 부리어 정치를 해야 하는 것을 잘 알지 못하고 있기 때문이다.

今王公大人，有一衣裳不能制也，必藉良工，有一牛羊不能
금왕공대인 유일의상불능제야 필자량공 유일우양부능
殺也，必藉良宰. 故當若之二物者，王公大人知以尚賢使能爲
살야 필자량재 고당약지이물자 왕공대인지이상현사능위
政也.
정야

逮至其國家之亂，社稷之危，則不知使能以治之. 親戚則使
체지기국가지란 사직지위 즉부지사능이치지 친척즉사
之，毌故富貴，面目佼好則使之. 夫毌故富貴，面目佼好則使
지 관고부귀 면목교호즉사지 부관고부귀 면목교호즉사
之，豈必智且有慧哉? 若使之治國家，則此使不智慧者治國家
지 개필지차유혜재 약사지치국가 즉차사부지혜자치국가
也. 國家之亂，既可得而知已.
야 국가지란 기가득이지이

且夫王公大人，有所愛其色而使. 其心不察其知，而與其愛.
차부왕공대인 유소애기색이사 기심불찰기지 이여기애
是故不能治百人者，使處乎千人之官，不能治千人者，使處乎
시고불능치백인자 사처호천인지관 불능치천인자 사처호
萬人之官. 此其故何也? 曰；處若官者，爵高而祿厚，故愛其
만인지관 차기고하야 왈 처약관자 작고이록후 고애기
色而使之焉.
색이사지언

夫不能治百人者，使處乎千人之官，不能治千人者，使處乎
부불능치백인자 사처호천인지관 불능치천인자 사처호
萬人之官，則此官什倍也，夫治之法，將日至者也. 日以治之，
만인지관 즉차관십배야 부치지법 장일지자야 일이치지
日不什脩. 知以治之，知不什益. 而予官什倍，則此治一而棄
일부십수 지이치지 지부십익 이여관십배 즉차치일이기
其九矣. 雖日夜相接以治若官，官猶若不治. 此其故何也? 則
기구의 수일야상접이치약관 관유약불치 차기고하야 즉

王公大人不明乎以尙賢使能爲政也.
왕 공 대 인 불 명 호 이 상 현 사 능 위 정 야

따라서 묵자는 벼슬자리에 사람을 임용할 적에는 문벌이나 신분에 관계 없이 능력 위주로 사람을 뽑아야 하고, 또 등용한 다음에는 실적 위주로 대우를 해야 한다고 「상현」 상편에서 다음과 같이 주장하였다.

그러므로 옛날에 성왕들이 정치를 할 적에는 덕 있는 분들을 벼슬자리에 앉히고 현명한 사람들을 존중하였다. 비록 농업이나 상공업에 종사하는 사람이라 하더라도 능력만 있으면 그를 등용하여 그에게 높은 벼슬을 주고 많은 봉급을 주며 나랏일을 맡기어 그가 결단을 내리고 명령할 권한을 주었다.

벼슬자리가 높지 않으면 곧 백성들이 존경치 아니하고, 받는 봉급이 많지 않으면 곧 백성들이 신임하지 아니하며, 정치에 관한 일을 결단하지 못하면 곧 백성들이 두려워하지 않는다고 하기 때문이다.

이 세 가지 것들을 현명한 사람에게 맡겨 주는 것은, 현명한 그 자체 때문에 주는 것이 아니라 나랏일을 잘 이룩하고자 하기 때문인 것이다.

그러므로 성왕의 시대에는 덕으로써 벼슬자리에 나아가고 관직(官職)으로써 일을 맡아하며 수고하는데 따라 상이 내려졌고, 공로를 헤아리어 봉급이 분배되었다. 그러므로 벼슬 자리를 얻었다고 해도 언제까지나 귀하기만 하지 않았고, 낮은 백성이라도 끝까지 천하지는 않았다. 능력이 있으면 곧 등용되었고 능력이 없으면 곧 좌천되었다. 공정한 의로움에 의하여 등용하되 사사로운 원한은 피하였다. 이것은 앞에 한 말대로 하였음을 뜻한다.

故古者聖王之爲政, 列德而尙賢, 雖在農與工肆之人, 有能
고 고 자 성 왕 지 위 정 열 덕 이 상 현 수 재 농 여 공 사 지 인 유 능

則擧之, 高予之爵, 重予之祿, 任之以事, 斷予之命. 曰；爵
즉거지 고여지작 중여지록 임지이사 단여지명 왈 작
位不高, 則民弗敬, 蓄祿不厚, 則民不信, 政令不斷, 則民不
위불고 즉민불경 축록불후 즉민불신 정령부단 즉민불
畏. 擧三者, 授之賢者. 非爲賢賜也, 欲其事之成.
외 거삼자 수지현자 비위현사야 욕기사지성

故當是時, 以德就列, 以官服事, 以勞殿賞, 量功而分祿. 故
고당시시 이덕취렬 이관복사 이로전상 양공이분록 고
官無常貴, 而民無終賤. 有能則擧之, 無能則下之. 擧公義,
관무상귀 이민무종천 유능즉거지 무능즉하지 거공의
辟私怨. 此若言之謂也.
피사원 차약언지위야

또 묵자는 「상현」 중편에서 지혜 있고 귀한 사람들이 어리석고 천한 사람들을 다스리는 것이 원칙이니, 개인적인 정실을 넘어 현명한 사람을 등용하는 것이 정치의 근본이라 주장하였다.

귀하고 지혜 있는 사람들을 써서 어리석고 천한 사람들을 다스리도록 하면 곧 잘 다스려지고, 어리석고도 천한 사람들을 써서 귀하고 지혜 있는 사람들을 다스리게 하면 곧 어지러워진다. 이것으로써 현명한 사람들을 숭상하는 것이 정치의 근본이 됨을 알 수 있다.

그러므로 옛날에 성왕들은 현명한 이들을 숭상하는 일을 매우 존중하여, 능력에 따라 뽑아써서 아버지와 형들 말도 따르지 아니하였고, 부유하고 지위가 높은 사람들에게 치우치지도 않았으며, 얼굴 생김새에 따라 좋아하는 일도 없었다. 현명한 사람이라면 그를 등용하여 높여 주고 부하고도 귀하게 해주었으며 그로써 관청의 우두머리를 삼았다. 못난 자는 억누르고 내쳐서 가난하고 천하게 하여 잡일꾼을 삼았다. 그리하여 백성들은 모두가 그의 상을 받으려고 애쓰고 그의 형벌을 두려워하면서 다같이 현명한 사람이 되려 하였다. 그리하여 현명한 사람이 많고 못난 자가 적었다.

성인은 그렇게 한 뒤에 그들의 말을 듣고 그들의 행동을 좇아서 그들의 능력을 살피어 신중히 벼슬을 주었는데, 이것을 능력 있는 사람들을 부리는 것이라 이르는 것이다. 그러므로 나라를 다스리는 사람으로 하여금 나라를 다스리게 할 수 있었고, 관청의 우두머리로 하여금 관청의 우두머리 노릇을 제대로 할 수 있게 하였으며, 고을을 다스리는 사람으로 하여금 고을을 제대로 다스리게 할 수 있었다. 그가 나라와 관청과 고을이나 마을을 다스리도록 한 사람들은 모두가 나라의 현명한 사람들이었던 것이다.

曰；自貴且智者爲政乎愚且賤者, 則治. 自愚且賤者爲政乎
왈 자귀차지자위정호우차천자 즉치 자우차천자위정호
貴且智者, 則亂. 是以知尙賢之爲政本也.
귀차지자 즉란 시이지상현지위정본야

故古者, 聖王甚尊尙賢, 而任使能, 不黨父兄, 不偏富貴, 不
고고자 성왕심존상현 이임사능 부당부형 불편부귀 불
嬖顔色. 賢者擧而上之, 富而貴之, 以爲官長. 不肖者抑而廢
폐안색 현자거이상지 부이귀지 이위관장 불초자억이폐
之, 貧而賤之, 以爲徒役. 是以民皆勸其賞, 畏其罰, 相率而
지 빈이천지 이위도역 시이민개권기상 외기벌 상솔이
爲賢者, 以賢者衆而不肖者寡.
위현자 이현자중이불초자과

然後聖人聽其言, 迹其行, 察其所能而愼予官, 此謂事能.
연후성인청기언 적기행 찰기소능이신여관 차위사능
故可使治國者使治國, 可使長官者使長官, 可使治邑者使治
고가사치국자사치국 가사장관자사장관 가사치읍자사치
邑. 凡所使治國家官府邑里, 此皆國之賢者也.
읍 범소사치국가관부읍리 차개국지현자야

다시 묵자는 뒤이어 옛 성왕들이 천한 출신의 사람들 중에서 현명한 사람을 찾아 등용함으로써 나라를 잘 다스렸던 실례도 들고 있다.

옛글에 말하였다.

"성군과 똑똑한 사람을 구하여 그대 자신을 돕도록 하라."

『서경(書經)』 탕서(湯誓)에도 말하였다.

"마침내 위대한 성인을 구하여 그와 함께 힘을 다하고 마음을 함께함으로써 천하를 다스렸다."

곧 이것은 성인은 현명한 사람을 숭상하고 능력 있는 사람을 부리는 일을 실수 없이 함으로써 정치를 한 것을 말한 것이다. 그러므로 옛날의 성왕들은 오로지 잘 살피어 현명한 사람을 숭상하고 능력 있는 사람을 부리어 정치를 하였으며, 잡된 일은 더 섞인 게 없어 천하가 모두 그 이익을 얻었던 것이다.

옛날 순(舜)은 역산(歷山)에서 밭을 갈고, 황하(黃河) 가에서 질그릇을 굽고, 뇌택(雷澤)에서 고기잡이를 하고 있었다. 요(堯)임금이 그를 복택(服澤)의 북쪽 기슭에서 발견하여, 그를 모시어 천자로 삼고 천하의 정치를 맡겨 주어 천하의 백성들을 다스리게 하였다.

이윤(伊尹)은 유신씨(有莘氏)의 딸의 개인적인 신하로서 친히 백정 노릇까지 하였다. 탕(湯)임금이 그를 발견하여 그를 자기의 재상으로 모시고 천하의 정치를 떠맡기어 천하의 백성들을 다스리게 하였다.

부열(傅說)은 베옷을 입고 새끼줄로 허리띠를 매고서 부암(傅巖)에서 품팔이로 담 쌓는 일을 하고 있었다. 무정(武丁)임금이 그를 발견하고 그를 삼공(三公)으로 삼은 뒤에 천하의 정치를 내맡기고 천하의 백성들을 다스리게 하였다.

이들은 어찌하여 처음에는 천한 신분이었는데 갑자기 귀해졌고, 처음에는 가난하였는데 갑자기 부해졌던가? 곧 임금과 귀족들이 현명한 사람을 숭상하고 능력 있는 사람을 부리어 정치를 할 줄 알았기 때문이었다. 그래서 백성들은 굶주리면서도 양식을 구하지 못하거나, 헐벗으면서도 옷을 구하지 못하거나, 수고를 하면서도 쉬지를 못하거나, 어지러우면서도 다스려지지 못하는 일이 없게 되었다.

傳曰；求聖君哲人，以裨補而身.
전 왈 구 성 군 철 인 이 비 보 이 신

湯誓曰；聿求元聖，與之戮力同心，以治天下.
탕 서 왈 율 구 원 성 여 지 륙 력 동 심 이 치 천 하

則此言聖之不失以尙賢使能爲政也. 故古者聖王，唯能審以
즉 차 언 성 지 부 실 이 상 현 사 능 위 정 야 고 고 자 성 왕 유 능 심 이

尙賢使能爲政，無異物雜焉，天下皆得其利.
상 현 사 능 위 정 무 이 물 잡 언 천 하 개 득 기 리

古者舜耕歷山，陶河瀕，漁雷澤. 堯得之服澤之陽，擧以爲
고 자 순 경 력 산 도 하 빈 어 뢰 택 요 득 지 복 택 지 양 거 이 위

天子，與接天下之政，治天下之民.
천 자 여 접 천 하 지 정 치 천 하 지 민

伊摯有莘氏女之私臣，親爲庖人. 湯得之，擧以爲己相，與
이 지 유 신 씨 녀 지 사 신 친 위 포 인 탕 득 지 거 이 위 기 상 여

接天下之政，治天下之民.
접 천 하 지 정 치 천 하 지 민

傅說被褐帶索，庸築乎傅巖. 武丁得之，擧以爲三公，與接
부 열 피 갈 대 색 용 축 호 부 암 무 정 득 지 거 이 위 삼 공 여 접

天下之政，治天下之民.
천 하 지 정 치 천 하 지 민

此何故始賤卒而貴，始貧卒而富？則王公大人明乎以尙賢使
차 하 고 시 천 졸 이 귀 시 빈 졸 이 부 즉 왕 공 대 인 명 호 이 상 현 사

能爲政. 是以民無飢而不得食，寒而不得衣，勞而不得息，亂
능 위 정 시 이 민 무 기 이 부 득 식 한 이 부 득 의 노 이 부 득 식 난

而不得治者.
이 부 득 치 자

그러면 묵자가 생각하던 현명한 사람이란 어떤 사람을 뜻하는 것이었는가? 묵자가 생각하는 현명한 사람이란 무엇보다도 자기 능력을 다하여 남을 돕는 사람이었다. 「상현」 하편을 보면 묵자는 '현명하게 되는 방법' 을 다음과 같이 설명하고 있다.

지금 천하의 군자들은 모두가 부귀하여지기를 바라면서 빈천해지는 것을 싫어하고 있을 것이다. 그런데 그대라면 어떻게 함으로써

부귀를 얻고 빈천하여짐을 피할 수가 있겠는가? 현명하여지는 것보다 더 좋은 방법이 없다.

현명하여지는 길은 어떻게 하면 되는 건가? 그것은 힘이 있는 사람은 잽싸게 남을 돕고, 재물이 있는 사람은 힘써 그것을 사람들에게 나누어 주고, 도를 지닌 사람은 부지런히 그것을 남에게도 가르치면 되는 것이다.

그와 같이 하면 곧 굶주리는 사람은 먹을 것을 얻게 되고, 헐벗는 사람은 옷을 얻게 되며, 어지러운 것은 다스려질 것이다. 만약 굶주리는 자는 먹을 것을 얻게 되고, 헐벗는 자는 옷을 얻게 되며, 어지러운 것이 다스려지게 된다면 곧 모두가 잘 살아갈 수 있을 것이다.

曰；今也天下之士君子, 皆欲富貴而惡貧賤. 曰；然, 女何
왈 금야천하지사군자 개욕부귀이오빈천 왈 연 여하
爲而得富貴而辟貧賤? 莫若爲賢. 爲賢之道將奈何? 曰；有力
위이득부귀이피빈천 막약위현 위현지도장내하 왈 유력
者疾以助人, 有財者勉以分人, 有道者勸以敎人.
자질이조인 유재자면이분인 유도자권이교인

若此, 則飢者得食, 寒者得衣, 亂者得治. 若飢則得食, 寒則
약차 즉기자득식 한자득의 난자득치 약기즉득식 한즉
得衣, 亂則得治, 此安生.
득의 난즉득치 차안생

그리고 「귀의(貴義)」편을 보면 묵자는 성인에 대하여 이렇게 설명하고 있다.

반드시 여섯 가지 버릇을 버려야 하는데, 침묵을 할 적에는 사색을 하고, 말을 할 적에는 남을 가르치고, 행동함에 있어서는 일을 해야 한다. 이 세 가지 것을 번갈아 쓴다면 반드시 성인이 될 것이다. 반드시 기쁨을 버리고, 노여움을 버리고, 즐거움을 버리고, 슬픔을 버리고, 좋아함을 버리고, 미움을 버리고서 어짊과 의로움을 실천해야만 한다. 손발과 입 · 코 · 귀가 의로움에 종사한다면 반드시 성인이 될 것이다.

必去六辟, 嘿則思, 言則誨, 動則事. 使三者代御, 必爲聖
필거륙벽 묵즉사 언즉회 동즉사 사삼자대어 필위성
人. 必去喜, 去怒, 去樂, 去悲, 去愛, 去惡, 而用仁義. 手足
인 필거희 거노 거락 거비 거애 거악 이용인의 수족
口鼻耳, 從事於義, 必爲聖人.
구비이 종사어의 필위성인

곧 묵자는 침묵할 때나 말할 때나 행동할 때나 언제나 쉬지 않고 부지런히 뜻 있는 일을 하며, 쓸데없는 감정에 이끌리지 말고 냉정히 이성을 따라 '어짊과 의로움(仁義)'을 실천해야 한다고 주장하고 있다. 여기서 말하는 '성인'은 「상현」편에서 묵자가 얘기하고 있는 '현명한 사람'을 뜻하는 것으로 보아도 좋을 것이다.

그리고 그는 현명한 사람을 임용하였을 때, 그가 나라나 관청 일을 하는 모양을 「상현」 중편에서 다음과 같이 설명하고 있다.

현명한 사람들은 나라를 다스림에 있어서 일찍이 조정에 나아가고 늦게 퇴근하여 옥사를 다스리고 정사를 처리한다. 그래서 나라는 다스려지고 형벌과 법령은 바로잡히게 되는 것이다. 현명한 사람들은 관청의 우두머리 노릇을 함에 있어서 밤 늦게 자고 아침 일찍 일어나면서 관소(關所)와 시장 및 산림과 못이나 다리에서 얻어지는 이익을 거두어들여서 나라의 창고를 충실케 한다. 그래서 나라의 창고는 충실해지고 재물은 흩어져 없어지지 않는다. 현명한 사람들은 고을을 다스림에 있어서 일찍 출근하고 늦게 퇴근하면서 밭 갈고 씨 뿌리며 농사지어 곡식을 거두어들이도록 한다. 그래서 곡식은 풍부해지고 백성들은 식량이 넉넉하게 된다. 그러므로 나라가 다스려지면 곧 형벌과 법령이 바로잡히고, 관청이 충실해지면 곧 만백성들이 부유하게 되는 것이다.

賢者之治國也, 蚤朝晏退, 聽獄治政. 是以國家治而刑法正.
현자지치국야 조조안퇴 청옥치정 시이국가치이형법정
賢者之長官也, 夜寢夙興, 收斂關市山林澤梁之利, 以實官府.
현자지장관야 야침숙흥 수렴관시산림택량지리 이실관부
是以官府實而財不散. 賢者之治邑也, 蚤出莫入, 耕稼樹藝聚
시이관부실이재불산 현자지치읍야 조출모입 경가수예취
菽粟, 是以菽粟多而民足乎食. 故國家治則刑法正, 官府實則
숙속 시이숙속다이민족호식 고국가치즉형법정 관부실즉
萬民富.
만민부

그리고 현명한 사람을 써서 나라를 다스리는 효과를 다음과 같이 설명하고 있다.

옛날의 성왕들은 오직 현명한 사람들을 등용하여 부리면서, 그들에게 벼슬을 주어 귀하게 해주었고, 땅을 쪼개어 그에게 내려주어 평생토록 싫증내지 않게 하였다. 현명한 사람들은 오직 밝은 임금들을 가리어 섬기면서, 온몸의 힘을 다하여 임금의 일을 맡으면서도 평생토록 게으름을 피우지 아니하였다. 만약 아름답고 훌륭한 일이 있으면 곧 그것을 임금에게로 돌렸다. 그래서 아름답고 훌륭한 일은 위 임금에게 돌아가게 되고 원망과 비난의 대상이 될 것은 아래 신하에게 돌아가게 되었다. 안녕과 즐거움은 임금에게 있게 되고, 근심과 걱정은 신하에게 있게 되었다. 그러므로 옛날 성왕들의 정치는 이와 같이 하였던 것이다.

古者聖王, 唯毋得賢人而使之, 般爵以貴之, 裂地以封之,
고자성왕 유무득현인이사지 반작이귀지 열지이봉지

終身不厭. 賢人唯毋得明君而事之, 竭四肢之力以任君之事,
종신불염 현인유무득명군이사지 갈사지지력이임군지사

終身不倦. 若有美善則歸之上. 是以美善在上, 而所怨謗在下.
종신불권 약유미선즉귀지상 시이미선재상 이소원방재하

寧樂在君, 憂慼在臣. 故古者聖王之爲政若此.
영락재군 우척재신 고고자성왕지위정약차

반대로 현명한 사람들을 등용하지 못하여 못난 자들이 벼슬자리에 있었을 경우에는 어떻게 될 것인가? 묵자는 「상현」 중편에서 이렇게 설명하고 있다.

> 못난 자들이 좌우에 있게 되면 그가 주는 영예(榮譽)는 현명한 사람에게 돌아가지 않고, 그가 내리는 형벌은 포악한 자들에게 돌아가지 않는다. 임금과 대신들이 이 못난 자들을 소중히 여기며 국가의 정치를 해나간다면 곧 상 주는 것은 반드시 현명한 사람에게로 돌아가지 않고, 처벌도 반드시 포악한 자들이 받지 않게 된다.
>
> 만약 정말로 상을 현명한 사람이 받지 못하고, 처벌은 포악한 자들이 받지 않게 된다면 곧 현명한 사람들을 밀어주지 못하고 포악한 자들을 막지 못하게 될 것이다. 그래서 들어와서는 부모를 사랑하고 효도하지 못하게 되며, 나아가서는 고을에서 윗사람도 몰라보게 될 것이다. 사는 고장에 예절이 없게 되고, 출입하는 데 법도가 없게 되며, 남녀의 분별이 없게 된다.
>
> 그들로 하여금 관청 일을 다스리게 하면 곧 도둑질이나 하고, 성을 지키게 하면 배반이나 하며, 임금에게 어려움이 있어도 죽음으로써 섬기지 않고, 임금이 국외로 도망을 하면 따라가지 않게 된다. 그들로 하여금 재판 일을 처리하게 하면 적절히 처리하지 못하고, 재물을 나눠주도록 하면 고루 나누어 주지 못한다. 그들과 일을 함께하면 뜻대로 되지 않고, 일을 시작하면 제대로 이루지 못하며, 들

어와 성을 지키게 하면 튼튼히 지키지 못하고, 나가서 싸우게 하면 강하지 못하다. 그러므로 옛날 하나라 · 상나라 · 주나라 폭군으로 알려진 걸(桀)임금 · 주(紂)임금 · 유왕(幽王) · 여왕(厲王) 같은 이들이 나라를 잘못 다스리어 그들의 나라를 멸망시켰던 것도 이 때문이었다.

不肖者在左右, 則其所譽不當賢, 而所罰不當暴. 王公大人
불 초 자 재 좌 우   즉 기 소 예 부 당 현   이 소 벌 부 당 폭   왕 공 대 인
尊此以爲政乎國家, 則賞亦必不當賢, 而罰亦必不當暴.
존 차 이 위 정 호 국 가   즉 상 역 필 부 당 현   이 벌 역 필 부 당 폭

若苟賞不當賢, 而罰不當暴, 則是爲賢者不勸, 而爲暴者不
약 구 상 부 당 현   이 벌 부 당 폭   즉 시 위 현 자 불 권   이 위 폭 자 부
沮矣. 是以入則不慈孝父母, 出則不長弟鄕里. 居處無節, 出
저 의   시 이 입 즉 부 자 효 부 모   출 즉 부 장 제 향 리   거 처 무 절   출
入無度, 男女無別.
입 무 도   남 녀 무 별

使治官府則盜竊, 守城則倍畔, 君有難則不死, 出亡則不從.
사 치 관 부 즉 도 절   수 성 즉 배 반   군 유 난 즉 불 사   출 망 즉 부 종
使斷獄則不中, 分財則不均. 與謀事不得, 擧事不成, 入守不
사 단 옥 즉 부 중   분 재 즉 불 균   여 모 사 부 득   거 사 불 성   입 수 불
固, 出誅不彊. 故雖昔者三代暴王, 桀紂幽厲之所以失措其國
고   출 주 불 강   고 수 석 자 삼 대 폭 왕   걸 주 유 려 지 소 이 실 조 기 국
家, 傾覆其社稷者, 已此故也.
가   경 복 기 사 직 자   이 차 고 야

묵자는 이 현명한 사람을 숭상하는 '상현'의 교리도 '하늘'의 법도를 따른 것이라고 「상현」 중편에서 다음과 같이 설명하고 있다.

그러므로 옛날의 성왕들은 잘 살피어 현명한 사람을 존중하고 능력있는 사람을 부리어 정치를 하였는데, 그것은 하늘에서 법도를 딴 것이었다. 비록 하늘은 가난하고 부유한 것, 귀하고 천한 것, 멀고 가까운 것, 친하고 먼 관계는 따지지 않지만, 현명한 사람은 들

어내어 숭상하고 못난 자들은 억눌러 멸망시키는 것이다.

> 故古聖王, 以審以尙賢使能爲政, 而取法於天. 雖天亦不辯
> 고고성왕 이심이상현사능위정 이취법어천 수천역불변
> 貧富貴賤遠邇親疏, 賢者擧而尙之, 不肖者抑而廢之.
> 빈부귀천원이친소 현자거이상지 불초자억이폐지

이 '상현'의 주장 속에도 '하늘'에 대한 신앙과 '겸애'를 바탕으로 한 사회개혁 및 계급타파의 뜻이 분명히 드러나고 있는 것이다. 유가나 다른 학파에서도 현명한 사람을 존중하는 경우는 많겠으나, 이들과 다른 묵자의 '상현'의 가장 두드러진 특징은 바로 여기에 있는 것이다.

(3) 상동(尙同)

묵자는 모든 사람이 남들을 똑같이 사랑하고 똑같이 이롭게 해줄 것을 주장하면서도, 엄연한 계급에 의한 통치 질서의 필요성을 주장하였다. 실상 통치 질서의 문란으로 말미암아 그 시대에 가장 큰 피해를 보고 있던 사람들이란 바로 그가 대변하고 있는 서민들이었기에, 그는 더욱 통치 질서를 강조했던 것 같다.

그는 '의정'이란 통치상의 질서 없이는 이루어질 수 없는 것이라 믿었다. 따라서 「상동」 상 · 중 · 하 3편을 보면 3편 모두에서 통치 질서가 없는 사회는 금수의 세상이나 같은 사회라 말하고 있다.

> 묵자가 말하였다.
> "지금 백성들이 처음 생겨나서 우두머리가 없었던 옛날로 되돌아갔다고 하자. 그러면 다음과 같이 될 것이다.

세상의 사람들은 모두 뜻이 달라서 한 사람이 한 가지 뜻을 가지고 있어, 열 명이면 열 가지 뜻, 백 명이면 백 가지 뜻이 있게 되고, 사람들의 수가 많이 불어날수록 이른바 뜻이라는 것도 많이 불어나게 된다. 그래서 사람들은 자기의 뜻은 옳다고 여기고 남의 뜻은 그르다고 하여 서로가 상대방을 비난하게 될 것이다. 안으로는 아버지와 아들이나 형제들까지도 서로 원수가 되어 서로 떨어져 나가려는 마음을 갖게 될 것이니 서로 화합할 수가 없을 것이다.

심지어는 남는 힘이 있어도 버려두고 서로 돕지 않을 것이며, 좋은 길을 숨겨 두고 서로 가르쳐 주지 않을 것이며, 남는 재물이 썩어빠져도 서로 나누어 주지 않을 것이다. 천하는 어지럽게 되어 심지어는 새나 짐승들의 세상같이 될 것이다. 임금과 신하, 윗사람과 아랫사람, 나이 많은 이와 적은 이의 예절과 부자와 형제의 예의가 없어지게 될 것이니, 그래서 세상은 어지러워지는 것이다."

子墨子曰; 方今之時, 復古之民始生, 未有正長之時.
자묵자왈 방금지시 복고지민시생 미유정장지시

蓋其語曰; 天下之人異義, 是以一人一義, 十人十義, 百人
개기어왈 천하지인이의 시이일인일의 십인십의 백인

百義, 其人數茲衆, 其所謂義者亦茲衆. 是以人是其義, 而非
백의 기인수자중 기소위의자역자중 시이인시기의 이비

人之義, 故相交非也. 內之父子兄弟怨讐, 皆有離散之心, 不
인지의 고상교비야 내지부자형제원수 개유리산지심 불

能相和合.
능상화합

至乎有餘力, 不以相勞, 隱匿良道, 不以相敎, 腐朽餘財, 不
지호유여력 불이상로 은닉량도 불이상교 부후여재 불

以相分. 天下之亂也, 至如禽獸然. 無君臣上下長幼之節, 父
이상분 천하지란야 지여금수연 무군신상하장유지절 부

母兄弟之禮, 是以天下亂焉. (「尙同(상동)」 中)
모형제지례 시이천하란언

묵자는 통치를 담당할 각 층의 우두머리들이 없으면 세상이 어지러워질 수밖에 없는 것이라 생각하였다. 그래서 묵자는 천자(天子)와 삼공(三公)에서부터 시작하여 마을의 이장(里長)에 이르는 각 계층의 통치자는 꼭 있어야 하는데, 이들 통치자의 선출 기준은 반드시 그의 현명 여부로써 결정되어야만 한다고 하였다.

백성들에게 우두머리가 없어서 천하의 뜻을 하나로 같아지게 할 수 없어서 천하가 어지러워진다는 것이 밝혀졌다. 그래서 천하의 현명하고 훌륭하고 덕이 많고 지식 있고 분별 있고 지혜 있는 사람을 골라서 천자로 세워 천하의 뜻이 하나가 되도록 하는 일에 종사하도록 하였다.

천자가 이미 섰으나 오직 그의 귀와 눈이 실지로 보고 듣는 데 한계가 있어서 홀로는 천하의 뜻을 하나가 되도록 하지 못한다. 그러므로 천하에서 뽑아 올린 현명하고 훌륭하고 덕이 많고 지식 있고 분별 있고 지혜 있는 사람들 중에서 골라 그를 삼공(三公)의 자리에 앉히고, 함께 천하의 뜻을 하나가 되도록 하는 일에 종사하게 한다.

천자와 삼공이 이미 자리에 앉았으나, 천하는 넓고 커서 산림 속이나 먼 고장에 있는 백성들까지도 하나가 되도록 하는 수가 없다. 그러므로 천하를 여러 개로 나누어 여러 제후와 임금을 두어 그 나라의 뜻을 하나가 되도록 하는 일에 종사하게 한다.

제후들이 이미 섰으나 또 그들의 귀와 눈이 실지로 듣고 보는 데에 한계가 있으므로 그 나라의 뜻을 하나가 되도록 하지 못한다. 그러므로 그 나라의 현명한 사람들을 골라 공(公) · 경(卿) · 대부(大夫) 자리에 앉히고 멀리는 시골 마을에 이르기까지도 우두머리를 두어, 그들과 함께 그 나라의 뜻을 하나가 되도록 하는 일에 종사케 한다.

明乎民之無正長, 以一同天下之義, 而天下亂也. 是故選擇
명호민지무정장 이일동천하지의 이천하란야 시고선택
天下賢良聖知辯慧之人, 立以爲天子, 使從事乎一同天下之
천하현량성지변혜지인 입이위천자 사종사호일동천하지
義.
의

天子旣以立矣, 以爲唯其耳目之請, 不能獨一同天下之義.
천자기이립의 이위유기이목지청 불능독일동천하지의
是故選擇天下贊閱賢良聖知辯慧之人, 置以爲三公, 與從事乎
시고선택천하찬열현량성지변혜지인 치이위삼공 여종사호
一同天下之義.
일동천하지의

天子三公旣已立矣, 以爲天下博大, 山林遠土之民, 不可得
천자삼공기이립의 이위천하박대 산림원토지민 불가득
而一也. 是故靡分天下, 設以爲萬諸侯國君, 使從事乎一同其
이일야 시고미분천하 설이위만제후국군 사종사호일동기
國之義.
국지의

國君旣已立矣, 又以爲唯其耳目之請, 不能一同其國之義,
국군기이립의 우이위유기이목지청 불능일동기국지의
是故擇其國之賢者, 置以爲左右將軍大夫, 以遠至乎鄕里之
시고택기국지현자 치이위좌우장군대부 이원지호향리지
長, 與從事乎一同其國之義. (「尙同(상동)」 中)
장 여종사호일동기국지의

다만 이 경우에 천자를 누가 선택하는 것이냐 하는 문제는 묵자 스스로 분명히 말하고 있지 않다. 묵자가 늘 요임금 · 순임금 · 우임금 · 탕임금 · 문왕 · 무왕 같은 성군을 이상적인 정치를 행하였던 보기로 들고 있는 것을 보면, 천자에 뽑히는 여러 가지 경우를 다 인정하고 있었던 듯하다. 천자 자리를 전임자로부터 물려받을 수도 있고, 포악한 천자를 정벌하고 스스로 천자 자리에 오를 수도 있고, 자기 아버지 자리를 물려받을 수도 있다고 생각했던 것 같다.

그러나 어떤 경우이건 묵자의 뜻에 따르면 '하늘의 뜻' 과 '백성들의 뜻'에 부합되는 인물이어야만 하였다. 그것은 지금부터 설명할 '상동'의 이론을 보면 분명히 알 수 있는 일이다. '상동'이란 '윗사람들과 화동(和同)한다'는 뜻으로, 곧 위 아래 모든 사람이 통치자의 다스림을 따라 모든 사람의 뜻을 하나가 되도록 함으로써 질서를 유지한다는 것이다.

묵자는 천자를 비롯한 갖가지 통치의 우두머리들이 다 갖추어진 다음에는 모든 사람의 뜻을 하나가 되게 하는 '상동'을 하기 위하여는 다음과 같이 위아래가 서로 협력하여야만 한다고 주장하였다. 그는 이러한 '상동'의 주장을 다음과 같이 설명하고 있다.

> 우두머리들이 이미 갖추어진 다음에는 천자는 천하의 백성들에게 정치명령을 내리어 말하였다.
>
> 착한 것과 착하지 않은 것을 들으면 모두 그것을 그의 윗사람에게 고한다. 윗사람이 옳다고 여기는 것은 반드시 모두가 그것을 옳다고 여기며, 그르다고 여기는 것은 반드시 모두가 그것을 그르다고 여겨야 한다. 윗사람에게 허물이 있으면 곧바로 거기에 대하여 올바르게 알려주고, 아래에 훌륭한 사람이 있으면 곧 그를 추천해 준다. 윗사람과 화동(和同)하면서 아랫사람들끼리 패거리를 이루지 않는 사람은 곧 윗사람이 상줄 사람이며 아랫사람들이 칭찬할 사람인 것이다.
>
> 만약 착한 것과 착하지 않은 것에 대하여 들어서 알고도 그것을 그의 윗사람에게 알리지 않으며, 윗사람이 옳다고 여기는 것을 옳게 여기지 않고 윗사람이 그르다고 여기는 것을 그르다고 여기지 않으며, 윗사람에게 허물이 있어도 올바른 것을 알려주지 않고 아랫사람 중에 훌륭한 이가 있어도 그를 추천하지 않으며, 아랫사람들끼리 패거리를 이루면서 윗사람과 함께하지 않는 사람은 곧 윗사

람이 처벌할 대상이며, 백성들이 비난할 사람인 것이다.

윗사람은 이렇게 함으로써 상과 벌을 주는 일을 매우 밝게 살펴서 빈틈없고 확실히 해야만 한다.

그러므로 이장(里長)이 된 사람은 마을에서 가장 어진 사람이어야 한다. 이장은 마을의 백성들에게 다스리는 명령을 이렇게 내린다.

착한 것과 착하지 않은 것을 들으면 반드시 그것을 향장(鄕長)에게 고하라. 향장이 옳다고 여기는 것은 반드시 모두가 그것을 옳다고 여기며, 향장이 그르다고 여기는 것은 반드시 모두가 그것을 그르다고 여겨야 한다. 그대의 착하지 않은 말을 버리고 향장의 착한 말을 배울 것이며, 그대의 착하지 못한 행동을 버리고 향장의 착한 행동을 본떠야 한다.

그러면 고을을 무슨 이유로 어지럽게 할 수 있겠는가? 살펴보건대 고을이 다스려지는 까닭은 무엇인가? 향장이 오직 고을 전체의 뜻을 통일할 수 있기 때문에, 그래서 고을이 다스려지는 것이다.

향장이 된 사람은 고을에서 가장 어진 사람이어야 한다. 향장은 고을의 백성들에게 다스리는 명령을 이렇게 내린다.

착한 것과 착하지 못한 것을 들은 사람은 반드시 그것을 임금에게 알리어라. 임금이 옳다고 여기는 것은 반드시 모두가 그것을 옳다고 여기고, 임금이 그르다고 하는 것은 반드시 모두가 그것을 그르다고 여겨야 한다. 그대의 착하지 못한 말은 버리고 임금의 착한 말을 배울 것이며, 그대의 착하지 못한 행동은 버리고 임금의 착한 행동을 본떠야 한다.

그러면 나라는 무슨 이유로 어지럽힐 수가 있겠는가? 살펴보건대 나라가 다스려지는 까닭은 무엇인가? 임금이 오직 나라 전체의 뜻을 통일할 수 있기 때문에 그래서 나라가 다스려지는 것이다.

나라의 임금이 된 사람은 나라에서 가장 어진 사람이어야 한다. 임금이 나라의 백성들에게 다스리는 명령을 이렇게 내린다.

착한 것과 착하지 않은 것을 들으면 반드시 그것을 천자에게 아뢰라. 천자가 옳다고 여기는 것은 모두가 그것을 옳다고 여기고, 천자가 그르다고 여기는 것은 모두가 그것을 그르다고 여겨야 한다. 그대의 착하지 않은 말은 버리고 천자의 착한 말을 배우며, 그대의 착하지 않은 행동은 버리고 천자의 착한 행동을 본떠야 한다.

그러면 천하는 무슨 이유로 어지럽힐 수가 있겠는가? 살펴보건대 천하가 다스려지는 까닭은 무엇인가? 천자가 오직 온 천하의 뜻을 통일할 수 있기 때문에 그래서 천하가 다스려지는 것이다.

正長旣已具, 天子發政於天下之百姓, 言曰 ; 聞善而不善,
정장기이구 천자발정어천하지백성 언왈 문선이불선
皆以告其上. 上之所是, 必皆是之, 所非, 必皆非之. 上有過
개이고기상 상지소시 필개시지 소비 필개비지 상유과
則規諫之, 下有善則傍薦之. 上同而不下比者, 此上之所賞而
즉규간지 하유선즉방천지 상동이불하비자 차상지소상이
下之所譽也.
하지소예야

意若聞善而不善, 不以告其上, 上之所是, 弗能是, 上之所
의약문선이불선 불이고기상 상지소시 불능시 상지소
非, 弗能非, 上有過, 弗規諫, 下有善, 弗傍薦, 下比不能上同
비 불능비 상유과 불규간 하유선 불방천 하비불능상동
者, 此上之所罰, 而百姓所毁也.
자 차상지소벌 이백성소훼야

上以此爲賞罰, 甚明察以審信.
상이차위상벌 심명찰이심신

是故里長者, 里之仁人也. 里長發政里之百姓, 言曰 ; 聞善
시고리장자 이지인인야 이장발정리지백성 언왈 문선
而不善, 必以告其鄕長. 鄕長之所是, 必皆是之, 鄕長之所非,
이불선 필이고기향장 향장지소시 필개시지 향장지소비
必皆非之. 去若不善言, 學鄕長之善言, 去若不善行, 學鄕長
필개비지 거약불선언 학향장지선언 거약불선행 학향장
之善行.
지선행

則鄕何說以亂哉? 察鄕之所治者, 何也? 鄕長唯能壹同鄕之
즉향하설이란재 찰향지소치자 하야 향장유능일동향지

義, 是以鄕治也.
의 시이향치야

鄕長者, 鄕之仁人也. 鄕長發政鄕之百姓, 言曰 ; 聞善而不
향장자 향지인인야 향장발정향지백성 언왈 문선이불
善者, 必以告國君. 國君之所是, 必皆是之, 國君之所非, 必
선자 필이고국군 국군지소시 필개시지 국군지소비 필
皆非之. 去若不善言, 學國君之善言, 去若不善行, 學國君之
개비지 거약불선언 학국군지선언 거약불선행 학국군지
善行.
선행

則國何說以亂哉? 察國之所以治者, 何也? 國君唯能壹同國
즉국하설이란재 찰국지소이치자 하야 국군유능일동국
之義, 是以國治也.
지의 시이국치야

國君者, 國之仁人也. 國君發政國之百姓, 言曰 ; 聞善而不
국군자 국지인인야 국군발정국지백성 언왈 문선이불
善, 必以告天子. 天子之所是, 皆是之, 天子之所非, 皆非之.
비 필이고천자 천자지소시 개시지 천자지소비 개비지
去若不善言, 學天子之善言, 去若不善行, 學天子之善行.
거약불선언 학천자지선언 거약불선행 학천자지선행

則天下何說以亂哉? 察天下之所以治者, 何也? 天子唯能壹
즉천하하설이란재 찰천하지소이치자 하야 천자유능일
同天下之義, 是以天下治也. (「尙同(상동)」 上)
동천하지의 시이천하치야

이 '위와 뜻을 함께하는' '상동'은 마을에서 시작하여 고을과 나라를 거쳐 다시 천자를 정점으로 하여 온 천하가 한 뜻으로 함께하게 되는데, 천자는 다시 위로 '하늘'과 뜻을 함께하여 하늘의 뜻에 맞는 정치를 해야 한다고 하였다. 따라서 묵자에게 있어서는 정치의 정점도 '하늘'이 됨은 두말할 나위도 없는 일이다. 묵자는 이렇게 말하고 있다.

그러므로 또 임금으로 하여금 그 나라의 뜻을 한결같이 해가지고서 위로 천자를 받들고 뜻을 같이 해야 하는 것이다. 천자도 역시 천하의 백성들에게 다음과 같은 법령을 반포한다.

만약 천하를 사랑하고 이롭게 하는 사람을 보거든 반드시 그것을 아뢰고, 만약 천하를 미워하고 해치는 자를 보거든 역시 그것을 아뢰도록 하라. 만약 천하를 사랑하고 이롭게 하는 것을 보고서 그것을 아뢰는 사람이 있다면 그도 천하를 사랑하고 이롭게 하는 것이다. 윗사람은 그것을 알면 그에게 상을 주고, 여러 사람들은 그것을 들으면 그를 칭찬할 것이다. 만약 천하를 미워하고 해치는 것을 보고도 그것을 아뢰지 않는 자라면 또한 천하를 미워하고 해치는 자나 같은 것이다. 윗사람은 그런 사실을 알게 되면 곧 그에게 벌을 내리고, 여러 사람들은 그것을 들으면 그를 비난할 것이다.

그래서 온 천하의 사람들은 모두 그들 웃어른으로부터 상을 받고 싶어하고 형벌은 피하려 든다. 그래서 착한 것을 보거나 착하지 않은 것을 보거나 그것을 모두 아뢰게 된다. 천자는 착한 사람을 발견하면 그에게 상을 주고, 포악한 사람을 발견하면 그에게 벌을 내린다. 착한 사람은 상을 받고 포악한 사람은 벌을 받게 된다면 천하는 반드시 잘 다스려질 것이다. 그러니 천하가 잘 다스려지는 까닭을 헤아려보면 무엇 때문인가? 오직 윗사람을 받들고 뜻을 같이하여 한가지 뜻으로 정치를 하기 때문이다.

천하가 이미 다스려졌다면, 천자는 또 천하의 뜻을 모두 모아 위로 하늘의 뜻과 같이하여야 한다.

故又使國君, 選其國之義, 以尙同於天子. 天子亦發憲布令
고우사국군 선기국지의 이상동어천자 천자역발헌포령

於天下之衆曰；若見愛利天下者, 必以告, 若見惡賊天下者,
어천하지중왈 약견애리천하자 필이고 약견오적천하자

亦以告. 若見愛利天下以告者, 亦猶愛利天下者也. 上得則賞
역이고 약견애리천하이고자 역유애리천하자야 상득즉상

之, 衆聞譽之. 若見惡賊天下不以告者, 亦猶惡賊天下者也.
지 중문예지 약견오적천하불이고자 역유오적천하자야

上得且罰之, 衆聞則非之.
상 득 차 벌 지 중 문 즉 비 지

是以偏天下之人, 皆欲得其長上之賞譽, 避其毁罰. 是以見善不善者告之. 天子得善人而賞之, 得惡人而罰之. 善人賞而暴人罰, 天下必治矣. 然計天下之所以治者, 何也? 唯而以尙同一義爲政故也.
시 이 편 천 하 지 인 개 욕 득 기 장 상 지 상 예 피 기 훼 벌 시 이 견 선 부 선 자 고 지 천 자 득 선 인 이 상 지 득 악 인 이 벌 지 선 인 상 이 폭 인 벌 천 하 필 치 의 연 계 천 하 지 소 이 치 자 하 야 유 이 이 상 동 일 의 위 정 고 야

天下旣已治, 天下又總天下之義, 以尙同於天. (「尙同(상동)」 下)
천 하 기 이 치 천 하 우 총 천 하 지 의 이 상 동 어 천

따라서 천하 사람들이 위로 천자와는 뜻을 같이하였다 하더라도, 다시 천자가 앞에 서서 '하늘'의 뜻과 같이 못한다면 결국은 하늘의 벌을 면치 못하게 될 것이라고도 경고하고 있다. 그것은 말을 바꾸면 하늘에 대한 신앙과 귀신에 대한 믿음을 요구하는 것이라 할 수도 있는 것이다.

천자와는 위로 뜻을 함께 같이하면서도 하늘과는 위로 뜻을 함께 같이하지 못하면, 곧 하늘의 재앙이 끊이지 않게 될 것이다. 그러므로 하늘이 추위와 더위를 계절에 맞지 않게 하고, 눈과 서리와 비와 이슬을 제철에 맞지 않게 내리며, 오곡이 제대로 익지 않고, 가축들이 제대로 자라지 않게 하며, 질병과 전염병이 만연하고, 회오리바람과 소낙비가 심하게 내리도록 만드는 것은 바로 하늘이 내리는 벌인 것이다. 아랫사람들이 하늘에 대하여 위로 뜻을 함께 같이하지 않는 것을 벌 주려는 것이다.

그러므로 옛날의 성왕들은 하늘과 귀신이 바라는 것을 밝혀주고, 하늘과 귀신이 미워하는 것을 피함으로써 천하의 재해를 없애려 하였다. 그래서 천하의 만백성들을 거느리고 목욕재계한 다음 정결히

술과 단술과 젯밥과 제물을 장만한 후 하늘과 귀신에게 제사를 지냈다. 그들은 귀신을 섬김에 있어서 술과 단술과 젯밥과 제물을 감히 깨끗하지 않은 것이 없도록 하였으며, 제물로 쓰는 소와 양은 감히 살찌지 않은 것은 사용하지 않았으며, 제물로 바치는 구슬과 비단은 전혀 규격에 맞지 않는 것이 없었다.

봄과 가을의 제사는 감히 시기를 놓치는 일이 없었고, 재판하는 일의 처리는 조금도 적절히 처리되지 않는 게 없었고 재물을 나누어 줌에 있어서는 전혀 고르게 나누어 주지 않는 일이 없었고, 거처하는 곳에 대하여도 전혀 태만히 하는 일이 없었다. 곧 나라 다스리는 우두머리 노릇을 이와 같이 하였다는 것이다.

그러므로 위로는 하늘과 귀신이 그가 나라 다스리는 우두머리 노릇을 하는 일을 잘 도와주고, 아래로는 만백성들이 그들의 나라 다스리는 우두머리가 편하도록 돕게 되는 것이다. 하늘과 귀신이 매우 잘하게 도와주어 힘써 나랏일을 처리하게 되면 곧 하늘과 귀신이 내리는 복을 받을 수 있게 될 것이다. 만백성들이 편하고 이롭게 도와주어 힘써 나랏일을 처리하게 되면 곧 만백성들이 그와 친애하게 될 것이다.

그들은 나라 다스리는 일을 이와 같이 하였다. 그래서 꾀하는 일이 뜻대로 이루어지고, 일을 시작하면 모두 이루어지며, 성으로 들어와 지키면 견고하고, 나아가 싸움을 하면 승리하게 되는 것은 무슨 까닭이었는가? 그것은 오직 위로 모두가 뜻을 같이함으로써 나라를 다스렸기 때문인 것이다. 본시 옛날 성왕들의 정치는 이와 같았던 것이다.

夫既尚同乎天子, 而未上同乎天者, 則天菑將猶未止也. 故
부기상동호천자 이미상동호천자 즉천재장유미지야 고
當若天降寒熱不節, 雪霜雨露不時, 五穀不孰, 六畜不遂, 疾
당약천강한열부절 설상우로불시 오곡불숙 육축불수 질

菑戾疫, 飄風苦雨, 荐臻而至者, 此天之降罰也. 將以罰下人
재려역 표풍고우 천진이지자 차천지강벌야 장이벌하인

之不尙同乎天者也.
지불상동호천자야

故古者聖王, 明天鬼之所欲, 而辟天鬼之所憎, 以求興天下
고고자성왕 명천귀지소욕 이피천귀지소증 이구흥천하

之害. 是以率天下之萬民, 齊戒沐浴, 潔爲酒醴粢盛, 以祭祀
지해 시이솔천하지만민 재계목욕 결위주례자성 이제사

天鬼. 其事鬼神也, 酒醴粢盛不敢不蠲潔, 犧牲不敢不腯肥,
천귀 기사귀신야 주례자성불감불견결 희생불감불둔비

珪璧幣帛不敢不中度量.
규벽폐백불감부중도량

春秋祭祀不敢失時幾, 聽獄不敢不中, 分財不敢不均, 居處
춘추제사불감실시기 청옥불감부중 분재불감불균 거처

不敢怠慢. 曰 ; 其爲政長若此.
불감태만 왈 기위정장약차

是故上者天鬼有厚乎其爲政長也, 下者萬民有便利乎其爲政
시고상자천귀유후호기위정장야 하자만민유편리호기위정

長也. 天鬼之所深厚, 而能彊從事焉, 則天鬼之福可得也. 萬
장야 천귀지소심후 이능강종사언 즉천귀지복가득야 만

民之所便利, 而能彊從事焉, 則萬民之親可得也.
민지소편리 이능강종사언 즉만민지친가득야

其爲政若此. 是以謀事得, 擧事成, 入守固, 出誅勝者, 何故
기위정약차 시이모사득 거사성 입수고 출주승자 하고

之以也? 曰 ; 唯以尙同爲政者也. 故古者聖王之爲政若此.
지이야 왈 유이상동위정자야 고고자성왕지위정약차

(「尙同(상동)」 上)

「천지(天志)」 상편에서도 이미 서민 · 관리 · 경대부(卿大夫) · 삼공(三公)과 제후 · 천자로 발전하는 정치 서열 위에 '하늘'이 정점에 놓임으로써 정치의 질서가 잡히는 것임을 밝히고 있다.

또한 '의로움'이란 바로잡는다는 뜻이라고 한다. 아랫사람을 따라 윗사람이 바로잡히는 일은 없고, 반드시 윗사람을 따라 아랫사람들이 바로잡히는 것이다. 그러므로 서민들은 힘을 다해 자기 일에 종사하기는 하지만 자기 마음대로 다스릴 수는 없는 일이며, 관리들이 있어 그들을 다스리는 것이다. 관리들은 힘을 다해 자기 일에 종사하기는 하지만 자기 마음대로 다스릴 수는 없는 일이며 장군과 대부들이 있어 그들을 다스린다. 장군과 대부들도 힘을 다해 자기 일에 종사하기는 하지만 자기 마음대로 다스릴 수는 없는 일이며 삼공(三公)과 제후들이 있어 그들을 다스린다. 삼공과 제후들도 힘을 다해 다스리기는 하지만 자기 마음대로 다스릴 수는 없는 일이며 천자가 있어 그들을 다스린다. 천자도 자기 마음대로 다스릴 수는 없는 일이며 하늘이 있어 그를 다스린다.

曰；且夫義者, 政也. 無從下之政上, 必從上之政下. 是故
왈 차 부 의 자 정 야 무 종 하 지 정 상 필 종 상 지 정 하 시 고
庶人竭力從事, 未得次己而爲政, 有士政之. 士竭力從事, 未
서 인 갈 력 종 사 미 득 차 기 이 위 정 유 사 정 지 사 갈 력 종 사 미
得次己而爲政, 有將軍大夫政之. 將軍大夫竭力從事, 未得次
득 차 기 이 위 정 유 장 군 대 부 정 지 장 군 대 부 갈 력 종 사 미 득 차
己而爲政, 有三公諸侯政之. 三公諸侯竭力聽治, 未得次己而
기 이 위 정 유 삼 공 제 후 정 지 삼 공 제 후 갈 력 청 치 미 득 차 기 이
爲政, 有天子政之. 天子未得次己而爲政, 有天政之.
위 정 유 천 자 정 지 천 자 미 득 차 기 이 위 정 유 천 정 지

그리고 또 묵자는 「천지」 중편에서 이렇게도 주장하였다.

천자가 착한 일을 하면 하늘이 그에게 상을 줄 것이고, 천자가 포악하 짓을 하면 하늘이 그에게 벌을 내릴 것이다. 천자에게 질병이나 재난이 있을 적에는 반드시 목욕재계를 하고 정결히 술과 단술과 젯밥과 제물을 마련해 가지고서 하늘과 귀신에게 제사지내야만 한다. 그러면 하늘은 그것들을 없애 줄 것이다.

天子爲善, 天能賞之, 天子爲暴, 天能罰之. 天子有疾病禍
천자위선 천능상지 천자위폭 천능벌지 천자유질병화

祟, 必齋戒沐浴, 潔爲酒醴粢盛, 以祭天鬼. 則天能除去之.
수 필재계목욕 결위주례자성 이제천귀 즉천능제거지

그리고 묵자는 '상동'의 이상이 실현된 사회의 특징을 「상동」 중편에서 여러 가지로 묘사하고 있다.

그러므로 옛날 성왕은 오직 잘 살피어 윗사람을 받들고 뜻을 같이 하게 함으로써 우두머리 노릇을 하였다. 그러므로 위 아래의 감정이 서로 통하였다. 위에 숨겨진 일과 챙기지 못한 이익이 있으면 아래에서 그것들을 발견하여 이익을 찾아준다. 아랫백성들에게 쌓인 원한이나 오랜 해로운 일이 있으면 위에서는 그것을 알아차리어 해결해 준다.

그래서 수천만 리 밖에 착한 일을 행한 사람이 있다면 아직 그 집안 사람들도 모두 알지 못하고 그 고을 사람들도 모두 듣지 못했을 적에 천자는 그것을 알고서 그에게 상을 내린다. 수천만 리 밖에 착하지 않은 짓을 한 사람이 있다면, 아직 그 집안 사람들도 모두 알지 못하고 그 고을 사람들도 모두 듣지 못했을 적에 천자는 그것을 알고서 그를 벌준다. 그래서 온 천하 사람들이 모두 두려워서 덜덜 떨며 지나친 포악한 짓을 감히 못하고, 천자의 보고 들으심이 신령스럽다 여기게 된다.

옛 임금님 말씀에 이런 말이 있다.

"그것은 신령스러운 게 아니다. 다만 사람들의 귀와 눈을 잘 부리어 자기가 보고 듣는 것을 돕게 하며, 사람들의 입을 부리어 자기의 말을 돕게 하고, 사람들의 마음을 부리어 자기의 생각을 돕게 하며, 사람들의 팔다리를 부리어 자기의 움직임을 돕도록 하기 때문이다."

그가 보고 듣는 것을 돕는 사람이 많으면 곧 그가 듣고 보는 범위가 확대된다. 그의 말을 돕는 사람이 많으면 곧 그의 어루만져 주는 덕 있는 목소리가 널리 퍼지게 된다. 그의 생각을 돕는 사람이 많으면 그가 일을 꾀하고 헤아리는 것이 더욱 빨라진다. 그의 움직임을 돕는 사람이 많으면 곧 그가 하는 일이 빠르게 이루어진다.

그러므로 옛날 성인들이 일을 완성시키고 공을 이룩하여 후세에까지 이름을 남기게 되는 까닭은 바로 다른 연유나 다른 조건들 때문이 아니다. 오직 윗사람을 받들고 뜻을 같이 함으로써 정치를 할 수 있었기 때문이다.

故古者聖王, 唯而審以尙同, 以爲正長. 是故上下情請爲通.
고고자성왕 유이심이상동 이위정장 시고상하정청위통
上有隱事遺利, 下得而利之. 下有蓄怨積害, 上得而除之.
상유은사유리 하득이리지 하유축원적해 상득이제지

是以數千萬里之外, 有爲善者, 其室人未徧知, 鄕里未徧聞,
시이수천만리지외 유위선자 기실인미편지 향리미편문
天子得而賞之. 數千萬里之外, 有爲不善者, 其室人未徧知,
천자득이상지 수천만리지외 유위불선자 기실인미편지
鄕里未徧聞, 天子得而罰之. 是以擧天下之人, 皆恐懼振動惕
향리미편문 천자득이벌지 시이거천하지인 개공구진동척
慄, 不敢爲淫暴, 曰; 天子之視聽也神.
률 불감위음폭 왈 천자지시청야신

先王之言曰; 非神也. 夫唯能使人之耳目, 助己視聽, 使人
선왕지언왈 비신야 부유능사인지이목 조기시청 사인
之吻, 助己言談, 使人之心, 助己思慮, 使人之股肱, 助己動
지문 조기언담 사인지심 조기사려 사인지고굉 조기동
作.
작

助之視聽者衆, 則其所聞見者遠矣. 助之言談者衆, 則其德
조지시청자중 즉기소문견자원의 조지언담자중 즉기덕
音之所撫循者博矣. 助之思慮者衆, 則其談謀度速得矣. 助之
음지소무순자박의 조지사려자중 즉기담모도속득의 조지
動作者衆, 卽其擧事速成矣.
동작자중 즉기거사속성의

故古者聖人之所以濟事成功, 垂名於後世者, 無他故異物焉.
고 고 자 성 인 지 소 이 제 사 성 공 수 명 어 후 세 자 무 타 고 이 물 언

曰 ; 唯能以尙同爲政者也.
왈 유 능 이 상 동 위 정 자 야

'상동' 의 정치를 하면, 곧 위의 통치자와 아랫백성들의 뜻이 통하여 서로 돕게 되며, 백성과 천자의 보고 듣는 것과 행동이 통일되어 천자는 공정한 상벌을 내리며 올바른 정치를 할 수 있게 된다는 것이다. 또 천자를 중심으로 하여 백성들을 가르쳐 이끌어주며 정치를 올바로 하는 방법과 그러한 정치의 성과에 대하여도 뒤이어 이렇게 설명하고 있다.

옛날 여러 나라 제후들은 봄 가을로 천자의 궁전으로 찾아가서 천자의 엄한 가르침을 받고서 물러나 나라를 다스렸다. 정치를 행함에 있어서 감히 복종치 않는 일이 없었다. 이러한 시대에는 본시 감히 천자의 가르침을 어지럽히는 자가 있을 수가 없다.

古者國君諸侯之以春秋來朝聘天子之廷, 受天子之嚴敎, 退
고 자 국 군 제 후 지 이 춘 추 래 조 빙 천 자 지 정 수 천 자 지 엄 교 퇴

而治國. 政之所加, 莫敢不賓. 當此之時, 本無有敢紛天子之
이 치 국 정 지 소 가 막 감 불 빈 당 차 지 시 본 무 유 감 분 천 자 지

敎者.
교 자

옛날 여러 나라 제후들은 착한 것과 착하지 않은 것을 듣고 보면 모두 달려가서 천자에게 아뢰었다. 그래서 상은 현명한 사람에게 돌아가고 벌은 포악한 자에게 내려가게 되며, 죄 없는 사람을 죽이지 않고 죄 있는 사람을 놓치지 않았다. 곧 이것이 윗사람을 받들고 뜻을 같이한 결과인 것이다.

그래서 묵자가 말하였다. 지금 천하의 임금과 대신과 군자들이 진실로 그들의 나라를 부유하게 하고, 그들의 인민을 불어나게 하고, 정치와 형벌을 옳게 다스리며, 그들의 나라를 안정시키려 한다면 마땅히 위로 윗사람을 받들고 뜻을 같이하는 일에 대하여 살피지 않아서는 안될 것이다. 이것이 정치의 근본이 되는 것이다.

古者國君諸侯之聞見善與不善也, 皆馳驅以告天子. 是以賞
고자국군제후지문견선여불선야 개치구이고천자 시이상
當賢, 罰當暴, 不殺不辜, 不失有罪. 則此尙同之功也.
당현 벌당폭 불살불고 불실유죄 즉차상동지공야

是故子墨子曰 ; 今天下之王公大人士君子, 請將欲富其國
시고자묵자왈 금천하지왕공대인사군자 청장욕부기국
家, 衆其人民, 治其刑政, 定其社稷, 當若尙同之不可不察.
가 중기인민 치기형정 정기사직 당약상동지불가불찰
此爲政之本也.
차위정지본야

이상이 묵자가 꿈꾸던 '의로움을 바탕으로 하는 정치'의 완성인 것이다. 묵자는 서민들의 입장에 서서 불합리한 사회를 개혁하려고 노력하였지만 이처럼 덕성과 능력을 근거로 한 통치계급의 필요성까지 부정하지는 못하였던 것이다. 그리고 이 이상 정치문제를 깊이 파고들지 않은 것도 서민들의 입장으로 말미암은 그 시대의 한계를 뜻하는 것인 듯하다.

6) 비유(非儒)

(1) 묵자와 유가(儒家)

이미 앞에서 묵자의 생애(제1장)를 얘기할 때 지적한 것처럼 묵자는 본시 유학을 공부하였다. 『회남자(淮南子)』 주술훈(主術訓)에는 이런 말이 보인다.

> 공자와 묵자는 모두 옛날 성인들의 학술을 닦아, 육경(六經)의 이론에 통달하였다.
>
> 孔墨皆修先聖之術, 通六藝之論.
> 공 묵 개 수 선 성 지 술 통 육 예 지 론

이는 묵자와 유가는 특별한 관계에 있음을 뜻하며, 그 때문에 『묵자』 속에는 유가를 공격하는 특수한 내용의 「비유」편이 끼어 있게 되었을 것이다.

묵자가 "옛날 성인의 학술을 닦았다."는 증거는 『묵자』 각 편을 보면 쉽사리 알 수 있는 일이다. 그의 중심사상이 씌어져 있는 「상현」에서 「비명」에 이르는 여러 편들을 보면 거의 전편이 유가에서 받드는 요임금과 순임금 및 하나라와 상나라 및 주나라의 성왕인 우임금 · 탕임금 · 문왕 · 무왕의 사적을 들어 자기 사상의 정당성을 증명하고 있다. 심지어 유가 사상의 공격이 중심을 이루는 「절장(節葬)」이나 「비명(非命)」 같은 편에서조차도 자기 이론의 합리화를 위하여 요임금 · 순임금과 우임금 · 탕임금 · 문왕 · 무왕의 사적들을 인용하고, 반대로 실패의 보기로는 걸(桀)임금 · 주(紂)임금과 유왕(幽王) · 여왕(厲王)을 인용하고 있다. 이는 지난날에 대한 역사의식이 묵자와 공자가 근본적으로 큰 차이가 없음을 뜻하는 것이라 하겠다.

그리고 이들 모든 편에서 자신의 논거(論據)로 흔히 『시경(詩經)』과 『서경(書經)』을 인용하고 있다. 맨 앞의 「상현」편만 보더라도 『시경』 대아(大雅)와 주송(周頌)의 인용이 보이고 『서경』에서는 탕서(湯誓)와 여형(呂刑)의 인용이 보이고 있다. 이밖에 여러 나라의 『춘추(春秋)』 같은 역사적인 기록을 근거로 한 옛날 사람들 얘기의 인용도 자주 발견된다. 이로써 보더라도 묵자가 공자와 같은 "옛날 성인들의 학술을 닦고, 육경의 이론에 통달하였다."는 말은 수긍하지 않을 수가 없을 것이다.

그리고 『묵자』를 읽어 보면 사회윤리면에 있어서도 기본적으로 유가와 크게 어긋나지 않고 있음을 발견하게 된다. 어떤 각도에서 보면 묵자는 유가의 윤리사상을 받아들인 위에 그 중 일부를 수정하려 들었다고 말하여도 좋을 듯이 느껴진다. 곧 『묵자』에 「귀의(貴義)」편이 있어 "만사에 있어 의로움보다 귀중한 것은 없다.(萬事莫貴於義.)"고 하면서 윤리의 최고 기준으로 '의로움'을 무엇보다 강조하고 있는 것은 사실이다. 그러나 그 밖의 유가에서 주장하던 여러 가지 덕목을 묵자도 존중하였다. 『묵자』를 읽어 보면 무엇보다도 '의로움'에 '어짊(仁)'을 덧붙여, '어짊과 의로움'을 지극한 덕행의 표현으로 쓰고 있는 대목이 각 편에 자주 보인다. 보기를 들어보기로 한다.

> 아우른다는 것은 바로 '어짊'이요 '의로움'인 것이다.
>
> 兼卽仁矣義矣. (「兼愛(겸애)」 下)
> 겸 즉 인 의 의 의

> 어떤 이는 후히 장사 지내고 오래 복상하는 것을 '어짊과 의로움'이 아니며 효자의 일이 아니라고 생각한다.
>
> 或以厚葬久喪, 以爲非仁義, 非孝子之事也. (「節葬(절장)」 下)
> 혹 이 후 장 구 상 이 위 비 인 의 비 효 자 지 사 야

여기에서는 '어짊과 의로움' 이외에 '효자'의 일도 얘기하고 있다. 그 밖에도 『묵자』에는 여러 가지 유가의 덕목에 관한 주장이 보인다.

「천지」 하편 같은 곳에서는 이런 말을 하고 있다.

> 의롭게 다스린다는 것은, ……이것을 하늘의 덕이라 부른다. 그러므로 이렇게 일을 처리하는 사람은 성인답고 지혜 있으며 어질고 의로우며 충성되고 은혜로우며 자애스럽고 효성스러운 것이다.

> 義正者, ……是謂天德. 故凡從事此者, 聖知也, 仁義也, 忠惠也, 慈孝也.
> 의정자 시위천덕 고범종사차자 성지야 인의야 충혜야 자효야

이밖에도 『묵자』에는 유가의 덕목을 그대로 이끌어 쓰고 있는 곳이 무수히 많다.

앞에서 묵자는 하늘의 신앙을 바탕으로 하여 '겸애'를 내세우며 사회 개혁을 추진하던 사상가라 하였다. 그러나 그의 사회개혁도 그 시대의 정치질서 곧 봉건제도(封建制度)까지 부정하고 새로운 정치 질서를 이룩하려던 것은 아니었다. 원칙적으로 묵자는 유가에서 내세우던 정치적인 제도와 질서를 그대로 받아들이고 있다. 다만 묵자는 서민의 입장에서 나면서 정해지던 사회적인 계급을 타파하고 능력본위의 사회를 만드는 한편, 지배자나 피지배자의 구별 없이 모두가 부지런히 자기 맡은 일을 하고 검소히 지내면서 서로 돕고 서로 사랑하여 한 뜻으로 함께하는 사회를 이룩해 보자는 것이었다.

그러니 묵자와 유가는 그들의 학술적인 바탕이 같고 원칙적으로 윤리관이나 정치제도에도 큰 차이가 없었으나, 다만 그들이 대변하던 사회계급이 이들의 사상적 성격을 크게 갈라놓은 것으로 보아야 할 것이다. 곧 거의 비슷한 근거 위에서 묵자는 서민들의 이익을 추구하였고, 유가는 지배계급의 입장을 옹호하였다는 차이가 있다는 것이다.

묵가 사상으로서 가장 두드러진 특징을 이루는 '하늘'과 '귀신'에 대한 신앙도 공자 사상과 배치되는 것이 아니며, '겸애'와 '비공' 같은 주장도 유가의 '어짊〔仁〕'이나 덕으로 나라를 다스리는 '왕도(王道)' 사상과 거리가 크게 먼 것이라 볼 수는 없는 것이다. 묵자와 유가의 가장 큰 차이는 이들이 대표하던 사회적인 계급에서 나온 것이라 보아야 할 것이다.

⑵ 『묵자』의 비유적(非儒的) 성격

『한비자(韓非子)』 현학(顯學)편을 보면 공자의 유가와 묵자의 묵가에 대하여 이렇게 말하고 있다.

> 세상의 두드러진 학파는 유가와 묵가인데, 유가의 정점은 공구이고 묵가의 정점은 목적이다.
>
> 世之顯學, 儒墨也 ; 儒之所至, 孔丘也, 墨之所至, 墨翟也.
> 세지현학 유묵야 유지소지 공구야 묵지소지 묵적야

이밖에 『장자(莊子)』[31]나 『여씨춘추(呂氏春秋)』[32] 같은 책에서도 공자의 유가와 묵자의 묵가를 나란히 들어 얘기하고 있다. 이를 보면 전국시대(戰國時代) 중반까지만 해도 묵가는 유가와 함께 세상에서 가장 두드러진 학파였고, 유가와 경쟁하는 위치에 있었음을 알 것이다. 따라서 묵자가 그의 가장 크고 센 경쟁자인 유가를 공격하여 「비유(非儒)」라는

31 『莊子』: 齊物論 · 在宥 · 天運 · 知北遊 · 徐无鬼 · 盜拓 · 列禦寇편 등.

32 『呂氏春秋』: 士容論 第六 務大 · 似順論 第五 有度 · 不苟論 第四 博志 · 愼大覽 第三 順說 · 仲春紀 當染편 등.

글을 쓴 것은 무엇보다도 당연한 일이라 할 것이다.

그러나 『묵자』 전편을 자세히 검토해 보면 「비유」편뿐만이 아니라 『묵자』 전체가 '비유' 적인 성격을 강하게 드러내고 있는 책임을 알 수 있다. 그것은 심지어 묵자의 사상이 '비유' 를 발판으로 하여 발전한 것이라 말할 수도 있는 정도이다.

앞의 '제3장 『묵자』란 책의 성격' 에서 얘기했듯이, 『묵자』 중에서도 묵자의 사상을 가장 잘 대표하고 있는 내용의 것이 「상현」편에서 「비명」편에 이르는 23편의 글들이다. 이 글들은 다시 「상현」·「상동」 두 편이 묵자의 정치사상을, 「겸애」·「비공」 두 편이 그의 윤리사상을, 「절용」·「절장」 두 편이 그의 경제사상을, 「천지」·「명귀」 두 편은 그의 종교사상을 나타내는데, 끝머리 「비악」·「비명」 두 편은 「비유」에 앞서 본격적으로 유가사상을 공격한 것이라 할 수 있다.

「비악」은 유가에서 중시하는 음악의 무용론을 내세우면서 아울러 유가에서 지지하던 당시의 지배계급들의 사치와 낭비를 공격한 것이다. 그리고 「비명」은 유가의 숙명론(宿命論)적 성향을 공격한 것으로, 그것이 아래 서민들의 발전하려는 의욕과 노력을 저해하는 한편 당시의 사회계급을 고정화시키려는 것임을 비판하는 것이다. 그리고 묵자의 경제사상이라 한 「절용」과 「절장」도 주로 유가가 옹호하는 상류계급의 낭비와 유가의 번거로운 장례의식을 겨냥하고 전개시킨 이론임은 누구나 쉽사리 알 수 있는 일이다.

그리고 정치사상의 기본이 되는 「상현」은 현명한 이를 내세우면서 능력본위의 정치제도를 주장한 것인데, 유가에서 중시하는 신분(身分)과 친분(親分)의 관념을 타파하려는 데 큰 목적이 있는 것이다. 「상현」을 통하여 이루어지는 윗사람을 받들고 뜻을 같이 한다는 「상동」의 사회도 유가에서 내세우는 계급관과는 달리, 위 아래의 자리란 궁극적으로 맡은 일의 차이를 뜻할 뿐 위는 아래를 돕고 사랑하고 아래는 위를 돕고 사랑하며 서로 위해 줌으로써 위 아래가 한 뜻으로 함께 어울리는 세계를 이루는 것이다. 이것도 유가의 봉건주의 사회의 모순을 해소하려는 뜻에서 우러나온 이상이라 할 수 있다.

묵자의 가장 독특한 사상이라면「겸애」와「비공」이 대표하는 윤리사상과「천지」와「명귀」가 대표하는 종교사상이라 할 수 있다. 그런데 이 '겸애' · '비공' 이라는 것도 실은 공자의 '어짊(仁)' 의 사상을 좀 더 적극적으로 발전시킨 것이고, '하늘' 과 '귀신' 에 대한 신앙도 공자가 믿던 '하늘' 과 이미 죽은 사람이나 산천의 신 같은 '귀신' 의 개념을 좀더 발전시킨 것이라 할 수 있다. 공자의 '어짊' 을 사회의 계급이나 친소(親疏)의 차별 없이 적용시키면, '겸애' 나 '비공' 이 될 것이다. 공자가 믿던 '하늘' 을 그의 사상의 기본 법칙으로 삼으면 묵자의 '천지' 가 되고, 공자가 제사 지내던 조상의 신이나 산천의 신에게 분명한 인간에 대한 역할을 부여하면 '명귀' 가 될 것이다.

이밖에도「친사(親士)」편은「상현」편의 여론(餘論)이고,「법의(法儀)」편은「천지」편의 여론이며,「칠환(七患)」·「사과(辭過)」편은「절용」편의 여론이며,「삼변(三辯)」편은「비악」편의 여론이라 할 수 있는 것이다. 그리고 뒤의「공수(公輸)」편은「비공」편의 보충자료이고, 끝머리「비성문(備城門)」이하 11편은 모두가「비공」편의 참고자료라 할 수 있는 것들이다. 이미 진공(陳拱)도『유묵평의(儒墨平議)』[33]의 서문에서 이렇게 말하고 있다.

> 대체로 묵자가 적극적으로 긍정하였던 '하늘' · '귀신' · '겸애'

33 臺灣 商務印書館 印行.

> 같은 것들은 모두 유가에서 이미 갖고 있던 것이거나 이미 그들 속에 깃들여 있던 것들이다. 그런데도 묵자가 그런 것들을 주장한 것은 바로 '구차히 밖으로 드러내어 어떤 일을 내세우려는 것'[34]일 따름이다. 그가 부정하고 있는 것으로 '숙명'과 '음악'이 있고, 그가 배척하고 있는 것으로 장사를 후히 지내는 것 같은 것들이 있는데, 이러한 배척과 부정은 모두 매우 뜻 없는 것들이다. 긍정이나 부정을 막론하고 대체로 모두가 유가의 가르침을 상대로 하여 나온 것들이기 때문이다.

진공의 묵자 비판은 지나친 듯하나 그의 여러 가지 사상이 유가를 전제로 하여 나왔다는 점만은 동의하지 않을 수가 없을 듯하다. 거기에다 유가는 묵자에게 있어서 가장 강하고도 큰 적대적인 학파였기 때문에 『묵자』라는 책 전체가 '비유'적인 성격을 강하게 드러내지 않을 수가 없었던 것이다.

뒤의 묵자의 말과 행동이 적혀 있는 「경주(耕柱)」편과 「공맹(公孟)」편 가운데에도 유가에 대한 공격이 적지 않게 들어 있다. 「경주」편에는 유자(儒者)인 무마자(巫馬子)를 상대로 묵자가 자신의 학설을 강조하거나 유가의 그릇된 관념을 꼬집은 대화가 가장 많이 실려 있고, 그밖에도 유자인 자하(子夏)의 무리와 공맹자(公孟子)의 그릇된 관념을 공격한 대목과, 섭공자고(葉公子高)와 공자(孔子)의 정치에 관한 문답의 그릇됨을 지적한 대목이 있다.

보기로 묵자와 자하의 무리와의 대화를 아래에 소개한다.

34 漢 王充이 『論衡』 薄葬편에서 "苟以外效立事."라 묵자를 평한 말을 인용한 것임.

자하의 무리가 묵자에게 물었다. "군자도 싸우는 일이 있습니까?" 묵자가 대답하였다. "군자는 싸우는 일이 없습니다." 자하의 무리가 말하였다. "개 돼지도 싸우는 일이 있는데, 어찌 선비에게 싸우는 일이 없겠습니까?" 묵자가 말하였다. "슬픈 일이구려! 말로는 탕임금과 문왕을 일컬으면서 행동은 개 돼지에 비유를 하다니! 슬픈 일이오!"

子夏之徒, 問於子墨子曰；君子有鬪乎? 子墨子曰；君子無
자하지도 문어자묵자왈 군자유투호 자묵자왈 군자무
鬪. 子夏之徒曰；狗豨猶有鬪, 惡有士而無鬪矣? 子墨子曰；
투 자하지도왈 구희유유투 오유사이무투의 자묵자왈
傷矣哉! 言則稱於湯文, 行則譬於狗豨, 傷矣哉!
상의재 언즉칭어탕문 행즉비어구희 상의재

「공맹」편에는 묵자와 공맹자(公孟子)의 언쟁이 아홉 대목이나 실려 있고, 이름을 알 수 없는 유자와의 논쟁이 한 대목, 유학과 묵학을 아울러 공부했다는 정자(程子)와의 대화가 두 대목 실려 있다. 그 중 묵자가 유가사상을 종합적으로 비판한 대목을 보기로 하나 소개한다.

묵자가 정자에게 말하였다. "유가의 도에는 천하를 잃게 하기에 충분한 네 가지 주장이 있다. 유가에서는 '하늘'이 밝지 않고 '귀신'은 신령스럽지 않다고 하며, '하늘'과 '귀신'에 대하여 말도 하지 않는데, 이는 천하를 잃게 하기에 충분한 짓이다.

또 후히 장사 지내고 오랫동안 상복을 입으며 관과 겉 관을 겹으로 하고 많은 수의(壽衣)를 마련하여 장사 지내는 일을 이사하듯 하며, 3년 동안 곡하고 울어서 부축해 준 뒤에야 일어날 수 있고 지팡이를 짚은 뒤에야 다닐 수 있으며, 귀로는 듣는 게 없고 눈으로는 보는 게 없게 되는데, 이는 천하를 잃게 하기에 충분한 짓이다.

또 악기를 연주하고 노래하고 춤추면서 가악(歌樂)을 즐기는데, 이것도 천하를 잃게 하기에 충분한 것이다.

또 운명이 있다고 하면서 가난함과 부함이나 오래 살고 일찍 죽는 것과 다스려지고 어지러워지는 것과 편안하고 위태로운 것은 정해진 바가 있어서 덜거나 더해 줄 수가 없는 것이라 하는데, 윗사람이 된 자가 그렇게 행동하면 반드시 나랏일을 다스릴 수가 없을 것이고, 아랫사람들이 그렇게 행동하면 반드시 해야 할 일을 하지 못하게 될 것이니, 이것도 천하를 잃게 하기에 충분한 것이다."

정자가 말하였다. "너무하십니다. 선생님의 유가 공격은!"

묵자가 말하였다. "유가에 본시 이와 같은 네 가지 주장이 없는데도 내가 이렇게 말한다면 곧 그것은 공격하는 것이 된다. 지금 유가에는 본시 이러한 네 가지 주장이 있어서 내가 그것을 말한 것이라면 곧 이것은 공격이 아니라 들은 것을 알려 준 것일세!"

子墨子謂程子曰；儒之道，足以喪天下者，四政焉. 儒以天
자 묵 자 위 정 자 왈 　 유 지 도 　 족 이 상 천 하 자 　 사 정 언 　 유 이 천
爲不明，以鬼爲不神，天鬼不說，此足以喪天下.
위 불 명 　 이 귀 위 불 신 　 천 귀 불 설 　 차 족 이 상 천 하

又厚葬久喪，重爲棺椁，多爲衣衾，送死若徙，三年哭泣，扶
우 후 장 구 상 　 중 위 관 곽 　 다 위 의 금 　 송 사 약 사 　 삼 년 곡 읍 　 부
後起，杖後行，耳無聞，目無見，此足以喪天下.
후 기 　 장 후 행 　 이 무 문 　 목 무 견 　 차 족 이 상 천 하

又弦歌鼓舞，習爲聲樂，此足以喪天下.
우 현 가 고 무 　 습 위 성 악 　 차 족 이 상 천 하

又以命爲有，貧富壽夭，治亂安危，有極矣，不可損益也. 爲
우 이 명 위 유 　 빈 부 수 요 　 치 란 안 위 　 유 극 의 　 불 가 손 익 야 　 위
上者行之，必不聽治矣，爲下者行之，必不從事矣，此足以喪
상 자 행 지 　 필 불 청 치 의 　 위 하 자 행 지 　 필 부 종 사 의 　 차 족 이 상
天下.
천 하

程子曰；甚矣，先生之毁儒也!
정 자 왈 　 심 의 　 선 생 지 훼 유 야

子墨子曰；儒固無此若四政者，而我言之，則是毀也．今儒
자 묵 자 왈　유 고 무 차 약 사 정 자　이 아 언 지　즉 시 훼 야　금 유
固有此四政者，而我言之，則非毀也，告聞也．
고 유 차 사 정 자　이 아 언 지　즉 비 훼 야　고 문 야

이상 본 바와 같이 『묵자』에 있어서 '비유'의 주장은 「비유」편 한 편에만 한정된 문제가 아니라 곧 책 전체의 흐름으로 파악될 수 있는 문제인 것이다. 곧 묵자의 사상은 유가에 대한 비판을 바탕으로 발전한 것이라고도 할 수 있는 성격의 것이다.

(3) 「비유」편

「비유」편은 본시 상·하 두 편으로 나누어져 있었으나 상편은 없어지고 하편만이 전한다. 여기에서는 첫째로 번거로운 유가의 상례(喪禮)를 반대하고 있고, 둘째로 번잡한 유가의 혼례를 공격하고 있다. 이를 보면 묵자는 번거롭고 사치스런 여러 가지 유가의 예절을 전부 반대하고 있었음이 확실하다. 셋째로는 유가의 숙명론을 반박하고 있고, 넷째로는 유가의 비생산적인 성격과 남의 상례(喪禮)를 챙겨 주면서 자기가 먹고 사는 방법을 해결하는 그들의 생활방법을 신랄히 비난하고 있다. 다섯째로는 유가에서 옛날 옷과 옛날 말만을 숭상하는 습관을 공격하고, 여섯째로는 『논어(論語)』 술이(述而)편에서 공자가 "옛것을 전승(傳承)하기는 하되 창작하지는 않는다.(述而不作.)' 고 한 태도를 공격하고, 일곱째로는 "군자는 이기면 도망치는 자를 추격치 않는다.(君子勝不逐奔.)"[35]는 유가의 전쟁방식을 반박하고, 여덟째로는 "군자는 종과

35 『穀梁傳』隱公 五年；"戰不逐奔.", 『荀子』議兵편；"服者不禽, 犇命者不獲."이라 한 말 등을 근거로 한 것임.

같아서 그것을 치면 울리지만 치지 않으면 울리지 않는다.(君子若鐘, 擊之則鳴, 弗擊不鳴.)"[36]고 한 유가의 관념을 공격하고 있다. 그리고 뒤이어는 공자의 말과 행동 다섯 가지를 들어 공자를 공격하고 있다. 아래에 그 중 몇 가지 보기를 들기로 한다. 먼저 번잡한 혼례에 대해 공격한 대목을 읽어보자.

장가를 들 적에는 신랑이 신부를 친히 마중하러 가는데 검은 옷을 입고 수레몰이가 되어, 말고삐를 잡고 수레에 오르는 신부에게 손잡이를 친히 쥐어 주는 것이, 마치 친부모를 마중하듯 한다. 혼례의 위엄 있는 의식이 마치 제사를 모시는 것 같다. 위아래가 뒤집히고 부모를 거스르는 짓이다. 부모는 아래로 처자들을 따르게 하고, 처자들은 위로 부모를 섬기는 일을 그릇친다. 이와 같은 것을 가히 효도라 말할 수가 있겠는가?

유가들은 말하기를,

"처를 그렇게 마중하는 것은 그와 더불어 제사를 받들 것이기 때문이며, 자식은 종묘를 지키게 될 것이므로 그들을 소중히 하는 것이다."

고 한다.

여기에 답하겠다.

"그것은 거짓말이다. 그의 집안 형은 그들 선조의 종묘를 수십 년이나 지켰는데도 죽으면 1년의 상을 입는다. 형제의 처는 그 조상의 제사를 받드는데도 복을 입지 않는다. 처자가 죽으면 3년의 복을 입으니, 반드시 종묘의 제사를 지키고 받들기 때문은 아닌 것이다. 처자를 아끼는 게 이미 큰 잘못을 저지르고 있는 것인데도 또 말하기

36 『墨子』 公孟편의 公孟子(儒者)의 말에 이런 말이 들어 있음.

를 부모를 소중히 하기 때문이라고 한다. 지극히 사사로운 것을 소중히 하고자 하여 지극히 중한 것을 가벼이 하는 것이니 어찌 매우 간사한 짓이 아니겠는가?"

娶妻親迎, 袨褍爲僕, 秉轡授綏, 如迎嚴親. 昏禮威儀, 如承
취처친영 현단위복 병비수수 여영엄친 혼례위의 여승
祭祀. 顚覆上下, 悖逆父母. 父母下則妻子, 妻子上侵事親.
제사 전복상하 패역부모 부모하칙처자 처자상침사친
若此可謂孝乎?
약차가위효호

儒者曰 ; 迎妻與之奉祭祀, 子將守宗廟, 故重之.
유자왈 영처여지봉제사 자장수종묘 고중지

應之曰 ; 此誣言也. 其宗兄守其先宗廟數十年, 死, 喪之期.
응지왈 차무언야 기종형수기선종묘수십년 사 상지기
兄弟之妻, 奉其先之祭祀, 弗服. 則喪妻子三年, 必非以守奉
형제지처 봉기선지제사 불복 즉상처자삼년 필비이수봉
宗廟祭祀也. 夫憂妻子, 以大負絫, 有曰 ; 所以重親也. 爲欲
종묘제사야 부우처자 이대부루 유왈 소이중친야 위욕
厚所至私, 輕所至重, 豈非大姦也哉?
후소지사 경소지중 기비대간야재

다음에는 다시 유가의 비생산적인 성격을 공격한 대목을 읽어 보기로 하자.

또한 그들은 예의와 음악을 번거롭게 꾸미어 사람들을 어지럽히고, 오랫동안 상옷을 입고 거짓 슬퍼함으로써 부모님을 속인다. 운명을 믿어 가난에 빠져 있으면서도 고상하고 잘난 체하고, 근본을 어기고 할 일은 버리고서 태만하게 편안히 지내며, 먹고 마시기를 탐하면서 일을 하는 데에는 게으르다. 그래서 굶주림과 헐벗음에 빠지고 얼어 죽거나 굶어 죽을 위험에 놓여 있으면서도 이를 벗어나는 수가 없다. 이것은 마치 거지와도 같다. 두더지처럼 음식을 저장하고, 수양처럼 먹을 것을 찾다가, 발견되면 멧돼지처럼 튀어나온다. 군자들이 이것을 비웃으면, 성을 내면서 이렇게 말한다.

"형편없는 자들아! 어찌 훌륭한 선비를 알겠는가?"

여름에는 보리나 벼를 동냥하다가 모든 곡식이 다 거둬들여지면 큰 초상집만을 쫓아다니는데, 자식과 식구들도 모두 거느리고 가서 음식을 실컷 먹는다. 몇 집 초상만 치르고 나면 충분히 살아갈 수 있게 된다. 남의 집을 근거로 하여 살찌고, 남의 들을 의지하여 부를 쌓는다. 부잣집에 초상이 나면 곧 크게 기뻐하면서 "이것이야말로 입고 먹는 꼬투리이다."라고 말한다.

且夫繁飾禮樂以淫人, 久喪僞哀以謾親. 立命緩貧而高浩居,
차부번식례악이음인 구상위애이만친 입명완빈이고호거
倍本棄事而安怠傲, 貪於飮食, 惰於作務. 陷於飢寒, 危於凍
배본기사이안태오 탐어음식 타어작무 함어기한 위어동
餒, 無以違之. 是若乞人, 鼸鼠藏, 而羝羊視, 賁彘起. 君子笑
뇌 무이위지 시약걸인 함서장 이저양시 분체기 군자소
之, 怒曰 ; 散人, 焉知良儒?
지 노왈 산인 언지량유

夫夏乞麥禾, 五穀旣收, 大喪是隨, 子姓皆從, 得厭飮食. 畢
부하걸맥화 오곡기수 대상시수 자성개종 득염음식 필
治數喪, 足以至矣. 因人之家, 以爲翠, 恃人之野, 以爲尊. 富
치수상 족이지의 인인지가 이위취 시인지야 이위존 부
人有喪, 乃大說喜曰 ; 此衣食之端也.
인유상 내대열희왈 차의식지단야

다음에는 공자에 대한 묵자의 공격을 두 대목만 보기로 들겠다.

공자는 노(魯)나라 사구(司寇)가 되고서도 노나라 공실(公室)은 버려두고 계손(季孫)을 받들었다. 계손은 노나라 재상노릇을 하다가 도망을 치게 되었는데, 계손이 고을 사람들과 관문(關門)의 통과를 가지고 다투게 되었을 때, 공자는 관문 기둥을 들어올려 그를 도망치게 해주었다.

공자는 채(蔡)나라와 진(陳)나라 사이에서 궁지에 빠져, 명아주 국만으로 싸라기도 없이 열흘을 지낸 일이 있다. 제자인 자로(子路)가 돼지고기를 구하여다 삶아 주자 공자는 고기가 어디에서 났는가를 물어보지도 않고 먹었다. 남의 옷을 벗기어 가지고 술을 받아다 주자, 공자는 술이 어디에서 났는가를 물어보지도 않고 마셨다.

노(魯)나라 애공(哀公)이 공자를 맞아들이니, 그는 방석이 반듯하지 않아도 앉지 않았고, 고기가 바르게 썰어져 있지 않으면 먹지 않았다. 자로가 나아가 물었다.

"어찌 그토록 진(陳)나라와 채(蔡)나라 사이에 있었을 때와 다르십니까?"

공자가 대답하였다.

"이리 오너라. 내 네게 얘기해 주마. 전에는 그대와 함께 구차히 살아가기에도 바빴지만, 지금은 그대와 함께 구차히 의로움을 행하려 하고 있다. 굶주리고 곤궁할 적에는 눈치 볼 것 없이 아무 것이나 구하여 자신을 살려야 하는 것이며, 풍부하고 배부르면 곧 거짓된 행동으로라도 스스로를 꾸며야 하는 것이다."

더럽고 사악하며 거짓되기 이보다 더 큰 게 있겠는가?

孔某爲魯司寇, 舍公家而奉季孫. 季孫相魯君而走, 季孫與
공모위로사구 사공가이봉계손 계손상로군이주 계손여
邑人爭門關, 決植.
읍인쟁문관 결식

孔某窮於蔡陳之閒, 藜羹不糂十日. 子路爲享豚, 孔某不問
공모궁어채진지간 려갱불삼십일 자로위향돈 공모불문
肉之所由來而食. 褫人衣以酤酒, 孔某不問酒之所由來而飮.
육지소유래이식 치인의이고주 공모불문주지소유래이음

哀公迎孔子, 席不端, 弗坐, 割不正, 弗食. 子路進請曰, 何
애공영공자 석부단 불좌 할부정 불식 자로진청왈 하
其與陳蔡反也?
기여진채반야

孔某曰；來，吾語女．曩與女爲苟生，今與女爲苟義．夫飢
공 모 왈　내　오 어 여　낭 여 여 위 구 생　금 여 여 위 구 의　부 기

約則不辭妄取以活身，贏飽則僞行以自飾．汚邪詐僞，孰大於
약 즉 불 사 망 취 이 활 신　영 포 즉 위 행 이 자 식　오 사 사 위　숙 대 어

此？
차

공자가 그의 밑의 제자들과 한가히 앉아 있다가 말하였다.

"순(舜)임금은 자기 아버지 고수(瞽叟)를 만나면 불안하였다. 이때는 천하도 위태로웠다. 주공단(周公旦)은 훌륭한 사람이 못되지 않을까? 무엇 때문에 그의 가족들을 버리고 다른 곳에 머물러 살았는가?"

공자의 행동은 이러한 마음씨에서 나온 것이었다. 그를 따르던 제자들은 모두 공자를 본떴다. 자공(子貢)과 계로(季路)는 공회(孔悝)를 도와 위(衛)나라를 어지럽혔고, 양화(陽貨)는 노(魯)나라에서 반란을 일으켰고, 필힐(佛肸)은 중모(中牟) 지방에서 반란을 일으켰고, 칠조개(漆雕開)는 사형을 당하였으니, 어지러움은 이보다 더 할 수가 없다. 제자가 된 학생은 스승을 목표로 하여 반드시 그의 말을 따르고 그의 행동을 본받으며, 힘이 모자라고 지혜가 미치지 않을 정도가 되어야만 그만둔다. 지금 공자의 행동이 이와 같으니, 유가 사람들은 모두가 의심스러운 것이다.

孔某與其門弟子閒坐，曰；夫舜見瞽叟蹵然，此時夫天下圾
공 모 여 기 문 제 자 한 좌　왈　부 순 견 고 수 축 연　차 시 부 천 하 급

乎．周公旦非其人也邪？何爲舍其家室而託寓也？
호　주 공 단 비 기 인 야 야　하 위 사 기 가 실 이 탁 우 야

孔某所行，心術所至也．其徒屬弟子，皆效孔某．子貢季路，
공 모 소 행　심 술 소 지 야　기 도 속 제 자　개 효 공 모　자 공 계 로

輔孔悝亂乎衛，陽貨亂乎魯，佛肸以中牟叛，漆雕刑殘，亂莫
보 공 희 란 호 위　양 화 란 호 로　필 힐 이 중 모 반　칠 조 형 잔　난 막

大焉．夫爲弟子後生，期師必脩其言，法其行，力不足，知弗
대 언　부 위 제 자 후 생　기 사 필 수 기 언　법 기 행　역 부 족　지 불

及, 而後已. 今孔某之行如此, 儒士則可以疑矣.
급 이후이 금공모지행여차 유사즉가이의의

7) 주요 제자(諸子)들의 묵자평

(1) 『순자(荀子)』

① 「부국(富國)」편 (1)

묵자(墨子)의 말은 뻔한 것이다. 그는 세상을 위하여 물자가 부족케 될까 걱정하였다. 그러나 부족하다는 것은 온 천하의 공적(公的)인 걱정이 아니라, 다만 묵자의 개인적인 걱정이요 지나친 생각일 따름인 것이다.

지금 이 땅이 다섯 가지 곡식을 생산하고 있는데, 사람들이 이것들을 잘 가꾸면 곧 한 마지기 땅에서 여러 항아리를 거둘 수 있고 1년에 두 번도 수확할 수 있다. 그 다음에 외와 복숭아 · 대추 · 오얏은 한 나무에서 여러 항아리의 양을 딴다. 그 다음에 또 파 · 마늘이나 여러 가지 채소는 호수의 양만큼이나 거둔다. 그 다음에 또 여러 가지 가축과 새와 짐승은 한 마리가 수레에 찰만큼 번식한다. 큰 자라와 악어 · 물고기 · 자라 · 미꾸라지 · 전어 등은 철마다 새끼를 쳐서 한 가지만도 무리를 이룬다. 그 다음에 또 나는 새와 오리 · 기러기 등은 구름이 덮인 바다처럼 많아진다. 그 다음에 또 곤충과 여러 가지 물건들이 그 사이에 생산되어 서로 먹고 살아갈 수 있는 것은 이루 다 헤아릴 수도 없다.

하늘과 땅이 만물을 생산함에 있어서는 본시부터 여유가 있어서 사람들을 먹이기에 충분하다. 삼과 칡 · 누에와 면사(綿絲) 및 새와 짐승의

깃과 털 · 이빨과 가죽 등은 본시부터 여유가 있어서 사람들을 입히기에 충분한 것이다.

여유가 있는데도 부족하다는 것은 온 천하의 공적인 걱정이 아니라, 다만 묵자의 개인적인 걱정이요 지나친 생각에 불과한 것이다.

墨子之言昭昭然, 爲天下憂不足. 夫不足, 非天下之公患也,
묵 자 지 언 소 소 연 위 천 하 우 부 족 부 부 족 비 천 하 지 공 환 야
特墨子之私憂過計也.
특 묵 자 지 사 우 과 계 야

今是土之生五穀也, 人善治之, 則畝數盆, 一歲而再獲之.
금 시 토 지 생 오 곡 야 인 선 치 지 즉 무 수 분 일 세 이 재 획 지
然後瓜桃棗李, 一本數以盆鼓. 然後葷菜百蔬, 以澤量. 然後
연 후 과 도 조 리 일 본 수 이 분 고 연 후 훈 채 백 소 이 택 량 연 후
六畜禽獸, 一而剸車. 黿鼉魚鼈鰌鱣以時別, 一而成羣. 然後
륙 축 금 수 일 이 전 거 원 타 어 별 추 전 이 시 별 일 이 성 군 연 후
飛鳥鳧雁, 若烟海. 然後昆蟲萬物生其間, 可以相食養者, 不
비 조 부 안 약 연 해 연 후 곤 충 만 물 생 기 간 가 이 상 식 양 자 불
可勝數也.
가 승 수 야

夫天地之生萬物也, 固有餘, 足以食人矣. 麻葛繭絲, 鳥獸
부 천 지 지 생 만 물 야 고 유 여 족 이 식 인 의 마 갈 견 사 조 수
之羽毛齒革也, 固有餘, 足以衣人矣.
지 우 모 치 혁 야 고 유 여 족 이 의 인 의

夫有餘, 不足非天下之公患也, 特墨子之私憂過計也.
부 유 여 부 족 비 천 하 지 공 환 야 특 묵 자 지 사 우 과 계 야

② 「부국」편 (2)

천하의 공적인 걱정은 혼란과 위해(危害)이다. 어찌하여 세상을 어지럽히는 자가 누구인가 서로 함께 추구하여 보지 않는가? 나는 묵자가 음악을 부정하는 것은 곧 천하를 어지럽게 만드는 것이며, 물자의 사용을 절약하자는 것은 천하를 가난하게 만드는 것이라 생각한다. 그를 공격하려는 것이 아니라, 따져보면 그러함을 면할 수가 없기 때문이다.

묵자가 크게는 천하를 차지하고 작게는 한 나라를 차지한다면, 근심스러운 듯 거친 옷을 입고 나쁜 음식을 먹으면서 걱정하고 슬퍼하며 음악을 내칠 것이다. 이렇게 하면 물자가 메마르게 되고, 메마르게 되면 욕망을 충족시키지 못하고, 욕망을 충족시키지 못할 적에는 상이 제대로 내려지지 않을 것이다.

묵자가 크게는 천하를 차지하고 작게는 한 나라를 차지한다면, 부리는 사람을 적게 하고 벼슬 자리를 줄이고, 일을 이룬 것만을 존중하여 노고(勞苦)를 하면서 백성들과 같이 일을 하고 일을 이룬 것과 노고도 같이 쌓게 될 것이다. 이렇게 한다면 위엄이 서지 않고, 위엄이 서지 않으면 형벌이 제대로 행하여지지 않을 것이다.

상이 제대로 내려지지 않으면 곧 현명한 사람이 나와 벼슬할 수 없게 되고, 형벌이 제대로 행하여지지 않으면 곧 못난 자들이 벼슬자리에서 물러날 수가 없게 된다. 현명한 사람이 벼슬 자리에 나아가지 못하고 못난 사람이 물러날 수가 없다면, 곧 능력 있는 사람과 능력 없는 사람을 적당한 벼슬에 가려 임명할 수 없게 된다.

이렇게 되면 만물이 합당한 자리를 잃고, 일의 변화에 적응할줄 모르게 된다. 위로는 하늘의 때를 놓치고, 아래로는 땅의 이점(利點)을 놓치며, 가운데로는 사람들 사이의 조화를 잃게 된다. 천하는 불이 붙어 그슬려지고 탄 듯이 메마르게 될 것이다. 묵자가 비록 이런 천하를 위하여 칡베옷을 입고 새끼띠를 두르고서 콩국을 먹고 냉수를 마신다 하더라도 어찌 이를 충족시킬 수가 있겠는가? 이미 그 뿌리를 자르고 그 근원을 마르게 함으로써 온 천하를 태워버린 거나 같은 것이다.

天下之公患, 亂傷之也. 胡不嘗試相與求亂之者誰也? 我以
천하지공환 난상지야 호불상시상여구란지자수야 아이
墨子之非樂也, 則使天下亂, 墨子之節用也, 則使天下貧. 非
묵자지비악야 즉사천하란 묵자지절용야 즉사천하빈 비

將墮之也, 說不免焉.
장타지야 설불면언

墨子大有天下, 小有一國, 將蹙然衣麤食惡, 憂戚而非樂.
묵자대유천하 소유일국 장축연의추식악 우척이비악

若是則瘠, 瘠則不足欲. 不足欲則賞不行.
약시즉척 척즉부족욕 부족욕즉상부행

墨子大有天下, 小有一國, 將少人徒, 省官職, 上功勞苦, 與
묵자대유천하 소유일국 장소인도 성관직 상공로고 여

百姓均事業, 齊功勞. 若是則不威, 不威則罰不行.
백성균사업 제공로 약시즉불위 불위즉벌불행

賞不行, 則賢不可得而進也, 罰不行, 則不肖者不可得而退
상불행 즉현불가득이진야 벌불행 즉불초자불가득이퇴

也. 賢者不可得而進也, 不肖者不可得而退也, 則能不能不可
야 현자불가득이진야 불초자불가득이퇴야 즉능불능불가

得而官也.
득이관야

若是則萬物失宜, 事變失應, 上失天時, 下失地利. 中失人
약시즉만물실의 사변실응 상실천시 하실지리 중실인

和, 天下敖然若燒若焦.
화 천하오연약소약초

墨子雖爲之衣褐帶索, 嚽菽飮水, 惡能足之乎? 旣以伐其本,
묵자수위지의갈대색 철숙음수 오능족지호 기이벌기본

竭其原, 而焦天下矣.
갈기원 이초천하의

③ 「부국」편 (3)

그러므로 옛날의 임금이나 성인들께서 하신 일은 그렇지 않으셨다. 임금이 된 사람은 아름답지 않고 장식하지 않고서는 백성들을 통일할 수가 없으며, 부유하지 않고 인후하지 않고서는 아랫사람들을 거느릴 수가 없으며, 위엄이 없고 강하지 않고서는 포악한 자들을 금하고 흉악한 자들을 이겨낼 수가 없다는 것을 알고 있었다.

그러므로 반드시 큰 종(鐘)을 두드리고 잘 울리는 북을 치며 생황(笙簧)과 우(竽)를 불고 금(琴)과 슬(瑟)을 뜯게 함으로써 그들의 귀를 막았다. 반드시 무늬를 쪼고 새기며, 보불(黼黻) 같은 무늬를 그림으로써 그들의 눈을 막았다. 반드시 소 · 돼지나 벼와 수수나 여러 가지 맛과 향기로운 물건으로써 그들의 입을 막았다. 그런 뒤에 부리는 사람들을 늘이고 벼슬자리를 갖추며 상을 내리고 형벌을 엄하게 함으로써 그들의 마음을 경계시켰다.

천하에 살고 있는 백성의 무리들로 하여금 모두가 자기의 바라던 것이 모두 여기에 있다는 것을 알도록 하였다. 그리고 그들에게 상이 내려지는 것이다. 자기의 두려워하는 것이 모두 여기에 있다는 것을 알도록 하였다. 그래서 그들을 형벌로 위압하는 것이다. 상이 내려지고 형벌로 위압하게 되면 곧 현명한 사람이 나와 벼슬하게 되고 못난 자들은 물러나게 되며, 능력 있고 능력 없는 이들이 적절히 벼슬을 할 수 있게 될 것이다.

이렇게 되면 곧 만물이 합당하게 존재하게 되고, 일의 변화는 적절히 적응하게 되며, 위로는 하늘의 때를 잘 맞추게 되고, 아래로는 땅의 이점을 잘 이용하게 되며, 가운데로는 사람들을 잘 화합하게 만들 것이다. 그러면 재물은 줄줄이 샘물이 흐르듯 솟아나고, 출렁출렁 강물이나 바닷물처럼 가득 차게 되고, 불쑥 산더미처럼 높이 쌓이어 때때로 태워버려도 그것을 저장할 곳이 없을 만큼 될 것이다. 그러면 온 천하는 무엇 때문에 부족함을 걱정하겠는가?

그러므로 유가의 방법이 진실로 행하여진다면 곧 천하는 크게 부유해지고 안락하면서도 많은 공을 이루고, 종을 치고 북을 두드리면서 화합하게 될 것이다. 『시경』[37]에 이르기를

37 『시경』 周頌 執競편의 한 대목임.

"종소리 북소리 덩덩 울리고
피리소리 경소리 쟁쟁하네.
내려주시는 복 수북하고,
내려주시는 복 한이 없네.
위엄 있는 거동 점잖으신데
취하시고 배부르시거늘
복과 녹이 거듭 내려오네."

라 하였는데, 이를 두고 읊은 것이다.

그런데 묵가의 방법이 진실로 행하여진다면, 곧 천하는 검소함을 숭상하지만 더욱 가난해지고, 싸우려 들지 않는데도 매일처럼 다투게 되며, 노고를 하며 괴로움을 겪어도 더욱 이루어 놓은 성과는 없게 되며, 핼쑥한 얼굴로 걱정하고 슬퍼하며 음악을 폐지해도 매일처럼 화합되지 못할 것이다. 『시경』[38]에 이르기를

"하늘이 막 괴로움을 거듭 내리시니
재난과 혼란이 정말로 많도다.
백성들의 말은 모두 불평뿐이로되,
슬프다, 아무도 이를 막지 않누나!"

라고 한 것은 이를 두고 읊은 것이다.

故先王聖人, 爲之不然. 知夫爲人主上者, 不美不飾之不足以一民也, 不富不厚之不足以管下也, 不威不强之不足以禁暴勝悍也.
고선왕성인 위지불연 지부위인주상자 불미불식지부족이일민야 불부불후지부족이관하야 불위불강지부족이금폭승한야

38 『시경』 小雅 節南山편의 한 대목임.

故必將撞大鐘，擊鳴鼓，吹笙竽，彈琴瑟，以塞其耳．必將錭
고필장당대종 격명고 취생우 탄금슬 이색기이 필장조

琢刻鏤，黼黻文章，以塞其目．必將芻豢稻粱，五味芬芳，以
탁각루 보불문장 이색기목 필장추환도량 오미분방 이

塞其口．然後衆人徒，備官職，漸慶賞，嚴刑罰，以戒其心．
색기구 연후중인도 비관직 점경상 엄형벌 이계기심

使天下生民之屬，皆知己之所願欲之擧在是于也．故其賞行．
사천하생민지속 개지기지소원욕지거재시우야 고기상행

皆知己之所畏恐之擧是于也．故其罰威．賞行罰威，則賢者可
개지기지소외공지거시우야 고기벌위 상행벌위 즉현자가

得而進也，不肖者可得而退也，能不能可得而官也．
득이진야 불초자가득이퇴야 능불능가득이관야

若是則萬物得宜，事變得應，上得天時，下得地利，中得人
약시즉만물득의 사변득응 상득천시 하득지리 중득인

和．則財貨渾渾如泉源，汸汸如河海，暴暴如丘山，不時焚燒，
화 칙재화혼혼여천원 방방여하해 폭폭여구산 불시분소

無所臧之．夫天下，何患乎不足也？
무소장지 부천하 하환호부족야

故儒術誠行，則天下大而富，使而功，撞鐘擊鼓而和．詩
고유술성행 즉천하대이부 사이공 당종격고이화 시

曰；
왈

鐘鼓喤喤，管磬瑲瑲．
종고황황 관경창창

降福穰穰，降福簡簡．
강복양양 강복간간

威儀反反，旣醉旣飽，福祿來反．
위의반반 기취기포 복록래반

此之謂也．
차지위야

故墨術誠行，則天下尙儉而彌貧，非鬪而日爭，勞苦頓萃而
고묵술성행 즉천하상검이미빈 비투이일쟁 노고돈췌이

愈無功，愀然憂戚非樂而日不和．詩曰；
유무공 초연우척비악이일불화 시왈

天方薦瘥，喪亂弘多．
천방천채 상란홍다

民言無嘉，憯莫懲嗟．
민언무가 참막징차

此之謂也.
차 지 위 야

④ 「악론(樂論)」편 (1)

음악(音樂)이란 즐기는 것〔樂〕이다. 사람의 감정으로서는 없을 수가 없는 것이다. 그러므로 사람에게서는 음악이 없을 수가 없는 것이다. 즐거우면 곧 그것이 목소리에 나타나고 동작으로 표현된다. 그래서 사람의 기능인 목소리와 동작 및 본성(本性)의 작용 변화가 모두 여기에 발휘되는 것이다.

그러므로 사람에겐 즐김이 없을 수가 없고, 즐기면 곧 겉으로 표현되지 않을 수가 없으며, 겉으로 표현되어 올바른 도리에 맞지 않으면 곧 혼란이 없을 수가 없는 것이다.

옛 임금님들께서는 그러한 혼란을 싫어하셨다. 그러므로 우아한 아(雅)·송(頌)의 음악을 제정하여 이끌어 줌으로써 그 음악을 충분히 지키면서도 어지러움으로 흐르지 않게 하고, 그 형식은 충분히 분별되면서도 없어지지 않게 하고, 그 소리의 가락과 번거롭고 간단함과 뾰족하고 둥그스름한 것과 장단은 충분히 사람의 착한 마음을 감동시킴으로써, 저 사악하고 더러운 기운이 가까이할 길이 없도록 한 것이다. 이것이 옛 임금님들께서 음악을 제정하신 이유이다. 그러나 묵자는 이를 부정하였으니 어찌된 일인가?

夫樂者, 樂也. 人情之所必不免也. 故人不能無樂. 樂則必
부 악 자 락 야 인 정 지 소 필 불 면 야 고 인 불 능 무 악 낙 즉 필

發於聲音, 形於動靜, 而人之道, 聲音動靜, 性術之變, 盡是
발 어 성 음 형 어 동 정 이 인 지 도 성 음 동 정 성 술 지 변 진 시

矣.
의

故人不能無樂, 樂則不能無形, 形而不爲道, 則不能無亂.
고인불능무악 락즉불능무형 형이불위도 즉불능무란

先王惡其亂也. 故制雅頌之聲以道之, 使其聲足以樂而不流,
선왕오기란야 고제아송지성이도지 사기성족이악이불류

使其文足以辨而不諰, 使其曲直繁省, 廉肉節奏, 足以感動人
사기문족이변이불시 사기곡직번성 염육절주 족이감동인

之善心, 使夫邪汚之氣, 無由得接焉. 是先王立樂之方也. 而
지선심 사부사오지기 무유득접언 시선왕립악지방야 이

墨子非之, 奈何?
묵자비지 내하

⑤ 「악론」편 (2)

본시 음악은 종묘(宗廟) 가운데서 임금과 신하와 윗사람 아랫사람들이 함께 들으면 곧 화합하고 공경하지 않는 이가 없게 된다. 집안에서 부자와 형제들이 함께 들으면 곧 화합하고 친해지지 않는 이가 없게 된다. 마을의 집안 어른을 모신 가운데에서 어른과 젊은이들이 함께 들으면 화합하고 종순(從順)하게 되지 않는 이가 없게 된다.

그러므로 음악이란 한 가지 표준을 잘 살피어 화합하도록 정한 것이며, 여러 가지 사물(事物)에 견주어서 절도를 수식한 것이며, 여러 악기들의 합주(合奏)로써 아름다운 형식을 이루게 한 것이다. 그것은 족히 한 가지 도(道)를 따르게 할 수가 있으며, 족히 만물의 변화를 다스리게 할 수가 있는 것이니, 이것이 옛 임금께서 음악을 제정하신 술법이다. 그러나 묵자는 이것을 부정하고 있으니 어찌된 일인가?

그러므로 그 아(雅) · 송(頌)의 음악을 들으면 마음과 뜻이 넓어질 수가 있다. 무무(武舞)의 방패와 도끼를 잡고서 몸을 숙이고 젖히고 구부리고 펴고 하는 동작을 익히면 용모가 웅장해질 수가 있다. 춤추는 위치와 나가고 들어갈 자리를 알게 하고, 음악의 장단을 맞추게 되면 행렬(行

列)이 올바르게 될 수 있고, 나아가고 물러나는 행동이 정제(整齊)해질 수 있을 것이다.

그래서 음악이란 밖으로 나아가서는 적을 정벌하여 벌을 줄 수 있는 것이며, 안으로 들어와서는 서로 읍하고 사양하는 예를 지킬 수 있게 하는 것이다. 적을 정벌하여 벌을 주는 것과 읍하고 사양하는 예는 그 뜻에 있어서는 한 가지인 것이다.

밖으로 나아가서는 적을 정벌하여 벌하게 되면 곧 명령에 따르지 않는 이가 없게 될 것이며, 안으로 들어와서는 서로 읍하고 사양하는 예를 지키게 하면 곧 복종하지 않는 이가 없게 될 것이다. 그러므로 음악이란 천하를 크게 정제(整齊)하게 하는 것이고 알맞게 조화시키는 규범이 되며, 사람의 정으로서는 없을 수가 없는 것이다. 이것이 옛임금들이 음악을 제정하신 이유인 것이다. 그러나 묵자는 이것을 부정하고 있으니 어찌된 일인가?

또한 음악이란 옛 임금들의 기쁨을 장식하기 위한 것이었다. 군대와 지휘권(指揮權)은 옛 임금께서 노여움을 장식하기 위한 것이었다. 옛 임금들의 기쁨과 노여움은 모두 알맞았다. 그렇기 때문에 기뻐하시면 온 천하가 이에 화하고, 노여워하시면 난폭한 자들이 두려워하였다. 옛 임금의 도(道)란 바로 예의와 음악이 성대한 것이다. 그런데도 묵자는 그것을 부정하였다.

그러므로 묵자의 도(道)에 대한 사상은 장님이 희고 검은 것을 모르는 것과 같고, 귀머거리가 맑고 탁한 소리를 분별 못하는 것과 같으며, 남쪽의 초(楚)나라를 가려 하면서 북쪽으로 가서 초나라를 찾는 것과 같다고 하는 것이다.

故樂在宗廟之中, 君臣上下同聽之, 則莫不知敬. 閨門之內,
고악재종묘지중 군신상하동청지 즉막부지경 규문지내

父子兄弟同聽之，則莫不知親．鄉里族長之中，長少同聽之，
부자형제동청지 즉막부지친 향리족장지중 장소동청지

則莫不知順．
즉막부지순

故樂者，審一以定和者也，比物以飾節者也，合奏以成文者
고악자 심일이정화자야 비물이식절자야 합주이성문자

也．足以率一道，足以治萬變，是先王立樂之術也．而墨子非
야 족이솔일도 족이치만변 시선왕립악지술야 이묵자비

之，奈何?
지 내하

故聽其雅頌之聲，而志意得廣焉．執其干戚，習其俯仰屈伸，
고청기아송지성 이지의득광언 집기간척 습기부앙굴신

而容貌得莊焉．行其綴兆，要其節奏，而行列得正焉，進退得
이용모득장언 행기철조 요기절주 이행렬득정언 진퇴득

齊焉．
제언

故樂者，出所以征誅也，入所以揖讓也．征誅揖讓，其義一
고악자 출소이정주야 입소이읍양야 정주읍양 기의일

也．出所以征誅，則莫不聽從，入所以揖讓，則莫不從服．故
야 출소이정주 즉막불청종 입소이읍양 즉막불종복 고

樂者，天下之大齊也，中和之紀也，人情之所必不免也．是先
악자 천하지대제야 중화지기야 인정지소필불면야 시선

王立樂之術也．而墨子非之，奈何?
왕립악지술야 이묵자비지 내하

且樂者，先王之所以飾喜也．軍旅鈇鉞者，先王之所以飾怒
차악자 선왕지소이식희야 군려부월자 선왕지소이식노

也．先王喜怒，皆得其齊焉．是故喜而天下和之，怒而暴亂畏
야 선왕희노 개득기제언 시고희이천하화지 노이폭란외

之．先王之道，禮樂正其盛者也．而墨子非之．
지 선왕지도 예악정기성자야 이묵자비지

故曰；墨子之於道也，猶瞽之於白黑也，猶聾之於清濁也，
고왈 묵자지어도야 유고지어백흑야 유롱지어청탁야

猶欲之楚而北求之也．
유욕지초이북구지야

(2)『맹자(孟子)』

① 「등문공(滕文公)」 상편

묵가 계열의 사람인 이지(夷之)가 서벽(徐辟)을 통해서 맹자에게 뵙기를 요청하여 왔다. 맹자가 말하였다.

"나는 정말 만나고 싶으나, 지금 나는 아직 병중이요. 병이 나으면 내가 가서 만날 것이니 이지가 오지 않도록 하는 게 좋겠소."

훗날 또 맹자에게 뵙기를 요청해 오자, 맹자가 말하였다.

"나는 이제 만날 수 있소. 그를 바로잡아 주지 않는다면 올바른 도(道)가 드러나지 않을 것이니, 내 그를 바로잡아 주어야겠소. 내가 듣건대 이지는 묵가라 하였소. 묵가는 장례를 치름에 있어서 검소하게 하는 것이 그들의 올바른 도리라 생각하고 있소. 이지도 그런 생각으로 천하의 풍속을 바꾸어 놓으려 하고 있는데, 어찌 그런 것을 옳지 않다고 생각하고 귀중히 여기지 않을 이가 있겠소? 그런데 이지는 그의 어버이를 성대히 장사 지냈으니, 그것은 자기가 천히 여기는 방법으로 그의 어버이를 섬긴 셈이오."

서벽이 이 말을 이지에게 전해주자, 이지가 말하였다.

"유학자들의 도는 사람들을 옛날 사람들이 어린아기를 돌봐주듯 하였다고 했습니다.[39] 이 말은 무슨 뜻이겠습니까? 나는 사랑에는 차등이 없어야 하고 사랑을 베푸는 일은 어버이로부터 시작해야 한다는 뜻이라고 생각합니다."

서벽이 이 말을 맹자에게 전하자, 맹자가 말하였다.

39 『書經』 周書 康誥편에 '若保赤子' 라 하였음.

"이지는 정말로 사람들이 그의 형의 아들을 사랑하는 것과 그의 이웃 어린 아기를 사랑하는 것을 같게 할 수 있다고 생각하는가? 거기에는 따로 뜻이 있는 것이오. 곧 갓난아기가 기어가서 샘에 떨어지려 할 적을 두고 한 말이니, 그것은 갓난아기의 죄가 아니기 때문이오.[40] 또 한 하늘의 만물생성은 한 가지 근본으로 이루어진 것인데, 이지는 두 가지 근본[41]에서 이루어진 것처럼 행동하고 있소.

아주 옛날에 그의 어버이를 장사지내지 않은 사람이 있었소. 그는 어버이가 죽자 들어다가 도랑에다 버렸다오. 훗날 그곳을 지나다 보니 여우와 너구리가 시체를 뜯어먹고, 파리와 모기가 시체를 빨아먹고 있었소. 그는 이마에 진땀이 솟아났고, 눈길을 피하며 바로 보지를 못하였소. 진땀이 솟은 것은 다른 사람 때문에 난 진땀이 아니라 속마음이 얼굴에까지 전해졌기 때문이오. 곧 그는 돌아가 삼태기와 삽을 가지고 와서 시체를 흙으로 덮었다오. 그것을 덮은 것이 정말 옳은 일이라면, 올바른 효자와 어진 사람들이 그들의 어버이를 장사지내는 데에도 반드시 방법이 있을 것이오."

서벽이 그 말을 이지에게 전하자, 이지는 한동안 멍하니 있다가 말하였다.

"잘 깨우쳐 주었습니다!"

40 '갓난아기 돌보듯 한다'는 것은 무지한 백성들이 아무것도 모르고 죄에 빠지는 일이 없도록 돌보아 준다는 뜻이지, 사람들을 아무 차등없이 아울러 사랑한다는 뜻이 아님을 말한 것임.

41 이지가 오히려 자기 부모와 남을 다른 두 가지 것으로 구별한 것임을 지적한 말임.

墨者夷之, 因徐辟而求見孟子. 孟子曰; 吾固願見, 今吾尙
묵자이지 인서벽이구견맹자 맹자왈 오고원견 금오상
病. 病愈, 我且往見, 夷子不來.
병 병유 아차왕견 이자불래

他日, 又求見孟子. 孟子曰; 吾今則可以見矣. 不直, 則道
타일 우구견맹자 맹자왈 오금즉가이견의 부직 즉도
不見; 我且直之. 吾聞夷子墨者, 墨之治喪也, 以薄爲其道也.
불견 아차직지 오문이자묵자 묵지치상야 이박위기도야
夷子思以易天下, 豈以爲非是而不貴也? 然而夷子葬其親厚,
이자사이역천하 기이위비시이불귀야 연이이자장기친후
則是以所賤事親也!
즉시이소천사친야

徐子以告夷子, 夷子曰; 儒者之道, 古之人若保赤子, 此言
서자이고이자 이자왈 유자지도 고지인약보적자 차언
何謂也? 之則以爲愛無差等, 施由親始.
하위야 지즉이위애무차등 시유친시

徐子以告孟子, 孟子曰; 夫夷子信以爲人之親其兄之子也,
서자이고맹자 맹자왈 부이자신이위인지친기형지자야
爲若親其鄰之赤子乎? 彼有取爾也. 赤子匍匐將入井, 非赤子
위약친기린지적자호 피유취이야 적자포복장입정 비적자
之罪也. 且天之生物也, 使之一本, 而夷子二本故也.
지죄야 차천지생물야 사지일본 이이자이본고야

蓋上世嘗有不葬其親者. 其親死, 則擧而委之於壑. 他日過
개상세상유부장기친자 기친사 즉거이위지어학 타일과
之, 狐狸食之, 蠅蚋姑嘬之. 其顙有泚, 睨而不視. 夫泚也, 非
지 호리식지 승예고최지 기상유차 예이불시 부차야 비
爲人泚, 中心達於面目. 蓋歸反虆梩而掩之. 掩之誠是也, 則
위인차 중심달어면목 개귀반류리이엄지 엄지성시야 즉
孝子仁人之掩其親, 亦必有道矣.
효자인인지엄기친 역필유도의

徐子以告夷子, 夷子憮然爲間曰; 命之矣.
서자이고이자 이자무연위간왈 명지의

② 「등문공」 하편

성인다운 임금이 나오지 않게 되자 제후들은 방자해지고, 민간의 선비들은 멋대로 논의를 전개하게 되어 양주(楊朱)[42]와 묵자의 이론이 천하에 가득 차서, 천하의 이론은 양주에게 귀착되지 않으면 묵자에게 귀착되었다. 양주는 나만을 위하는 것이니 이는 임금도 없는 셈이고, 묵자는 모든 사람을 아울러 사랑하는 것이니 이는 아비도 없는 셈이다. 아비도 없고 임금도 없다면, 그것은 바로 새나 짐승인 것이다.

공명의는 이렇게 말하였다.

"푸줏간엔 살찐 고기가 있고, 마구간엔 살찐 말이 있는데, 백성들에게는 굶주린 빛이 있고, 들에는 굶어 죽은 시체가 있다면, 이것은 짐승을 거느리고 사람들을 잡아먹는 것이다."

양주와 묵자의 도가 없어지지 않으면, 공자의 도는 드러나지 않을 것이다. 그것은 사악한 이론이오 사람들을 속이어 어짊과 의로움의 도리를 꽉 막아버리는 것이다. 이 어짊과 의로움의 도리가 꽉 막혀버린다면 짐승을 거느리고 사람들을 잡아먹게 될 것이며, 사람들도 서로 잡아먹게 될 것이다.

나는 이 때문에 두려워하고 있으니, 옛 성인의 도를 지키면서 양주와 묵자를 막고 그릇된 말들을 몰아내어야만 사악한 이론을 펴는 자들이 생겨나지 않을 것이다. 사악한 이론이 마음에 작용하게 되면 그가 하는 일에 해를 끼치게 될 것이고, 그것이 일에 작용하게 되면 그 정치에 해를 끼치게 될 것이다. 성인이 다시 나온다 하더라도 내 이 말은 고치지 않을 것이다.

42 楊朱는 戰國時代 衛나라 사람. 그는 墨子와 정반대로 극단적인 利己主義를 주장하여, 자기 털 하나를 뽑아 온 천하를 이롭게 할 수 있다 해도 하지 않는다 하였다. 그의 저서는 전해지지 않고 『列子』와 『孟子』 등에 그의 이론의 일부분이 기록되어 있다.

聖王不作, 諸侯放恣, 處士橫議, 楊朱墨翟之言盈天下, 天
성왕부작 제후방자 처사횡의 양주묵적지언영천하 천
下之言, 不歸楊則歸墨. 楊氏爲我, 是無君也, 墨氏兼愛, 是
하지언 불귀양즉귀묵 양씨위아 시무군야 묵씨겸애 시
無父也. 無父無君, 是禽獸也.
무부야 무부무군 시금수야

公明儀曰 ; 庖有肥肉, 廏有肥馬, 民有飢色, 野有餓莩. 此
공명의왈 포유비육 구유비마 민유기색 야유아부 차
率獸而食人也.
솔수이식인야

楊墨之道不息, 孔子之道不著, 是邪說誣民, 充塞仁義也.
양묵지도불식 공자지도부저 시사설무민 충색인의야
仁義充塞, 則率獸食人, 人將相食.
인의충색 즉솔수식인 인장상식

吾爲此懼, 閑先聖之道, 距楊墨, 放淫辭, 邪說者不得作. 作
오위차구 한선성지도 거양묵 방음사 사설자부득작 작
於其心, 害於其事, 作於其事, 害於其政. 聖人復起, 不易吾
어기심 해어기사 작어기사 해어기정 성인부기 불역오
言矣.
언의

③ 「진심(盡心)」 상편

맹자께서 말씀하셨다.

“양자는 나만을 위하면 된다는 이론을 취하여, 한 개의 털을 뽑아서 천하를 이롭게 할 수 있다 하더라도 하지 않았다. 묵자는 모두를 아울러 사랑할 것을 주장하여, 머리 꼭대기부터 발꿈치까지 털이 다 닳아 없어진다 하더라도 천하를 이롭게 하는 일이라면 하였다. 자막은 그 중간 방법을 주장하였는데, 중간 방법이 올바른 도리에 가까운 것이다. 중간 방법을 지킨다 하더라도 앞뒤를 잘 헤아리지 않으면 그것은 결국 한 편을 고집한 것이 된다. 한 편을 고집하는 것을 미워하는 까닭은 그것이 올바른 도리를 해치고, 한 가지만을 내세우며 백 가지를 배척하기 때문이다."

孟子曰;楊子取爲我, 拔一毛而利天下, 不爲也. 墨子兼愛,
맹 자 왈 양 자 취 위 아 발 일 모 이 리 천 하 불 위 야 묵 자 겸 애

摩頂放踵, 利天下爲之. 子莫執中, 執中爲近之. 執中無權,
마 정 방 종 이 천 하 위 지 자 막 집 중 집 중 위 근 지 집 중 무 권

猶執一也. 所惡執一者, 爲其賊道也, 擧一而廢百也.
유 집 일 야 소 오 집 일 자 위 기 적 도 야 거 일 이 폐 백 야

(3) 『장자(莊子)』

① 「천하(天下)」편 (1)

후세 사람들을 사치하지 않게 하고, 만물을 멋지게 꾸미지 않게 하고, 법도에 눈이 흐려지지 않게 하고, 오직 올바른 규범으로 스스로를 닥달하며, 세상의 다급한 일에 대비한다. 옛날의 도술을 닦은 사람들 중에도 이러한 경향을 띤 사람들이 있었다. 묵적(墨翟)과 금골희(禽滑釐)는 그런 가르침을 듣고서 기뻐하였다. 그러나 그것을 실천하는 게 너무나 지나쳤고, 하지 말아야 할 일에 있어서는 지나치게 신중하하였다.

그는 음악을 부정하는 주장을 하고, 또 물자를 아껴 써야만 한다는 명분(名分)을 내세웠다. 살아서는 노래도 하지 않고, 죽어도 상복을 입지 아니하였다. 묵자는 널리 사람들이 똑같이 서로 사랑하고 모든 사람이 서로 이롭게 해주어야 하며, 싸워서는 안된다고 주장하였다. 그의 도는 노여워하지 않고, 또 널리 배우기를 좋아하며, 남과의 구별을 부정하였다. 그러나 이것은 옛 임금들의 법도와 같지 않은 것이다. 그리고 옛날의 예의와 음악을 파괴하는 것이었다.

황제(黃帝)에게는 함지(咸池)란 음악이 있었고, 요(堯)임금에게는 대장

(大章)이란 음악이 있었고, 순(舜)임금에게는 대소(大韶)란 음악이 있었고, 우(禹)임금에게는 대하(大夏)란 음악이 있었고, 탕(湯)임금에게는 대호(大濩)란 음악이 있었고, 문왕(文王)에게는 벽옹(辟雍)의 음악이 있었고, 무왕(武王)과 주공(周公)은 무(武)라는 음악을 만들었다.

옛날의 장사지내는 예법은 귀하고 천한 신분에 따른 의식이 달리 있었고, 위아래 신분에 따른 등급이 있었다. 천자는 관(棺)과 덧관을 일곱 겹으로 하였고, 제후(諸侯)는 다섯 겹, 대부(大夫)는 세 겹, 사(士)는 두 겹이었다. 지금 묵자만이 홀로 살아서도 노래하지 않고, 죽어도 상복을 입지 않겠다고 한다. 그들은 세 치 두께의 오동나무 관에 겉 관도 쓰지 않는 것을 법도로 삼는다. 이런 방식으로 사람들을 가르치고 보면 아마도 사람들은 남을 사랑하지 않게 될 것이다. 이런 방식으로 자신이 행동하다 보면 틀림없이 자기 자신 조차도 사랑하지 않게 될 것이다.

묵자의 도를 일부러 파괴하려는 것은 아니다. 그렇지만은 노래를 해야 할 때에도 노래하지 않고, 곡을 해야만 할 적에도 곡하지 않고, 즐겨야 할 때에도 즐기지 않는다면 이것을 과연 인정에 가까운 일이라 할 수가 있겠는가? 그들은 살아서는 부지런히 일만 하고 죽어서는 박대를 받게 되니, 그들의 하는 짓은 너무나 각박한 것이며, 사람들로 하여금 근심이나 하게 하고 사람들로 하여금 슬프게만 만드는 것이다. 그래서 그것은 실행하기도 어려운 것이다. 아마도 그것은 성인의 도라 할 수가 없는 것일 것이다. 천하 사람들의 마음을 배반하는 것이므로 천하 사람들은 감당할 수가 없는 일일 것이다.

묵자가 비록 홀로 그것을 실행할 수 있다 하더라도 천하 사람들을 어찌하겠는가? 온 천하로부터 떨어져 있는 것이라면 그것은 올바른 임금의 도리로부터도 멀리 떨어져 있는 것이다.

不侈於後世, 不靡於萬物, 不暉於數度, 以繩墨自矯, 而備
불치어후세 불미어만물 불휘어수도 이승묵자교 이비
世之急. 古之道術, 有在於是者, 墨翟禽滑釐, 聞其風而說之.
세지급 고지도술 유재어시자 묵적금골희 문기풍이열지
爲之大過, 己之大循.
위지대과 기지대순

作爲非樂, 命之日節用, 生不歌, 死無服. 墨子氾愛兼利而
작위비악 명지왈절용 생불가 사무복 묵자범애겸리이
非鬪. 其道不怒, 又好學而博, 不異. 不與先王同, 毁古之禮
비투 기도불노 우호학이박 불이 불여선왕동 훼고지례
樂.
악

黃帝有咸池, 堯有大章, 舜有大韶, 禹有大夏, 湯有大濩, 文
황제유함지 요유대장 순유대소 우유대하 탕유대호 문
王有辟雍之樂, 武王周公作武.
왕유벽옹지악 무왕주공작무

古之喪禮, 貴賤有儀, 上下有等. 天子棺槨七重, 諸侯五重,
고지상례 귀천유의 상하유등 천자관곽칠중 제후오중
大夫三重, 士再重. 今墨子獨生不歌, 死不服. 桐棺三寸而無
대부삼중 사재중 금묵자독생불가 사불복 동관삼촌이무
槨, 以爲法式. 以此敎人, 恐不愛人. 以此自行, 固不愛己.
곽 이위법식 이차교인 공불애인 이차자행 고불애기

未敗墨子道. 雖然, 歌而非歌, 哭而非哭, 樂而非樂, 是果類
미패묵자도 수연 가이비가 곡이비곡 낙이비락 시과류
乎? 其生也勤, 其死也薄, 其道大觳, 使人憂, 使人悲. 其行難
호 기생야근 기사야박 기도대곡 사인우 사인비 기행난
爲也. 恐其不可以爲聖人之道, 反天下之心, 天下不堪.
위야 공기불가이위성인지도 반천하지심 천하불감

墨子雖獨能任, 奈天下何? 離於天下, 其去王也遠矣.
묵자수독능임 내천하하 이어천하 기거왕야원의

② 「천하」편 (2)

묵자는 도(道)에 대하여 다음과 같이 선언하였다.

“옛날 우(禹)임금은 홍수를 막고, 장강(長江)과 황하 물을 터 흐르게 하고, 사방의 오랑캐 땅과, 온 중국 땅에 교통이 서로 통하게 하였다. 그 때 다스린 명산(名山)이 3백 개였고 강의 지류는 3천 갈래였으며, 그밖에 작은 것들은 무수하다. 우임금은 친히 삼태기와 가래를 들고서 천하의 강물을 모아 바다로 흐르게 하였다. 그 때문에 장딴지에는 살이 없었고, 정강이에는 털이 없었다. 소나기에 목욕을 하고 거센 바람으로 머리를 빗으면서, 온 나라들을 안정시켰던 것이다. 우임금은 위대한 성인이었는데도, 천하를 위하여 이처럼 육체를 수고롭혔던 것이다."

그리고는 후세의 묵가들에게 털가죽 옷에 칡베 옷을 입고 나막신과 짚신이나 신고서, 밤낮으로 쉬지 않고 자신을 괴롭히는 것을 법도로 삼게 하였던 것이다. 그리고는 이렇게 하지 못한다면 그것은 우임금의 도가 아니니 묵가가 되기에 부족하다고 주장하였다.

상리근(相里勤)[43]의 제자들과 오후(五侯)의 무리들 및 남방의 묵가인 고확(苦獲)·기치(己齒)·등릉자(鄧陵子)의 무리들은 다 같이 묵자의 경전을 외웠지만 서로 어긋나 주장이 같지 않게 되어 서로 별묵(別墨)이라 공격하였다. 그리고 '굳은 돌과 흰 돌은 다른 것(堅白同異)'[44]이라는 궤변(詭辯)으로 서로 욕하고, 자기 홀로 이치에도 맞지 않는 말로써 서로 대응하였다. 그리고 자기 학파의 영도자인 거자(巨子)를 성인이라 하며, 모두가 묵가의 종주(宗主)가 되어 후세에 묵가의 후계자가 되기를 바라는 상태가 지금까지도 끊이지 않고 계속되고 있다.

묵적(墨翟)과 금골희(禽滑釐)의 생각은 옳은지 모르지만 그들의 행동은

43 相里勤·五侯·苦獲·己齒·鄧陵子는 모두 묵자의 제자 이름임.

44 堅白同異 : 堅白石은 만져 볼 적에는 단단하고 눈으로 볼 적에는 희므로 같은 것일 수 없다는 궤변과, 같은 것을 다르다 하고 다른 것을 같다고 하는 궤변임.

옳지 못하다. 후세의 묵가들도 반드시 스스로를 괴롭힘으로써 넓적다리에는 살이 없고 정강이에는 털이 없도록 만들어 주고 있을 따름인 것이다. 이것은 천하를 어지럽히기는 하여도 다스려지게 할 수는 없는 것이다. 비록 그렇기는 하지만 묵자는 진실로 천하를 사랑하기는 하였다. 올바른 도를 구하여 얻지 못한다면 비록 몸이 깡마르게 되는 한이 있더라도 그만두지 않을 사람이었으니, 재사(才士)임엔 틀림없다.

墨子稱道曰；昔者禹之湮洪水, 決江河, 而通四夷九州也.
묵자칭도왈 석자우지인홍수 결강하 이통사이구주야
名山三百, 支川三千, 小者無數. 禹親自操槖耜而九雜天下之
명산삼백 지천삼천 소자무수 우친자조탁사이구잡천하지
川. 腓無胈, 脛無毛. 沐甚雨, 櫛疾風, 置萬國. 禹大聖也, 而
천 비무발 경무모 목심우 즐질풍 치만국 우대성야 이
形勞天下也如此. 使後世之墨者, 多以裘褐爲衣, 以跂蹻爲服,
형로천하야여차 사후세지묵자 다이구갈위의 이기교위복
日夜不休, 以自苦爲極, 曰；不能如此, 非禹之道也, 不足爲
일야불휴 이자고위극 왈 불능여차 비우지도야 부족위
墨.
묵

相里勤之弟子, 五侯之徒, 南方之墨者, 苦獲已齒鄧陵子之
상리근지제자 오후지도 남방지묵자 고획기치등릉자지
屬, 俱誦墨經, 而倍譎不同, 相謂別墨. 以堅白同異之辯相訾,
속 구송묵경 이배휼부동 상위별묵 이견백동이지변상자
以觭偶不仵之辭相應. 以巨子爲聖人, 皆願爲之尸, 冀得爲其
이기우불오지사상응 이거자위성인 개원위지시 기득위기
後世, 至今不決.
후세 지금불결

墨翟禽滑釐之意則是, 其行則非也. 將使後世之墨者, 必自
묵적금골리지의즉시 기행즉비야 장사후세지묵자 필자
苦以腓無胈, 脛無毛, 相進而已矣. 亂之上也, 治之下也. 雖
고이비무발 경무모 상진이이의 난지상야 치지하야 수
然, 墨子眞天下之好也. 將求之不得也, 雖枯槁不舍也. 才士
연 묵자진천하지호야 장구지부득야 수고고불사야 재사
也夫.
야부

(4) 『한비자(韓非子)』

① 「현학(顯學)」편 (1)

세상에 잘 알려진 학파는 유가와 묵가이다. 유가의 시조는 공자이며, 묵가의 시조는 묵적(墨翟)이다. 공자가 죽은 뒤로는 자장(子張)파의 유가, 자사(子思)파의 유가, 안회(顔回)파의 유가, 맹자(孟子)파의 유가, 칠조(漆雕)파의 유가, 중량씨(仲良氏)파의 유가, 순자(荀子)파의 유가, 악정씨(樂正氏)파의 유가가 있다.

묵자가 죽은 뒤로는 상리씨(相里氏)파의 묵가, 상부씨(相夫氏)파의 묵가, 등릉씨(鄧陵氏)파의 묵가가 있다. 그러니 공자와 묵자 뒤로 유가는 여덟 파로 나누어졌고 묵가는 세 파로 나누어진 것이다. 주의주장(主義主張)은 서로 반대되어 같지 않으면서도 모두 스스로 말하기를 자신이 진짜 공자나 묵자의 학문이라 한다. 공자와 묵자가 다시 살아날 수 없는 이상 이 후세의 학파들 중 어느 것이 정통(正統)인가를 누구로 하여금 가늠하게 하겠는가?

공자와 묵자는 모두 요(堯)임금과 순(舜)임금을 본받고 있으나 그들의 주의주장은 같지 않다. 모두들 스스로 진짜 요임금과 순임금의 학문이라 말하나, 요임금과 순임금이 다시 살아나지 않는 이상 누구로 하여금 유가와 묵가 어느 편이 진짜인가 가늠하게 하겠는가? 은(殷)나라와 주(周)나라는 7백여 년, 우(虞)나라와 하(夏)나라는 2천여 년이 지났는데, 유가와 묵가 어느 편이 진짜인지 결정도 할 수 없으면서 지금은 또한 3천 년 전으로 거슬러 올라가서 요임금과 순임금의 도를 밝히려 하고 있다. 생각건대 그것은 절대로 될 수 없는 일일 것이다.

사실의 검토도 없이 꼭 그렇다고 주장하는 자는 어리석은 자이다. 꼭 그러할 수가 없는데도 그것을 근거로 삼는 자는 사기꾼이다. 그러므로 분명히 옛 임금을 근거로 삼고서 요임금과 순임금에 대하여 꼭 그렇다고 단정하는 자들은 어리석은 자가 아니면 사기꾼이다. 어리석은 자와 사기꾼의 학문과 잡되고 모순된 행동은 명철한 임금이라면 받아들이지 않을 것이다.

世之顯學, 儒墨也. 儒之所至, 孔丘也, 墨之所至, 墨翟也.
세지현학 유묵야 유지소지 공구야 묵지소지 묵적야
自孔子之死也, 有子張之儒, 有子思之儒, 有顏氏之儒, 有孟
자공자지사야 유자장지유 유자사지유 유안씨지유 유맹
氏之儒, 有漆雕氏之儒, 有仲良氏之儒, 有荀氏之儒, 有樂正
씨지유 유칠조씨지유 유중량씨지유 유순씨지유 유악정
氏之儒.
씨지유

自墨子之死也, 有相里氏之墨, 有相夫氏之墨, 有鄧陵氏之
자묵자지사야 유상리씨지묵 유상부씨지묵 유등릉씨지
墨. 故孔墨之後, 儒分爲八, 墨離爲三. 取舍相反不同, 而皆
묵 고공묵지후 유분위팔 묵리위삼 취사상반부동 이개
自謂眞孔墨. 孔墨不可復生, 將誰使定後世之學乎?
자위진공묵 공묵불가부생 장수사정후세지학호

孔子墨子俱道堯舜, 而取舍不同. 皆自謂眞堯舜. 堯舜不復
공자묵자구도요순 이취사부동 개자위진요순 요순불부
生, 將誰使定儒墨之誠乎! 殷周七百餘歲, 虞夏二千餘歲, 而
생 장수사정유묵지성호 은주칠백여세 우하이천여세 이
不能定儒墨之眞, 今乃欲審堯舜之道於三千歲之前, 意者其不
불능정유묵지진 금내욕심요순지도어삼천세지전 의자기불
可必乎!
가필호

無參驗而必之者, 愚也. 弗能必而據之者, 誣也. 故明據先
무참험이필지자 우야 불능필이거지자 무야 고명거선
王, 必定堯舜者, 非愚則誣也. 愚誣之學, 雜反行, 明主弗受
왕 필정요순자 비우즉무야 우무지학 잡반행 명주불수
也.
야

③ 「현학」편 (2)

묵가들의 장례(葬禮)에선 겨울엔 겨울옷, 여름엔 여름옷을 쓰며, 오동나무로 만든 세 치 두께의 관에다가 석 달 동안 상을 입는다. 세상의 임금들은 검소하다 하여 그들을 예우(禮遇)한다.

유가들은 파산(破産)을 하면서 장사를 치르고 3년 동안 상복을 입는데, 크게 수척해 가지고 지팡이를 짚어야만 다닐 수가 있게 된다. 세상의 임금들은 효도라 생각하고 이들을 예우한다. 묵자의 검소함이 옳다면 공자의 사치함은 잘못일 것이다. 공자의 효도가 옳다면 묵자의 각박함은 잘못일 것이다. 지금 효도와 각박함과 사치함과 검소함이 모두 유가와 묵가에게 있는데도 임금들은 이들을 아울러 예우하고 있다.

칠조자(漆雕子)[45]의 이론에 의하면 얼굴빛을 이지러뜨리지 않고 한눈을 팔지 않으며, 자기 행동이 굽으면 곧 노예 앞이라도 몸을 피하고, 자기 행동이 곧으면 제후 앞이라도 성을 낸다 하였다. 세상의 임금들은 모질다고 생각하여 이들을 예우한다.

송영자(宋榮子)[46]의 이론에 의하면 싸우고 다투지 않아야 하고 원수를 갚지 않아야 하며, 감옥에 갇히는 것도 부끄러워하지 않고 모욕을 당해도 욕되게 여기지 않아야 한다. 세상 임금들은 너그럽다고 생각하고 이들을 예우한다. 칠조자의 모짊을 옳다고 한다면 송영자의 관대함은 잘못일 것이다. 송영자의 너그러움을 옳다고 한다면 칠조자의 사나움은 잘못일 것이다. 지금 너그러움과 모짊과 관대함과 사나움이 모두 두 사람에게 있는데도 임금들은 이들을 아울러 예우한다.

45 漆雕子 : 앞에 보인 漆雕氏之儒인 漆雕開와는 다른 孔子의 제자임.

46 宋榮子 : 『荀子』와 『莊子』에 보이는 사람, 宋銒이라고도 하며 유명한 非戰論者 중의 한 사람.

어리석은 자와 사기꾼의 학문과 잡되고 모순된 이론이 다투게 된 뒤로부터 임금들은 반대되는 것들을 모두 들어 주고 있다. 그러므로 세상 선비들은 말에 일정한 내용이 없고 행동에 일정한 표준이 없게 되었다.

얼음과 숯불은 같은 그릇에서 오래 갈 수가 없고, 추위와 더위는 한꺼번에 닥칠 수가 없는 것이다. 훌륭하고 모순되는 학문도 양립되어 다스려질 수가 없는 것이다. 지금 잡된 학문을 아울러 받아들이고 서로 다른 이론을 함부로 실행한다면 어찌 어지러워지지 않을 수가 있겠는가? 받아들이고 행하기를 이와 같이 한다면, 그것으로 사람을 다스린다 해도 반드시 그처럼 어지러워질 것이다.

墨者之葬也, 冬日冬服, 夏日夏服, 桐棺三寸, 服喪三月. 世
묵자지장야 동일동복 하일하복 동관삼촌 복상삼월 세
主以爲儉而禮之.
주이위검이례지

儒者破家而葬, 服喪三年, 大毁扶杖. 世主以爲孝而禮之.
유자파가이장 복상삼년 대훼부장 세주이위효이례지
夫是墨子之儉, 將非孔子之侈也. 是孔子之孝, 將非墨子之戾
부시묵자지검 장비공자지치야 시공자지효 장비묵자지려
也, 今孝戾侈儉俱在儒墨, 而上兼禮之.
야 금효려치검구재유묵 이상겸례지

漆雕之議, 不色撓, 不目逃, 行曲則違於臧獲, 行直則怒於
칠조지의 불색요 불목도 행곡즉위어장획 행직즉노어
諸侯. 世主以爲廉而禮之.
제후 세주이위렴이례지

宋榮子之議, 設不鬪爭, 取不隨仇, 不羞囹圄, 見侮不辱. 世
송영자지의 설불투쟁 취불수구 불수령어 견모불욕 세
主以爲寬而禮之. 夫是漆雕之廉, 將非宋榮之恕也. 是宋榮之
주이위관이례지 부시칠조지렴 장비송영지서야 시송영지
寬, 將非漆雕之暴也. 今寬廉恕暴俱在二子, 人主兼而禮之.
관 장비칠조지폭야 금관렴서폭구재이자 인주겸이례지

自愚誣之學, 雜反之辭爭, 而人主俱聽之. 故海內之士, 言
자우무지학 잡반지사쟁 이인주구청지 고해내지사 언

無定術, 行無常儀.
무 정 술 행 무 상 의

夫冰炭不同器而久, 寒暑不兼時而至. 雜反之學不兩立而治.
부 빙 탄 부 동 기 이 구 한 서 불 겸 시 이 지 잡 반 지 학 불 량 립 이 치

今兼聽雜學, 繆行同異之辭, 安得無亂乎? 聽行如此, 其於治
금 겸 청 잡 학 무 행 동 이 지 사 안 득 무 란 호 청 행 여 차 기 어 치

人, 又必然矣.
인 우 필 연 의

3. 묵변론(墨辯論)

1) '묵변'의 뜻

'묵변'이란 말은 진(晋)나라 때의 노승(魯勝)이 『묵자』 중에서 「경(經)」 상·하편과 「경설(經說)」 상·하편의 네 편의 주(注)를 쓰고 이를 『묵변주(墨辯注)』[47]라 한 데서 연유한다. 청(淸)대에 와서 왕중(汪中, 1744~1794)은 그의 『술학(述學)』에 실린 「묵자서(墨子敍)」에서 「경」 상·하와 「경설」 상·하의 네 편에다가 「대취(大取)」편과 「소취(小取)」편 두 편을 합한 여섯 편을 옛날에는 『묵경(墨經)』이라 불렀다 하였다. 왕중이 「대취」·「소취」 두 편까지 합친 여섯 편을 『묵경』이라 불렀다고 한 근거는 불확실하나, 그 글의 내용이나 형식이 같으므로 그처럼 여섯 편을 따로 합쳐 다룬 태도에는 수긍이 간다.

47 『晋書』 魯勝傳에 「墨辯注敍」가 실려 있다.

왕중이 이를 『묵경』이라 부른 것은 『장자』 천하(天下)편에서 "상리근(相里勤)의 제자들과 오후(五侯)의 무리들과 남방의 묵자(墨者)들인 고확(苦獲) · 기치(己齒) · 등릉자(鄧陵子)의 무리들이 다같이 『묵경(墨經)』을 외웠다."고 한 말이 근거가 되고 있다. 더구나 여섯 편 중 맨 앞 두 편이 「경」 상 · 하이며, 다음에 이를 해설한 「경설」 상 · 하편이 있으며, 그 뒤에 「대취」 · 「소취」편이 잇달아 있으니, 『장자』에서 후세의 묵가들이 "다같이 『묵경』을 외웠다."고한 『묵경』은 바로 이 여섯 편을 가리킨다고 보는 것이다. 그래서 지금까지도 앞 네 편만을 '묵경' 이라 부르는 이도 있고, 여섯 편 모두를 합쳐 '묵경' 이라 부르는 이도 있다.

그것은 '묵변' 의 경우에 있어서도 마찬가지이다. 노승(魯勝)은 「묵변주서(墨辯注叙)」에서 이렇게 분명히 말하고 있다.

> '묵변' 에는 상 · 하 「경」이 있고, 「경」에는 각각 「설」이 있어서 모두 네 편이다.
>
> 墨辯有上下經, 經各有說, 凡四篇.
> 묵 변 유 상 하 경 경 각 유 설 범 사 편

그러나 양계초(梁啓超, 1873~1929)는 『묵자학안(墨子學案)』[48]에서 위의 노승의 말을 다음과 같이 설명하고 있다.

> 이 6편(「경」 상 · 하, 「경설」 상 · 하, 「대취」, 「소취」)은 노승이 '묵변' 이라 불렀던 것들인데, 대부분이 논리학을 논한 것이다.

48 第一章 總論 三 墨子書.

這六篇, 魯勝叫他做墨辯, 大半是講論理學.
저 륙 편 노 승 규 타 주 묵 변 대 반 시 강 론 리 학

다시 노승의 「묵변주서」를 보면 이런 말을 덧붙이고 있다.

묵자는 책을 써서 『변경』을 만들어 명학(名學)의 근본을 세웠다.

墨子著書, 作辯經以立名本.
묵 자 저 서 작 변 경 이 립 명 본

'명학' 은 논리학과 비슷한 뜻을 지닌 말이다. 담계보(譚戒甫)는 『묵변발미(墨辯發微)』[49]에서 '변경(辯經)' 이란 "곧 '묵변' 과 '묵경' 두 가지의 합칭"이라 하였고, 왕동진(王冬珍)은 『묵학신탐(墨學新探)』[50]에서 "「경」은 또 '변경' 이라고도 부르고, 또 '묵변' 이라고도 부른다." 하였는데, 모두 그릇된 해석인 듯하다. 노승이 말한 '변경' 이란 말은 지금 말로는 '논리(論理)와 이론(理論)' 을 뜻하는 말로 보는 게 옳을 것이다. 따라서 노승의 '묵변' 이란 말은 양계초가 설명하듯이[51] '묵가의 논리학' 의 뜻으로 보는 게 옳을 것이다. 아래에 소개하는 노승의 「묵변주서」[52]를 읽어보면 그것을 분명히 알 수 있을 것이다.

논리(論理)라는 것은 같고 다른 것을 나열하고 옳고 그른 것을 밝히는 방법이며, 도의의 문이 되고 정치 교화의 기준이 되는 것이다.

49 第一編 墨辯正名 第一.
50 第三篇 墨辯旨歸 第一章 墨辯作者考.
51 『墨子學案』 第七章 墨家之論理學 及 其他科學.
52 『晋書』 隱逸傳 所載.

공자도 말하기를 "반드시 논리를 바르게 해야만 한다." 하였으니, 논리가 바르지 않으면 곧 일도 이루어지지 않는 것이다. 묵자는 책을 써서 『변경』을 만들어 논리학인 명(名)의 근본을 세웠다.

혜시(惠施)와 공손룡(公孫龍)[53]이 그 학문을 계승하여 달리 논리를 뜻하는 '명'의 개념을 바로잡음으로써 세상에 유명하였다. 맹자는 묵자를 비난했으나 그 변론과 바른 말에 있어서는 묵가와 같았다. 순경(荀卿)과 장주(莊周) 등이 모두 명가(名家)를 비난하고 공격하였으나 그들의 논리를 바꾸어 놓을 수는 없었다.

반드시 논리에 있어서는 형식이 있는 법인데, 형식을 살피는 데 있어서는 색깔의 분별이 가장 좋으므로 견백(堅白)의 이론[54]이 있게 되었고, 논리는 반드시 분명함이 있어야 하는데, 분명한 것으로는 있고 없는 것이 가장 뚜렷하므로 있고 없었던 차례를 밝히는 이론이 있게 되었다. 옳은 것에는 옳지 않은 성분도 있고, 가능한 것에는 가능하지 않은 성분도 있는 것이어서, 이 논리는 두 가지를 다 괜찮다고 포용한다. 같으면서도 다름이 있고, 다르면서도 같음이 있어서, 이것을 같은 것과 다른 것에 대한 이론이라 말하는 것이다. 지극히 같은 것은 같지 않음이 없고, 지극히 다른 것은 다르지 않음이 없어서, 이것을 같은 것에 대한 이론과 다른 것에 대한 이론이라 말하는 것이다.

같은 것과 다른 것은 옳고 그른 것을 낳고, 옳고 그른 것은 길하고 흉한 것을 낳으니, 한 사물에서 이론을 취하여 천하가 쇠퇴하기

53 惠施 · 公孫龍 : 『漢書』 藝文志에 『公孫龍子』 十四篇과 『惠子』 一篇을 남긴 戰國時代의 名家임.

54 堅白之辯 : 돌을 만져볼 적에는 단단하지만 색깔이 흰 것은 모르고, 눈으로 보면 희지만 단단한지는 모른다는 것을 근거로, 옳은 것을 그르다, 그른 것을 옳다고 하는 궤변임.

도 하고 흥성하기도 하는 까닭을 추구하는 것이, 논리의 목표인 것이다.

名者, 所以列同異, 明是非, 道義之門, 政化之準繩也. 孔子
명자 소이렬동이 명시비 도의지문 정화지준승야 공자
曰; 必也正名. 名不正則事不成. 墨子著書, 作辯經以立名本.
왈 필야정명 명부정즉사불성 묵자저서 작변경이립명본
惠施公孫龍祖述其學, 以正別名, 顯於世. 孟子非墨子, 其
혜시공손룡조술기학 이정별명 현어세 맹자비묵자 기
辯言正辭, 則與墨同. 荀卿莊周等, 皆非毁名家, 而不能易其
변언정사 즉여묵동 순경장주등 개비훼명가 이불능역기
論也.
론야

必有形, 察莫如別色, 故有堅白之辯. 名必有分明, 分明莫
필유형 찰막여별색 고유견백지변 명필유분명 분명막
如有無, 故有無序之辯. 是有不是, 可有不可, 是名兩可. 同
여유무 고유무서지변 시유불시 가유불가 시명양가 동
而有異, 異而有同, 是之謂辯同異. 至同無不同, 至異無不異,
이유이 이이유동 시지위변동이 지동무불동 지이무불이
是謂辯同辯異.
시위변동변이

同異生是非, 是非生吉凶, 取辯於一物, 而原極天下之汚隆,
동이생시비 시비생길흉 취변어일물 이원극천하지오륭
名之至也.
명지지야

위 글을 보면 노승이 말하는 '명'이나 '변'은 모두 논리학 속의 논리와 이론 같은 것을 말한 것임이 분명하다.

또 명(明)대의 송렴(宋濂)은 『제자변(諸子辨)』에서 3권본 『묵자』에 대하여 다음과 같은 설명을 하고 있다.

『묵자』 3권은 전국시대 송나라 대부 묵적이 지은 것이다. 상권은 「친사」·「수신」·「소염」·「법의」·「칠환」·「사과」·「삼변」의 7편인데, 이를 '경'이라 불렀다. 중권은 「상현」 3편이고, 하권은 「상동」 3편인데, 이를 합쳐 '논'이라 불렀다.

墨子三卷, 戰國時宋大夫墨翟撰. 上卷親士 · 修身 · 所染 · 法儀 · 七患 · 辭過 · 三辯七篇, 號曰經. 中卷尙賢三篇, 下卷尙同三篇, 皆號曰論.
(묵자삼권, 전국시송대부묵적찬. 상권친사 · 수신 · 소염 · 법의 · 칠환 · 사과 · 삼변칠편, 호왈경. 중권상현삼편, 하권상동삼편, 개호왈론.)

이에 따르면 『묵자』의 「경」 상 · 하편과 「경설」 상 · 하편 이외의 다른 글들도 '경'이라 부른 일이 있었던 것이다. 그러니 『장자』 천하편에서 "『묵경』을 외웠다."고 한 『묵경』은 묵자를 존중하여 '묵자가 지은 묵가의 경전'이란 일반적인 뜻의 말이었을 것이다. 그리고 호적(胡適)이 그의 『중국고대철학사』에서 지적했듯이 그것은 『묵자』의 「겸애」 · 「비공」편 같은 글들을 가르키는 말이었을 것이다.

여기에서 우리는 '묵변' 또는 '묵경'[55]이란 말 중의 하나를 선택할 필요가 있고, 또 거기에 「경」 상 · 하와 「경설」 상 · 하 네 편만을 넣느냐, 「대취」 · 「소취」편을 합친 여섯 편을 뜻하는 말로[56] 보느냐를 결정할 필요가 생긴다.

여기에는 수학 · 물리학 · 공학 등 다방면에 연관되는 기록들도 담기

55 梁啓超 『墨經校釋』 · 鄧高鏡 『墨經新釋』 · 高亨 『墨經校詮』 · 楊寬 『墨經哲學』 · 張其 · 『墨經通解』 등이 '墨經'이란 말 사용, 魯勝 『墨辯注』 · 譚戒甫 『墨辯發微』 · 李漁叔 『墨辯新注』 · 陳癸淼 『墨辯研究』 · 范耕研 『墨辯疏證』 등이 '墨辯'이란 말 사용.

56 魯勝 · 畢沅 等이 「經」 上 · 下 「經說」 上 · 下 네 편을 따로 다루었고, 汪中 · 孫詒讓 等이 「大取」 · 「小取」편까지 합쳐 얘기하였다.

어 있기는 하지만, 그 중심을 이루는 것은 아무래도 논리학이므로 노승의 예를 따라 '묵변' 이라 부르는 게 옳을 것이다. 『장자』 천하편에서 후세의 묵자들이 "모두가 『묵경』을 외웠다."고 한 『묵경』이 바로 이것이라고 생각하고, 다시 여기에는 진정한 묵자의 글이 담겨 있는 부분이라 하여 '묵경' 이라 부르려는 의도는 옳지 않은 듯하다. 예를 들면, 방수초(方授楚)는 『묵학원류(墨學源流)』[57]에서 이렇게 주장하고 있다.

> 이른바 『묵경』은 본시는 「경」 상 · 하와 「경설」 상 · 하 네 편뿐이었다. 노승이 이를 '묵변' 이라 부른 것은 명칭이 바르지 않다. 왜냐하면 이 '경' 은 겨우 논리학의 근본이나 세워서 변론의 바른 논리를 전개케 해줄 따름인 것은 아니기 때문이다.
>
> 왕중은 「묵자서」에서 "「경」 상에서 「소취」에 이르는 여섯 편을 옛날에는 '묵경' 이라 불렀다" 하였다. 「대취」 · 「소취」의 두 편은 이전에 그것을 '경' 이라 불렀던 사람은 없으나, 다만 이 두 편은 생겨난 시대도 같고 거기에서 토론하고 있는 내용도 「경」 및 「경설」과 상응하는 것이다.
>
> 왕중의 호칭에는 문제가 있기는 하나 여기에서는 그대로 여섯 편을 합쳐 논의의 대상으로 삼으려 한다.

> 至所謂墨經, 原止經上下, 經說上下四篇. 魯勝稱爲墨辯,
> 지소위묵경 원지경상하 경설상하사편 노승칭위묵변
> 其名不正. 蓋此經非僅立名本以辯言正辭而已也.
> 기명부정 개차경비근립명본이변언정사이기야
> 汪中墨子序言 ; 經上至小取六篇, 當時謂之墨經. 按大取小
> 왕중묵자서언 경상지소취륙편 당시위지묵경 안대취소

57 上卷 第八章 墨學之進步 三, 墨經之作者.

取二篇, 向無稱之爲經者, 但二篇産生之時代相同, 其所討論
취 이 편 향 무 칭 지 위 경 자 단 이 편 산 생 지 시 대 상 동 기 소 토 론

者又與經及經說相應.
자 우 여 경 급 경 설 상 응

汪氏之稱謂雖有可議, 玆仍合六篇而硏討之.
왕 씨 지 칭 위 수 유 가 의 자 잉 합 륙 편 이 연 토 지

「경」과 「경설」 네 편을 묵자의 중요사상이 담긴 '경' 이라 보는 태도는 옳지 않다고 생각한다. 아무래도 『묵자』의 중심을 이루고, 묵자의 사상을 대표하는 것은 「상현」에서 「비명」에 이르는 23편으로 보아야 할 것이다. 그러나 방수초가 「대취」 · 「소취」 두 편도 「경」 · 「경설」과 같은 성질의 글이라 보고 이들 여섯 편을 합친 태도는 매우 옳았다고 본다. 더욱이 이것들을 '묵변' 이라 부른다면, 이 「대취」 · 「소취」도 논변(論辯)의 법칙 같은 것을 얘기한 것이니 이를 '묵변' 속에 포함시키는 것은 당연한 일이라 할 것이다.

2) '묵변' 의 작자

이 '묵변' 여섯 편은 춘추 전국시대 제자(諸子)들의 글 중에서도 특별한 내용이 담긴 기록이어서, 근래로 오면서 많은 학자들의 관심을 끌었다. 그러나 '묵변' 의 글들이 모두 앞뒤가 연결되지 않는 짧은 글들이고, 그 뜻도 정확히 이해하기 어려운 것들이 많아서 이 여섯 편에 대한 학자들의 견해는 매우 복잡하다. 우선 이 여섯 편의 작자에 대한 견해만 보더라도 거의 모든 학자들이 제각기 다른 의견을 보여주고 있다. 크게 '묵변' 의 작자로서 묵자를 긍정하는 사람들과 부정하는 사람들로 나누어, 중요 연구가들의 의견을 아래에 정리해 본다.

(1) 긍정론자

① 진(晋)나라 노승(魯勝)은 「묵변주서(墨辯註叙)」에서, "묵자는 책을 지어 '변경(辯經)' 을 만듦으로써 명학(名學)의 근본을 세웠다." 하였으니, 「경」 상 · 하와 「경설」 상 · 하 네 편의 '묵변' 은 묵자가 지은 것이라 생각하였음에 틀림이 없다.

② 청(淸)대의 필원(畢沅) 「묵변주서(墨辯註叙)」에서, "「친사」 · 「수신」 및 「경」 상 · 「경」 하는 묵적이 스스로 지은 것인 듯하다. 다른 편에서만 '자묵자(子墨子)' 라 일컫고 있기 때문이다. 「경주」편에서는 '자금자' 도 아울러 일컫고 있으니, 이것은 더 아래 제자들이 들은 것을 기록한 것이다.(親士修身及經上經下, 疑翟自著, 餘篇稱子墨子. 耕柱篇并稱子禽
친사수신급경상경하 의적자저 여편칭자묵자 경주편병칭자금
子, 則是門人小子, 記錄所聞.)"고 하였다. 노승과 같이 「경」 상 · 하와
자 즉시문인소자 기록소문
「경설」 상 · 하 네 편은 묵자가 지은 것이라 본 것이다. 청(淸) 손성연(孫星衍) 「묵자주후서(墨子注後叙)」와 근래의 이어숙(李漁叔) 『묵경신주(墨經新注)』의 의견도 이와 비슷하다.

③ 양계초(梁啓超)는 『묵자학안(墨子學案)』에서, "「경」 상 · 하는 묵자가 스스로 지은 것일 것이며, 「경설」 상 · 하는 묵자가 말로 설명한 것을 기록한 것이나 다만 후학들이 더 보태어 놓은 것이 있는 것이며, 「대취」 · 「소취」는 후학들이 지은 것이다.(經上下當是墨子自著, 經說上下,
경상하당시묵자자저 경설상하
當是述墨子口說, 但有後學增補. 大取小取, 是後學所著.)"라 하였다. 그
당시술묵자구설 단유후학증보 대취소취 시후학소저
의 『묵경교석(墨經校釋)』 · 『자묵자학설(子墨子學說)』 등에도 이와 같은 의견이 발견된다.

④ 담계보(譚戒甫)의 『묵학발미(墨學發微)』와 엄령봉(嚴靈峰)의 『묵자간편(墨子簡編)』 등이 「경」 상 · 하는 묵자가 지은 것이나, 「경설」 상 · 하는

후세의 묵자의 제자들이 지은 것이라 하고 있다.

⑤ 고형(高亨)은 『묵경교전(墨經校詮)』 서문에서 "『묵경』은 처음엔 본시 묵자가 스스로 지은 것이어서 묵가의 무리들이 모두 그것을 읽고 그것을 '경' 이라 불렀다. 그러나 『묵경』 두 편에도 묵가의 무리들이 더 보태어 써 넣은 글이 있고, 「경설」 두 편 같은 것으로 말하면 대체로 모두가 묵가의 무리들 손에서 나온 것일 것이다.(因爲墨經初本是墨子自作, 所
인위묵경초본시묵자자작 소
以墨徒都讀它, 而稱它做經. 但是墨經兩篇也有墨徒增補的文字. 至於經
이묵도도독타 이칭타주경 단시묵경량편야유묵도증보적문자 지어경
說兩篇大概都是出於墨徒之手了.)"고 하였다.
설량편대개도시출어묵도지수료

⑥ 왕동진(王冬珍)은 『묵학신탐(墨學新探)』에서, 「경」 상편은 묵자 자신이 지은 것이나 「경」 하편은 대체로 묵자의 제자들이 묵자의 이론에 의거하여 기록해 놓은 것이며, 「경설」 상 · 하도 역시 후세 묵가들에 의하여 이루어진 것이라 하였다.

(2) 부정론자

① 청(淸)대의 손이양(孫詒讓)은 『묵자한고(墨子閒詁)』에서, 「경」 상 · 하와 「경설」 상 · 하의 네 편의 작자에 대하여 다음과 같이 논하고 있다.

"『장자』에서 말한 바에 의거하면 곧 전국시대 묵가의 다른 계열의 학문이어서, 묵자의 본 뜻을 다하고 있지 않은 듯하다. 필원이 묵적 자신이 지은 것이라 한 것은 고증이 그릇된 것이다.(據莊子所言, 則似戰
거장자소언 즉사전
國時墨家別傳之學, 不盡墨子之本旨. 畢謂翟自著, 考之未審.)"
국시묵가별전지학 부진묵자지본지 필위적자저 고지미심

② 청(淸)대의 왕중(汪中)은 「묵자서(墨子序)」에서, 「경」 상에서 「소취」에 이르는 여섯 편을 『묵경』이라 부르기는 하였으나, 모두 묵자가 직접 지은 것이 아니고 후세 묵가에게서 나온 것이라 주장하였다.

③ 호적(胡適)은 『중국고대철학사(中國古代哲學史)』에서 이렇게 주장하고 있다.

"「경」 상 · 하, 「경설」 상 · 하, 「대취」 · 「소취」의 여섯 편은 묵자의 글도 아니고, 묵자(墨者)가 묵자의 학설을 기록한 책도 아니다. 나는 이 여섯 편은 바로 『장자』 천하편에서 말한 '묵가의 다른 계파 학자' 들이 만든 것이며, 이 여섯 편 가운데 담긴 학문은 절대로 묵자 시대에 발생될 수가 있는 것이 아니라고 생각한다. 또한 그 속에서 얘기하고 있는 것은 혜시 · 공손룡의 얘기와 가장 가깝고, 혜시 · 공손룡의 학설은 거의 모두가 이 여섯 편 속에 들어 있다. 그래서 나는 이 여섯 편은 혜시 · 공손룡 시대의 '묵가의 다른 계파 학자' 들이 만든 것이라 생각한다.(經上下, 經說上下, 大取小取六篇, 不是墨子的書, 也不是墨者記墨子學說的書. 我以爲這六篇就是莊子天下篇所說的別墨做的, 這六篇中的學問, 決不是墨子時代所能發生的. 況且其中所說和惠施公孫龍的話最爲接近, 惠施公孫龍的學說差不多全在這六篇裏面. 所以我以爲這六篇是惠施公孫龍時代的別墨做的.)"

(경상하, 경설상하, 대취소취륙편, 불시묵자적서, 야불시묵자기묵자학설적서. 아이위저륙편취시장자천하편소설적별묵주적, 저륙편중적학문, 결불시묵자시대소능발생적. 황차기중소설화혜시공손룡적화최위접근, 혜시공손룡적학설차불다전재저륙편리면. 소이아이위저륙편시혜시공손룡시대적별묵주적.)

④ 풍우란(馮友蘭)의 『중국철학사(中國哲學史)』를 보면, 그는 『묵경』 속에 「경」 상에서 「소취」에 이르는 여섯 편을 다 포함시키고, 『묵경』은 이론가인 변자(辯者)들에 대한 반동으로 이루어진 것이라 하였다. 본시 유가와 묵가는 실용을 중시한 학파였으나, 뒤에 논리를 중시하는 변자들과 논쟁할 필요가 생기어, 묵가에는 『묵경』이 생기고 유가에는 『순자(荀子)』의 「정명(正名)」편이 생겼다 하였다. 곧 후세 묵가의 작품이라는 것이다.

⑤ 방수초(方授楚)는 『묵학원류(墨學源流)』에서 이렇게 말하고 있다.

“『묵경』에는 묵자학설을 수정한 곳이 있으니, 그러한 진보는 곧 묵자의 제자와 후학들의 노력이 쌓여서 이루어진 것이지, 묵자 한 사람의 이론이 서로 달랐던 것은 아니다. …… 그러므로 이제 묵자 후학들이 지은 것이라 규정하는 것이다.(墨經有修正墨子學說之處, 其進步乃
묵경유수정묵자학설지처 기진보내
墨氏弟子及後學結集而成, 非墨子個人自說相違也. ……故今定爲墨子
묵씨제자급후학결집이성 비묵자개인자설상위야 고금정위묵자
後學所著.)”
후학소저

⑥ 장백잠(蔣伯潛)의 『제자학찬요(諸子學纂要)』[58]를 보면, 그는 이 여섯 편의 ‘묵변’이 묵자의 후학의 후학들 작품이라는 증거를 다음과 같이 들고 있다. 첫째 : 문장이 간략하기는 하나 대부분이 일정한 주제에 대하여 자기 뜻을 말한, 곧 ‘거제서의(據題抒意)’ 하는 제4기의 문체[59]이며, 둘째 : 『묵자』 다른 편에는 보이지 않는 ‘견백이동(堅白異同)’의 궤변 얘기를 비롯하여 명학파(名學派)의 이론이 보이는데, 이는 맹자 때에도 없었던 일이고, 셋째 : 어떤 책을 높이어 ‘경(經)’이라 부르게 된 것은 전국시대 후반기의 일이다.[60] 「경」 상에는 기하학의 정의(定義) 같은 것, 「경」 하에는 기하학의 공리(公理) 같은 것이 적혀 있고, 「경설」 상 · 하는 「경」 상 · 하의 간단한 해석 같은 것과 「경」 상 · 하의 정의와 공리의 응용 같은 성격의 글들이 실려 있다. 이런 글을 다른 학파와의 토론상 중요한 자료라 하여 ‘경’이란 말을 붙여 부를 수 있게 된 것은 전국 후기

58 第六章 後期的墨者, 後期墨者的派別及『墨經』.

59 第一期는 간략하고 짧은 記言體(예 : 『論語』), 第二期는 길어진 記言體(예 : 『墨子』의 대부분 및 『孟子』), 第三期는 寓言이 섞이고 설명이 더 자상해진 記言體(예 : 『莊子』), 第四期는 제목에 따라 자기 의견을 서술한 議論文(예 : 『荀子』 · 『韓非子』).

60 屈萬里 『詩經釋義』 敍論 二, 詩經名稱에서도 ‘經이라는 호칭은 戰國晩年에 생긴 것이다’고 하며, 이를 考證하고 있다.

의 일이라는 것이다. 「대취」편에는 '어경(語經)' 에 대한 기록도 보인다.

이상 소개한 것처럼 '묵변' 에 대하여는 그 작자에 대한 의견부터가 여러 학자들 모두 각양각색이다. 그러나 장백잠의 경우처럼 이 여섯 편의 문장과 글의 내용 및 '경' 이라는 호칭 등을 추구하여 보면 묵자 시대에는 이런 글이 절대로 이루어질 수가 없는 것임이 분명하다. 대체로 「경」 상 · 하편만은 묵자의 말을 근거로 한 부분이 있기는 하나 그것도 후기 묵가의 작품일 것이며, 나머지 네 편은 혜시(惠施) · 공손룡(公孫龍)의 명학(名學)이 성행하게 된 다음의 한층 더 후기의 묵가 손에 이루어진 글일 것이다.

그리고 '묵변' 에 대하여 그처럼 많은 연구가들이 작자 문제에서부터 요란한 토론을 벌이고 있는 것은 이 여섯 편을 『묵자』의 다른 어떤 편들보다도 이들이 중시하기 때문이다. 실상 이 여섯 편 가운데에는 중국의 다른 어떤 선진(先秦) 전적에도 보이지 않는 특수한 분야에 대한 말들이 간단하지만 여러 가지가 실려 있기 때문에 중국고대사상사를 연구하는 학자들을 긴장시키지 않을 수가 없을 것 같다. 특히 옛날에는 무엇이 씌어 있는 글인지 읽을 수조차도 없던 글이었던 것을 필원(畢沅)이 「경」 상 · 하의 글을 두 단으로 나누고 '옆으로 읽어감' 으로써 올바로 읽는 법을 찾아 대체적인 윤곽을 파악할 수 있게 하였다. 이 뒤로 수많은 학자들이 이 '묵변' 또는 '묵경' 연구에 몰두하여, 중국 고대의 새로운 학문분야를 발견해 내려고 노력하였다. 곧 이를 근거로 전에는 없었던 것으로 생각하였던 중국 고대의 논리학 · 수학 · 물리학의 새로운 체계를 발견하고, 새로운 역학 · 광학 등의 실상을 발견해 내려 하였다. 그뿐 아니라 이 '묵경' 이야말로 묵자가 직접 지은 글이라 믿었던 사람들은, 이를 근거로 진실한 묵자의 사상 곧 묵자의 윤리학 · 철학 · 경제학 등을 발견하려고 노력하였다. 이래서 특히 '묵변' 에 관하여는 작자 문제로부터 시작하여 『묵자』 각 편 중 가장 요란하게 그 내용에 관한 연구가 전개되고 있다.

3) '묵변'의 문장

필원(畢沅)이 「경」 상·하편의 옆줄의 구절로 옮겨가면서 읽는 '방행구독(旁行句讀)' 방법을 알아내어, 이 '묵변'을 어느 정도 읽을 수 있게 되자 많은 학자들이 이에 관한 전문적인 연구 업적을 내었다. 그 중에서도 양계초(梁啓超)의 『묵경교석(墨經校釋)』(1922)·등고경(鄧高鏡)의 『묵경신석(墨經新釋)』(1931)·장기굉(張其鍠)의 『묵경통해(墨經通解)』(1931)·담계보(譚戒甫)의 『묵변발미(墨辯發微)』(1958)·고형(高亨)의 『묵경교전(墨經校詮)』 등이 두드러진 것들이다. 이 중에서도 양계초의 책이 가장 널리 읽혔고, 학계에의 영향도 가장 컸다 할 것이다.

이 여섯 편은 모두 간단한 글로 이루어져 있지만 그 글의 구조는 모두 다르다. 먼저 「경」 상편은 '무엇은 무엇이다' 란 구조의 간단한 문장 90여 개로 이루어져 있다. 보기를 들겠다.

① 어짊은 사랑을 본체로 하는 것이다.(仁, 體愛也.)
② 의로움은 이로운 것이다.(義, 利也.)
③ 예의란 공경하는 것이다.(禮, 敬也.)
④ 평평한 것은 높이가 같은 것이다.(平, 同高也.)
⑤ 원이란 한 중심에서의 길이가 같은 것이다.(圜, 一中同長也.)
⑥ 중간이란 길이가 같은 것이다.(中, 同長也.)

이 글들은 앞뒤로 아무 관련도 없고, 어떤 체계도 없이 배열되어 있는 것이다. 일종의 낱말풀이 같은 것들인데, 그중에는 말뜻이 애매한 것들도 적지 않다. 「경설」의 해설을 합쳐 읽어 보아도 애매하기는 역시 마찬가지이다. 간단한 보기를 든다.

「경」 상 : 앎이란 재능이다.

知, 材也.
지 재야

「경설」 상 : 앎이란 재능이다. 앎이라는 것은 무엇을 아는 근거이다. 그래서 반드시 알게 되어, 밝게 보는 것같이 되는 것이다.

知, 材. 知也者, 所以知也. 而必知, 若明.
지 재 지야자 소이지야 이필지 약명

여기의 '지(知)'는 지혜도 될 수 있고 지능 · 지각 · 지식 등 무엇으로 해석해도 되고, '재(材)'는 재(才)와 통하여 재능으로 보는 게 보통이나, 자질 · 본성 같은 것으로 해석해도 좋을 것이다. 따라서 이 말에 대한 해석은 학자에 따라 각양각색일 것이고, 호적(胡適)이나 양계초(梁啓超)처럼 불교의 유식론(唯識論)까지 동원해도 되는 것이다. 뜻이 애매하기 때문에 오묘한 것으로의 해석도 가능한 듯이 여겨지기도 한다.

양계초는 「경」 상이 기하학의 정의(定義) 같은 것이라면, 「경」 하는 그것을 바탕으로 한 공리(公理) 같은 글이라 하였다. 그것은 「경」 하편이 짧고 간단하면서도 모두 가설(假說) 같은 앞부분과 종결(終結) 같은 뒷부분으로 이루어진 80여 개의 말들로 이루어져 있기 때문이다. 「경」 하편에서 비교적 뜻이 분명한 것들로 보기를 든다.

① 개는 알면서도 스스로 멍멍이는 알지 못한다고 말하면 잘못이

다. 그 근거는 겹쳐짐에 있다.(知狗而自謂不知犬, 過也. 說在重.)

② 앎이란 그가 알지 못하는 까닭이 된다. 그 근거는 명목을 따져 취하는 데 있다.(知, 其所以不知. 說在以名取.)

③ 그림자는 옮아가지 않는다. 그 근거는 바꾸어진다는 데 있다.(景不도徙. 說在改爲.)

④ 무는 반드시 유를 기다릴 필요가 없다. 그 근거는 무가 있다는 데 있다.(無, 不必待有. 說在有無.)

⑤ 하나는 둘보다 적지만 다섯보다 많을 수 있다. 그 근거는 단위를 세우는 데 있다.(一少於二, 而多於五. 說在建.)

이 「경」 하편은 「경」 상편보다 문장구조가 조금 더 복잡하여지고 그만큼 더 알쏭달쏭한 말이 많다. 비교적 뜻이 분명하다고 생각되는 보기를 다섯 줄 골랐지만은 그 번역에도 여러 가지 다른 의견이 있을 것이다.

「경설」 상편은 「경」 상편 글에 대한 설명인 듯하다. 앞에 든 예문에 해당되는 「경설」을 아래에 보기로 든다. 앞에 든 「경」 상편 6편의 예문을 함께 참고해 주기 바란다.

① 어짊(仁). 자기를 사랑하는 것은 자기를 이용하기 위해서가 아니다. 말을 사랑하는 것과는 같지 않다는 뜻이다.(仁. 愛己者, 非爲用己也. 不若愛馬.)

② 의로움(義). 뜻은 천하에 관한 것을 직분으로 삼고, 능력은 그 천하를 이롭게 할 수 있는 것이다. 반드시 쓰여지지 않아도 된다.(義. 志以天下爲芬, 而能利之. 不必用.)

③ 예(禮). 귀한 사람은 공직을 부르고 천한 사람은 이름을 부르는데, 모두 공경스러움과 불손함이 있는 것이며, 차등의 다름을 따지

는 것이다.(禮. 貴者公, 賤者名, 而俱有敬僈焉, 等異論也.)

④ 이에 해당하는 「경설」이 어느 것인지 불확실함.

⑤ 원(圜). 그림쇠를 돌려 그린 것이다.(圜. 規寫交也.)

⑥ 이에 해당하는 「경설」이 어느 것인지 불확실함.

이 몇 가지 보기를 통해 보더라도 「경설」은 본격적인 「경」에 대한 해설이 아니라, 「경」에 대한 설명의 보충이라 보는 편이 옳을 것이다.

다음에는 앞에 든 「경」 하편의 예문에 해당되는 「경설」 하편의 글을 찾아 보기로 든다. 역시 앞의 예문을 참고하며 함께 읽어주기 바란다.

① 앎이란 개를 아는 것이며, 겹침이란 멍멍이도 아는 것이니, 곧 잘못인 것이다. 겹쳐지는 게 아니라면 잘못이 아닌 것이다.(智, 智狗, 重, 智犬, 則過. 不重則不過.)

② 내가 보고 있는 것 같은 것을 앎이라 한다. 아는 것과 알지 못하는 것을 섞어 놓고 그에게 물어보았을 때 곧 틀림없이 말하기를 "이것은 아는 것이고 이것은 알지 못하는 것이다." 하고 아는 것을 취하고 모르는 것을 버리는 일을 다 잘한다면, 이것은 양편을 다 아는 것이다.(我有若視曰智. 雜所智與所不智, 而問之, 則必曰 ; 是所智也, 是所不智也. 取去俱能之, 是兩智之也.)

③ 그림자. 빛이 비치어 그림자가 없어져도 있는 것과 같으니, 언제나 잠시 쉬는 것이기 때문이다.(景. 光至, 景亡, 若在, 盡古息.)

④ 일. 다섯이 하나도 되고, 하나가 다섯도 되며, 열이 둘도 되기 때문이다.(一. 五有一焉, 一有五焉, 十二焉.)

「경설」이 「경」의 해설이라지만 상편 못지않게 무슨 말인지 알 수 없는 글이 많다. 비교적 뜻이 분명한 글들을 보기로 골랐다.

「대취」편은 손이양(孫詒讓)이 『묵자한고(墨子閒詁)』에서

> 이 편의 글은 대부분 서로 연결이 안되니, 모두 글귀가 뒤섞인 때문일 것이다. 지금 이를 바로잡는 수가 없다.
>
> 此篇文多不相屬, 蓋皆簡札錯亂. 今亦無以正之也.
> 차편문다불상속 개개간찰착란 금역무이정지야

하였고, 양계초(梁啓超)도 "여섯 편 가운데 「대취」편이 가장 읽기 어렵다."[61]고 하였다. 「대취」편 중간에 "어경(語經), 어경야(語經也), ……"란 말이 있어 왕개운(王闓運)은 여기에서부터 「어경」을 따로 떼어 독립시켰다. 그러나, 그 앞뒤로 이렇다 할 문장이나 내용상의 변화는 전혀 발견할 수 없다. 다만 '어경'이란 말이 보이는 것은 이 『묵변』 여섯 편이 처음부터 논변(論辯)을 위한 자료였음을 알려주는 것이라 볼 수 있다. 「대취」편 문장의 보기로 비교적 뜻이 분명한 대목 몇 줄을 읽어보기로 하자.

> 하늘이 사람들을 사랑하는 것은 성인이 사람들을 사랑하는 것보다 박하지만, 그것이 사람들을 이롭게 하는 점은 성인이 사람들을 이롭게 하는 것보다 후하다. 위대한 사람이 소인들을 사랑하는 것은 소인들이 위대한 사람을 사랑하는 것보다 박하지만, 그들이 소인들을 이롭게 하는 점은 소인들이 위대한 사람을 이롭게 하는 것보다 후하다.
>
> 하인이 그의 어버이를 위하고 사랑하려 하지만, 그의 어버이를 사랑하는 것이 못된다. 하인이 그의 어버이를 위하고 이롭게 하려 하지만, 그의 어버이를 이롭게 하는 것이 못된다. 음악으로 그의 자식

61 『墨子學案』 第七章 一, 墨經與墨辯.

을 사랑할 수 있다고 여기고 그의 자식을 위하여 음악을 연주하려 하지만, 그의 자식을 사랑하는 것이 못된다. 음악으로 그의 자식을 이롭게 할 수 있다 여기고 그의 자식을 위하여 음악을 연주하려 하지만, 그의 자식을 이롭게 하는 것이 못된다.

天之愛人也, 薄於聖人之愛人也, 其利人也, 厚於聖人之利人也. 大人之愛小人也, 薄於小人之愛大人也, 其利小人也, 厚於小人之利大人也.
천지애인야 박어성인지애인야 기리인야 후어성인지리인야. 대인지애소인야 박어소인지애대인야 기리소인야 후어소인지리대인야.

以臧爲其親也而愛之, 非愛其親也. 以臧爲其親也利之, 非利其親也. 以樂爲愛其子, 而爲其子欲之, 非愛其子也. 以樂爲利其子, 而爲其子求之, 非利其子也.
이장위기친야이애지 비애기친야. 이장위기친야리지 비리기친야. 이악위애기자 이위기자욕지 비애기자야. 이악위리기자 이위기자구지 비리기자야.

형체를 갖고 있는 것 가운데에서 무겁고 가벼운 것을 헤아리는 것을 저울질한다고 한다. 저울질은 옳은 것을 위한 것도 아니오, 또한 그른 것을 위한 것도 아니다. 저울질은 공정한 것이다.

손가락을 자름으로써 팔을 남게 한다면 이익 가운데서도 큰 것을 취하는 것이고 해 가운데서도 작은 것을 취하는 것이다. 해 가운데서 작은 것을 취하는 것은 해를 취하는 것이 아니라 이익을 취하는 것이다. 그가 취한 것이 사람이 갖고 있는 권리인 것이다. 도적을 만나서 손가락을 잘리움으로써 자기 몸의 해를 면하였다면 그것은 이익이나, 그가 도적을 만났다는 것은 해인 것이다.

손가락을 자르는 것과 팔을 자르는 것이 천하에 주는 이익이 같다면 선택의 여지도 없다. 죽고 사는 것의 이익이 똑같다면 선택할 여지도 없다. 한 사람을 죽임으로써 천하를 보전케 할 수 있다면 그것은 살인을 하여 천하를 이롭게 하는 게 아니다. 자기를 죽이어 천하를 보전케 할 수 있다면 그것은 자기를 죽이어 천하를 이롭게 하는 것이다.

일을 처리하는 가운데 무겁고 가벼운 것을 저울질하는 것을 '구' 라고 한다. '구' 는 옳고 그름을 따지기 위해서이다. 해 가운데에서 작은 것을 취하는 것은 '구' 에 있어서는 '의' 가 되나 '의' 를 행하는 것은 아니다.

於所體之中而權輕重之謂權. 權, 正也.
어소체지중이권경중지위권 권 정야

斷指以存掔, 利之中取大, 害之中取小也. 害之中取小也, 非
단지이존완 이지중취대 해지중취소야 해지중취소야 비
取害也, 取利也, 其所取者, 人之所執也. 遇盜人, 而斷指以
취해야 취리야 기소취자 인지소집야 우도인 이단지이
免身, 利也, 其遇盜人, 害也.
면신 리야 기우도인 해야

斷指與斷腕, 利於天下相若, 無擇也. 死生利若一, 無擇也.
단지여단완 이어천하상약 무택야 사생리약일 무택야
殺一人而存天下, 非殺一人以利天下也. 殺己以存天下, 是殺
살일인이존천하 비살일인이리천하야 살기이존천하 시살
己以利天下.
기이리천하

於事爲之中而權輕重之謂求. 求, 爲之非也. 害之中取小,
어사위지중이권경중지위구 구 위지비야 해지중취소
求爲義, 非爲義也.
구위의 비위의야

이상은 「대취」편의 앞머리이며, 그래도 무엇을 쓴 것인지 짐작이 가는 내용이나, 이 뒤로부터는 거의 알 수 없는 글이거나 앞뒤의 연결이 되지 않는 내용이다.

『묵변』 여섯 편 중 「소취」편이 가장 내용이 구체적이며 논리가 정연

하다. 대체로 많은 학자들이 「경」 상 · 하편을 묵자가 직접 쓴 것이라 보면서 가장 존중하지만, 실상 후기 묵가의 논리학파로서의 면모를 보여주는 정화(精華)가 이 「소취」편이라 할 수 있다. 우선 이 편의 전문을 몇 단으로 나누어 아래에 소개한다.

① 모든 변론이란 그것으로써 옳고 그른 분별을 밝히고, 다스려지고 어지러워지는 원리를 자세히 하며, 같은 점과 다른 점을 분명히 하고 명칭과 사실의 원리를 살피며, 이롭고 해로운 것에 대처하고 의심나는 일에 결단을 내리는 것이다.

곧 만물이 자연스러운 이유를 모두 파악하고 여러 가지 말의 차이를 논하여 추구함으로써, 명칭으로써 사실을 드러내고 말로써 뜻을 서술하며 논설로써 이유를 표현하는 것이다. 한 종류의 것으로써 비유를 취하기도 하고, 한 종류의 것으로써 뜻을 미루어 내기도 한다. 자기가 올바른 논리를 터득하고 있을 적에는 남을 비난하지 않으며, 자기가 그것을 터득치 못하고 있을 적에는 남을 탓하지 않는 것이다.

夫辯者, 將以明是非之分, 審治亂之紀, 明同異之處, 察名
부변자 장이명시비지분 심치란지기 명동이지처 찰명
實之理, 處利害, 決嫌疑.
실지리 처리해 결혐의

焉摹略萬物之然, 論求羣言之比, 以名擧實, 以辭抒意, 以說
언모략만물지연 논구군언지비 이명거실 이사서의 이설
出故. 以類取, 以類予. 有諸己, 不非諸人, 無諸己, 不求諸人.
출고 이류취 이류여 유저기 불비저인 무저기 불구저인

② '혹시는' 하고 말하는 것은 다 그렇지는 않은 것이다. '가령' 하고 말하는 것은 지금은 그렇지 않은 것이다. '본뜬다' 는 것은 그것을 법도로 삼는 것이다. 본뜨는 것이란 법도로 삼는 근거가 되는

것이다. 그러므로 본뜨는 것에 들어맞으면 옳은 것이고, 본뜨는 것에 들어맞지 않으면 그른 것이다. 이것이 본뜸인 것이다.

'비유'라는 것은 다른 물건을 들어 가지고서 어떤 일을 밝히는 것이다. '같다'는 것은 말을 나란히 하여 함께 진행시키는 것이다. '인용한다'는 것은 '그대가 그러한데, 내 어찌 홀로 그렇지 않을 수가 있겠느냐?'는 것 같은 것이다. '미루어 안다'는 것은 그가 보지 않고 있는 것을 그가 보고 있는 것과 같다고 보면서 그 결론을 미루어 내는 것이다. 이것은 마치 그 말하는 것이 같은데, 내가 말하는 것이 어찌 다르겠느냐고 말하는 것 같은 것이다.

或也者, 不盡也. 假者, 今不然也. 效者, 爲之法也. 所效者,
혹야자 부진야 가자 금불연야 효자 위지법야 소효자
所以爲之法也. 故中效則是也, 不中效則非也. 此效也.
소이위지법야 고중효즉시야 부중효즉비야 차효야

辟也者, 擧也物而以明之也. 侔也者, 比辭而俱行也. 援也
비야자 거야물이이명지야 모야자 비사이구행야 원야
者, 曰子然, 我奚獨不可以然也. 推也者, 以其所不取之同於
자 왈자연 아해독불가이연야 추야자 이기소불취지동어
其所取者, 予之也. 是猶謂也者同也, 吾豈謂也者異也.
기소취자 여지야 시유위야자동야 오기위야자이야

③ 모든 물건은 같은 것이 있지만 그렇게 된 경로까지 같은 것은 아니다. 말로 같다고 할 적에는 어디에 이르러서든 올바라야 한다. 그것이 그러할 적에는 그러한 까닭이 있는데, 그것의 그러한 게 같다고 해서 그것이 그렇게 된 까닭도 반드시 같은 것은 아니다. 이러한 비유를 취할 적에는 그런 비유를 취하는 까닭이 있는데, 그러한 비유를 취한 게 같다고 해서 그러한 비유를 취하게 된 까닭도 반드시 같은 것은 아니다.

그러므로 비유와 같다는 것과 인용과 추리하는 말들은 말을 진행시키면서 다르게 돌아가면 궤변이 되고, 멀리 갈수록 목표를 잃게 되고 빗나갈수록 근본으로부터 이탈하는 것이니, 자세히 살피지 않을 수 없는 것이며 언제나 사용해서도 안되는 것이다. 그러므로 말에는 방법이 많고 종류가 다르고 까닭이 틀리는 것이니 곧 한편에 치우치게 보아서는 안되는 것이다.

夫物有以同, 而不率遂同. 辭之侔也, 有所至而正. 其然也,
부물유이동 이불솔수동 사지모야 유소지이정 기연야
有所以然也, 其然也同, 其所以然不必同. 其取之也, 有所以
유소이연야 기연야동 기소이연불필동 기취지야 유소이
取之, 其取之也同, 其所以取之不必同.
취지 기취지야동 기소이취지불필동

是故辟侔援推之辭, 行而異, 轉而危, 遠而失, 流而離本, 則
시고비모원추지사 행이이 전이위 원이실 유이리본 즉
不可不審也, 不可常用也. 故言多方, 殊類異故, 則不可偏觀也.
불가불심야 불가상용야 고언다방 수류이고 즉불가편관야

④ 모든 사물(事物)은 간혹 옳으면서도 그러한 게 있고, 혹은 옳으면서도 그렇지 않은 게 있다. 혹은 한 경우에는 두루 표현되지만 다른 경우에는 두루 표현되지 않는 수도 있다. 혹은 한 경우에는 옳지만 다른 경우에는 옳지 않은 수도 있으므로, 언제나 써서는 안되는 것이다. 그러므로 말에는 방법이 많고, 그 종류가 다르며 원인이 틀리는 것이니, 곧 한 편에 치우치게 보아서는 안되는 것이다.

흰 말은 말이다. 흰 말을 타는 것은 말을 타는 것이다. 검은 말은 말이다. 검은 말을 타는 것은 말을 타는 것이다. 여자 노예는 사람이다. 여자 노예를 사랑하는 것은 사람을 사랑하는 것이다. 이것들이 곧 옳으면서도 그러한 것이다.

여자 노예의 부모는 사람이다. 여자 노예가 그의 부모를 섬기는 것은 사람을 섬기는 것이 아니다. 그의 동생은 미인이다. 그가 동생을 사랑하는 것은 미인을 사랑하는 것이 아니다. 수레는 나무이다. 수레를 타는 것은 나무를 타는 것은 아니다. 배도 나무이다. 배 안으로 들어가는 것은 나무 안으로 들어가는 것이 아니다.

도적은 사람이다. 도적이 많은 것은 사람이 많은 것이 아니며, 도적이 많은 것은 사람이 없는 것이 아니다. 무엇으로써 증명하겠는가? 도적이 많은 것을 싫어함은 사람이 많은 것을 싫어하는 게 아니며, 도적이 없기를 바라는 것은 사람이 없어지기를 바라는 것이 아니다. 세상 사람들이 모두 다 같이 그렇게 인정하고 있다. 만약 그렇다면 비록 도적도 사람이긴 하지만 도적을 사랑하는 것은 사람을 사랑하는 것이 아니며, 도적을 사랑하지 않는 것은 사람을 사랑하지 않는 것이 아니며, 도적을 죽이는 것은 살인을 하는 게 아니라 하여도 무난할 것이다.

이러한 판단과 앞의 판단은 같은 종류이다. 세상에서는 앞의 판단을 하면서 스스로 잘못이라 하지는 않으면서, 묵가(墨家)들이 이러한 판단을 하면 그것을 비난한다. 그것은 다른 까닭이 있는 게 아니다. 이른바 마음속이 달라붙어 밖으로 닫혀 있어서 마음에 생각하는 구멍이 없기 때문일 것이다. 마음속이 달라붙어 풀리지 않는 것이다. 이런 것이 곧 옳으면서도 그렇지 않은 것이다.

夫物, 或乃是而然, 或是而不然. 或一周, 而一不周. 或一
부물 혹내시이연 혹시이불연 혹일주 이일불주 혹일
是, 而一非也, 不可常用也. 故言多方, 殊類異故, 則不可偏
시 이일비야 불가상용야 고언다방 수류이고 즉불가편
觀也.
관야

白馬, 馬也. 乘白馬, 乘馬也. 驪馬, 馬也. 乘驪馬, 乘馬也,
백마 마야 승백마 승마야 여마 마야 승려마 승마야
獲, 人也. 愛獲, 愛人也. 臧, 人也. 愛臧, 愛人也. 此乃是而
획 인야 애획 애인야 장 인야 애장 애인야 차내시이
然者也.
연자야

獲之親, 人也. 獲事其親, 非事人也. 其弟, 美人也. 愛弟,
획지친 인야 획사기친 비사인야 기제 미인야 애제

非愛美人也. 車, 木也. 乘車, 非乘木也. 船, 木也. 入船, 非
비 애 미 인 야 차 목 야 승 차 비 승 목 야 선 목 야 입 선 비
入木也.
입 목 야

盜人, 人也. 多盜, 非多人也, 無盜, 非無人也. 奚以明之?
도 인 인 야 다 도 비 다 인 야 무 도 비 무 인 야 해 이 명 지
惡多盜, 非惡多人也, 欲無盜, 非欲無人也. 世相與共是之.
오 다 도 비 오 다 인 야 욕 무 도 비 욕 무 인 야 세 상 여 공 시 지
若若是, 則雖盜人, 人也, 愛盜, 非愛人也, 不愛盜, 非不愛人
약 약 시 즉 수 도 인 인 야 애 도 비 애 인 야 불 애 도 비 불 애 인
也, 殺盜人, 非殺人也, 無難矣.
야 살 도 인 비 살 인 야 무 난 의

此與彼同類. 世有彼而不自非也, 墨者有此而非之, 無也故
차 여 피 동 류 세 유 피 이 부 자 비 야 묵 자 유 차 이 비 지 무 야 고
焉. 所謂內膠而外閉, 與心毋空乎! 內膠而不解也. 此乃是而
언 소 위 내 교 이 외 폐 여 심 무 공 호 내 교 이 불 해 야 차 내 시 이
不然者也.
불 연 자 야

⑤ 책을 읽으려 하는 것은 책을 좋아하는 것이 아니다. 닭싸움을 시키려 하는 것은 닭이 아니다. 닭싸움을 좋아하는 것은 닭을 좋아하는 것이다. 우물에 들어가려 하는 것을 멈추게 하는 것은 우물에 들어가는 것을 멈추게 하는 것이다. 문을 나서려 하는 것은 문을 나서는 게 아니다. 문을 나서려 하는 것을 멈추게 하는 것은 문을 나서는 것을 멈추게 하는 것이다. 만약 이와 같다면 "일찍 죽으려 하는 것은 일찍 죽는 게 아니며 오래 사는 것이 일찍 죽는 것이다. 운명이 있다는 것은 운명이 있는 게 아니며, 운명이 있다고 주장하는 것을 부정하는 것은 운명을 부정하는 것이다."고 말해도 무난할 것이다.

이것은 앞의 판단과 같은 종류의 것이다. 세상에서는 앞의 판단을 하면서도 스스로 그르다고 하지 않으면서, 묵가에서 이러한 판단을 내리면 여러 사람들이 그것을 비난한다. 그것은 다른 까닭이 아니다. 이른바 마음속이 달라붙고 밖으로 닫히어 마음에 생각할

구멍이 없어진 것이다. 마음속이 달라붙어 풀리지 않는 것이다. 이것이 곧 옳으면서도 그렇지 않은 것이다.

且夫讀書, 非好書也. 且鬪雞, 非雞也. 好鬪雞, 好雞也. 且入井, 非入井也. 止且入井, 止入井也. 且出門, 非出門也. 止且出門, 止出門也. 若若是, 且夭, 非夭也, 壽, 夭也. 有命, 非命也, 非執有命, 非命也, 無難矣.
차부독서 비호서야 차투계 비계야 호투계 호계야 차입정 비입정야 지차입정 지입정야 차출문 비출문야 지차출문 지출문야 약약시 차요 비요야 수 요야 유명 비명야 비집유명 비명야 무난의

此與彼同類. 世有彼而不自非也, 墨者有此而衆非之, 無也故焉. 所謂內膠外閉, 與心無空乎! 內膠而不解也. 此乃是而不然者也.
차여피동류 세유피이부자비야 묵자유차이중비지 무야고언 소위내교외폐 여심무공호 내교이불해야 차내시이불연자야

⑥ 사람을 사랑하는 것은 두루 모든 사람들을 사랑한 다음에야 사람을 사랑하는 것이 된다. 사람을 사랑하지 않는 것은 두루 모든 사람을 사랑하지 않아야만 되는 것이 아니다. 두루 모두를 사랑하지 않으면 그 때문에 사람을 사랑하지 않는 것이 된다.

말을 타는 것은 두루 모든 말을 탄 뒤에야 말을 타는 것이 되지 않는다. 말을 탄 일이 있으면 그로 말미암아 말을 탄 것이 된다. 말을 타지 않은 데 이르러서는 두루 모든 말을 타지 않은 뒤에야 말을 타지 않은 것이 된다. 이것이 한 경우에는 두루 표현되지만 다른 경우에는 두루 표현되지 않는 것이다.

愛人, 待周愛人而後爲愛人. 不愛人, 不待周不愛人. 不周愛, 因爲不愛人矣.
애인 대주애인이후위애인 불애인 부대주불애인 부주애 인위불애인의

乘馬, 不待周乘馬然後爲乘馬也. 有乘於馬, 因爲乘馬矣.
승마 불대주승마연후위승마야 유승어마 인위승마의
逮至不乘馬, 待周不乘馬, 而後爲不乘馬. 此一周而一不周者
체지불승마 대주불승마 이후위불승마 차일주이일부주자
也.
야

⑦ 한 나라에 살고 있다면 곧 그 나라에 사는 것이 된다. 한 나라에 한 집을 갖고 있다면 그 나라를 갖고 있는 게 되지 않는다. 복숭아나무 열매는 복숭아이다. 대추나무〔棘〕 열매는 가시〔棘〕가 아니다. 사람의 병을 위문하는 것은 사람을 위문하는 것이다. 사람의 병을 싫어하는 것은 사람을 싫어하는 것이 아니다. 사람의 귀신은 사람이 아니다. 형의 귀신은 형이다. 사람의 귀신을 제사지내는 것은 사람을 제사지내는 것이 아니다. 형의 귀신을 제사지내는 것은 곧 형을 제사지내는 것이다.

이 말의 눈이 애꾸라는 것은 곧 이 말이 애꾸라는 뜻이 된다. 이 말〔馬〕의 눈이 크다는 것은 이 말이 크다고 말하지 않는다. 이 소의 털이 누렇다면 곧 이 소가 누렇다고 말한다. 이 소의 털이 많다고 해서 소가 많다고는 말하지 않는다. 한 마리의 말도 말이다. 두 마리의 말도 말이다. 말이 네 발이 있다는 것은 한 마리의 말에 네 발이 있다는 것이지 두 마리 말에 네 발이 있다는 것은 아니다.

흰 말은 말이다. 말이 간혹 흰 놈이 있다는 것은 두 마리 가운데 어떤 놈이 희다는 것이지 한 마리 가운데 어떤 놈이 희다는 것은 아니다. 이것이 곧 한 경우에는 표현이 옳으면서도 한 경우에는 표현이 옳지 않은 것이다.

居於國, 則爲居國. 有一宅於國, 而不爲有國. 桃之實, 桃
거어국 즉위거국 유일택어국 이불위유국 도지실 도
也. 棘之實, 非棘也. 問人之病, 問人也. 惡人之病, 非惡人
야 극지실 비극야 문인지병 문인야 오인지병 비오인

也. 人之鬼, 非人也. 兄之鬼, 兄也. 祭人之鬼, 非祭人也. 祭
야 인지귀 비인야 형지귀 형야 제인지귀 비제인야 제

兄之鬼, 乃祭兄也.
형지귀 내제형야

之馬之目盼, 則爲之馬盼. 之馬之目大, 而不謂之馬大. 之
지마지목묘 즉위지마묘 지마지목대 이불위지마대 지

牛之毛黃, 則謂之牛黃. 之牛之毛衆, 而不謂之牛衆. 一馬, 馬
우지모황 즉위지우황 지우지모중 이불위지우중 일마 마

也. 二馬, 馬也, 馬四足者, 一馬而四足也, 非兩馬而四足也.
야 이마 마야 마사족자 일마이사족야 비량마이사족야

白馬, 馬也. 馬或白者, 二馬而或白也. 非一馬而或白. 此乃
백마 마야 마혹백자 이마이혹백야 비일마이혹백 차내

一是而一非者也.
일시이일비자야

4) '묵변'의 내용

(1) '묵변'의 성격

'묵변' 여섯 편은 묵자와 묵자의 제자 및 다시 그후의 '별묵'[62]들이 계속 써서 모아놓은 논변(論辯)의 자료들이 쌓여 이루어진 것이다. 따라서 이것들은 묵자의 사상이나 종교에 대한 본격적인 기록이 아니며, 묵가 전체의 사상을 이해하는 데 필요한 자료라 할 것이다. 다만 여기에는 선진(先秦)시대의 다른 전적들에서는 볼 수 없는 특수한 분야에 관한 기록들, 곧 논리학을 중심으로 하여 기하학 · 물리학 · 수학 등과 관계되는 기록들이 실려 있어서 많은 학자들을 흥분시키기에 충분하였다.

그러나 이 '묵변'을 근거로 하여 「상현」에서 「비명」에 이르는 대표적인 묵자의 사상들이 모두 나온 것이라 보거나, 『묵자』 중에서도 '묵

62 『莊子』 天下편에 보임.

변'에 가장 심오한 묵자의 사상이 기록되어 있다고 보는 것 같은 것은 잘못이다. 이는 「경」 상·하에만은 대부분 묵자가 직접 쓴 글들이 실려 있어서 『묵자』 중 가장 중요한 기록이라 생각하는 데서 연유한다.

보기를 들면, 정중서국(正中書局)편의 『묵경철학(墨經哲學)』[63]에서 「경」 상편의

임금과 신하와 백성은 약정으로 통하는 것이다.

君, 臣萌通約也.
군 신 맹 통 약 야

라는 구절과 그에 관한 「경설」인

임금. 명분에 따르는 사람을 뜻한다.

君. 以若名者也.
군 이 약 명 자 야

는 말을 인용하여 『묵자』의 「상현」·「상동」편이 여기에서 나왔다는 것이다. 담계보(譚戒甫)의 『묵변발미(墨辯發微)』[64] 같은 데에서는 '맹(萌)'을 '향리의 우두머리(鄕里之長)'로 해석하며 「상동」편의 중요한 부분을 길게 인용하고 거기에서 논하는 '천자·국군·향리의 우두머리' 관계와 같은 말이라 하였다. 그러나 누가 해석하더라도 '통약(通約)'과 '이약명(以若名)'은 뜻이 분명할 수가 없는데, 이 애매한 두세 자를 자기 논리에

63 墨經通說 源流 第一, 11.
64 第二編 上經 校釋 第三.

편리하도록 거창한 해석을 하고는 「상현」·「상동」 두 편이 이를 근거로 이루어졌다는 것은 논리의 비약이 지나치다. 또 '경' 상편의

어짊은 사랑을 본체로 한다.

仁, 體愛也.
인 체애야

는 말과 그 「경설」인

어짊. 자기를 사랑하는 것은 자기를 이용하기 위한 것은 아니다. 말을 사랑하는 것과 같지는 않다.

仁. 愛己者, 非爲用己也. 不若愛馬.
인 애기자 비위용기야 불약애마

는 말을 근거로 묵자의 '겸애' 사상이 여기에서 나왔다는 이론도 마찬가지이다. 그런 논리라면 공자의 '어짊'이나 예수의 '사랑'도 모두 여기에서 나온 것이라 주장해도 되지 않겠는가? 다만 '묵변'의 그러한 말들이 『묵자』의 다른 편들의 내용과 얼마나 뜻이 서로 통하는가를 따지는 정도에서 그쳐야 할 것이다.

다시 담계보의 『묵변발미』[65]를 보면

무궁하다는 것은 '함께 어우르는 것'을 해치지 못한다. 그 근거는 차고 차지 않는 데 있다.

65 『墨辯發微』 第一編 墨經證義 第二.

無窮不害兼. 說在盈否.
무 궁 불 해 겸　설 재 영 부

그 수를 알지 못해도 그것이 다함은 알 수 있다. 그 근거는 질문하는 데에 있다.

不知其數而知其盡也. 說在問者.
부 지 기 수 이 지 기 진 야　설 재 문 자

그가 있는 곳을 알지 못해도 그를 사랑하는 데 해가 되지 않는다. 그 근거는 자식을 잃은 데 있다.

不知其所處, 不害愛之. 說在喪子者.
부 지 기 소 처　불 해 애 지　설 재 상 자 자

는 세 줄을 인용하고는, "그 뜻이 진실로 모두 '겸애' 세 편보다도 깊다."고 말하고 있다.

그러나 우리가 담계보의 이 대목에 대한 해석을 그대로 받아들인다 하더라도, 이 글들의 내용은 이미 묵자가 주장한 '겸애' 설을 변호한 것이라 보는 게 옳을 것이다.

곧 첫 대목은 "묵자의 '겸애'는 모든 사람들을 다 같이 사랑한다는 것인데, 무진장 많은 사람들을 어떻게 다 같이 사랑할 수 있겠느냐?"는 세상 사람들의 의문에 대한 변호이다. 곧 "천하는 끝없이 넓고 사람은 무진장 많지만 모든 사람들을 다 같이 사랑하는 일에는 방해가 되지 않는다. 천하는 끝이 있으니 사람들이 거기에 찼느냐 차지 않았느냐의 차이가 있을 뿐이므로 모두를 다 같이 사랑할 수 있다는 그 근거가 있다는 것이다."

두 번째 대목도 "사람들의 수가 얼마인지 알지 못하지만 그들에게 사랑을 다할 수 있음을 알고 있다는 것이다. 그 근거는 묻는 자의 수가 얼마나 되는가 몰라도 올바른 대답을 해줄 수 있는 거나 같다는 데 있다는 것이다."

셋째 대목은 "사람들이 있는 곳을 알지 못한다 하더라도 그들을 모두 다 같이 사랑하는 데에는 방해가 되지 않는다는 것이다. 그 근거는 어떤 부모가 자식을 잃어 그 자식이 어디 있는지 몰라도 역시 사랑에 변함이 없다는 데 있다는 것이다." 이러한 그의 해설을 그대로 받아들인다 하더라도 이러한 세 대목은 '겸애'에 대한 외부사람들의 일반적인 의문에 대하여 '겸애'설을 변호하는 것임에 틀림없다. 다만 표현이 지나치게 간결하고 애매한 것을 두고 지나치게 심오한 뜻이 담겨 있다고 내세우는 것은 잘못인 듯하다.

'묵변' 여섯 편의 주된 내용이 논변(論辯)에 관계되는 글들이기는 하지만 서양의 논리학이나 불교의 인명학(因明學)이나 같은 것이라 보는 견해들도 문제이다. 왜냐하면 이 여섯 편의 글에는 전체적인 체계나 조리(條理) 같은 것을 찾아볼 수 없기 때문이다. 논리학이 그러하니 기타 기하학 · 물리학 · 천문학 · 광학(光學) · 역학(力學) 같은 것은 더 말할 나위도 없는 일이다. 다만 전국시대 말엽에는 명가(名家)뿐만이 아니라 제자(諸子)들 모두가[66] 논변술(論辯術)을 상당히 발전시켰고, 수학이나 과학에 대한 지식 수준도 상당하였음을 증명하는 자료가 되어 줄 따름인 것이다.

66 儒家에는 『荀子』에게 正名편이 있다.

(2) 묵자사상의 보충 및 발전

'묵변' 은 문장이 간결하고 알기 어려운 글들이 많기는 하지만 후세 묵가들이 이루어 놓은 것이라 개중에는 묵자사상을 보충하였거나 또는 그것을 발전시켰다고 보여지는 대목들이 도처에 발견된다. 앞에서 보기로 든 '겸애' 설에 관한 말들도 묵자의 이론을 변호한 것이라 하였지만 보충한 것으로 보아도 될 것이다. 앞에 인용한 「소취」편 넷째 단의 다음과 같은 대목을 다시 한 번 읽어보자.

> 도적은 사람이다. 도적이 많다는 것은 사람이 많은 것이 아니며, 도적이 없다는 것은 사람이 없는 것이 아니다. 무엇으로써 증명하겠는가? 도적이 많은 것을 싫어함은 사람이 많은 것을 싫어하는 게 아니며, 도적이 없기를 바라는 것도 사람이 없어지기를 바라는 것이 아니다. 세상 사람들이 모두가 그렇게 인정하고 있다. 만약 그렇다면 비록 도적도 사람이기는 하지만 도적을 사랑하는 것은 사람을 사랑하는 것이 아니며, 도적을 사랑하지 않는 것은 사람을 사랑하지 않는 것이 아니며, 도적을 죽이는 것은 살인을 하는 게 아니라 하여도 무난할 것이다.

> 盜人, 人也. 多盜, 非多人也, 無盜, 非無人也. 奚以明之?
> 도인 인야 다도 비다인야 무도 비무인야 해이명지
> 惡多盜, 非惡多人也, 欲無盜, 非欲無人也. 世相與共是之.
> 오다도 비오다인야 욕무도 비욕무인야 세상여공시지
> 若若是, 則雖盜人, 人也, 愛盜, 非愛人也, 不愛盜, 非不愛人
> 약약시 즉수도인 인야 애도 비애인야 불애도 비불애인
> 也, 殺盜人, 非殺人也, 無難矣.
> 야 살도인 비살인야 무난의

분명히 '겸애' 설을 보충하는 말이라고 보아야 할 것이다. 묵자는 모

든 사람들을 다 같이 사랑하고 다 같이 이롭게 해주어야 한다는 '겸애'를 주장하고 있는데, 그렇다면 '도적도 사랑하란 말이냐?'는 세상 사람들의 반문에 대한 변호일 것이다.

또 「공맹(公孟)」편을 보면 유가의 '옛 분들의 말과 옛날 옷(古言古服)'을 존중하는 태도를 공격하고도 있지만, 그 자신도 도처에서 옛 성인들의 보기를 인용하여 자기 이론을 변호하고 있다. 예로 「귀의(貴義)」편을 보면 묵자가 이렇게 말하고 있다.

> 모든 말과 행동이 하늘과 귀신 및 백성들에게 이로운 것이라면 행하고, 모든 말과 행동이 하늘과 귀신 및 백성들에게 해로운 것이라면 버려야 한다. 모든 말과 행동이 하나라와 상나라 · 주나라 삼대의 성왕이신 요임금 · 순임금 · 우임금 · 탕임금 · 문왕 · 무왕에게 합치되는 것이라면 행하고, 모든 말과 행동이 삼대의 폭군인 걸임금 · 주임금 · 유왕 · 여왕에게 합치되는 것이라면 버려야 한다.

> 凡言凡動, 利於天鬼百姓者, 爲之. 凡言凡動, 害於天鬼百
> 범언범동 이어천귀백성자 위지 범언범동 해어천귀백
> 姓者, 舍之, 凡言凡動, 合於三代聖王堯舜禹湯文武者爲之.
> 성자 사지 범언범동 합어삼대성왕요순우탕문무자위지
> 凡言凡動, 合於三代暴王桀紂幽厲者, 舍之.
> 범언범동 합어삼대폭왕걸주유려자 사지

그러나 '묵변'을 보면 과거에 대한 시대적인 개념에 뚜렷한 발전을 보여주고 있다. 「경」하편에 이런 말이 보인다.

> 모든 그렇게 된 것과 아직 그렇게 되지 않은 것들이 있다. 그 근거는 그것들을 미루어 분명히 할 수 있는데 있다.

在諸其所然若未然.[67] 說在於是推之.
재제기소연약미연 설재어시추지

다시 「경설」편에서는 이를 다음과 같이 해설하고 있다.

존재. 요임금과 순임금의 다스림은 지금으로부터 옛날에 존재했던 것이다. 옛부터 지금까지 존재하고 있다면 요임금이라 할지라도 다스릴 수 없을 것이다.

在. 堯舜治, 自今在諸古也. 自古在之今, 則堯不能治也.
재 요순치 자금재저고야 자고재지금 즉요불능치야

다시 「경」 하편에도 다음과 같은 말이 보인다.

요임금의 '의로움'은 지금 생겨난다 하더라도 옛날에 있던 것이어서 때가 달라진 것이다. 그 근거는 '의로움'을 받들던 때가 달라졌기 때문이다.

堯之義也, 生於今而處於古, 而異時. 說在所義二.
요지의야 생어금이처어고 이이시 설재소의이

이에 대한 「경설」은 더 이해하기 어려워 인용치 않는다. 어떻든 '묵변'에 와서는 시대변화에 대한 인식이 더욱 발전했음을 알 수 있다. 요임금과 순임금이 성군이라 하더라도 그들의 정치 방법을 현대에 그대로 쓸 수는 없다는 생각으로 발전하고 있는 것이다.

67 若未然은 본시 未者然이었으나 曹耀相 『墨子箋』의 校正을 따라 고친 후 번역한 것이다.

또 묵자는 '겸애'와 '근검'을 주장하며, 교리의 실천을 위하여는 자기 희생까지도 요구하였다. 묵자의 이러한 고행(苦行)에는 또 개인적인 감정이나 욕망의 제거도 요구되었다. 「귀의」편에는 이런 말이 보인다.

> 반드시 기쁨 · 노여움 · 즐거움 · 슬픔 · 사랑 · 미움을 버리고 어짊 · 의로움만을 따르며, 손 · 발 · 입 · 코 · 귀 · 눈이 의로움에 종사하여야만 꼭 성인이 된다.
>
> 必去喜去怒, 去樂去悲, 去愛去惡, 而用仁義, 手足口鼻耳目, 從事於義, 必爲聖人.
> 필거희거노 거락거비 거애거악 이용인의 수족구비이목 종사어의 필위성인

묵자는 모든 감정을 억제하고 냉혹히 '의로움'을 목표로 행동해야 한다고 가르쳤던 것이다. 그러나 「경」 상편을 보면 사람의 감정문제를 좀더 중시하며 중요한 문제들을 생각하고 있다.

> 이익이란 얻음으로써 기뻐하는 것이다.
>
> 利, 所得而喜也.
> 이 소득이희야
>
> 해란 얻음으로써 싫어하는 것이다.
>
> 害, 所得而惡也.
> 해 소득이오야

욕망이 바르면 이익을 잘 헤아리게 되고, 또 싫어함이 바르면 해를 잘 헤아리게 된다.

欲缶權利, 且惡缶權害.
욕 부 권 리 차 오 부 권 해

이처럼 묵자가 중시한 이(利)와 해(害)를 설명함에 있어서도 기쁨 · 싫어함 · 욕망 같은 감정의 움직임을 중시하고 있는 것이다.

특히 '이로움' 은 묵자의 학설을 공리주의(功利主義)라고 표현할 정도로 중요한 평가의 기준이 되는 것이었다. 「경」 상편에서도 다음과 같은 여러 가지 말을 하고 있다.

'의로움' 이란 이로운 것이다.

義, 利也.
의 이 야

효도란 어버이를 이롭게 하는 것이다.

孝, 利親也.
효 이 친 야

공로는 백성을 이롭게 한 것이다.

功, 利民也.
공 이 민 야

충실함이란 이롭게 하면서도 강하고 낮게 처신하는 것이다.

忠, 以爲利而强低也.
충 이 위 리 이 강 저 야

여러 가지 중요한 개념들을 모두 '이로움'과 연결시켜 설명하고 있다. 그토록 중요한 '이로움'의 개념을 특히 감정적인 면에서 파악하려고 했던 점 등은 묵자사상의 발전을 뜻하는 것으로 보아도 좋을 것이다.

(3) 논변술(論辯術)

'묵변'은 묵가들의 논변을 위한 메모가 모여서 「경」 상편이 이루어지고, 뒤에 「경」 하편이 보충되고, 다시 「경설」 상 · 하편과 「대취」 · 「소취」편이 더 보태어진 것인 듯하다. 따라서 여기에는 무엇이 쓰여 있는 건지 알 수 없는 중에도 논변과 관계되는 말들이 가장 많이 보인다. 그러면 대체로 논변에 관하여는 어떤 말들이 보이는가?

첫째로 논변의 성격을 규정하려 했던 듯하다. 「경」 상편과 그 「경설」에 이런 말들이 보인다.

> 논변이란 저쪽과 다투는 것이다. 논변은 이겨야 정당한 것이다.
>
> 辯, 爭彼也. 辯勝, 當也.
> 변 쟁피야 변승 당야
>
> 논변. 어떤 사람이 이것을 소라 하고, 어떤 사람은 소가 아니라 하는 것은 바로 저쪽과 다투는 것이다. 이는 둘이 모두 정당할 수 없다. 둘이 모두 정당하지 않다면, 반드시 어떤 하나는 정당하지 않을 것이다. 정당하지 않은 쪽은 그것을 개라고 하는 것 같은 것이다.
>
> 辯. 或謂之牛, 謂之非牛, 是爭彼也. 是不俱當. 不俱當, 必或不當. 不若當犬.
> 변 혹위지우 위지비우 시쟁피야 시불구당 불구당 필혹부당 불약당견

「경」 하편과 그 「경설」에도 이와 비슷한 논변의 개념을 밝히려는 말이 보인다.

> 말한 것을 논변하여 이기는 게 없다면 반드시 정당하지 않은 것이다. 그 근거는 논변을 하지 않은 데 있다.
>
> 謂辯無勝, 必不當. 說在不辯.
> 위변무승 필부당 설재불변
>
> 말한 것. 말한 것이 같지 않다면 곧 다를 것이다. 같다는 것은 어떤 이는 그것을 개라고 말하고 어떤 이는 그것을 멍멍이라 말하는 것이다. 다르다는 것은 어떤 이는 그것을 소라 말하고, 소를 어떤 이는 말이라 말하는 것이다. 양편 모두 이기는 게 없다면 그것은 논변을 하지 않은 것이다. 논변이란 어떤 이는 그것이 옳다고 말하고 어떤 이는 그것이 그르다고 말하는 것이어서, 정당한 사람이 이기게 되는 것이다.
>
> 謂. 所謂, 非同也, 則異也. 同則或謂之狗, 其或謂之犬也.
> 위 소위 비동야 즉이야 동즉혹위지구 기혹위지견야
> 異則或謂之牛, 牛或謂之馬也. 俱無勝, 是不辯也. 辯也者,
> 이즉혹위지우 우혹위지마야 구무승 시불변야 변야자
> 或謂之是, 或謂之非, 當者勝也.
> 혹위지시 혹위지비 당자승야

이밖에도 앞에 전편을 소개한 「소취」편에는 논변의 목적과 그 방법 및 종류 등에 대하여도 씌어 있었음을 기억하리라 믿는다.

또 「경」 하편과 그 「경설」에는 이런 말들이 보인다.

> 개는 멍멍이다. 그러나 개를 죽이는 것은 멍멍이를 죽이는 게 아

니라고 해도 된다. 그 근거는 중복되는 데 있다.

狗. 犬也. 而殺狗非殺犬也, 可. 說在重.
구 견야 이살구비살견야 가 설재중

개. 개는 멍멍이다. 멍멍이를 죽인다고 말해도 괜찮으니, 양편 넓적다리 뼈나 같은 것이기 때문이다.

狗. 狗, 犬也. 謂之殺犬可. 若兩髀.
구 구 견야 위지살견가 약량비

개를 알면서 스스로 멍멍이는 모른다고 한다면 잘못이다. 그 근거는 중복되는 데 있다.

知狗, 而自謂不知犬, 過也. 說在重.
지구 이자위부지견 과야 설재중

앎. 개를 아는 것은 멍멍이를 아는 것과 겹쳐지니 잘못인 것이다. 겹쳐지지 않는다면 잘못이 아닐 것이다.

智. 智狗, 重智犬, 則過. 夫重則不過.
지 지구 중지견 즉과 부중즉불과

이상의 말들은 모두 논변의 응용을 위한 기록이었을 것이다. 이밖의 「대취」편, 특히 그 중의 '어경(語經)' 같은 것도 논변의 응용을 위한 메모였던 듯하다.

'묵변'은 전국시대 만년에 여러 변자(辯者)들에게 대응하기 위하여 발전시킨 후세 묵가의 논변술에 관한 기록이다. 따라서 '묵변'은 먼저 일반적인 상식을 옹호하고 변자들의 말을 반대하여야 했기 때문에,

'지식' 의 성격이나 종류 등을 규명한 지식론(知識論)에 관계되는 기록도 적지 않다.

지식이란 재능이다.

知, 材也. (「經(경)」 上)
지 재 야

지식은 재능. 지식이란 아는 능력이 있으면 반드시 알게 되는 것이니, 밝음(눈의)과 같은 것이다.

知材. 知也者, 所以知也, 而必知, 若明. (「經說(경설)」)
지 재 지 야 자 소 이 지 야 이 필 지 약 명

이상의 두 구절은 지식의 근원을 얘기한 것일 것이다.

지식이란 접함으로 아는 것이다.

知, 接也. (「經(경)」 上)
지 접 야

지식. 지식이란 것은 그의 지각으로써 물건을 만나 그 모양을 알게 되는 것이, 보는 것과 같은 것이다.

知. 知也者, 以其知過物而能貌之. 若見. (「經說(경설)」)
지 지 야 자 이 기 지 과 물 이 능 모 지 약 견

이것은 지식이 얻어지는 과정을 추구한 것일 것이다.

지혜는 밝은 것이다.

智, 明也. (「經(경)」 上)
지 명 야

지혜. 지혜라는 것은 그의 지각으로 사물을 따져서 그것을 아는 것이 뚜렷해진 것이어서, 밝은 것과 같은 것이다.

智. 智也者, 以其知論物, 而其知之也著, 若明. (「經說(경설)」)
지 지 야 자 이 기 지 론 물 이 기 지 지 야 저 약 명

이는 지식의 활용인 지혜를 추구해 본 것이다.

그 알지 못하는 까닭을 알아야 한다. 그 근거는 명목을 가리어 취하는 데 있다.

知其所以不知, 說在以名取. (「經(경)」 下)
지 기 소 이 부 지 설 재 이 명 취

지식. 아는 것과 알지 못하는 것을 섞어 놓고 묻는다면, 곧 반드시 이것은 아는 것이고 이것은 알지 못하는 것이다 하고 말할 것이다. 취하고 버리는 것을 다 잘한다면 그것은 양쪽을 다 아는 것이다.

知. 雜所知與所不知而問之, 則必曰 ; 是所知也, 是所不知也. 取去俱能之, 是兩知之也. (「經說(경설)」)
지 잡 소 지 여 소 부 지 이 문 지 즉 필 왈 시 소 지 야 시 소 부 지 야 취 거 구 능 지 시 량 지 지 야

이것은 어떤 것이 올바른 지식인가를 추구해 본 것일 것이다.

지식은 들어서 알게 되고 미루어 알게 되며 친히 체험함으로써 알게 되는 것인데, 명목을 아는 것이 있고 내용을 아는 것이 있으며 명목과 내용을 합쳐 아는 게 있고 작용을 아는 것이 있다.

知, 聞, 說, 親 ; 名, 實, 合, 爲. (「經(경)」 上)
지 문 설 친 명 실 합 위

지식. 전하여 받는 것이 들어서 아는 것이고, 위치에 장애를 받지 않고 아는 것이 미루어 아는 것이며, 몸소 경험하는 것이 친히 체험으로 아는 것이다. 말하는 근거가 명목이고, 말하는 바가 내용이며, 명목과 내용이 함께 있는 것이 합쳐진 것이며, 뜻으로 행하는 것이 작용이다.

知. 傳受之, 聞也 ; 方不庫, 說也 ; 身觀焉, 親也. 所以謂,
지 전수지 문야 방부장 설야 신관언 친야 소이위
名也 ; 所謂, 實也 ; 名實耦, 合也 ; 志行, 爲也. (「經說(경설)」)
명야 소위 실야 명실우 합야 지행 위야

이것은 여러 가지 지식의 내원과 그 종류를 추구해 본 것일 것이다.

이밖에도 지식론에 관계되는 말들이 더 있다. 지식을 얻은 경로나 보아서 알게 되는 일 같은 것을 추구한 다음과 같은 구절도 있다.

듣는 것은 전하여 듣는 게 있고 친히 듣는 게 있다.

聞, 傳, 親. (「經(경)」 上)
문 전 친

보는 것은 형체를 보는 게 있고 다 보는 게 있다.

見, 體, 盡. (「經(경)」 上)
견 체 진

「경」편과 「경설」편의 이러한 여러 가지 노력은 모든 튼튼한 논변술의 바탕을 마련하기 위한 일이었을 것이다.

또 묵가의 이러한 논변술의 연구는 여러 변자(辯者)들에 대한 대응방법으로 발전한 것이기 때문에, 전국시대 만년의 명가(名家)인 혜시(惠施) · 공손룡(公孫龍) 같은 사람들의 궤변(詭辯)의 명제(命題)들도 '묵변' 속에 여러 가지로 다루어지고 있다.

그들의 궤변 중에서도 가장 유명한 것이 '견백동이론(堅白同異論)' 이라 할 것이다. 곧 그들은 '견백론' 에 있어 돌을 보기로 들면서, 돌이 굳은 것은 손의 촉각을 통해서 감지되는 것이고, 돌이 흰 것은 눈을 통해서 보게 되는 것으로써, 한 개의 돌이라 할지라도 '흰 돌' 이란 것과 '굳은 돌' 이라는 것은 완전히 서로 다른 물건이라고 주장한다.[68] 이는 '흰 말은 말이 아니다.(白馬非馬.)' 고 하는 궤변과 비슷한 것이다. "말이란 특수한 형태의 동물 이름이고, 희다는 것은 색깔을 뜻하는 것이기 때문에 흰 말은 말이 아닌 것이다. ……말을 끌고 오라면 검은 말이나 누런 말을 끌고 와도 되지만, 흰 말을 끌고 오라면 검은 말이나 누런 말을 끌고 오면 안된다. 그러니 흰 말은 말이 아님이 분명하다……."[69]는 이유에서이다. 곧 한 돌에서도 '흰 것' 과 '굳은 것' 을 떼어 놓으려 하고, '흰 말' 은 '말' 이 아니라고 하려는 게 이들의 궤변이다.

그 반대로 '동이론' 에 있어서는 같은 것과 다른 것을 하나로 합치시

68 『公孫龍子』 堅白論.

69 『公孫龍子』 白馬論.

키려 든다. 곧 그들은 천하의 만물은 모두가 다르다는 입장에서 보면 같은 것이란 하나도 없이 모두 다르며, 모두가 같다는 입장에서 보면 다른 것이란 하나도 없이 모두가 같다는 것이다.

그래서 혜시(惠施)는 "만물을 널리 사랑하여 하늘과 땅이 일체이다.(氾愛萬物, 天地一體也.)"고 하였고, "만물은 모두가 같고 모두가 다르다.(萬物畢同畢異.)"고도 하였다. 심지어 천지도 지극히 큰 것에 비하면 형편없이 작고, 터럭도 지극히 작은 것에 비하면 산더미 같은 게 되니, 천지가 터럭이나 같은 것이라 본 것이다. "하늘도 땅과 같이 낮고, 산도 호수와 같이 평평하다.(天與地卑, 山與澤平.)"[70]고 한 것도 같은 근거에서이다. 곧 명가에서는 '같은 것과 다른 것'을 하나로 합쳐, 모든 것이 같고 모든 것이 다르며, 모든 것이 크고 모든 것이 작으며, 모든 것이 높고 모든 것이 낮다는 등의 궤변을 발전시켰던 것이다.

'묵변'에서는 먼저 명가의 '이견백(離堅白)'의 궤변에 맞서서 '합견백(合堅白)'의 논리를 추구하려고 노력하였던 듯하다.

굳은 것과 흰 것은 배타적인 것이 아니다.

堅白, 不相外也. (「經(경)」上)[71]
견 백 불 상 외 야

한 가지에 있어서, 아는 것이 있고 알지 못하는 것이 있다. 그 근거는 존재하는 데 있다.

70 이상 惠施의 말은 『莊子』 天下篇 의거.

71 이 대목 「經說」은 문장과 뜻이 애매하여 인용하지 않음.

於一, 有知焉, 有不知焉. 說在存. (「經(경)」 下)
어일 유지언 유부지언 설재존

있는 것. 돌은 한 가지인데, 굳은 것과 흰 것은 두 가지이나 돌에 있는 것이다. 그러므로 아는 것이 있고 알지 못하는 것이 있다고 해도 되는 것이다.

於. 石, 一也. 堅白, 二也, 而在石. 故有智焉, 有不智焉可.
어 석 일야 견백 이야 이재석 고유지언 유부지언가

(「經說(경설)」)

이밖에도 「경」 하편에는 "불견백, 설재……견백, 설재인.(不堅白, 說在……堅白, 說在因.)"이란 기록이 있고, 「경설」 상에는 "견백지영상진.(堅白之攖相盡.)", 「경설」 하에는 "광수견백.(廣脩堅白.)" 및 "무견득백, 필상영야.(無堅得白, 必相盈也.)" 등 여러 학자들이 글자를 교정도 하고 해설도 하였으나 여전히 알 듯 모를 듯한 '견백'에 대한 말들이 보인다. 다만 이 글 뜻이 애매하기는 하지만 공손룡이 한 개의 돌에서 굳은 것과 흰 것이 같은 한 물건에 있는 것이라 하여 이들을 합쳐 놓으려는 노력을 한 것임은 분명하다.

「소취」편에는 이런 말이 보인다.

흰 말은 말이다. 흰 말을 타는 것은 말을 타는 것이다. ……흰 말은 말이다. 말에 간혹 흰 놈이 있다는 것은 두 마리 가운데 어떤 놈이 희다는 것이지 한 마리 가운데 어떤 놈이 희다는 것은 아니다.

白馬, 馬也. 乘白馬, 乘馬也. ……白馬, 馬也. 馬或白者,
백마 마야 승백마 승마야 백마 마야 마혹백자

二馬而或白也, 非一馬而或白.
이 마 이 혹 백 야 비 일 마 이 혹 백

이것도 "흰 말은 말이 아니다.(白馬非馬.)"고 하는 명가의 궤변론을 깨뜨리려는 노력이었을 것이다.

같은 것과 다른 것을 하나로 합쳐 한 가지 것이라 주장하려는 변자들의 궤변에 대하여도 여러 가지 대응 노력이 보인다. '묵변'에는 따라서 같은 것과 다른 것의 개념을 분명히 하려는 말들이 보이고 있다.

같은 것이란 다르면서도 하나로 갖추어져 있는 것이다.

同, 異而俱於之一也. (「經(경)」上)
동 이 이 구 어 지 일 야

같은 것. 두 사람이 함께 이 기둥을 보는 것과 같은 것이다. 임금을 섬기는 것과도 같다.

侗. 二人而俱見是楹也. 若事君. (「經說(경설)」)
동 이 인 이 구 견 시 영 야 약 사 군

같은 것이란 중복되어 있는 것이거나 형체가 같은 것이거나 합쳐져 있는 것이거나 같은 종류의 것이다.

同, 體, 合, 類. (「經(경)」上)
동 체 합 류

같은 것. 명목은 둘이지만 내용은 하나인 것이 중복되어 같은 것이다. 아울러 말하는 범위에서 벗어나지 않는 것이 형체가 같은 것이다. 함께 같은 방 안에서 지내는 것이 합쳐져서 같은 것이다. 같은 점이 있는 것이 종류가 같은 것이다.

同. 二名一實, 重同也. 不外於兼, 體同也. 俱處於室, 合同
동 이명일실 중동야 불외어겸 체동야 구처어실 합동
也. 有以同, 類同也. (「經說(경설)」)
야 유이동 유동야

이처럼 같은 것이란 무엇이며 거기에는 어떤 것이 있는가를 먼저 분명히 함으로써 같은 것이 합쳐지면 달라진다는 '합동이(合同異)' 의 궤변이 발붙일 근거를 없애려 하였던 것이다. 이밖에도 「경」 상편에서 같은 것에 대한 개념을 여러 가지로 추구하고 있다.

길이가 같다는 것은 바로 다 그렇다는 것이다.

同長, 以缶相盡也.
동장 이부상진야

평평한 것은 높이가 같은 것이다.

平, 同高也.
평 동고야

중간이란 길이가 같은 것이다.

中, 同長也.
중 동장야

원이란 한 중심으로부터 길이가 같은 것이다.

圜, 一中同長也.
환 일중동장야

이러한 여러 가지 추구는 '같은 것'의 개념을 분명히 하는 데 도움이 되었을 것이다.

'다른 것'에 대하여는 다음과 같이 말하고 있다.

다른 것이란 두 가지이면서, 형체가 같지 않거나 함께 합쳐져 있지 않거나 종류가 같지 않은 것이다.

異, 二, 不體, 不合, 不類. (「經(경)」 上)
이 이 불체 불합 불류

다른 것. 둘이면서 꼭 다른 것이 두 가지이다. 연속되지 않는 것이 형체가 같지 않은 것이다. 있는 곳이 같지 않은 것이 합쳐져 있지 않은 것이다. 같은 점이 없는 것이 종류가 같지 않은 것이다.

異. 二必異, 二也. 不連屬, 不體也. 不同所, 不合也. 不有同, 不類也. (「經說(경설)」)
이 이필이 이야 불련속 불체야 부동소 불합야 불유동 불류야

종류가 다른 것은 비유가 되지 않는다. 그 근거는 헤아림에 있다.

異類不吡. 說在量. (「經(경)」 下)[72]
이류불비 설재량

이상은 모두 '같은 것'에 대가 되는 '다른 것'이란 무엇인가를 추구

72 이 대목 「經說」에서는 전혀 다른 종류의 것은 견줄 수 없는 보기로서, '나무와 밤〔夜〕의 길이', '지혜와 곡식의 많음' 같은 것을 들어 설명한 듯하나 알 수 없는 곳이 많아 인용치 않는다.

해 본 결과일 것이다. 끝으로 묵자는 '같은 것'과 '다른 것'에 대한 결론을 이렇게 내리고 있다.

> 같은 것과 다른 것이란 서로 터득되는 것이어서, 있는 것과 없는 것을 견줌으로써 오는 것이다.
>
> 同異交得, 放有無. (「經(경)」 上)
> 동이교득 방유무

이 대목에 대한 「경설」은 매우 길지만 처음부터 끝까지 거의 모두가 알 수 없는 말들이어서, 이 말의 참 뜻을 규명하기는 어렵다. 어떻든 '같은 것'과 '다른 것'을 판단하는 기준을 제시하려고 노력한 것인 듯하다.

'같은 것'과 '다른 것'을 판단하는 기준만 같다면 '만물은 모두가 같고 모두가 다른 것'이란 궤변도 성립되지 않을 것이며, "거북이 뱀보다 길다.(龜長於蛇.)", "흰둥이는 검다.(白狗黑.)"는 궤변[73]도 이루어질 수 없을 것이다. 예를 들면, "거북은 조개보다 길다."는 개념과 "뱀은 나무보다 짧다."는 개념에서, '길다'는 개념과 '짧다'는 개념만을 합쳐 놓을 때 "거북은 뱀보다 길다."는 말이 성립되는 것이다. "흰둥이도 더 하얀 개에 비하면 검은 것"이라든가, "흰둥이가 흰 것은 그의 털뿐이다."라는 개념의 일부를 이용하기 때문에 "흰둥이는 검다."는 궤변도 이루어지는 것이다. 묵가에서는 따라서 '같은 것'과 '다른 것'의 올바른 판단 기준을 세워 '같은 것'과 '다른 것'을 분명히 따로 떼어 놓으려고 애썼던 것이다.

73 『莊子』 天下편에 보이는 惠施와 公孫龍의 詭辯.

「대취」편에서도 '어경(語經)' 부분에 이런 말이 보인다.

작은 원이 둥글다는 것과 큰 원이 둥글다는 것은 같다.

小圜之圜, 與大圜之圜同.
소 환 지 환 여 대 환 지 환 동

자에 있어서 부족한 것과 되에 있어서 부족하다는 것은 다르다. 부족함이 같으려면 거리를 두고 말한 것이어야 한다.

方至尺之不至也, 與不至鍾之不至異. 其不至同者, 遠近之謂也.
방 지 척 지 부 지 야 여 부 지 종 지 부 지 이 기 부 지 동 자 원 근 지 위 야

중복되어 같기도 하고, 함께 있어 같기도 하고, 연이어져 있어 같기도 하고, 종류가 같아서 같은 것도 있고, 이름이 같아서 같은 것도 있다. 대략 같은 것이 있고 붙어 있는 게 같은 것이 있고, 옳은 것이 같은 게 있고 그러한 게 같은 것이 있으며 근본이 같아서 같은 것이 있다.

옳지 않아서 다른 것이 있고, 그러하지 않아서 다른 것이 있다. 다른 것이 있기 때문에 같은 것도 있게 되며, 같은 것들 때문에 다르게 되기도 한다. 첫째로는 옳은 것과 그러한 것을 따져야 하고, 둘째로는 옳지 않은 것과 그렇지 않은 것을 따져야 하고, 셋째로는 옮겨져 간 것을 따져야 하고, 넷째로는 억지인가 따져야 한다.

重同, 具同, 連同, 同類之同, 同名之同. 丘同, 鮒同, 是之同, 然之同, 同根之同. 有非之異, 有不然之異. 有其異也, 爲
중 동 구 동 연 동 동 류 지 동 동 명 지 동 구 동 부 동 시 지 동 연 지 동 동 근 지 동 유 비 지 이 유 불 연 지 이 유 기 이 야 위

其同也. 爲其同也, 異. 一曰乃是而然, 二曰乃不是而不然,
기 동 야 위 기 동 야 이 일 왈 내 시 이 연 이 왈 내 불 시 이 불 연

三曰遷, 四曰强.
삼 왈 천 사 왈 강

이밖에도 「대취」편은 물론 「소취」편에도 '같은 것'과 '다른 것'을 얘기한 대목들이 더 보인다.

어떻든 양계초(梁啓超)가 『묵자학안(墨子學案)』 등에서 이 '묵변' 여섯 편의 내용을 현대 논리학의 체계에 의하여 해석한 이래로 많은 학자들이 이에 대한 새로운 해석을 시도하였다. 그러나 이 글을 아무리 교정하고 다시 뜯어 맞추어 보아도 여전히 글 뜻을 알 수 없는 부분이 너무 많고, 학문적인 체계도 서 있다고 보기 어렵다. 이 여섯 편 중 그 문장이나 내용이 가장 분명한 「소취」편은 앞에 전문을 번역 소개하였으니 자세히 읽고, 다른 편들은 후기 묵자들의 '논변술'을 이해하기 위한 보충자료란 뜻에서 가볍게 읽는 것이 가장 타당한 『묵자』를 읽는 방법이라 생각한다.

(4) 자연과학적 지식

① 수학적 지식

덜다는 것은 일부분을 제거하는 것이다.

損, 偏去也. (「經(경)」 上)
손 편 거 야

덜음. 일부분이라는 것은 겸하고 있는 형체의 구성부분이다. 그 형체의 구성부분에서 어떤 것을 제거하고 놓아두는 것이다. 그 놓

아둔 부분을 덜렸다고 말하는 것이다.

損. 偏也者, 兼之體也. 其體或去, 存. 謂其存者損.
손 편야자 겸지체야 기체혹거 존 위기존자손

(「經說(경설)」)

물론 이것은 수학적인 '덜음' 뿐만이 아니라 손상이나 손해 같은 것도 뜻한다고도 볼 수 있다.

배는 둘로 만드는 것이다.

倍, 爲二也. (「經(경)」 上)
배 위이야

배. 2척과 1척은 다만 1척이 빠진다.

倍. 二尺與尺, 但去一. (「經說(경설)」)
배 이척여척 단거일

이는 곱셈의 기초를 얘기한 것인 듯하다.

1은 2보다 적지만 5보다 많을 수 있다. 그 근거는 단위를 세움에 있다.

一少於二, 而多於五. 說在建. (「經(경)」 下)
일소어이 이다어오 설재건

1, 5를 하나로 하면 1이 다섯 있다 하더라도, 10은 2가 된다.

一, 五有一焉, 一有五焉, 十二焉. (「經說(경설)」)
일 오유일언 일유오언 십이언

이는 수에 있어서 단위(單位)의 개념을 정리해 본 것인 듯하다.

② 기하학적 지식

형체는 겸하여진 것들로 나누어진다.

體, 分於兼也. (「經(경)」上)
체 분어겸야

형체. 둘에 있어서의 하나, 자에 있어서의 끝과 같은 것이다.

體. 若二之一, 尺之端也. (「經說(경설)」)
체 약이지일 척지단야

"전량(全量)은 각 부분을 모두 합친 것과 같다."는 뜻인 듯하다.

끝. 형체에 있어서 차례도 없이 가장 앞의 것이다.

端, 體之無序而最前者也. (「經(경)」上)
단 체지무서이최전자야

끝. 이것은 같은 것이 없다.

端. 是無同也. (「經說(경설)」)
단 시무동야

많은 학자들이 이것은 기하학의 점을 설명한 것이라 하나 확실치 않다.

평평함이란 높이가 같은 것이다.

平, 同高也. (「經(경)」 上)
평 동고야

중간이란 길이가 같은 것이다.

中, 同長也. (「上同(상동)」)
중 동장야

원이란 한 중심에서 길이가 같은 것이다.

圜, 一中同長也. (「上同(상동)」)
환 일중동장야

이밖에도 양계초 이래로 중국학자들은 점 · 선 · 면 · 용적 및 점과 선의 교차와 여러 가지 형체 등을 논한 것이라 해석하는 글들이 많으나 모두 뜻이 분명치 않은 것들이다. 묵자 자신이 여러 가지 기계와 방위 병기도 제작한 기술자였기 때문에 이러한 문제들에 많은 관심을 갖고 있었을 것이다. 다만 이것을 어느 정도 기하학적으로 발전시켰느냐 하는 점은 알 수가 없다.

③ 물리학적 지식

그림자는 옮아가지 않는다. 그 근거는 바뀌어지는 데 있다.

景不徙. 說在改爲. (「經(경)」 下)
경 불 사 　설 재 개 위

이 말의 「경설」은 더욱 이해하기 곤란한 글이다. 물건이 움직이는 데 따라 그림자가 없어졌다 다시 생기는 것이지 그림자 자체가 움직이는 게 아니라는 뜻인 듯하다. 이런 광학(光學)적인 말들이 여러 줄 보인다.

멈춰 있는 그림자는 둘이다. 그 근거는 중복됨에 있다.

住景二. 說在重. (「經(경)」 下)
주 경 이 　설 재 중

그림자. 두 빛이 한 빛을 끼고 있는데, 한 빛이 그림자가 된다.

景. 二光夾一光, 一光者景也. (「經說(경설)」)
경 　이 광 협 일 광 　일 광 자 경 야

광학에서 말하는 본영(本影, Umbra)과 부영(Penumbra)을 말하고 있는 듯하다.

이밖에도 「경」 하편에는 “경도, 재오유단여경장, 설재단.(景到, 在午有端與景長, 說在端.)”, “경영일. 설재박.(景迎日. 說在搏.)”, “경지대소, 설재지부원근.(景之大少, 說在地缶遠近.)”, “임감이립, 경도, 다이약소. 설재과구.(臨鑑而立, 景到, 多而若少. 說在寡區.)”, “감위, 경일소이역, 일대이부. 설재중지외내.(鑑位, 景一小而易, 一大而缶. 說在中之外內.)”, “감단경일.(鑑團景一.)” 등의 말이 보이고 많은 학자들이 교정을 가한 위에 여러 가지 현대 광학의 지식을 동원하여 해설하고 있으나, 모두 정확한 뜻은 알기 어렵다.

또 역학(力學)과 관계되는 말인 듯이 보이는 것들도 있다.

힘이란 형체가 움직이는 근거이다.

力, 形之所以奮也. (「經(경)」 上)
역 형지소이분야

힘. 무게를 말하는데, 무게를 밑에서 들어올리는 것이 움직이는 것이다.

力. 重之謂, 下與重, 奮也. (「經說(경설)」)
역 중지위 하여중 분야

이밖에도 "동. 혹종야.(動. 或從也. 「經」 上)", "의자불가정, 설재체.(倚者不可正, 說在剃. 「經」 下)" 등과 그 「경설」 같은 글들도 역학과 관계되는 글이라고 설명하는 학자들이 적지 않으나 모두 정확한 뜻을 알 수 없다.

이밖에도 열학(熱學) · 물성학(物性學) 등과 관계되는 기록도 있다고 주장하는 학자도 있으나,[74] 모두 정확한 해석이 불가능한 내용들이다.

다만 묵자는 나무로 솔개를 만들어 날리기도 하고(『韓非子』 外儲說左上 및 『列子』 湯問), 나무를 깎아 수레바퀴 빗장을 만들기도 하고(『墨子』 魯問), 또 여러 가지 방어병기(防禦兵器) 제작의 전문가이기도 하였으니(『墨子』 備城門 이하 여러 편 참고), 이러한 기계의 설계와 제작을 위해서도 기하학이나 물리학에 대한 기초지식은 상당했을 것으로 믿는다. 그러나 이 '묵변'의 여섯 편들은 그러한 자연과학에 대한 체계적인 기록은 아니

74 例 ; 陳維德 『墨子教育思想研究』(臺北 文史哲出版社).

며, 그의 과학에 대한 단편적인 지식의 일단을 보여주는 자료일 뿐이라고 보아야 옳을 것이다.

(5) 다른 학파에 대한 논박

'묵변' 속에는 다른 학파에 대한 논박이라고 생각되는 말들이 보인다.

> 무란 반드시 유를 기다릴 필요가 없다. 그 근거는 말한 바에 있다.
>
> 無不必待有. 說在所謂. (「經(경)」 下)
> 무 불 필 대 유 설 재 소 위
>
> 무. 만약 없다면 곧 그것이 있은 뒤에 없는 것이다. 하늘이 꺼진 일이 없다는 것은 곧 그런 일이 없어서 없는 것이다.
>
> 無. 若無焉, 則有之而後無. 無天陷, 則無之而無. 「經說(경설)」
> 무 약 무 언 즉 유 지 이 후 무 무 천 함 즉 무 지 이 무

이는 『노자(老子)』의 "유무상생(有無相生)"의 이론을 논박한 것인 듯하다. 도가에서 말하듯 "유가 무에서 생겨나고", "유무가 서로를 낳는 것"이 아니라, "있다가 없어진 것"도 있지만 "본시부터 없는 것"도 있다는 것이다.

> 배움은 이익이 되는 것이다. 그 근거는 비판하는 자들에게 있다.
>
> 學之益也. 說在誹者. (「經(경)」 下)
> 학 지 익 야 설 재 비 자

배움. 또한 배움이 무익하다는 것을 알지 못한다 해서 그에게 일러준다면, 그것은 배움이 무익하다는 것을 알게 하는 것이니, 그것은 가르치는 것이다. 배움이 무익한 것이라는 것을 가르친다는 것은 자기 모순인 것이다.

學. 也以爲不知學之不益也, 故告之也, 是使智學之無益也,
학 야이위부지학지불익야 고고지야 시사지학지무익야
是敎也. 以學爲無益也敎, 誖. (「經說(경설)」)
시교야 이학위무익야교 패

이것도 "배움을 끊어야만 걱정이 없어진다.(絕學無憂.)"고 한 『노자』의 말을 반박한 것으로 보인다.

말은 모두가 모순된다고 여기는 것은 모순이다. 그 근거는 그 말에 있다.

以言爲盡誖, 誖. 說在其言. (「經(경)」 下)
이언위진패 패 설재기언

여김. 모순된다는 것은 안되는 것이다. 말을 하고 듣고 하는 것이 괜찮다는 것은 모순되지 않는 것이니 그것은 괜찮은 것이다. 이 사람의 말이 안되는 것인데도 합당하다 여긴다면 반드시 잘 살피지 않은 것이다.

以. 誖, 不可也. 出入之言可, 是不誖, 則是有可也. 之人之
이 패 불가야 출입지언가 시불패 즉시유가야 지인지
言不可, 以當, 必不審. (「經說(경설)」)
언불가 이당 필불심

『노자』에서 "크게 말 잘하는 것은 말을 더듬는 것과 같다.(大辯若訥.)" 또는 "아는 자는 말하지 않고, 말하는 자는 알지 못하는 것이다.(知者不言, 言者不知.)", 『장자(莊子)』에서 "도는 말로 표현할 수 없는 것이니, 말로 표현한다면 그릇된 것이다.(道不可言, 言而非也.)"고 한 말들에 대한 논변인 듯하다. 말에는 옳은 말도 있고 그른 말도 있는 것인데, 덮어놓고 모든 말을 부정하는 것은 잘못된 일이라는 것이다.

어짊과 의로움이 안팎을 이룬다고 하나 안에서 나오는 것이다. 그 근거는 양쪽이 대를 이루고 있는 얼굴에 있다.

仁義之爲內外也, 內. 說在仵顔.[75] (「經(경)」下)
인 의 지 위 내 외 야 내 설 재 오 안

어짊. 어짊은 사랑하는 것이요, 의로움은 이롭게 하는 것이다. 사랑하고 이롭게 해주는 게 이 편이라면 사랑받고 이익을 보는 것은 저 편이다. 사랑하고 이롭게 해주는 게 서로 안팎을 이루지 않고, 사랑받고 이익을 주는 것도 서로 안팎을 이루지 않는다. 그가 어짊은 안이고 의로움은 밖을 이룬다고 하는 것은 사랑하는 것과 이익을 보는 것을 들어서 말한 것인데, 그것은 잘못 든 것이다. 마치 왼편 눈은 나오고 오른편 눈은 들어가 있다고 하는 거나 같다.

仁. 仁, 愛也, 義, 利也. 愛利, 此也, 所愛所利, 彼也. 愛利
인 인 애 야 의 리 야 애 리 차 야 소 애 소 리 피 야 애 리
不相爲內外, 所愛利亦不相爲內外. 其謂仁內也, 義外也, 擧
불 상 위 내 외 소 애 리 역 불 상 위 내 외 기 위 인 내 야 의 외 야 거
愛與所利也, 是狂擧也. 若左目出, 右目入也. 「經說(경설)」
애 여 소 리 야 시 광 거 야 약 좌 목 출 우 목 입 야

75 '仵顔' 曹耀相『墨子箋』의 說을 따라 번역한 것이다.

이는 『맹자(孟子)』의 「고자(告子)」 상편에서 고자가 "어짊은 안의 것이요 밖의 것이 아니며, 의로움은 밖의 것이요 안의 것이 아니다.(仁, 內也, 非外也 ; 義, 外也, 非內也.)"고 하고, 다시 『관자(管子)』 계편(戒篇)에서도 "어짊은 마음속으로부터 나오고, 의로움은 밖에서 일어나는 것이다.(仁從中出, 義從外作.)"고 한 말들에 대한 논변인 듯하다.

오행은 늘 이기지 아니한다. 그 근거는 합당함에 있다.

五行毋常勝. 說在宜. (「經(경)」 下)
오 행 무 상 승 설 재 의

이 말에 대한 「경설」은 긴 편이나 전혀 무슨 뜻인지 알 길이 없다. 여러 학자들이 제각기 교석(校釋)을 가하고는 있으나 모두 그대로 받아들이기 어려운 해설들이다. 그러나 「경」만을 놓고 보더라도 이는 음양가(陰陽家)들의 오행상승설(五行相勝說) 및 오행상생설(五行相生說)에 대한 논박임이 분명하다.

이밖에 유가를 비롯하여 다른 제자 학설에 대한 논박인 듯한 대목들이 더 있으나, 글뜻이 분명치 않아 더 이상 인용치 않기로 한다. 전국 말엽에 후세 묵가들에 의하여 이루어진 '묵변' 이라면 변자(辯者)들뿐만이 아니라 다른 학파와의 논쟁을 위한 무기로도 이것들이 준비되었던 것이라고 보아야만 할 것이다.

제5장

묵학(墨學)의 성쇠와 묵자의 제자

1.
묵학의 성쇠

하늘에 대한 신앙을 바탕으로 모든 사람이 서로 사랑하고 서로 위해 주어야 한다는 '겸애'를 설교하며 서민들의 입장에 서서 그 당시의 사회를 개혁하려던 묵자의 노력은, 전국시대만 하더라도 온 천하에 큰 반향을 일으켰다. 『장자』 천운(天運)편엔 이런 말이 보인다.

> 그래서 온 천하가 크게 놀랐고, 유가와 묵가가 모두 발전하였다.
>
> 是以天下大駭, 儒墨皆起.
> 시 이 천 하 대 해 유 묵 개 기

『순자(荀子)』를 보면 「왕패(王覇)」·「예론(禮論)」·「악론(樂論)」 같은 편에서 모두 유가와 묵가를 나란히 들며 얘기하고 있다. 그 뒤로도 『한비자(韓非子)』 현학(顯學)편에서 유가와 묵가를 나란히 들어 그 특징을 논하고 있다.

세상의 두드러진 학파는 유가와 묵가이다. 유가의 정점은 공자이고 묵가의 정점은 묵적이다.

世之顯學, 儒墨也. 儒之所至, 孔丘也, 墨之所至, 墨翟也.
세지현학 유묵야 유지소지 공구야 묵지소지 묵적야

『여씨춘추(呂氏春秋)』 유도(有度)편에서도 이런 말이 보인다.

공자와 묵자의 제자의 무리들이 천하에 가득 차 있다.

孔墨之弟子從屬, 滿天下.
공묵지제자종속 만천하

『회남자(淮南子)』 태족훈(泰族訓)에서는 또 그 시대 묵가의 특징을 다음과 같이 논하고 있다.

묵자를 위해 일하는 사람들 180명은 모두 불에 뛰어들고 칼날을 밟게 할 수가 있으며 죽는다 해도 발을 돌리지 않았으니, 교화에 의하여 그렇게 된 것이다.

墨子服役者百八十人, 皆可使赴火蹈刃, 死不旋踵, 化之所致也.
묵자복역자백팔십인 개가사부화도인 사불선종 화지소치야

묵자 스스로도 「공수(公輸)」편에서 초(楚)나라 임금에게 이렇게 말하고 있다.

저의 제자 금골희 등 3백 명이 이미 저의 방어 병기를 갖고 송나라 성 위에서 초나라 군대의 침입을 기다리고 있습니다. 저를 죽인다 하더라도 그것을 막을 수는 없으실 겁니다.

> 臣之弟子禽滑釐等三百人, 已持臣守圉之器, 在宋城上而待楚寇矣. 雖殺臣不能絕也.
> 신지제자금골희등삼백인 이지신수어지기 재송성상이대초구의 수살신불능절야

묵가는 유가와 함께 세상에서 가장 무리들이 많고 그 영향도 가장 컸던 것이다. 더구나 묵가는 유가보다도 자기네 학문 실천에 더욱 적극적이었고, 신념을 위해서는 자기 희생도 무릅쓰는 한편 또 서민들의 입장에 섰던 학파였기 때문에, 그 영향력은 매우 컸을 것이다.

그러나 한(漢)대로 들어오면서 갑자기 묵학은 세상에서 자취를 감추게 된다. 손이양(孫詒讓)은 『묵자한고(墨子閒詁)』의 묵자후어(墨子後語) 묵자전략(墨子傳略)에서 이렇게 말하고 있다.

> 묵자의 학문은 진나라 시대에 없어졌다. 그러므로 묵자의 지난 일들에 대하여는 서한 때에 이미 그 상세한 내용을 알 수 없게 되었다.

> 墨氏之學, 亡於秦季. 故墨子遺事, 在西漢時已莫得其詳.
> 묵씨지학 망어진계 고묵자유사 재서한시이막득기상

그에 의하면, 진(秦)나라 때로부터 유학과 함께 묵학도 핍박을 받아 쇠멸하기 시작했다는 것이다. 묵자의 학문은 피지배자인 서민들의 입장을 지지하는 것이기 때문에 진시황(秦始皇) 같은 폭군으로서는 유학 못지 않게 눈에 거슬리는 존재였을 것이다. 따라서 진시황은 유학 못지 않게 묵학에 대하여도 큰 탄압을 가했을 것이다.

그러나 한(漢)나라 환관(桓寬, B.C. 73 전후)은 『염철론(鹽鐵論)』 조착(晁錯) 편에서 이런 말을 하고 있다.

> 전에 회남왕(淮南王)과 형산왕(衡山王)은 학문을 닦고 사방의 놀고 있는 선비들을 불러모았는데, 산동 지방의 유가와 묵가들이 모두 강수(江水)와 회수(淮水) 사이에 모여들어, 토론하고 의론한 것들을 모아 수십 편의 책을 지었다.

> 昔者, 淮南衡山修文學, 招四方遊士, 山東儒墨, 咸聚於江
> 석자 회남형산수문학 초사방유사 산동유묵 함취어강
> 淮之間, 講議集論, 著書數十篇.
> 회지간 강의집론 저서수십편

이에 의하면, 서한 초에도 유자와 함께 묵자들도 상당히 행세하고 있었음을 알 수 있다. 그리고 형산왕의 저술은 전하지 않으나 회남왕 유안(劉安, B.C. 178?~B.C. 122)이 그의 식객(食客)들과 이룩한 『회남자(淮南子)』는 지금 우리에게 전하고 있는데, 이미 앞에서도 여러번 인용한 것처럼 묵자에 대한 존경을 나타내는 기록들이 적지 않다. 따라서 방수초(方授楚)가 『묵학원류(墨學源流)』[1]에서 지적하고 있는 것처럼 서한 무제(武帝, B.C. 140~B.C. 87 재위) 때까지도 묵가 학문의 전승이 끊이지 않고 있었음을 알 수 있다.

그리고 그는 무제가 동중서(董仲舒, B.C. 179?~B.C. 93?)의 건의를 받아들여 유학만을 존숭하고 다른 학문들을 내친 뒤로 묵학의 전수가 비로소 끊이게 되었다고 주장하고 있다. 그러나 진시황 때부터 묵자의 학문은 핍박을 받기 시작하여 쇠미하여지다가 한나라 무제 때에 이르러

1 第九章「墨學之衰微」.

서는 유학의 존숭과 함께 더욱 철저한 탄압을 받아 거의 완전히 자취를 감추게 된 것이라 보는 게 옳을 것이다. 전제군주로서는 사회계급을 무시하고 모든 사람들의 평등을 주장하는 묵자의 학문이야말로 가장 위험한 사상 중의 하나였을 것이다.

그러면 전국시대를 통하여 유학과 함께 그처럼 천하에 울리던 묵학이 한나라 초엽에 이르러 그토록 완전히 자취를 감추게 되었던 원인이 무엇인가? 먼저 여러 학자들의 의견을 소개하기로 한다.

호적(胡適)의 『중국철학사대강(中國哲學史大綱)』[2]에선 다음과 같은 세가지 원인을 꼽고 있다.

① 유가의 반대 때문.
② 묵가학설이 정객들의 시기를 받았기 때문.
③ 묵자 후진들의 '궤변'이 지나치게 미묘했기 때문.

방수초(方授楚)는 『묵학원류(墨學源流)』[3]에서 또 이와 다른 네 가지 원인을 들고 있다.

① 묵학 자신의 모순 때문.
② 이상이 너무 높았기 때문.
③ 조직이 파괴된 때문.
④ 진(秦)나라를 옹호한 혐의 때문.

고보광(高葆光)은 『묵학개론(墨學概論)』[4]에서 또 다음과 같은 다섯 가지 원인을 들었다.

2 第八篇 第六章.

3 上卷 第九章「墨學之衰微」.

4「墨學的流衍情形和衰微的原因」.

① 자기 학설의 약점.

② 묵학 수령들의 엄격한 통제.

③ 기타 학파의 공격.

④ 진(秦) · 한(漢) 제왕들의 박해.

⑤ 제왕들이 유학과 황로지학(黃老之學)을 제창했음.

이소곤(李紹崑)은 『묵자연구(墨子硏究)』[5]에서 방수초의 의견을 하나하나 반박한 후 다음과 같은 네 가지 원인을 들고 있다.

① 묵자가 죽은 뒤로 묵가에는 덕망과 학문을 겸비한 영도자가 없었다.

② 묵자가 죽은 뒤로 묵학은 이미 진실한 가르침을 잃었다.

③ 묵학은 통치자들의 이익에 어긋나는 것이어서 당시의 제왕과 귀족들의 질시와 박해를 반드시 받았을 것이다.

④ 묵학은 보통 사람들의 능력을 초월하는 내용이 있어서, 이해하기 쉽지 않았을 뿐만이 아니라 또한 실천하기도 어려운 것이었다.

모두 일가를 이룬 묵자연구 대가들의 의견이라 일리가 있다고 수긍치 않을 수 없다. 다만 이상의 원인들은 크게 둘로 나누어 보면 첫째 묵가 자신과 둘째 외부의 작용이 있다. 호적의 ③, 방수초의 ① · ② · ③ · ④, 고보광의 ① · ②, 이소곤의 ① · ② · ④는 모두 묵학 자체에서 그 소멸 원인을 추구한 결론이고, 호적의 ① · ②, 고보광의 ③ · ④ · ⑤, 이소곤의 ③은 모두 묵학에 대한 외부의 작용에서 소멸 원인을 찾은 것이다.

5 第五章「墨學的盛衰絕續」.

이 경우 그 자체의 결함이나 약점은 묵학이 발달 못하는 쇠약해지는 원인은 될 수 있을지언정 그처럼 성행하던 학문이 한나라 초엽에 갑자기 자취를 완전히 감추어버리게 되는 이유가 되지는 못할 듯하다. 이 자체적인 약점이 점점 커지고 있던 차에 갑자기 외부로부터 타격이 강하게 가해져 그처럼 자취를 감추었을 것이다. 그 외부로부터의 타격이란 통치자였던 제왕 귀족들의 박해가 가장 큰 원인이었을 것으로 여겨진다.

2.
묵자의 제자들

『여씨춘추』 존사(尊師)편에 이런 말이 보인다.

공자와 묵자의 무리가 매우 많고 제자들이 매우 많아서 천하에 가득 찼다.

孔墨徒屬彌衆, 弟子彌豐, 充滿天下.
공 묵 도 속 미 중 제 자 미 풍 충 만 천 하

같은 책 「당염(當染)」편에서는 이렇게 말하고 있다.

공자와 묵자의 후학으로 천하에 유명하고 출세한 자들이 많아서 이루 헤아릴 수가 없다.

孔墨之後學, 顯榮於天下者衆矣, 不可勝數.
공 묵 지 후 학 현 영 어 천 하 자 중 의 불 가 승 수

묵자의 제자들과 그 후학들은 이루 헤아릴 수 없을 정도로 많았을 것이다. 묵자 스스로도 「공수(公輸)」편에서 초(楚)나라 임금에게 송(宋)나라에 가 있는 자기 제자가 금골희(禽滑釐) 이하 3백 명이 있다 하였다. 또 『회남자』 태족훈(泰族訓)에서는 묵자를 위해 목숨도 바칠 제자들이 180명이라 하였고, 『여씨춘추』 상덕(尙德)편에서는 초(楚)나라 양성군(陽城君)의 난 때 묵가의 거자(鉅子)인 맹승(孟勝)을 따라 죽은 제자가 185명이라 하였다.

그러나 손이양(孫詒讓)이 『묵자한고』의 묵자후어(墨子後語) 묵학전수고(墨子傳授考)에서 조사한 바에 의하면, 『묵자』와 선진 제자서들에 보이는 것은 묵자의 제자 15명(부가 3명), 재전제자 3명, 삼전제자 1명, 묵학을 공부하였으나 그의 전수(傳授) 체계는 알 수 없는 사람 13명, 잡가(雜家) 4명이 있을 뿐이라 하였다. 손이양의 조사에 의거 이들을 아래에 소개한다.

1) 묵자의 제자

(1) 금자(禽子)

이름은 골희(滑釐). 처음에는 전자방(田子方) · 단간목(段干木) · 오기(吳起)와 함께 공자의 제자 자하(子夏)를 따라 공부하였으나,[6] 뒤에 묵자에게 배워[7] 묵자의 가르침을 물려받아 묵자와 나란히 일컬어지는 정도가 되었다. 『묵자』 비성문(備城門)편을 보면 금골희가 묵자에게, 흙을 높이

6 『史記』 儒林傳.

7 『呂氏春秋』 當染篇.

쌓고 성을 공격해 오는 임(臨), 고리 달린 줄을 걸고 공격해 오는 구(鉤), 단단한 수레로 부딪치며 성을 부수는 충(衝), 사다리 달린 수레로 성을 공격해 오는 제(梯), 해자 등을 흙으로 메우고 공격해 오는 인(堙), 물로 공격해 오는 수(水), 땅굴을 파고 공격해 오는 혈(穴), 성벽을 뚫고 공격해 오는 돌(突), 성 안으로 구멍을 통하게 하고 공격해 오는 공동(空洞), 일제히 많은 군사들로 성벽을 기어오르며 공격해 오는 의부(蟻傅), 여러 가지 기구가 달린 분온(轒轀)에 의한 공격, 사람이 탄 판을 높이 올렸다 내렸다 할 수 있는 헌거(軒車)에 의한 공격 등 열두 가지 공격에 대한 대비방법을 묻는다.

『묵자』에 실린 「비성문」 이하 10여 편의 글은 이때 모두 묵자가 성의 방위술로 금골희에게 전수했던 자료인 것이다. 묵자가 초나라가 송나라를 공격하려 하는 것을 막을 때에도 금골희로 하여금 3백 명의 제자들을 거느리고 먼저 송나라에 가 있도록 한 것을 보면[8] 금골희는 특히 방위술의 전문가가 되어 있었던 듯하다.

이밖에도 『묵자』의 비제(備梯)편을 비롯하여, 『예문유취(藝文類聚)』 지부(地部)와 『태평어람(太平御覽)』 언어부(言語部)에 각각 인용된 『묵자』의 글, 유향(劉向, B.C. 77~B.C. 6)의 『설원(說苑)』 반질(反質)편, 『열자(列子)』의 양주(楊朱)편 등에도 금자와 묵자의 대화나 금자의 언동을 통하여 묵가 사상을 밝히는 글들이 적혀 있다. 따라서 금자는 묵자의 수제자라 할 만한 가장 많은 행적을 남긴 제자이다.

8 『墨子』 公輸篇.

(2) 고석자(高石子)

『묵자』 경주(耕柱)편에 그에 관한 기록이 한 대목 보인다. 묵자가 그를 위(衛)나라에 가서 벼슬하도록 하여, 위나라 임금은 그에게 높은 벼슬과 많은 봉록(俸祿)을 주었으나, 임금이 자기 말을 들어주지 않자 위나라를 떠나 제(齊)나라로 갔다. 뒤에 고석자가 묵자에게 그러한 경과를 보고하자, 묵자는 금자에게 "고석자는 벼슬보다도 의로움을 택한 훌륭한 사람"이라고 칭찬을 하는 내용이다.

(3) 고하(高何)

제(齊)나라 사람으로, 난폭한 짓을 일삼아 그의 고을 사람들의 지탄을 받았다. 그러나 묵자에게 배운 뒤에는 천하의 유명한 사람이 되었다 한다.(『여씨춘추』 尊師편)

(4) 현자석(縣子碩)

『여씨춘추』에는 앞의 고하와 같은 제나라의 난폭한 자였으나, 묵자에게 배운 뒤로부터 유명한 사람이 되었다는 기록이 있다. 『묵자』 경주편에서는 그가 치도오(治徒娛)라는 사람과 함께 묵자에게 '의로움'을 실천하는 방법을 질문하는 대목이 있다. 이때 묵자는 "말 잘하는 사람은 논변으로, 책 해설을 잘하는 사람은 책 해설로, 일을 잘하는 사람은 일을 함으로써 '의로움'을 행하여야만, 제대로 의로운 일들이 이루어지게 된다."고 대답하고 있다.

(5) 공상과(公尙過)

『여씨춘추』 고의(高義)편에는 '상(尙)' 자를 '상(上)' 으로 쓰고 있다. 『묵자』 귀의(貴義)편에는 현당자(弦唐子)라는 사람이 묵자에게 "선생님께서는 공상과에게 가르치시기를 굽고 곧은 것을 헤아리면 그뿐이라 하셨습니다. 지금 선생님께서 많은 책을 수레에 싣고 다니시는데 어찌된 일입니까?"하고 질문하고 있다. 또 「노문(魯問)」편과 『여씨춘추』 고의편에는 묵자가 공상과를 월(越)나라에 보냈는데, 월나라 임금은 공상과로부터 묵자의 주장을 듣고는 좋아하여 묵자에게 넓은 땅을 떼어 줄 것을 약속하며 수레 50승(乘)을 내어주고 다시 가서 묵자를 모셔오도록 하였다는 얘기가 실려 있다. 그러나 이때 묵자는 월나라 임금이 자기 주장을 실천하지 못할 것이라 판단하고 월나라로 가지 않았다.

(6) 경주자(耕柱子)

『묵자』 경주편은 묵자와 경주자의 대화 때문에 붙여진 편명이다. 이 편에는 첫머리에 묵자가 경주자는 일을 책임 지울 만하다고 칭찬하는 내용의 대화가 있고, 뒤에 또 묵자가 경주자를 초(楚)나라에 보내어 벼슬살이 하게 하자, 경주자는 친구들에게 인색하다는 욕까지 먹어가며 절약한 끝에 묵자에게 10금(金)을 바쳐와 묵자를 기쁘게 했다는 얘기도 실려 있다.

(7) 수소자(隨巢子)

『한서(漢書)』 예문지(藝文志)에 『수소자』 6편이 실려있는데, 반고(班固, 32~92)는 "묵자의 제자"라 주를 달고 있다. 사마천(司馬遷, B.C. 145~B.C. 86?)의 『사기(史記)』 태사공자서(太史公自序)의 『정의(正義)』에서는 "묵자는 검소한 삶을 주장하였는데 따르기가 어려웠다.(墨者儉而難遵.)"는 말의 설명을 위하여 위소(韋昭, 204~273)의 말을 인용, "묵적의 학술은 절약과 검소한 삶을 숭상하였는데, 뒤에 수소자가 그 학술을 전수받았다."고 하였다.

(8) 호비자(胡非子)

『한서』 예문지에 『호비자』 3편이 실려 있는데, 반고가 "묵적의 제자"라 주를 달고 있다.

(9) 관금오(管黔敖)

묵자의 제자로 「경주」편에는 묵자가 그에게 부탁하여 고석자(高石子)를 위(衛)나라에 보내어 벼슬살이하게 하고 있다. 또 『예기(禮記)』 단궁(檀弓)편에는 길가에 음식을 장만해 놓고 굶주린 사람들을 기다리는 제(齊)나라 사람 금오(黔敖) 얘기가 보이는데 같은 사람인 듯하다.

(10) 고손자(高孫子)

묵자의 제자. 「노문」편을 보면 묵자의 제자 승작(勝綽)이 제(齊)나라 항자우(項子牛)를 섬기면서 세 번이나 그를 따라 노(魯)나라를 침공하자, 묵자는 고손자를 보내어 " '의로움' 보다 벼슬을 탐내는 자"라 꾸짖으며 벼슬자리에서 물러나도록 하고 있다.

(11) 치도오(治徒娛)

묵자의 제자로, 「경주」편에 앞에 소개한 현자석(縣子碩)과 함께 등장하여 묵자에게 '의'를 행하는 방법을 묻고 있다.

(12) 조공자(曹公子)

묵자의 제자. 「노문」편을 보면 묵자가 그를 송(宋)나라에 가서 벼슬살이 하도록 하였는데, 3년 만에 돌아와 묵자의 학문을 의심하는 말을 하자 묵자가 그를 꾸짖는 얘기가 실려 있다.

(13) 승작(勝綽)

묵자의 제자로, 「노문」편에 묵자가 그를 제(齊)나라 항자우(項子牛)를 섬기게 한 얘기가 나온다. 항자우는 세 번이나 노(魯)나라를 침공하였는데, 승작은 그때마다 항자우를 따랐다 하여 뒤에 묵자에게 문책을 당한다.(앞 고손자 참조)

(14) 질비(跌鼻)

「공맹」편을 보면 묵자가 병이 났을 때 "선생님께서는 귀신이 사람에게 화복을 내린다 하였는데, 선생님이 성인이라면 어째서 병이 났습니까?" 하고 묻고 있다. 묵자의 제자라는 확실한 증거는 없다.

(15) 팽경생자(彭輕生子)

「노문」편에서 묵자와 장래 일을 미리 아는 문제를 토론하고 있으나, 묵자와의 관계는 분명치 않다.

(16) 맹산(孟山)

「노문」편에서 초(楚)나라 왕자려(王子閭)에 대하여 토론을 벌이고 있으나, 역시 묵자와의 관계는 분명치 않다.

(17) 현당자(弦唐子)

「귀의」편을 보면 묵자가 위(衛)나라로 가면서 수레에 많은 책을 싣고 다니는 것을 보고서, 무얼 하려고 이렇게 많은 책을 싣고 다니느냐고 질문하고 있다.(앞 공상과 참조) 다만 그와 묵자의 관계도 분명치 않다.

이밖에 손이양은 「노문」편에 보이는 위월(魏越)도 사람 이름으로 보고 묵자의 제자라 하였으나[9] 앞의 '제1장 묵자의 생애 2.묵자의 행적'에서 이미 지적한 것처럼 위(魏)나라와 월(越)나라로 봄이 옳을 것이다. 그리고 『묵자』의 「노문」편과 「귀의」편에는 각각 이름을 밝히지 않은 묵자의 제자에 관한 얘기가 한 대목씩 실려 있다.

2) 묵자의 제자의 제자

(1) 허범(許犯)

금골희(禽滑釐)의 제자로 『여씨춘추』 당염(當染)편에 보임.

9 그를 합쳐 墨子의 弟子가 15명(불확실한 3명 제외)이라 한 것이다.

(2) 색로삼(索盧參)

『여씨춘추』 존사(尊師)편을 보면 그는 동방의 크게 교활한 인물이었으나, 금골희(禽滑釐)에게 배운 뒤에는 천하의 유명한 올바른 인물이 되었다 하였다.

(3) 굴장자(屈將子)

묵자의 제자인 호비자(胡非子)의 제자. '굴' 은 초(楚)나라 공족(公族)의 성이니 초나라 사람인 듯하다. 『태평어람(太平御覽)』[10]에 그는 용감하고 싸움을 좋아했었는데, 묵가에선 전쟁을 반대한다는 말을 듣고 호비자에게 찾아가 따지자, 호비자가 '다섯 가지 용기' 를 설명해 주니, 굴장자는 호비자의 말에 감동되어 칼을 풀어 놓고 그 자리에서 그의 제자가 되었다 한다.

(4) 전계(田繫)

『여씨춘추』 당염(當染)편에 보이는 인물로, 허범(許犯)에게 배워 천하의 명사가 되었다 한다. 그러니 묵자의 삼전(三傳) 제자이다.

3) 묵가의 거자(鉅子)

'거자' 는 '거자(巨子)' 로도 쓰며 묵가의 종교적인 지도자였던 듯하다. 묵가 사람들은 목숨까지도 바쳐가며 '거자' 의 명령에 절대 복종했

10 卷 437, 493.

고, 지역에 따라 한 명의 '거자'가 있었던 듯하나 모두 몇 명이 있었는지는 알 수가 없다. 그중에는 묵자 생존시에 '거자' 였던 사람도 있으니, '거자'는 묵자가 임명하였고 그의 제자였을 것이다. 그러나 우리에게 이름이 알려진 '거자'는 다음과 같은 세 명뿐이다.

(1) 맹승(孟勝)

묵가의 '거자'로서 초(楚)나라 양성군(陽城君)과 친하였다. 양성군에게 나라를 지켜주겠다고 약속을 하였는데, 양성군은 초나라 도왕(悼王)이 죽었을 때 오기(吳起)를 치는 일에 가담했다가 실패하여 나라에 대역죄(大逆罪)를 지고 도망하자 초나라에서는 그의 나라를 몰수하였다. 맹승은 양성군과의 약속을 저버릴 수도 없고 나라에서 하는 일도 거역할 수 없어 '거자' 자리를 송(宋)나라 전양자(田襄子)에게 물려주고 자결해 버린다. 이때 서약(徐弱)을 비롯하여 그의 제자 183명이 그를 따라 죽었다 한다.(『여씨춘추』 尙德편)[11] 오기(吳起)는 주(周) 안왕(安王) 21년(B.C. 381)에 죽었으니, 그때 묵자는 아직도 살아 있었다.[12] 맹승은 묵자가 남방의 묵가 책임자로서 묵자가 '거자'에 임명했던 듯하다.

(2) 전양자(田襄子)

송(宋)나라 사람으로 맹승으로부터 '거자'의 자리를 물려받았던 사람이다. 그에 관한 다른 기록은 보이지 않는다.

11 앞의 '제4장 묵자의 사상, 1) 종교집단으로서의 묵가' 참조.

12 『묵자』 親士편에 吳起의 죽음에 대한 記事가 있다.

(3) 복돈(腹䵍)

묵가의 '거자'. 『여씨춘추』 거사(去私)편에 의하면, 진(秦)나라에서 그의 아들이 살인을 하였는데 진나라 혜왕(惠王)은 묵가의 '거자' 인 그의 아버지 체면을 보아 살려 주었으나, 복돈이 임금이 '나라의 법' 에 따른 죄는 용서하였다 하더라도 '묵자의 법' 은 따르지 않을 수 없다고 하면서 그의 아들을 사형에 처하였다는 얘기가 실려 있다. 진나라 여불위(呂不韋, B.C. ?~B.C. 235) 때의 사람이니, 전양자보다도 후기의 '거자' 임이 분명하다.

4) 삼묵(三墨)

『장자』 천하(天下)편에 그 시대 묵가에 대하여 이렇게 쓰고 있다.

> 상리근의 제자들과 오후(五侯)의 무리들 및 남방의 묵가인 고확 · 기치 · 등릉자의 무리들은 다 같이 묵가의 경전을 외웠지만, 서로 어긋나고 주장이 같지 않게 되어 서로 '별묵(別墨)' 이라 말하였다.

> 相里勤之弟子, 五侯之徒, 南方之墨者苦獲 · 己齒 · 鄧陵子
> 상리근지제자 오후지도 남방지묵자고획 기치 등릉자
> 之屬, 俱誦墨經, 而倍譎不同, 相謂別墨.
> 지속 구송묵경 이배휼부동 상위별묵

『한비자(韓非子)』 현학(顯學)편에서는 후세의 묵가에 대하여 이런 말을 하고 있다.

> 묵자가 죽은 뒤로는 상리씨의 묵가, 상부씨의 묵가, 등릉씨의 묵

가가 있었는데, 그러므로……묵가는 셋으로 나뉘어져 주장이 서로 반대되고 같지 않았으나 모두 스스로는 진짜 묵가라 하였다.

> 自墨子之死也, 有相里氏之墨, 有相夫氏之墨, 有鄧陵氏之
> 자 묵 자 지 사 야 유 상 리 씨 지 묵 유 상 부 씨 지 묵 유 등 릉 씨 지
> 墨, 故……墨離爲三, 取舍相反不同, 而皆自謂眞墨.
> 묵 고 묵 리 위 삼 취 사 상 반 부 동 이 개 자 위 진 묵

이상 두 기록을 종합하면 묵자가 죽은 뒤 묵가는 아래와 같이 나뉘어져 서로 다른 주장을 내세우며 자기들만이 '진짜 묵가(眞墨)' 이고 다른 사람들은 별묵(別墨)이라고 공격하였다. 이러한 후기 묵가의 분파는 묵가의 조직이 해이해지고 세력이 쇠퇴하는 원인의 하나가 되었을 것이다.

삼묵(三墨)
- 상리근(相里勤)~오후자(五侯子) —— 북방의 묵가
- 상부씨(相夫氏)
- 등릉자(鄧陵子), 고확(苦獲), 기치(己齒) —— 남방의 묵가

오후자는 상리근의 제자인 듯하다.

5) 변질된 묵가

(1) 전구자(田俅子)[13]

'구(俅)'는 '구(鳩)'로도 쓰며, 제(齊)나라 사람으로 묵자의 학술을 배웠다. 진(秦)나라에 가 머문 일이 있었고, 뒤에 초(楚)나라에 가 벼슬하기도 하였다. 그리고 초나라 임금이 전구자에게 묵자가 "말은 많으면서도 말을 잘 하지는 못하는 까닭"을 물었을 때, 그는 "그 무늬와 수식에 연연하여 그 쓰임을 잊음으로써, 바로 그 수식이 쓰임을 해치게 될까 두려웠기 때문이다."고 대답하고 있다.[14] 『한서』 예문지에는 『전구자』 3편'이 수록되어 있으나 지금은 전하지 않고, 『예문유취(藝文類聚)』·『문선(文選)』 주(注)·『태평어람(太平御覽)』 등에 적지 않은 그 인용문이 보인다.

(2) 아자(我子)

묵자의 학술을 닦은 사람으로[15] 『한서』 예문지에는 '『아자』 1편'이 수록되어 있으나 지금은 전하지 않는다.

(3) 전자(纏子)

묵자의 학문을 닦은 사람이라 하며, 『의림(意林)』에는 『전자』 1권이 있었다 하며, 유학을 공부한 동무심(董無心)에게 권선(勸善)과 겸애(兼愛)

13 錢穆 『墨子』에서는 田鳩는 앞 '묵자의 제자의 제자' 속에 보인 田繫와 같은 인물이라 주장하였다.

14 『韓非子』 外 儲說左上편 · 問田편, 『여씨춘추』 首時편, 『회남자』 道應訓 등 참조.

15 顔師古注 引 劉向 『別錄』.

를 역설하는 대화가 실려 있다. 왕충(王充, 27~97?)의 『논형(論衡)』에도 동무심과 전자가 귀신이 사람들에게 화복(禍福)을 내린다는 묵가의 이론을 두고 논란을 벌이는 얘기가 실려 있다.

(4) 이지(夷之)

『맹자(孟子)』 등문공(滕文公) 상편에 보이는 인물로, 묵가의 학술을 닦았으나 묵자의 가르침과는 달리 그의 어버이가 죽었을 때는 장사를 후히 지냈다. 그가 서벽(徐辟)이란 사람을 통하여 맹자를 만나고자 했을 때, 맹자는 만나주지 않고 서벽에게 묵가의 '절장(節葬)'의 주장의 잘못을 조리있게 얘기해 주었다. 이지는 다시 서벽으로부터 맹자의 말을 듣고는 거기에 수긍하였다 한다.

(5) 사자(謝子)

관동(關東) 사람으로 묵자의 학문을 공부한 사람. 『여씨춘추』 거유(去宥)편을 보면 진(秦)나라에 가서 혜왕(惠王)을 만났으나 당고과(唐姑果)의 모함으로 뜻을 이루지 못하였다 한다.

(6) 당고과(唐姑果)

진(秦)나라의 묵가. 동방의 묵가인 사자(謝子)가 진나라 혜왕(惠王)을 만나러 왔을 때, 사자가 자신보다 현명할까 걱정되어 그는 사자는 "동방의 변사인데 사람됨이 매우 음험하다."고 모함하여 뜻을 이루지 못하게 하였다 한다.(『여씨춘추』 거유편) 『회남자』 수무훈(修務訓)에는 당고량(唐姑梁)이란 이름으로 보인다.

(7) ○적(○翟)

성은 알 수 없고, 정(鄭)나라 사람. 『장자(莊子)』 열어구(列禦寇)편을 보면 그의 형 완(緩)은 유학을 공부하였고 동생인 적(翟)은 묵학을 공부하였다. 이들 형제가 토론을 할 적마다 아버지는 아우 적의 편을 들어, 형 완은 10년 뒤에 자살하고 말았다 한다.

이상 일곱 명은 묵학의 전승 계통이 확실치 않은 사람들이다. 또 이지·당고과와 정나라 사람 적처럼 묵학을 공부하기는 했어도 그들 학문이 순수하지 못했던 사람들도 끼어 있다.

이밖에 『맹자』 고자(告子)편의 조기(趙岐)의 주에 고자는 유학과 묵학을 아울러 공부한 사람이라 하였으나 불확실하다. 『묵자』 공맹편에 보이는 고자와는 같은 사람이 아닌 듯하다.

『회남자』 인간훈(人間訓)에는 "대군(代君)이 묵가가 되어 가지고 해를 입었다."는 기록이 있는데, 후한의 허신(許愼)은 "대는 조(趙)나라의 별국(別國)이나 대군의 이름과 시대는 알 수 없다." 하였다. 그리고 『여씨춘추』 응언(應言)편 같은 데에는 권세의 위협에도 굴치 않고 묵가의 '비공(非攻)'의 이론을 떳떳이 주장하는 이름은 밝히지 않은 '묵가의 스승' 얘기도 보인다.

참고 도서

한국

김학주, 『묵자』, (교정본) 명문당 간, 2014

중국

㉮ 묵자의 교주(校注)

畢　沅, 『墨子』, 臺北 中華書局, 1783 原刊

王闓運, 『墨子注』, 1904 原刊

孫詒讓, 『墨子閒詁』, 臺北 世界書局, 1910 原刊

劉載賓, 『續墨子閒詁』, 臺北 藝文印書館, 1957 影印

俞　樾, 『墨子平議(諸子平議)』, 臺北 世界書局, 1881 原刊

曹耀湘, 『墨子箋』, 1915 原刊

張純一, 『墨子閒詁箋』, 臺北 世界書局, 1922

張純一, 『墨子集解』, 臺北 文史哲出版社, 1932

蘇時學, 『墨子刊誤』, 上海 中華書局, 1928

劉師培, 『墨子拾補』, 臺北 藝文印書館, 1936

陶鴻慶, 『讀墨子札記』, 北平 中華書局, 1917 原刊

李　笠, 『定本墨子閒詁校補』, 上海 商務印書館, 1925

于省吾, 『墨子新證』, 臺北 藝文印書館, 1938

吳毓江, 『墨子校注』, 重慶 獨立出版社, 1944

王叔岷, 『墨子斠證』, 中央研究院 歷史語言研究所集刊 第三十本, 1959

高　亨, 『墨子新箋』, 山東人民出版社, 1961

梁啓超, 『墨經校釋』, 臺北 中華書局, 1922

范耕研, 『墨辯疏證』, 上海 商務印書館, 1935

魯大東, 『墨辯新注』, 上海 中華書局, 1936

譚戒甫, 『墨辯發微』, 臺北 世界書局, 1958

高　亨, 『墨經校詮』, 臺北 世界書局, 1958

㉯ 『묵자』 종합 연구서

梁啓超, 『墨子學案』, 上海 商務印書館, 1921

梁啓超, 『子墨子學說』, 臺北 中華書局, 1936

錢 穆, 『墨子』, 上海 商務印書館, 1930

陳 柱, 『墨學十論』, 上海 商務印書館, 1934

方授楚, 『墨學源流』, 臺北 中華書局, 1940

楊 寬, 『墨經哲學』, 臺北 正中書局, 1942

陸世鴻, 『墨子』, 上海 中華書局, 1947

王寒生, 『墨子新論』, 臺北 民主憲政社, 1953

高葆光, 『墨學概論』, 臺北 中華文化出版事業委員會, 1956

史墨卿, 『墨學探微』, 臺北 學生書局, 1965

嚴靈峯, 『墨子簡編』, 臺北 商務印書館, 1968

嚴靈峯, 『墨子知見書目』, 臺北 學生書局, 1969

馮成榮, 『墨子行教事蹟考』, 臺北 文史哲出版社, 1971

李紹崑, 『墨子研究』, 臺北 商務印書館, 1970

孫廣德, 『墨子政治思想之研究』, 臺北 中華書局, 1971

姚振黎, 『墨子小取篇集證及其辯學』, 臺北 文史哲出版社, 1978

王冬珍, 『墨學新探』, 臺北 世界書局, 1980

陳維德, 『墨子教育思想研究』, 臺北 文史哲出版社, 1981

張家鳳, 『墨子民生經濟思想』, 臺北 中國文化大學出版部, 1981

何 之, 『墨教闡微』, 臺北 文津出版社, 1983

胡 適, 『中國哲學史大綱』, 上海 商務印書館, 1909

馮友蘭, 『中國哲學史』, 上海 商務印書館, 1934

歐美 문헌

Alfred Forke, *Me Ti des Sozialethikers und seiner Schüler philosophische Werke*. Berlin, 1922.

Mei Yi-Pao, *The Ethical and Political Works of Motse,* London, 1929.

Mei Yi-Pao, *Mo Tse: The Neglected Rival of Confucius*, London, Arthur Probsthain, 1934.

Burton Watson, *Mo Tzu: Basic Writings*, New York, Columbia University Press, 1963.

Hu Shih, The D*evelopment of the Logical Method in Ancient* China, New York, Paragon Book, 1968(Second Edition).

묵자, 그 생애 · 사상과 묵가

초판 인쇄 2014년 12월 15일
초판 발행 2014년 12월 20일

저　자 | 김학주
디자인 | 이명숙 · 양철민
발행자 | 김동구
발행처 | 명문당(1923. 10. 1 창립)
주　소 | 서울시 종로구 윤보선길 61(안국동)
　　　　우체국 010579-01-000682
전　화 | 02)733-3039, 734-4798(영), 733-4748(편)
팩　스 | 02)734-9209
Homepage | www.myungmundang.net
E-mail | mmdbook1@hanmail.net
등　록 | 1977. 11. 19. 제1~148호

ISBN 979-11-85704-21-0 (93150)
25,000원

* 낙장 및 파본은 교환해 드립니다.